Hans Dieter Stöver
Verschwörung gegen Rom

Hans Dieter Stöver

Verschwörung gegen Rom

Catilinas Griff nach der Macht

Econ Verlag
Düsseldorf · Wien

1. Auflage 1979

Gesetzt aus der Garamond der Linotype GmbH
Satz: UNI-SET GmbH, Düsseldorf
Papier: Papierfabrik Schleipen GmbH, Bad Dürkheim
Druck und Bindearbeiten: Ebner Ulm
Printed in Germany
ISBN 3 430 18798 2

Inhalt

Anhang

»Eintracht aber ist am leichtesten da, wo der Nutzen des einzelnen sich deckt mit dem der Gesamtheit.«

Cicero, de re publica

»Der sicherste Weg, den Feinden der Demokratie zu begegnen, ist der gemeinsame Widerstand aller Demokraten...
Wir müssen uns jedoch davor hüten, unbequeme Staatsbürger mit den Feinden unserer freiheitlich demokratischen Grundordnung in einen Topf zu werfen.«

Walter Scheel, 1975

Ein Wort zuvor…

Catilina… Wer diesen Namen nennt, assoziiert augenblicklich Machtkampf, Intrige, politischen Mord, Lüge, List, Verstellung – kurz all das, was man sich an demagogischer Verworfenheit und politischer Pervertierung in höchster Potenz vorstellt. »Catilina« – dieser so melodisch schwingende Name eines Römers wurde zum Pseudonym des skrupellosen Egoisten und Schurken, des intelligenten Umstürzlers, des über Leichen gehenden Opportunisten, dem äußere und innere Schranken, sittliche Normen und ethische Grundwerte staatlichen Zusammenlebens nichts bedeuten: »Katilinarische Existenzen, die ein großes Interesse an Umwälzungen haben…«[1]

Seit Bismarck am 30. September 1862 diese Formulierung vor der Budgetkommission des preußischen Abgeordnetenhauses lautstark von sich gab, gehört sie als mittlerweile geflügeltes Wort zum Vokabular politischer und journalistischer Pamphlete. Aber Bismarck war nicht der erste, der den Namen als politische Metapher zur Plakatierung des Gegners gebrauchte. Am 24. Dezember 1800 war Napoleon, damals »Erster Consul«, einem politisch motivierten Mordanschlag entgangen; zwei Tage später nahm er in einer Rede vor dem Staatsrat dazu Stellung und führte u. a. aus:

»Nach der Verschwörung Catilinas ließ Cicero die Verschwörer hinrichten und sagte, er habe sein Land gerettet. Ich würde der großen Aufgabe, die ich auf mich genommen, und meines Amtes unwürdig sein, wenn ich bei einer solchen Gelegenheit nicht mit aller Strenge vorginge… Ich habe anderen Gefahren getrotzt, aber die Vorsehung hat mich stets bewahrt, und ich vertraue auch heute noch auf sie. Aber es handelt sich hier um die soziale Ordnung, die öffentliche Moral und den nationalen Ruhm.«[2]

Bei Cicero sind es »die Tempel der unsterblichen Götter, die Häuser der Stadt, das Leben aller Bürger, ganz Italien«.

In einer großen deutschen Tageszeitung wurde kürzlich ein Leserbrief veröffentlicht, in dem es u. a. heißt:

»Der in unserer Mitte wachsende Terror hat viele Deutsche zu Vergleichen mit der Verschwörung des Catilina bewogen und den Wunsch nach ähnlich wirksamen Maßnahmen des Staates hervorgerufen... Wer in solchen Parallelen denkt, sollte sie auch bis zu Ende durchziehen... Cicero, der rechtlich denkende Stoiker und Staatsphilosoph, hat in der politischen Not des Jahres 63 rechtswidrig gehandelt im Sinne der bloßen Staatsräson. Sein Handeln hat in der Folge eine intensive Hetze der Volkspartei gegen Cicero ausgelöst; an ihrer Spitze stand sein Todfeind P. Clodius, ein habgieriger und grausamer, aber kluger politischer Gegner. Im Jahre 58 mußte Cicero wegen der Hinrichtung der Katilinarier auf das Betreiben des Clodius in die Verbannung gehen. Auch in Extremsituationen gab sich ein Staatsmann in Rom eine Blöße, wenn er wie Cicero das Recht eines civis Romanus (römischen Bürgers, d. Verf.) verletzte. Selbst das Recht eines Verbrechers.«[3]

Diese Zitate aus drei Jahrhunderten neuerer Geschichte zeigen, wie »Catilina« nicht zur Ruhe kommt. »Catilina« geistert als politischer Leviathan durch die Zeiten und wird – bei passender oder unpassender Gelegenheit – einer verschreckten Öffentlichkeit als Präzedenzfall mahnend oder exemplifizierend vorgehalten, um politische Strafmaßnahmen des Staates zu verdeutlichen, zu rechtfertigen oder in Frage zu stellen.

Die drei Aussagen lassen aber auch erkennen, wie die Beurteilung der »Verschwörung des Catilina« vom Standort und den Absichten des Beobachters abhängt: Der »Erste Consul« Bonaparte zieht sehr direkt und bewußt die Parallele Cicero–Napoleon und versteht sich in der gleichen Rolle und Situation wie der römische Consul; Bismarck wagt diesen Denkschritt nicht, sondern spielt an auf die staatsgefährdenden Folgen einer – nach seiner Auffassung – zersetzenden egoistischen Politik. Die Stimme aus unseren Tagen modifiziert das Problem und geht es von der anderen Seite an: Auch in »Extremsituationen« darf geltendes Recht bei der Ahndung nicht verletzt werden.

Nun ist bezeichnend, daß der gelehrte Autor des Leserbriefes vor seinem obigen Resümee einen Abriß der Ereignisse in Rom gibt, weil er annimmt, nicht jeder Leser kenne die historischen Zusammenhänge. Und damit trifft er ins Schwarze: Napoleon und Bismarck konnten noch davon ausgehen, daß ihre Zuhörer den historischen Hintergrund kannten; der politisch interessierte Zeitungsleser von heute scheint da überfordert!

»Catilina« ist ein Beispiel dafür, wie weit zurückliegende Ereignisse, die die Welt schockierten, zunehmend mythisiert, grob vereinfacht und schließlich als gedankenlos gebrauchtes Schlagwort durch die Jahrhunderte tradiert wurden, wobei sie sich immer mehr vom komplexen authentischen Geschehen entfernten.

Hinzu kommt dies: Man konfrontiert unsere Heranwachsenden – wenn überhaupt! – in einem Alter von 12 bis 13 Jahren mit einem Aufguß römischer Geschichte und erledigt unser Thema in zwei bis drei Stunden; wenn's hochkommt, quält man sie drei Jahre später noch einmal mit einigen Textproben aus Sallusts Monographie über die Verschwörung im Urtext, glaubt so, der humanistischen Pflicht Genüge getan zu haben.

Das Ergebnis ist bekannt: ein katastrophales Lückenwissen, verdeckt von Schlagwörtern, die beziehungslos im historischen Raum schweben.

Um welche Probleme es in Wahrheit ging, mag ein Satz aus Christian Meiers Studie »Entstehung des Begriffs ›Demokratie‹« anreißen: »Die späte römische Republik bietet ein Musterbeispiel einer Krise, in der es keine Kraft gibt, die auf Änderung drängt, also eine Krise ohne Alternative . . .«[4]

Allein dies scheint Grund genug, »Die Verschwörung des Catilina« unter Berücksichtigung der Quellen von allen Seiten zu betrachten. Auf die Aktualität des Stoffes besonders hinzuweisen erübrigt sich nach dem Gesagten.

Auch diesmal ging der Autor davon aus, daß an »entscheidenden Stellen die antike Überlieferung im Mittelpunkt« stehen muß[5].

Von der Konzeption her kann das Buch sehr wohl den Anspruch erheben, eine erschöpfende Darstellung des Geschehens zu bieten, da alle direkten, indirekten, zeitgenössischen und späteren Quellen herangezogen wurden, die in irgendeiner Weise relevant zum Thema erschienen. Die Darstellung der Verschwörung, ihre Vorgeschichte und die Nachzeichnung der Akteure ist breit eingebettet in den politischen, ökonomischen und kulturellen Hintergrund der Epoche. Nur so können die besonderen römischen Wertvorstellungen, Ordnungen, Sitten, religiösen und mythischen Bindungen – kurz: das Wiees-war römischen Lebens nachvollzogen werden. Daneben bleiben die ewig gleichen Fehler und Niederungen des Menschen zu beklagen: sein ruheloser Wille zur Macht, sein Versagen im sozialen Miteinander, seine wölfische Natur – wie auch sein schicksalhaftes Geworfensein, seine tragische Verstrickung zwischen gutem Vorsatz und den Hemmnissen seiner Umwelt.

Eine Anmerkung in eigener Sache: Der verdienstvolle Philologe und Althistoriker Hans Drexler, dessen Arbeiten eine wesentliche Stütze unseres Buches sind, postuliert im Vorwort seiner catilinarischen Materialsammlung: »Eins aber sollte behördlich verboten und mit hohen Konventionalstrafen bedroht werden: Erzählungen haben wir genug, und darunter wirklich gute; es darf nie wieder eine gedruckt werden.«[6]

Wir möchten es dem Leser überlassen, die Gegenposition zu beziehen...

Hans Dieter Stöver
Weilerswist

I. Teil

»Der augenblickliche Zustand des Staates behagt mir ganz und gar nicht...«[1]

Rom zwischen Reaktion und Revolution zu Beginn des 1. Jahrhunderts v. Chr.

»Die Erfahrung lehrt, daß der gefährlichste Augenblick
für eine schlechte Regierung der ist,
wo sie sich zu reformieren beginnt.«

Alexis de Toqueville,
Der alte Staat und die Revolution

1.
»In welcher Stadt leben wir denn?«

Rom, 8. November 63

Seit etwa einer halben Stunde herrscht auf den Stufen vor dem Tempel des *Jupiter Stator* reger Verkehr: Sie kommen zu Fuß, in Gruppen und unter starker Bedeckung, nur wenige einzeln. Alle sehr in Gedanken, durchweg ernste Gesichter. Man nickt sich kurz und ohne Lächeln zu, einige schütteln Freunden die Hände. So bilden sich am Eingang, zwischen den Säulen, wechselnde Gruppen, die sich bald wieder lösen, und alles macht den Eindruck großer Eile, denn sie drängen in die Halle.

Nachzügler nehmen die Stufen in großen Sätzen, wenden sich an einige Leute vom Personal, die mit wichtiger Miene Bescheid geben: Ja, der Consul sei schon im Saal... Nein, man wisse nichts über den Anlaß der außerordentlichen Sitzung. – Aber gestern abend habe man doch noch mit dem Consul gesprochen! – Dazu könnten sie nichts sagen; überhaupt wisse niemand Genaues...

Erstaunt nehmen einige die gepanzerten Wachen rechts und links vom Portal zur Kenntnis. Viele Ritter darunter, auch Pomponius Atticus, Duzfreund des Consuls. Man muß also mit allem rechnen! Auch muß es einen besonderen Grund haben, daß Cicero gerade diesen Ort für die Sitzung des Senats gewählt hat; ist doch *Jupiter Stator*, »der die Feinde zum Stehen bringt«, von Anbeginn Schutzherr der Stadt und macht sie im Kriege uneinnehmbar! Schon Romulus hat einst diesen Tempel am Nordhang des Palatin gelobt, doch erst M. Atilius Regulus[2] baute vor 230 Jahren (294) dies Heiligtum als Pendant zum Capitol mitten in der Stadt, jedem Römer, gleich welchen Standes, jederzeit zugänglich. Doch heute sind Volk und Ritterschaft ausgeschlossen. So steht denn eine hundertköpfige Menge auf dem Vorplatz hinter der schwer bewaffneten Postenkette, und wilde Gerüchte machen die Runde.

Wir betreten die innere Halle. Unsere Augen müssen sich erst an das Dämmerlicht gewöhnen. Kein imperialer Prunk wie oben auf dem Götterberg im Tempel der capitolinischen Trias[3], keine Kolossalstatue des Gottes an erhöhtem Platz. Alles sehr nüchtern. Die Wände kahl, schmucklos, weiß getüncht; geheiligte Waffen und Schilde an einigen Stellen. Schon Risse im Gemäuer. Nur das herbe Aroma von Myrrhe und Weihrauch erinnert an den sakralen Zweck des Raumes. Karg auch die Bänke, von rustikaler Derbheit, glänzend und abgewetzt durch langen Gebrauch. Selbst das geometrische Bodenmosaik zeigt Risse, fehlende Partien, die kunstlos mit Zement geschlossen wurden.

Doch dies alles will nichts besagen: Hier ist einer der ehrwürdigsten Versammlungsräume der Stadt. Und Entschlüsse von epochaler Bedeutung wurden hier gefaßt: gegen Pyrrhos, gegen Hannibal, gegen Cimbern und Teutonen[4]. Scipio hat hier gesprochen, Cato der Censor, auch Sulla, Marius, Cinna.

Die Bänke sind in konzentrischen Halbkreisen zu einem Hufeisen geordnet. Wir nehmen links vorne Platz, haben so alles im Blick. Der Raum scheint nun doch größer, als wir von außen vermuteten. Längst nicht alle Plätze sind besetzt. Seltsam empfinden wir, wie dieser kahle, karge Raum sakrale Würde und politisches Zweckdenken vereint. Die Paulskirche ist dagegen ein Palast.

Etwa zwei Drittel des Senats sind erschienen, und doch herrscht seltsames Schweigen. Da und dort nur leise Bemerkungen hinter der Hand zum Nachbarn. Argwöhnische Blicke zwischen politischen Gegnern, nervöse Ängstlichkeit bei unbedeutenden Mitläufern; erregte Hinterbänkler stellen übertriebene Mutmaßungen an. Die Hauptakteure in den ersten Reihen, meist alte Patrizier, überspielen ihre Unruhe mit betont gelangweilten Blicken und langsamen Gesten. Catulus darunter, Sohn des Cimbernsiegers, alter Freund Sullas. Er geht auf die Siebzig zu, sitzt da mit mürrischem Blick, nichts entgeht ihm: Was diese »jungen Leute« doch für eine Unruhe über den Staat bringen! Zu seiner Zeit hätte man dergleichen Querelen mit einem kurzen, eindeutigen Befehl erledigt! Immer noch ist sein vulkanisches Temperament gefürchtet; wie ein Stier geht er offen auf jeden Gegner los. Man sieht, wie es ihn Mühe kostet, still zu sitzen.

Die Jungen mustern stumm, doch ohne ihre Neugier zu verbergen, das Verhalten der alten Hasen, tauschen ironische Bemerkungen aus, deuten heimlich auf Cato, der nur mit Mühe gegen den Schlaf ankämpft. Doch wie eine Bestie kann er, plötzlich hellwach, zum unüberwindlichen Gegner werden! Obwohl erst zweiunddreißig, umgibt ihn schon jetzt die Aura eines wissenden Weisen, und seine Wirkung auf Freund und Feind ist die gleiche: Unnachgiebig, kompromißlos, unbestechlich verfolgt er seine Ziele. Stoiker müßte man sein. Er ist dazu geboren.

Es ist immer noch ruhig. Lediglich einige Senatsschreiber laufen wichtigtuerisch mit Papieren, auch Stenographen darunter, die Cicero an einigen Punkten der Halle verteilt hat. Sie werden jedes Wort, das hier fällt, notieren. Eine Neuerung! Will er Material für sein Archiv sammeln? Sich absichern?

Nachzügler suchen eilig ihren Platz. Caesar tritt ein, mit siebenunddreißig bereits Pontifex maximus! Ein Skandal für gewisse Leute; und jedesmal, wenn er den Iulier sieht, ziehen sich in Catulus' Gesicht Zornesfalten zusammen; und jeder hier weiß, daß Caesar dem verdienten Altconsul, dem angesehensten Mitglied des Hauses das höchste sakrale Amt vor der Nase weggeschnappt hat!

Caesar geht verhalten – »Er könnte wirklich einmal pünktlich erscheinen!« denkt Cicero –, nickt und grüßt lächelnd zu Freunden hinüber, setzt sich, nein: nimmt Platz! Preziös die Falten seiner Qualitätstoga ordnend. Getuschel um ihn herum. Er genießt es; was kann man ihm schon anhängen?! Das sportlich kurz geschnittene Haar ist nach vorne gekämmt; noch reicht es, die wuchernde Stirnglatze zu verbergen. Doch es steht ihm gut. Ein heimlicher Blick zu Catilinas Platz: noch unbesetzt. Wird er überhaupt kommen? Wenn er das wagt, dann... Cicero, der Consul, bemerkt ihn, sie nicken sich lächelnd zu, mit jener graziösen Unverbindlichkeit, die zugleich in den andern hineinlauert, nichts preisgibt und zum Geschäft gehört. Doch Caesar entgeht nicht das leichte Zittern der Finger des Consuls, die dunklen Schatten unter den hellen Augen, der betont energisch gekniffene Mund. Kein Zweifel, der Consul ist nervös!

Aber da kommt er: Catilina! Blaß, hager, groß, hastig, stieren Blicks, den Kopf leicht nach vorn geneigt, eilt er an den vorderen Reihen vorbei, nimmt ohne Umschweife Platz, nestelt an seinen Fingern: sie sind feucht. Er hat dunkle Ringe um die Augen. Man rückt rechts und links, vor und hinter ihm von ihm ab. Er bemerkt es wohl, versucht es zu übersehen; sein Blick folgt scheinbar gelangweilt den Säulen der Halle. Lässig schlägt er die Beine übereinander. Er gähnt! Hundert Augenpaare belauern, betasten ihn. Er spürt die Verwirrung, die er stiftet, leibhaftig. Doch er weicht niemandem aus, blickt herausfordernd in die Runde; die Verwegensten seiner Anhänger antworten mit einem Grinsen. Er sieht auch das Tuscheln der Ängstlichen. Dann ist da Caesars glattes Gesicht: kalt, reglos, undurchdringlich, der einzige, mit dem er nicht ins reine kommt. Etwas weiter Crassus, sogar er nervös, denn er hüstelt in einem fort. Weiter rechts Catos häßliches Asketengesicht; es zeigt puren Haß und Verachtung. Er erwidert den Blick mit zusammengezogenen Brauen und schmalem Mund, jede Spur von Müdigkeit ist verflogen.

Links die Freunde, manche zwinkern ihm aufmunternd zu, einer formt verstohlen Mittel- und Zeigefinger zu einem »V«. Die Zwielichtigen meiden seinen Blick; er wird sich ihre Gesichter merken müssen, denn hier und heute müssen sie Farbe bekennen. Noch ist nichts entschieden. Auch wenn sie mit dem Finger auf ihn zeigen, in großartigem Pathos entrüstet von ihm abrücken. Sind sie nicht eine Hammelherde?

Der Consul rettet ihn aus seiner peinlichen Lage, denn Cicero erhebt sich. Ein Wink! Langsam schließen sich die gewichtigen Bronzetüren. Durch den Spalt blitzen noch einmal die Rüstungen und Waffen einiger Ritter auf. Dann verstummen die letzten Gespräche und Rufe von draußen.

Stille. Man blickt auf den Consul. Cicero tritt vor, streift das zermürbende Lampenfieber der letzten Stunden ab. Er wirkt nun ruhig, gesammelt, läßt die Augen über die Versammelten schweifen und gebraucht den einfachsten aller rhetorischen Tricks: er wartet; alle warten. Und plötzlich fixiert er den einsam sitzenden Catilina:

»Quo usque tandem abutere, Catilina, patientia nostra? Quamdiu etiam furor iste tuus nos eludet...? – Wie lange noch, Catilina, willst du unsere Geduld mißbrauchen? Wie lange noch soll dein wahnsinniges Treiben uns höhnen? Wo ist die Grenze deiner Prahlerei und hemmungslosen Frechheit? Hat die nächtliche Besetzung des Palatiums[5] keinen Eindruck auf dich gemacht? Merkst du nichts von den Polizeistreifen in der Stadt? Nichts von der Unruhe des Volkes? Nichts vom Zusammenhalt aller anständig gesinnten Bürger? Sind dir die starken Sicherheitsmaßnahmen, die zum Schutze des Senats getroffen sind, gleichgültig? Lassen dich die Blicke und Mienen der hier versammelten Männer kalt? Merkst du nicht, daß deine hochverräterischen Pläne allgemein bekannt sind? Siehst du nicht, daß durch das Wissen aller dieser Männer deine Verschwörung in Fesseln verstrickt ist? Ja, meinst du denn, wir wüßten nicht, was du in der vorletzten Nacht getrieben hast, wo du in der letzten Nacht gewesen bist, wen du um dich versammelt und welche Pläne du gefaßt hast?«

Er geht einige Schritte vor, hebt die Hände:

»O tempora! O mores! – Was sind das für Zeiten! Was für Sitten! Der Senat durchschaut dies alles, der Consul sieht's. Und trotzdem lebt dieser Mensch noch! Er lebt? Nein, er kommt sogar in den Senat, er nimmt teil an einer Sitzung des Staatsrates und bestimmt und bezeichnet mit seinen Blicken jeden einzelnen von uns als Schlachtopfer seiner Mordwut!«[6]

Cicero spricht lange. Die Rede steigert sich zu einer beispiellosen Anklage. Dieser Sturzbach der Worte fesselt alle. Wie Blöcke gehen diese Sätze, die da mit eigenartig hoher, aber klarer Stimme im Raum entstehen, auf den Angeklagten nieder. Cicero baut ein logisches Gerüst seiner Beweisführung auf, zitiert Große der Vergangenheit als heilige Zeugen. Einmal heißt es:

»O ihr unsterblichen Götter! Wo in aller Welt sind wir denn? In welcher Stadt leben wir! Was haben wir für einen Staat? Hier, ja hier in unserer Mitte, Senatoren, in dem heiligsten und erhabensten Rat der ganzen Welt, gibt es Leute, die auf Vernichtung dieser Stadt, ja des ganzen Erdkreises sinnen. Ich, der Consul, sehe sie vor mir und muß sie sogar über das Wohl des Staates fragen. Sie, die man mit dem Schwert ausrotten müßte, darf ich nicht einmal mit Worten verletzen...«

Und der Senat lauscht: Kein Zwischenruf zerreißt den kunstvoll gesponnenen Faden, der allmählich zum Netz wird...

2.
Einst eine Versammlung von Königen

Der römische Senat

Verlassen wir für eine Weile diesen Schauplatz, um den Ereignissen, Kräften und Personen nachzuspüren, die das Geschehen bis zu diesem 8. November 63 vorantrieben. Den dramatischen Fortgang dieser Senatssitzung werden wir ohnehin nicht versäumen.

Bis zum heutigen Tage schwingt etwas seltsam Würdevolles mit, wenn von »Senat« die Rede ist; und zahlreiche neuzeitliche Institutionen haben sich den alten klangvollen Namen ausgeliehen: Die Vertreter der amerikanischen Bundesstaaten bilden ebenso einen Senat wie die gewählte Exekutive der deutschen Stadtstaaten Berlin, Hamburg, Bremen. Die französische Republik kennt einen Senat, und das höchste bundesdeutsche Gericht tritt unter diesem Namen zusammen. Selbst in Thomas Manns »Buddenbrocks« schafft erst der Titel »Senator« jene Aura des würdevoll Patriarchalischen, wie es kein anderer Titel vermag. Auch moderne Universitäten möchten nicht auf einen Senatspräsidenten verzichten; und daß die Werbung nach dem Namen griff, um vom Oberhemd bis zum Auto das Flair des Exklusiven vorzugaukeln, darf nicht erstaunen, denn:

Name ist keineswegs immer Schall und Rauch! Wenn wir heute – und zwar international! – einen weit über zweitausend Jahre alten Begriff benutzen, ein Wort, das wir zurückverfolgen können bis an die Grenze zur Vorgeschichte, dann muß die ursprüngliche Institution, die den Begriff prägte, über die Zeiten hinweg auf die Nachgeborenen einen ungeheuren Eindruck gemacht haben. Von keiner anderen politischen Einrichtung läßt sich Gleiches sagen: Der »Sanhedrin« war und blieb ebenso eine spezifisch jüdische Institution eines ganz bestimmten Zeitabschnitts wie die griechische »Polis« oder die »Signoria« italienischer Stadtstaaten der Renaissance. Moderne Begriffe wie Parlament, Bürgerschaft, Rat, Nationalversammlung sind Neuschöpfungen, vergleichsweise farblos und austauschbar, werden mit Sicherheit irgendwann in der Zukunft wieder verschwinden. »Senat« aber wird bleiben, solange noch ein Rest universalgeschichtlichen Empfindens die Menschen bewegen wird. Warum?

Da steht in einsamer Souveränität der Titusbogen beim römischen

Forum, faßt mit breitgesetzten Füßen die heilige Straße Altroms. An seiner Stirn fällt die in Stein gemeißelte Formel ins Auge: SPQR, SENATUS POPOLUSQUE ROMANUS, Senat und Volk von Rom. Wollten wir ein modernes Pendant erfinden, könnten wir die bekannten großflächigen Anzeigetafeln an einer Autobahnbaustelle heranziehen: DIES BAUTEN REGIERUNG UND VOLK DER BUNDESREPUBLIK DEUTSCHLAND. Aber solche Diktion enthielte – ganz zu schweigen von unserer aufgeklärten Abneigung gegen solches Pathos – mehrere Fehler: Es ist für unsere »dynamisch sich verändernde Gesellschaft« bezeichnend, daß sie nicht das fertige Bauwerk feiert, sondern nur bei der Entstehung sich aufrafft kundzutun, wer denn da die Landschaft verschandelt; Rom feiert das Statische, das Fertige, das Vollendete! Rom kannte nicht das, was wir heute unter »Regierung« verstehen, der Senat ist nie »die« Regierung. Zum dritten enthält die eherne Formel SPQR nicht den Namen eines Staates oder einer Nation, sondern den des Volkes von Rom. Schrieben wir also: »REGIERUNG UND VOLK VON BONN« – so rutschten wir in Bestätigung der alten Weisheit auf der Stelle vom Erhabenen ins Lächerliche, ja ins Blödeln! Wollten wir überhaupt in der Geschichte Europas eine glaubhafte Parallele finden, dann nur diese: »Kaiser und Reich«; sie enthält noch einen Rest jenes ungeheuren Selbstbewußtseins, das ein Römer empfinden konnte, wenn er auf öffentlichen Gebäuden die Formel SPQR fand.

Der römische Senat war schon zu seiner Zeit einzigartig, und ausländische Beobachter hatten einen oft besseren Blick für das typisch Römische als Rom selbst. Polybios[7], Chronist der Punischen Kriege, bewundert als Grieche gerade die Ausgewogenheit der römischen Verfassung. Über den Senat führt er aus:

»Der Senat hat erstens die Finanzhoheit. Er verfügt über alle Einnahmen und ebenso über die Ausgaben. Denn unter keinem einzigen Titel können die Quaestoren Zahlungen leisten, ohne daß ein Senatsbeschluß dafür vorliegt, mit Ausnahme der Zahlungen an die Consuln. Ebenso hat der Senat die Entscheidung über die bei weitem größten und wichtigsten Aufwendungen, die die Censoren alle vier Jahre für die öffentlichen Arbeiten, Reparaturen und Neubauten machen; alle Verbrechen in Italien unterliegen der Jurisdiktion des Senats. Wenn eine Privatperson oder eine Gemeinde in Italien der Schlichtung von Streitigkeiten, der Rüge, des Beistandes oder Schutzes bedarf, obliegt es dem Senat, dafür Sorge zu tragen. Wenn es ferner notwendig wird, an einen außeritalischen Staat eine Gesandtschaft zu schicken, entweder um Frieden zu vermitteln, Rat und Mahnungen oder auch Befehle zu erteilen, die Unterwerfung anzunehmen oder Krieg zu erklären, dann ist der Senat dafür zuständig.

Ebenso bestimmt er, wie die Gesandtschaften, die nach Rom kommen, empfangen und welchen Bescheid sie erhalten sollen. In allen diesen Dingen hat das Volk nicht das geringste zu sagen.

Wenn man infolgedessen während der Abwesenheit der Consuln nach Rom kommt, erscheint die Verfassung als rein aristokratisch, und dies ist die Überzeugung vieler Griechen und vieler Könige (auswärtiger Staaten); denn fast über ihre sämtlichen Angelegenheiten entscheidet der Senat.«[8]

Diese Beurteilung stammt zwar aus dem 2. Jahrhundert v. Chr., aber sie gibt Funktionen wieder, die schon aus den Anfängen der Republik stammen und die bis zu ihrem Ende praktiziert wurden.

Ähnlich der englischen Verfassung sind die Zuständigkeiten des Senats nie schriftlich formuliert worden. Wie so oft in Rom bestimmt auch hier das »mos maiorum«, die Sitte der Väter, die politischen Fragen der jeweiligen Gegenwart, bis hin zu Verfahrensfragen.

Aber Polybios hat längst nicht alle Funktionen genannt, weil sie damals selbstverständlich waren, vor allem aber, weil man noch nicht unsere leidvolle Gepflogenheit kannte, alle verfassungsrechtlichen Vorgänge substantivisch, das heißt abstrakt zu formulieren. So wäre noch zu nennen:

Die Bestätigung von Gesetzen und Wahlen durch die patrizischen Mitglieder; das Recht, Gesetze aufgrund von Verfahrensmängeln zu kassieren; Kontrolle aller Magistrate, also der Exekutive – wenn auch oft erst wegen Amtsimmunität nach Ablauf der Amtszeit; Entscheidung über alle Fragen der Außenpolitik; Aufsicht über die Provinzverwaltung; Benennung der von den Magistraten zu erlosenden Provinzen für die jeweiligen Statthalter; Aufsicht über das Finanz- und Sakralwesen; Entscheidung über den Staatsnotstand und Einsetzung außerordentlicher Gerichte; das Recht, besondere Schutztruppen aufzustellen; seit 121 der Brauch, im äußersten Notfall durch das »SENATUS CONSULTUM ULTIMUM« – etwa: »letztwillige, unwiderrufliche Entscheidung des Senats« – die Magistrate zu ermächtigen, ohne Rücksicht auf geltende Gesetze alle Mittel des Staates zur Abwehr der Gefahr von innen oder außen einzusetzen; die berühmte Formel lautet: »DARENT OPERAM CONSULES NE QUID RES PUBLICA DETRIMENTI CAPERET.« Wörtlich: »Die Consuln sollen achtgeben, daß der Staat keinen Schaden nehme.«

Im Verlauf unserer Geschichte werden wir öfter sehen, zu welchen Komplikationen diese Funktionen in Krisenzeiten führen konnten, denn, um es hier schon vorwegzunehmen: Durch die unzähligen Patronatsverhältnisse – wir würden da von Lobbies und pressure groups sprechen –, die die Senatoren mit Bürgern und Fremden verbanden, waren im Hohen Hause alle Interessen vertreten.

Nun sind all die genannten Kompetenzen dieses Staatsorgans nicht von heute auf morgen entstanden; wie das Imperium Schritt für Schritt – sprich: Krieg für Krieg – neue Horizonte anvisierte, entwickelte sich der Senat allmählich vom Kronrat der römischen Könige, vom Rat der Alten (senex = Greis) zum allumfassenden Staatsorgan der mittleren und späten Republik. Und erst die Wirren des Jahrhunderts der Revolution versetzten ihm den Todesstoß. Solange der Senat die ihm gestellten Aufgaben bewältigte, war die Republik lebensfähig; und die Krise des Staates wurde zugleich die Krise des Senats.

Da wir im Verlaufe unserer Geschichte des öfteren mit dem Hohen Hause zu tun haben, wobei wir Zeuge dramatischer Auseinandersetzungen sein werden, sollten wir uns kurz über einige Verfahrensfragen informieren; denn die Geschäftsordnung des römischen Senats deckt sich nicht immer mit den Gepflogenheiten eines neuzeitlichen Parlamentes.

Es scheint eine historische Norm zu sein, daß Führungsgremien in jungen Staaten immer aristokratischen Ursprungs sind. Dieser Sachverhalt wurde schon in der Antike eifrig diskutiert, besonders unter den Griechen, wo es zur Pflicht eines wahrhaft universal denkenden Philosophen gehörte, über Werden und Wechsel der Staatsverfassungen nachzudenken und Modelle des Idealstaates zu entwerfen.

Gleich zu Beginn der Republik, nachdem man den letzten etruskischen König ohne Handgepäck vor die Stadttore gesetzt hat, zeigt sich die Stärke dieses aristokratischen Clubs, dessen Mitglieder ihm auf Lebenszeit angehören. Denn: »Jede Aristokratie hat die Tendenz zum Zusammenhalt und zur Verewigung des Standes.«[9] Was uns Heutige angeht, so ist die Aristokratie der Bürokratie gewichen.

Die jährlich aus den eigenen Reihen gewählten Magistrate wechseln ständig und treten nach Erledigung ihrer Aufgaben in den Rat zurück. So war von Anfang an für eine krisenfeste Kontinuität der politischen Maßnahmen gesorgt.

Aus der frührömischen Überlieferung, einer Mischung aus Mythos, Dichtung und Wahrheit, geht hervor, daß um das Jahr 509 v. Chr. der letzte »römische« König, Tarquinius Superbus, vom Thron gejagt und in die Verbannung geschickt wurde. Sein Bild trägt alle Züge des Tyrannen – und ist mithin, wie immer in solchen Fällen, überzeichnet: Die Leute behalten immer das, was die Sieger ihnen einreden. Jedenfalls gelangt er durch Mord am Vorgänger zur Herrschaft; unterdrückt mit Gewalt die stadtrömischen Adelsgeschlechter; kann sich nur durch willkürliche Rechtsprechung und Besteuerung, Ausschaltung des Kronrates und Fronarbeit (Bau des capitolinischen Tempels und anderer Großprojekte) halten.

Es ist erstaunlich, mit welchem Selbstverständnis der Senat in die Lücke tritt. Livius, Chronist dieser Jahre, stellt lapidar fest: »Jetzt wurden auf einer nach Centurien berufenen Wahlversammlung zwei Consuln gewählt: Lucius Iunius Brutus (mythischer Vorfahre des Caesarmörders) und Lucius Collatinus.« Und das folgende zweite Buch seiner Geschichte beginnt er stolz: »Jetzt will ich die Leistungen des nun selbständigen römischen Volkes in Krieg und Frieden beschreiben – und die Kraft der Gesetze, die stärker sind als Menschen.«[10]

Daß letzteres nicht immer zutrifft, werden wir noch oft feststellen.

Einen Stadtstaat von einigen hundert Quadratmeilen im Griff zu halten, bereitete zunächst keine Schwierigkeiten. Mit der Ausdehnung über Mittelitalien und dem Griff nach den Inseln erreichten die Verwaltungsaufgaben neue Dimensionen; denn die Grenzen des römischen Einflusses weiteten sich von Jahrzehnt zu Jahrzehnt an allen Küsten des Mittelmeeres. In drei fürchterlichen Kriegen, die bis an die Substanz gingen, wurde Karthago, der Konkurrent im Süden, niedergerungen.

Und Rom trat das territoriale Erbe der maritimen Großmacht in Nordafrika und Spanien an. Dann kamen Griechenland und der Osten an die Reihe, Roms Schatten reichte bald bis nach Armenien.

Daß es in diesen turbulenten Jahrzehnten des 3. und 2. Jahrhunderts nie zu tiefergreifenden Verfassungskrisen und Kompetenzstreitigkeiten der Führungskräfte kam, ist ein in der Geschichte einmaliges Phänomen. Voraussetzung war die ungewöhnliche Disziplin, mit der der römische Senatsadel eigene Ansprüche dem Staatsinteresse unterordnete.

Die eigentümliche Organisation der römischen Herrschaft, in der die Magistrate kaum vermehrt, dafür die örtliche Selbstverwaltung weitgehend belassen und die aristokratischen Treueverhältnisse (Clientel) stark ausgebaut wurden, ließ die Erfahrungen und die sich vererbenden Beziehungen der Senatoren für die Verwaltung des Imperiums unentbehrlich werden.

So schreibt denn auch Polybios, den römischen Pragmatismus bewundernd:

»... ist als die wichtigste Ursache in allem Geschehen für Erfolg und Mißerfolg der Verfassungszustand (des Staates) anzusehen. Denn aus diesem entspringen wie aus einer Quelle nicht nur alle Entwürfe und Pläne zum Handeln, sondern auch ihre Durchführung, und ihr Ausgang ist dadurch bedingt... Die meisten, die uns eine Verfassungslehre haben geben wollen (wie Platon oder Aristoteles), unterscheiden drei Verfassungsarten, die sie *Königtum*, *Aristokratie* und *Demokratie* nennen. Man kann aber mit Recht an sie die Frage richten, ob sie uns diese als die einzigen oder vielmehr die besten vorstellen. In jenem wie in diesem Fall sind sie meines Erachtens gleichermaßen im Irrtum. Denn es ist klar, daß als die beste Verfassung die anzusehen ist, die alle drei Einzelverfassungen in sich vereinigt... Die Römer sind mit ihrer Staatsverfassung (an dieses) Ziel gelangt, jedoch nicht durch theoretische Einsicht, sondern unter vielen Schwierigkeiten und Kämpfen. Aus jedem Fehlschlag zogen sie eine Lehre, wählten das Bessere: Sie besitzen die beste Verfassung, die es heute gibt... Es gab drei Teile, die im Staat Gewalt hatten. So gerecht und angemessen aber war alles geordnet, waren die Rollen verteilt und wurden in diesem Zusammenspiel die staatlichen Aufgaben gelöst, daß auch von den Einheimischen niemand mit Bestimmtheit hätte sagen können, ob die ganze Verfassung aristokratisch, demokratisch oder monarchisch war. Und so mußte es jedem Betrachter ergehen. Denn wenn man seinen Blick auf die Machtvollkommenheit der Consuln richtete, erschien die Staatsform vollkommen monarchisch und königlich, die des Senats wiederum aristokratisch; und wenn man auf die Befugnisse des Volkes sah, schien es unzweifelhaft demokratisch...«[11]

Hätte Polybios hundert Jahre später gelebt, ist es fraglich, ob er sich zu solch enthusiastischem Lob bereitgefunden hätte. Das Gleichgewicht der Kräfte, die Rom zur beherrschenden Großmacht hatten aufsteigen lassen, war gestört: Die Rotation kam ins Schleudern, das Rad zeigte eine gefährliche Unwucht. Doch darüber mehr im zweiten Teil!

3.
Verwaltungsapparat einer Kleinstadt regiert ein Weltreich

Die Exekutive

Immer wieder findet sich in Darstellungen der römischen Republik das Wort von den »Parteienkämpfen«, wenn es darum geht, die Auseinandersetzungen zwischen »Popularen« und »Optimaten« zu beschreiben. Rom kannte keine Parteien; wenn denn Parteien »... an der Bildung des politischen Willens des Volkes auf allen Gebieten des öffentlichen Lebens mitwirken, indem sie auf die Gestaltung der öffentlichen Meinung Einfluß nehmen, die politische Bildung anregen und vertiefen, die aktive Teilnahme der Bürger am politischen Leben fördern..., sich durch Aufstellung von Bewerbern an den Wahlen... beteiligen, auf die politische Entwicklung in Parlament und Regierung Einfluß nehmen, die von ihnen erarbeiteten Ziele in den Prozeß der staatlichen Willensbildung einführen und für eine ständige lebendige Verbindung zwischen Volk und den Staatsorganen sorgen.« Und schließlich: »Die Parteien legen ihre Ziele in politischen Programmen nieder.« So formuliert es das Gesetz über die politischen Parteien der Bundesrepublik Deutschland vom 24. Juli 1967.

Gewiß ist es von der historischen Redlichkeit her riskant, weil verfälschend, den Parteienbegriff einer modernen pluralistischen Gesellschaftsordnung auf ein Staatswesen zu übertragen, das nach antiker Auffassung – wie wir sahen – monarchische, aristokratische und demokratische Züge in sich vereint. Wenn auch wir im folgenden hin und wieder das Wort benutzen, dann nur, weil es keinen besseren Sammelbegriff gibt, der all das zusammenfaßt, was wir spontan darunter verstehen: eine Verbindung von Staatsbürgern, die aufgrund gleichgerichteter politischer Ziele und Interessen Einfluß auf die staatliche Willensbildung, insbesondere durch Teilnahme an einer Wahl erstreben.

So weit, so gut: Die römische Verfassungswirklichkeit ist ja deshalb für uns so verwirrend, weil sie eine Mischung aus Kräften bildet, denen wir heute nach mehreren Revolutionen und Weltkriegen die Legitimation zur herrschaftlichen Einflußnahme abgesprochen haben. Doch was uns befremdlich erscheint, ist jedem Römer selbstverständliche und täglich erfahrene Wirklichkeit: Senat, Exekutive und Volk betreiben gemeinsam die politische Willensbildung in der »öffentlichen Sache«, genannt RES PUBLICA.

Cicero hat in der Zeit seiner größten Depressionen, als die Republik in den fünfziger Jahren in Terror und Chaos zu versinken drohte, in »De re publica« das Modell des guten Staates entworfen, indem er Elemente platonischer, aristotelischer, hellenistischer Staatslehre mit römischer politischer Tradition zu einem imponierenden Ganzen verband. Da heißt es:

»Das Gemeinwesen (res publica) ist also die Sache des Volkes (res populi); Volk aber ist nicht jede Vereinigung von Menschen, die auf jede nur erdenkbare Weise sich wie eine Herde zusammengeschart hat, sondern der Zusammenschluß einer größeren Menschenzahl, der auf der Grundlage einer Rechtsvereinbarung (iuris consensu) und einer Interessengemeinschaft (utilitatis communione) erfolgt ist... Bei diesem Menschengeschlecht handelt es sich nicht um Einzelindividuen oder Einzelgänger, sondern es ist von Natur aus so veranlagt, daß der Mensch, mag er in noch so reichem, allseitigen Überfluß leben, in seiner Vereinzelung nicht bestehen kann, sondern so geschaffen ist, daß er nicht einmal bei einem Überfluß an allen Dingen der Mithilfe und Anteilnahme seiner Umwelt entbehren könnte...«[12]

Wie Polybios stellt er dann die Frage nach der besten Verfassung und kommt zu diesem Gesamturteil:

»Erstens, es muß in dem Staatswesen eine gewisse monarchische Spitze vorhanden sein; ferner, eine zweite Kraft muß der Einfluß darstellen, der der politischen Führungsschicht zugemessen und zugewiesen ist; drittens, gewisse Aufgabengebiete müssen dem Urteil und der Willensbildung der großen Masse des Volkes vorbehalten bleiben. Eine solche Verfassung gewährleistet einmal ein hohes Maß von Ausgeglichenheit, auf das freie Menschen auf die Dauer kaum verzichten können; zum zweiten eine Sicherheit, weil jene drei Grundformen leicht in die gegenteiligen Mißformen umschlagen können, so daß aus dem König ein Gewaltherrscher, aus den Optimaten ein Parteiklüngel, aus der geordneten Demokratie ein durcheinandergewürfelter Haufen entsteht...«[13]

Dies im übrigen Sätze, die bis heute nichts an Aktualität verloren haben. Denn: Politische Willensbildung, mithin das, was die Kräfte eines Gemeinwesens nach innen und außen steuert, entsteht aus der Spannung verschiedener Interessen, Ideale, Bedürfnisse. Und es liegt in der Natur des Menschen, sich von anderen führen zu lassen. Kant meinte dazu: »Faulheit und Feigheit sind die Ursachen, warum ein so großer Teil der Menschen, nachdem sie die Natur längst von fremder Leitung freigesprochen, dennoch gern zeitlebens unmündig bleiben; und warum es anderen leicht wird, sich zu deren Vormündern aufzuwerfen.«

Politische Geschichte aber ist unter anderem dadurch so interessant, daß wir vom bequemen Sessel aus einen Blick in die blutigen Konflikte früherer Epochen werfen können und dabei unsere Aggressionen, Wünsche, Illusionen und Ängste wiederfinden, ohne selbst zum Leidtragenden und Betroffenen zu werden. Geschichte wird dann zum Welttheater, die Handelnden zu typisierten Figuren: »Wir staunen sie an, wie wir ein Monstrum anstaunen; und wenn wir unsere Neugierde gesättigt haben, so danken wir dem Himmel, daß sich die Natur nur alle tausend Jahre einmal so verirret.« Letzteres ein Statement von Lessing.

Doch dies ist erst die halbe Sache: Seit der Mensch in großen Gemeinschaften zusammenlebt, ist er auf der Suche nach dem bestmöglichen Rahmen, der beiden Vertretern der Spezis gerecht wird: den Trägen, Passiven und den Aktiven, Aggressiven; er bastelt an Instrumenten und Organen, die ihm helfen sollen, mit seinen individuellen und sozialen Schwächen und Anfälligkeiten fertig zu werden. Wie sagte Licius: »...die Kraft der Gesetze, die stärker ist als Menschen.«

Noch heute ist es bewundernswert, mit welch einfachen Werkzeugen die wachsenden Probleme der Republik über vierhundert Jahre gemeistert wurden. Zwei Prinzipien bestimmen von Anfang an das politische Leben: Annuität, verbunden mit Kollegialität. Konkret: Die hohen Staatsämter mit Exekutivgewalt (imperium), Konsulat und Praetur, werden immer nur auf ein Jahr und immer doppelt besetzt! Wiederwahl ist erst nach einem längeren Zeitraum (später zehn Jahre) möglich. Diese weise Vorsichtsmaßnahme hat von vornherein jeglichem Streben nach Alleinherrschaft einen Riegel vorgeschoben. Außerdem konnte etwa der eine Consul eine Maßnahme des andern durch sein Veto zunichte machen. Folglich war man gezwungen, in lebenswichtigen Fragen der Nation eine sachliche Übereinkunft zu treffen; und darin liegt von Anfang an die Stärke des Systems.

Da wir im Zusammenhang mit Catilina und seiner Verschwörung des öfteren auf Kompetenzfragen der consularischen Machtbefugnis stoßen werden, sollten wir uns hier einen vorläufigen Überblick über die Aufgaben dieses wichtigsten Staatsamtes verschaffen. Die Consuln (von »consulere« = beraten, aus »con-sedium« zu »con-sedere« = zur Beratung zusammensitzen) sind seit etwa 450 die beiden höchsten und mächtigsten Exekutivmagistrate Roms. Über sie schreibt unser Polybios:

»Solange die Consuln in Rom anwesend sind, das heißt, ehe sie ins Feld ziehen, haben sie in der Stadt die Entscheidung über alle staatlichen Angelegenheiten. Denn alle anderen Beamten, mit Ausnahme der Volkstribunen (s. u.), sind ihnen untergeordnet und zum Gehorsam verpflichtet. Sie führen die Gesandtschaften (auswärtiger Mächte) in den Senat ein; ferner berichten sie über alle wichtigen Vorgänge an den Senat und befragen ihn nach seiner Meinung; in ihrer Hand liegt die Ausführung der (von Senat und Volk gefaßten) Beschlüsse. In allen politischen Fragen, in denen die Entscheidung beim Volk liegt, haben sie das Nötige zu veranlassen: die Volksversammlung einzuberufen, Vorschläge zu machen und Anträge einzubringen und für die Ausführung der Beschlüsse der Mehrheit zu sorgen. In der Vorbereitung und Rüstung für den Krieg und in der gesamten Führung der Operationen besitzen sie eine fast unumschränkte Gewalt. Ihnen steht zu, von den Bundesgenossen nach freiem Ermessen die Gestellung der erforderlichen Kontingente zu fordern, die Kriegstribunen (Stabsoffiziere) zu ernennen, die Soldaten zu mustern und die Tauglichsten auszuheben. Ferner sind sie befugt, im Felde von ihren Untergebenen zu bestrafen, wen sie wollen. Sie sind berechtigt, aus öffentlichen Mitteln Ausgaben in jeder Höhe zu machen, die ihnen notwendig erscheint, und der Quaestor (Finanzinspekteur), der ihnen beigegeben ist, führt anstandslos jeden ihrer Befehle aus.«[14]

Die den Consuln übertragene »höhere Gewalt« (wörtlich: maior potestas) heißt »imperium«; und dieser Begriff ging in den romanischen Sprachen, etwa dem Französischen, in »empereur« (Kaiser) und »empire« (Reich) auf. (Während das deutsche »Kaiser« und russische »Zar« sich direkt von »Caesar« ableiten.)

Mit dem Imperium, der höchsten Kommandogewalt im Krieg, war auch das Recht des öffentlichen Triumphes verbunden; allerdings durfte ein Imperiumsträger niemals die geheiligte Stadtgrenze, das »pomerium« überschreiten, es sei denn, er legte sein Imperium nieder. Umgekehrt genoß derjenige Imperiumsträger, der die Mauer nach außen überschritt, auf der Stelle Amtsimmunität und konnte, wie etwa Caesar nach seinem Consulat, nicht mehr politisch oder juristisch belangt werden. Spitzfindigkeiten – würden wir sagen; gewiß, am Ende der Republik wurden solche heiligen Bräuche ganz nach Opportunität entweiht. Aber dahinter steckt die großartige Idee des politischen Friedens innerhalb der Mauern, der sich dann später zum augusteischen Frieden (Pax Augusta) exponierte und so eine der friedlichsten Zeiten der Menschheit einleitete.

War das Consulat zunächst nur den Patriziern, also Abkömmlingen des römischen Uradels, zugänglich, so erkämpften sich die Plebejer, d. h. die nichtadligen freien Bürger, bis 367 das Recht, einen der beiden Consuln zu stellen. So entstand der Amtsadel, die Nobilität (nobilis = edel); und nur *der* Senator galt etwas, der unter seinen Vorfahren eine Reihe von Consuln vorzuweisen hatte. Seine Nachkommen rückten automatisch im Senat nach.

Freilich war es beinahe ein aussichtsloses Unterfangen für einen Nichtadligen, ein senatorisches Amt anzustreben; und die patrizische Sprachregelung nannte jeden, der die Hürden erfolgreich nahm, herablassend »homo novus«, neuer Mann. Wir würden von »Emporkömmling« reden.

Wir haben ein köstliches Zeugnis dafür, wie ein erfolgreicher »homo novus« mit sarkastischer Ironie seiner Abneigung gegen »die da oben« freien Lauf läßt: Marius. Er hat damals freilich die Ochsentour hinter sich; ist vom einfachen Soldaten bis zum Oberbefehlshaber in Afrika aufgestiegen, schlägt sich noch zwei Jahre (bis 105) in einem zermürbenden Krieg mit dem listigen Numiderfürsten Jugurtha herum und wird danach in die Bresche springen, um der drohenden Germanengefahr im Norden (Cimbern und Teutonen) Herr zu werden.

Nach seiner Wahl zum Consul (107) hält er vor dem Volk eine Rede; und man glaubt selbst in der Übersetzung den Haudegen zu hören, dem vornehme Konventionen nichts gelten:

»... Ihr habt entschieden, ich solle mit Jugurtha Krieg führen, und darüber hat sich der Adel heftig geärgert. Ich bitte, erwägt noch einmal bei euch, ob es nicht besser wäre, das zu ändern, indem ihr einen aus jener adligen Clique zu diesem oder einem andern solchem Geschäft abordnet; einen Menschen von alter Sippschaft, mit einer großen Ahnengalerie, aber ohne Kriegsdienst, versteht sich, damit er bei seiner gänzlichen Ahnungslosigkeit in einer so wichtigen Sache herumzappelt, sich überhastet und sich einen aus dem Volk als Vorsager in seinem Dienst zulegt... Vergleicht nun, Quiriten, mit diesen eingebildeten Kerlen mich, den Neuling (homo novus)! Was die gewöhnlich nur vom Hören oder Lesen her kennen, das habe ich im Felde gelernt. Jetzt urteilt, ob Taten oder Worte mehr wert sind! Sie verachten meinen jungen Adel, ich ihr Nichtstun... Ich kann zu meiner Beglaubigung keine Ahnenbilder, keine Triumphe oder Consulare meiner Vorfahren aufweisen, wohl aber, falls erforderlich, Speere, ein Fähnlein, Schilde und andere Kriegsauszeichnungen, außerdem Narben auf der Brust. Das sind meine Ahnenbilder, das ist mein Adel, der freilich nicht erblich mir hinterlassen ist, wie jenen der ihre, sondern all das habe ich mir persönlich durch unendliche Mühen und Gefahren erworben. Meine Worte sind nicht wohlgesetzt, daraus mache ich mir wenig. Das Verdienst an sich genügt zu seiner Darstellung; die aber brauchen rednerische Kunstgriffe, um Schandtaten durch Worte zu verdecken. Auch die Schriften der Griechen habe ich nicht studiert. Ich fand keinen Gefallen daran, sie zu studieren, da sie den Verfassern zur Mannhaftigkeit nicht gefrommt haben. Aber in dem, was für den Staat das weitaus Beste ist, darüber bin ich unterrichtet: einen Feind niederzuschlagen, Wachdienst zu tun, nichts zu fürchten als einen beschmutzten Ruf, Winter und Sommer gleichmäßig zu ertragen, auf dem Boden zu schlafen, zur selben Zeit Mangel und Anstrengung auszuhalten...

Filzig nennen sie mich und von unfeinen Sitten, weil ich ein Gastmahl vornehm auszurichten nicht verstehe, keinen Possenreißer halte und keinen Koch habe, der mehr kostet als ein Hausverwalter. Das will ich gerne zugeben, Quiriten. Denn von meinem Vater (er war Bauer) und anderen ehrwürdigen Männern habe ich also vernommen: Putz zieme Weibern, Arbeit Männern, und ein Wackerer müsse mehr Ruhm als Reichtum besitzen. Waffen, mein Hausgerät, seien mein Schmuck...«[15]

Diese Sprache spricht für sich, und wir verzichten auf jeden Kommentar.

Aus dem Bisherigen wird klar, daß in normalen Zeiten – sofern es sie gibt – nur ein Mann, der die magistrale Praxis von Grund auf kennengelernt hat und auch in den militärischen Dingen kein Neuling ist, den Aufgaben solch umfassenden Amtes gewachsen ist. Und es hat schon seine grundsätzliche Bedeutung für die ruhige Fortdauer des Gemeinwesens, daß jedem Bewerber Optionen auferlegt wurden, wie es sich ja auch in unseren Tagen als vorteilhaft erwiesen hat, einen aufsteigenden Politiker erst einmal den politischen Kleinkrieg und Klüngel an der Basis bewältigen zu lassen. Immer wird dem, der ein öffentliches Amt bekleidet, der Nachweis besonderer Eignung abverlangt werden; denn jeder Staat ist grundsätzlich konservativ, da die Gesetze seiner Verfassung immer älter als der Tag sind.

Mit dem Anwachsen der zu bewältigenden Aufgaben entstanden neue Ämter, der Consul delegierte Polizeiaufsicht und Marktkontrolle an die Aedilen. Ursprünglich Tempelhüter (aedes = Tempel) beim Cerestempel auf dem Aventin – wo stets Markt abgehalten wurde –, war es natürlich, deren ordnende Kompetenz auf das Stadtgebiet zu übertragen. Auch ihr Amt war einjährig.

Die Quaestoren (Befrager) schließlich waren in der Königszeit wahrscheinlich Untersuchungsrichter in Mordfällen, wurden dann von den Consuln ernannt als – wir würden sagen – »Staatssekretäre für Finanzfragen«. Anfangs gab es zwei, nach 447 vier Quaestoren; zwei von ihnen begleiteten die Consuln als Verantwortliche für Kriegskasse und Proviantmagazine, während die übrigen Staatsschatz und Archiv beaufsichtigten.

Der Censor (Schätzer) schließlich hatte das vornehmste Amt inne. Nur Consulare, also ehemalige Consuln, konnten die Censur erreichen. Voraussetzung war ein vorbildlicher Lebenswandel ohne dunkle Flecken. Es ist das einzige Amt, das eine »Legislaturperiode« von fünf Jahren ermöglichte. Ganz entfernt kann man es mit den Funktionen eines demokratisch-republikanischen Staatspräsidenten vergleichen, da es über den Parteilichkeiten des politischen Alltags stehen soll. Das erkennt man auch an seinen Zuständigkeiten: Aufstellung der neuen Bürgerverzeichnisse (Steuer, Truppenaushebung), Verteilung der Bürger auf die Stände; Beurteilung des Lebenswandels der Bürger mit dem Recht, Senatoren aus dem Senat auszustoßen; letztlich auch Aufgaben eines Finanzhofes mit Kontrolle der laufenden Ausgaben.

Es ist bezeichnend für die römische Staatsauffassung, daß alle diese Ämter ohne Entgelt ausgeübt wurden. Ein Amt ist dem Römer »honor«, Ehre, und die Ämterlaufbahn nennt er »cursus honorum«, wörtlich »Ehrenlauf«.

Die Reihenfolge (und später die Altersgrenze) ist genau vorgeschrieben: 1. Quaestur (31 Jahre), 2. Aedilität, 3. Praetur (40 Jahre), 4. Consulat (43 Jahre), 5. Censur.

Nun gibt es neben diesen republikanischen Wahlämtern noch ein Amt, das auf den ersten Blick in totalem Widerspruch zu den erkämpften Errungenschaften der Republik steht: die Diktatur!

Sie besagt: In Zeiten der Wirren, in existenzbedrohenden Krisenzeiten, beim Versagen beider Consuln kann ein Diktator (wörtlich »der, der zu sagen hat«) die gesamte Staatsmacht ohne Einschränkung in seiner Hand vereinigen. Er hat totale Exekutiv-, Legislativgewalt und kann für seine Handlungen im Gegensatz zu Consuln und Praetoren nicht zur Rechenschaft gezogen werden. Allerdings ist seine Amtsdauer beschränkt auf ein halbes Jahr, dann tritt er wieder in die Reihen des Senats zurück. Er ernennt sich mit dem »magister equitum« (Reiteroberst) einen Gehilfen und Stellvertreter, der an seine Weisungen gebunden ist – und mit ihm wieder zurücktritt.

Wir haben hier die erste Notstandsgesetzgebung der Geschichte vor uns, von der Josef Vogt sagt: »Im Gesamtgefüge der römischen Republik muß die Diktatur als eine Schöpfung des politischen Genius bezeichnet werden, als eine in Reserve gehaltene monarchische Führerstellung, die immer wieder in Anspruch genommen wurde und trefflich gewirkt hat, solange sie ihren ursprünglichen Charakter bewahrte.«[16]

Ein zweites außerordentliches Amt erinnert noch direkter an monarchische Zeiten: Bei Ausfall der Regierung durch Tod, Abdankung oder sich hinschleppende Wahlen ernennt der Senat aus seinen Reihen den »interrex« (Zwischenkönig) für die Dauer von fünf Tagen, um die laufenden Geschäfte zu erledigen. Das kann sich so hinziehen bis zur endgültigen Wahl der Consuln. Auch dieses Amt wurde bis ins 1. Jahrhundert v. Chr. beibehalten.

Bleibt noch das jüngste der politischen Ämter, das Volkstribunat. Nach römischer Tradition ist es um 494 entstanden, nach der sogenannten 1. »secessio plebis«, dem »Auszug auf den Heiligen Berg«, als die Plebs es ablehnte, sich weiterhin von Patriziern und Nobiles bevormunden zu lassen. Die Macht des »tribunus plebis« beruht auf seiner »geheiligten Unverletzlichkeit« (sacrosanctitas) und auf seinem Einspruchsrecht (»Veto« = ich erhebe Einspruch) gegen alle Maßnahmen der übrigen Magistrate *und* des Senats, wenn es darum geht,

Plebejer vor ungerechten Maßnahmen der Patrizier zu schützen. Im Gegensatz zu den übrigen Magistraten erhalten die Volkstribunen keine besonderen Insignien und sind keine Imperiumsträger, d. h. sie besitzen weder militärische Kommandogewalt noch richterliche Kompetenzen. Auch dieses Amt wurde am Ende der Republik zu einem rein demagogischen Machtinstrument umfunktioniert.

Sollte einmal ein unbeschriebenes Blatt ohne Durchlaufen der unteren Ämter zum Consul avancieren – Pompeius, immerhin Sohn eines Consulars, schaffte es nach außergewöhnlichen Taten –, so mußten sich Schwierigkeiten ergeben; und Terentius Varro, Polyhistor und wandelndes Lexikon, größter römischer Gelehrter des Jahrhunderts[17], hielt es damals für angebracht, dem »General«-Consul Nachhilfeunterricht über die Geschäftsordnung des Senats zu erteilen. Auf Einzelheiten dieses Aide-mémoirs kommen wir im Zusammenhang mit der Senatssitzung vom 5. Dezember 63 zurück.

Überschlagen wir unsere Kenntnisse um die magistrale Verwaltung des Imperiums an der Wende vom 2. zum 1. Jahrhundert, eines Territoriums, das etwa die Größe der heutigen EG-Staaten hat, so stellen wir staunend fest, daß eine moderne Großgemeinde von 20000 Einwohnern einen größeren Verwaltungsapparat benötigt, um allen Bürgern gerecht zu werden, als Rom mit seinen 3 Millionen Bürgern und 20 Millionen Provinzbewohnern. Ist das ein Fortschritt? Wer weiß ...?

4.
Vom »zoon politikon« zum Stimmtier

Die Entmündigung des römischen Volkes

»Volk: germanisches Stammwort mit vielfältigen, zum Teil sich durchkreuzenden Bedeutungen, die sich aus dem Begriffswandel im Laufe der Jahrhunderte ergeben: 1. Im polit. Sprachgebrauch sowie im geschichtl. Sinn ist Volk im wesentlichen gleichbedeutend mit Nation, insbes. auch im internationalen Gebrauch (Völkerbund, franz. Société des Nations; Völkerrecht, engl. Law of Nations). Ein Volk ist durch gemeinsame geistige u. kulturelle Entwicklung und meist – aber nicht notwendig, z. B. Schweiz – durch eine gemeinsame Sprache verbunden; dazu tritt in steigendem Maße das Streben nach polit. Einheit (Staat). Stämme und Völker werden unter den Bedingungen ihrer Umwelt durch geschichtl. Ereignisse geprägt... 2. Eine in der deutschen Klassik und Romantik geprägte Bedeutung von Volk (im Sinne von tragender Kraft des geschichtlichen Lebens) lebt in Begriffen wie: Volkstum und Volksgeist weiter. 3. Die ›breiten Schichten‹: Bauern, Handwerker, Arbeiter.«[18]

So ein modernes Lexikon präzis und knapp. In einer Enzyklopädie zur Antike suchen wir vergeblich nach einem ähnlichen Artikel; hat es im Altertum das, was wir unter »Volk« verstehen, nicht gegeben? »Alles Volk kam zu ihm...« – »Er aber sprach zum Volk...«, lauten die stereotypen Wendungen der Evangelien. Cicero hält eine Rede »vor dem Volk«; »das Volk setzte die Curie in Brand...«; schließlich: »SPQR« – Senat und Volk von Rom. Kaum ein Wort wird in der antiken Literatur so oft gebraucht wie »Volk«, und kein Begriff ist so ungenau in der inhaltlichen Aussage. Uns interessiert das römische Volk, was ist es?

Fragen wir noch einmal Polybios:

»Und doch bleibt dem Volke immer noch ein Anteil, und ein äußerst wichtiger. Denn allein das Volk entscheidet über Ehrung und Bestrafung, hat also das Band in der Hand, das allein obrigkeitlich gelenkte wie konstitutionelle Staaten und überhaupt das gesamte menschliche Leben zusammen und in Ordnung hält... Das Volk verhängt oft eine Geldstrafe, wenn dies der Schwere des Vergehens entspricht; vor allem auch gegen Männer, die die höchsten Ämter bekleidet haben. Das Todesurteil aber kann es allein aussprechen... Auch die Ämter vergibt das Volk an die, welche ihm dessen würdig scheinen: der schönste Preis für hervorragende Eigenschaften in einem Staat. Es entscheidet ferner über Annahme oder Ablehnung von Gesetzen, und, was das Wichtigste ist, es berät über Krieg und Frieden. Es bestätigt schließlich oder verwirft Bündnis- oder Friedensverträge oder andere Abkommen und gibt ihnen Rechtskraft. Nach all dem könnte man daher mit gutem Grund erklären, daß der Anteil des Volkes der größte ist und daß eine demokratische Verfassung vorliegt... Denn das Volk hat, wie gesagt, alle Abkommen und Friedensverträge zu bestätigen oder abzulehnen. Vor allem aber muß der Consul bei Niederlegung seines Amtes vor dem Volk Rechenschaft über seine Handlungen ablegen.«[19] (Letzteres haben in unseren Zeiten die öffentlichen Medien übernommen und zwingen so manch gestandenen Politiker, *vor* dem Ende seiner Amtszeit den Hut zu nehmen.) Aus dem Gesagten wird klar, daß es sich nur um die Bürger Roms, die freien cives Romani handeln kann; und wir haben so den wohl einmaligen Fall, daß die Einwohnerschaft einer Großstadt über die Geschicke von einigen Millionen Provinzbewohnern mitbestimmt.

Populus, Volk, ist eine alte italische Bezeichnung für die Stadt als politisches Gebilde und etymologisch eng verwandt mit »polis«, »plebs«, und in den modernen Sprachen mit englisch »folk« = Schar, Leute; russisch »polk« = Schar; deutsch »pulk« und natürlich »Volk«. Alle diese Wörter stammen von der indogermanischen Wurzel »pel«(ə), lateinisch »pleo« = gießen, schütten, füllen. Ursprünglich war der römische Populus der Heerbann der Gemeinde am Tiber, die sich über zwei Jahrhunderte hinweg scheeler Nachbarn aus den Gebirgstälern des Apennins zu erwehren hatte: zusammengesetzt aus den Aufgeboten der einzelnen gentes (Geschlechter). Als sich die Funktionen – und somit die Begriffe – von Volk und Heer schieden, bedeutete »populus« die Gesamtheit der patrizisch-plebejischen Bürgerschaft (cives, civitas), im engeren Sinn wiederum die zur Teilnahme an den Comitien[20] berechtigten Bürger.

»Plebs« hingegen ist in Rom alles, was nicht zu Patriziern (Uradel) und Nobiles (Amtsadel) gehört: die Menge, die breite Masse, der große Haufe, die Plebejer. Die abwertende Bedeutung als »Pöbel« im Gegensatz zu den Vornehmen kam erst viel später auf. Angehörige der Plebs waren Vollbürger wie die Patrizier, aber geringeren Ranges, hauptsächlich Kleinbauern, Handwerker, Kaufleute mit eigenem Jargon, Dialekt, Ehrenkodex: verteilt über besondere Stadtviertel, besonders rechts und links der Subura. (Siehe Stadtplan!)

Am Ende seiner vergleichenden Studie meint Polybios:

»Obwohl jeder der drei Teile solche Macht hat, einander zu schaden oder zu helfen, so wirken sie doch in allen kritischen Situationen so einträchtig zusammen, daß man unmöglich ein besseres Verfassungssystem finden kann.«[21]

Ob dieses wohlwollende Urteil noch für unsere Zeit, die sechziger und siebziger Jahre des 1. Jahrhunderts v. Chr. zutrifft, werden wir sehen. Schon unsere Eigangsszene zeigte: Der Senat tagt hinter verschlossenen Türen, das Volk bleibt draußen! Mithin haben wir bereits hier das Ärgernis aller Gemeinwesen vor uns: Die »verantwortlichen Kreise« beraten und entschließen abseits der Öffentlichkeit. Alles, was nach draußen dringt, ist Hörensagen, Spekulation, Gerücht. Aber die Manipulation beginnt bereits früher, Stichwort: »Lebensqualität«!

Dieses Rom der siebziger Jahre ist ein Drecknest! Und dies trotz der später so hochgelobten »Cloaca Maxima«, dem Hauptabwasserkanal, der ja nur die groben Fäkalien beseitigt. Gewiß war er schon eine imponierende Errungenschaft, verglichen mit den offenen, stinkenden Kotrinnen unserer eigenen mittelalterlichen Städte. Doch alles übrige, der vom Wasser nicht bewegbare Unflat, bleibt auf der Straße liegen, bis der Gestank unerträglich wird und rührige Nachbarn notgedrungen die Initiative ergreifen.

Schon am Tage würden wir uns mit Sicherheit verlaufen, denn die Straßen – meist winklige, enge Gassen – haben bis auf wenige keine Namen; Schilder gibt es nicht.

Wir stehen am Forum Boarium, Viehmarkt und Handelshafen am Tiber; wollen nach Nordosten, einen alten Freund besuchen. Wir waren lange nicht mehr hier, vieles hat sich in den letzten Jahren verändert: Neue Magazine und Speicher sind aus dem Boden gewachsen. Kräftige Sklaven entladen breite Lastkähne, schleppen auf quietschenden, von Ochsen gezogenen Karren Getreide in die Lagerhallen am Kai, freuen sich auf den Feierabend; denn die Sonne steht schon nahe am Horizont. Berge von Salz, Gestein, Sand häufen sich am Ufer. Der leichte Ostwind trägt Fisch- und Küchendünste aus den Hafenschenken herüber. Durch den Eingang einer Spelunke erkennen wir Legionäre beim Würfeln. Gewerbetreibende »Damen« machen sich an einen Bauern heran, der weinselig vorübertorkelt. Die Münzen im Beutel klirren herausfordernd. Da sonst niemand zu sehen ist, wenden wir uns an ihn:

»Was? Zu Sempronius dem Schmied willst du? ... Ist es der, der die hübsche Tochter hat...?«

»Er hat keine Tochter.«

»Dann ist es der Bucklige...«

»Er hat auch keinen Buckel...«

»Hm ...« Er rülpst. »Ist es der Rothaarige oder der mit der Glatze und Vollbart?«

»Der mit Glatze und Vollbart!«

»Aha! ... Tja, das wird aber ein langer Weg werden...«

Er fuchtelt uns trunken mit dem Zeigefinger vor der Nase herum. Wir versichern ihm, daß wir gut zu Fuß sind.

»Trotzdem! ...« Er schwankt. »Es dämmert schon. Ein übles Viertel!... Ich würde nicht ohne Bedeckung gehen!«

Er mustert unseren sozialen Status, kneift die Augen zusammen, weist mit der Hand um sich:

»Also... Wir sind hier am Viehmarkt ... Ihr geht zunächst...«

Und dann beschreibt er umständlich die Gassen, Straßen, Ecken, Plätze, an denen wir links, rechts, geradeaus und wieder links zu gehen hätten. Wir stapfen los, darauf bedacht, daß unsere Toga nicht den Straßenkot berührt. Schon am Forum ist es so dunkel, daß wir nur mit Mühe zwischen Curie und Basilika Aemilia die Abzweigung zum Argiletum finden, einem kleinbürgerlichen Viertel, von dem dann eine halbe Meile weiter westlich der Vicus Patricius abzweigt. Kein Mensch zu sehen, nur der Widerhall unserer eigenen Schritte von den Wänden.

Hochstockige Insulae beherrschen zu beiden Seiten die enge Straße und erdrücken die wenigen niedrigen Altbauten aus Holz, die längst auf der Abbruchliste eines cleveren Unternehmers stehen: Es heißt auch, M. Licinius Crassus Dives, der Reiche, habe das halbe Viertel gekauft – das halbe, denn er warte noch, bis die Preise fallen. Im Volk geht das Gerücht, er lasse bei Nacht heimlich Brände legen, schicke dann seine private Feuerwehr, die ein Auge darauf habe, daß denn auch kein Stein auf dem anderen bleibe und kaufe den ruinierten Besitzern Gelände und Ruinen für einen Spottpreis ab.

Der ständig steigende proletarische Zuzug vom Lande animiert die Profitgier zu immer höheren Mieten. Hier hausen zwölfköpfige Familien in ein oder zwei Zimmern. Plumpsklo über den Hof. Daneben der Brunnen. Vom Morgen bis in die Nacht Lärm. Am Tage überall Kinder: rotznäsig, frech, intelligent und schon verkommen. Die zusammengepferchte Enge macht sich in wahnwitzigen Aggressionen Luft, Messerstechereien sind an der Tagesordnung. Morgens sammeln Sonderkommandos der Aedilen unbekannte Leichen auf und verscharren sie irgendwo außerhalb der Stadt. Die Mörder laufen frei herum, niemand hat etwas gesehen.

Morgens schon hört man das Keifen und Zetern schmuddeliger Matronen von Fenster zu Fenster, wenn es darum geht, einen Platz an der Wäscheleine zu ergattern für die armseligen Wäschestücke. Unterwäsche ist unbekannt.

Alle paar Schritte eine Schenke, Gerüche von billigem Wein und scharfem Trester, der einen ahnungslosen Fremden schon nach einem Becher aus den Schuhen hebt. Als Stimulans zu weiterem Trinken animieren unglaublich scharf gewürzte Speisen, viel Fisch, wenig Fleisch, aber immer vermengt mit »liquamen«, dem Cetchup der Antike. Zum Knabbern reicht man gebrannte Mandeln und Röstkastanien. Und über allem der penetrante Gestank aus unsichtbaren Latrinen, Straßenkot, faulenden Abfällen. Hier leben die Ratten besser als die Menschen. Ein Eldorado für herrenlose Katzen und Hunde.

Von vorne Lärm! In der zunehmenden Dämmerung erkennen wir eine Gruppe trunkener Halbwüchsiger. Sie kommen dreist auf uns zu. Man mustert uns herausfordernd, schätzt unseren Wert, klopft in aufdringlicher Kumpanei auf unsere Schultern. Dennoch bemerken wir hellwach, wie unser übelriechendes Gegenüber uns blitzschnell und gekonnt nach einem versteckten Geldbeutel abtastet. Doch es ist nichts zu finden. Mercur sei Dank! Wir brauchten nicht zum Dolch zu greifen. Man läßt uns ziehen.

Wir stoßen die angehaltene Luft aus und schöpfen erleichtert neue, die eine frische Brise von der Küste herüberweht. Doch auch sie kommt nicht gegen die schweißigen, beißenden Ausdünstungen des Viertels an.

In der Tat, kein rechtschaffener Römer wagt sich bei Dunkelheit in diese Gegend. Und selbst die Diener distinguierter Häuser halten auf Abstand zum Pöbel.

Überhaupt der Pöbel! Er hat gewaltig zugenommen, ist frecher geworden, wohl auch intelligenter, da immer mehr junge, begabte Leute den Schlendrian unergiebiger Arbeit vorziehen. Zu Tausenden verlassen die Landleute mit Sack und Pack, Kind und Kegel ihre verschuldeten Höfe; können von Glück sagen, wenn sie noch einen treuen Sklaven mitbringen, denn es hebt das Ansehen. Aber wer vor dem Nichts steht, verhökert auch diesen beim Tempel des Castor und Pollux für einen Spottpreis, wenn der Alte auch noch so jammert. Und diese heruntergekommenen Leute sind trotz allem »freie« Bürger, die am Wahltag ihre Stimme abgeben dürfen; sie sind immer noch das alte Stimmtier, das man umschmeichelt, denn es ist launisch wie eh und je, mit der Gerissenheit der ewig Darbenden, die von der Hand in den Mund leben.

Mehr und mehr sind brachliegende Grundstücke verschwunden, die Häuser wachsen in die Höhe, und mit ihnen die Mieten. Doch immer noch pflegen einige Bauern in den Randbezirken, direkt unter der servianischen Mauer[22], ihre alten Gebäude, Höfe, Stallungen, Scheuern, führen ihr karges, aber rechtschaffenes Leben mitten unter den Städtern: Rudimente einer anderen Zeit.

Vielleicht hat auch tagsüber der Trubel am Forum, im Circus Maximus, am Forum Boarium zugenommen; doch man begegnet den stets gleichen Gesichtern der Menge, sichtbar mit den Problemen ihres erbärmlichen Alltags beschäftigt: Überleben!

Auch die Götter sind die alten, mit sich und ihren unsichtbaren Geschäften befaßt. Mal wird hier, mal dort ein Tempel restauriert. Der Umgang mit dem Kult, der malerischen Zeremonie, die Bitte um Kindersegen, Gatten, Reichtum, Gesundheit, den Sieg beim nächsten Rennen, das Verfluchen des scheelen Nachbarn, die Bewahrung vor dem bösen Blick – all das bildet wie eh und je das religiöse Betätigungsfeld des Völkchens, das sich das Göttliche nur personal gebunden vorzustellen vermag. Gerührt geben wir einem alten Blinden vor dem Aesculaptempel eine Handvoll Sesterzen, damit er sich einen Hahn als Opfergabe kaufen kann, sind aber eine Stunde später nicht wenig erstaunt, ihn in einer Kneipe am Hafen bei lautem Würfelspiel wiederzufinden, bis man ihn hinauswirft: Seine Würfel waren präpariert. Auf unsere Frage, warum er das denn mache, blickt er uns an, als ob er an unserem Verstand zweifle. Wir haken nach, er könne doch arbeiten: im Hafen, als Bauarbeiter, bei den öffentlichen Großbaustellen... Als er in uns den Fremden erkennt, gibt er entrüstet Auskunft: Sein Vater sei auch Bauer gewesen, habe lange in Afrika gegen Jugurtha seine Haut hingehalten; als er nach sieben Jahren zurückkam, lag der kleine Hof verkommen da, die Frau war an der Schwindsucht gestorben. Er fing tapfer von vorn an, lieh sich bei potenten Leuten Geld. Es kam eine Mißernte, die Gläubiger drängten auf baldige Rückzahlung bei dreißig Prozent Zins. Da warf er alles hin, ging nach Rom, wie all die andern, ließ sich auf Staatskosten durchfüttern. Er, der Sohn, wuchs nun in dieser unsicheren Umwelt auf, sah, daß es bequemer war, sich vom Staat ernähren zu lassen, nahm hin und wieder Gelegenheitsarbeiten an, übt aber keinen Beruf aus. Er hat nichts gelernt. Und hätte er's, würde er unter Wert bezahlt werden: Sklaven arbeiten eben billiger, man braucht sie nur zu füttern, Rechte haben sie keine. Wenn's ihm zu langweilig wird, kann er immer noch zur Armee gehen. Kräftige gesunde Männer braucht man dort immer. Morgen früh wird er wieder den »Blinden« mimen, in Lumpen, mit zittrigen Händen, am Eingang irgendeines Tempels. Wir geben ihm ein Trinkgeld, und er trollt sich.

Als wir später bei Appian nachlesen, finden wir Einzelheiten über den Niedergang des freien Bauerntums in Italien. Er, der im 2. Jahrhundert n. Chr. lebte, kann aus dem Abstand von zwei Jahrhunderten sachlich und nüchtern über die Ursachen der Krise nachdenken, etwa so, als ob wir über Ursachen, Anlaß und Folgen des Dreißigjährigen Krieges resümieren. Appian schreibt:

»Als die Römer nach und nach Italien im Kriege unterwarfen, nahmen sie jedesmal einen Teil des eroberten Landes für sich und gründeten Städte darauf oder wählten für die schon vorhandenen Gemeinden aus ihren Reihen Siedler aus. Diese Städte sollten, so war ihre Absicht, Festungen ersetzen (vgl. die Wehrbauernstrategie der Habsburger). Von dem jeweils erbeuteten Lande aber verteilten sie den bebauten Teil sogleich an die Siedler oder verkauften oder verpachteten ihn. Das Land aber, das infolge des Krieges unbebaut war – und das war bei weitem der überwiegende Teil –, nahm man sich nicht die Zeit zu verteilen, vielmehr sprachen sie es durch eine Bekanntmachung einstweilen demjenigen zu, der bereit war, es zu bearbeiten gegen eine bestimmte Abgabe vom jährlichen Ertrag: eines Zehntels der Getreideernte, eines Fünftels der Baumfrüchte. Auch für die, die das Land nur zur Weide benutzten, war eine Abgabe von größerem und kleinerem Vieh festgesetzt. Und das taten sie, um den italienischen Stamm, der ihnen besonders ausdauernd erschien, zu vermehren, um so Bundesgenossen aus dem eigenen Lande zu haben.

Doch gerade das Gegenteil davon trat ein. Denn die Reichen rissen den größten Teil dieses nicht verteilten Bodens an sich und kamen mit der Zeit zu der festen Überzeugung, niemand werde ihnen das wieder wegnehmen. Und von dem angrenzenden Land und sonstigem Kleinbesitz der Armen kauften sie das eine auf, indem sie ihnen gut zuredeten, das andere nahmen sie mit Gewalt fort. So bebauten sie bald große Landgebiete an Stelle einzelner Plätze, die sie mit gekauften Landarbeitern und Hirten (= Sklaven) bewirtschafteten, um zu vermeiden, daß freie Bauern von der Landarbeit für den Kriegsdienst abgezogen würden. Dazu brachten ihnen jene auch noch reichen Gewinn ein durch ihren Kinderreichtum, da sie dank ihrer Befreiung vom Kriegsdienst sich stark vermehrten.

Infolgedessen wurden die Mächtigen immer noch reicher, und die Klasse der Sklaven nahm auf dem Lande überhand, während die Italiker an Zahl und Stärke abnahmen, da sie durch Armut, Steuern und Kriegsdienst aufgerieben wurden.

Auch wenn sie einmal hiervon Ruhe hatten, waren sie doch zu Müßiggang gezwungen, da das Land im Besitze der Reichen war und diese Sklaven statt freier Landarbeiter beschäftigten.

Das römische Volk war zwar darüber erbittert, da Bundesgenossen aus Italien nicht mehr so leicht zu bekommen waren und seine Herrschaft durch eine solche Menge von Sklaven gefährdet wurde; doch sie sahen kein Mittel, dem abzuhelfen, es wäre auch nicht leicht gewesen. Dazu erschien es überhaupt ungerecht, so vielen Menschen nach so langer Zeit einen so gewaltigen Landbesitz einschließlich ihrer eigenen Anpflanzungen, Gebäude und der festen Einrichtungen wieder abzunehmen. Höchstens, daß einmal auf Antrag der Volkstribunen beschlossen wurde, es solle niemand mehr als 500 Joch (125 Hektar) dieses Landes (ager publicus) haben und niemand mehr als 100 Stück Großvieh und 500 Stück Kleinvieh darauf halten. Entsprechend verpflichteten sie die Inhaber des Landes, eine bestimmte Zahl von Freien zu halten, die alles überwachen und darüber Bericht erstatten sollten... Das Gesetz wurde beschworen, und Strafen wurden festgesetzt in der Erwartung, das dadurch freiwerdende Land werde sogleich an die Armen in kleinen Teilstücken verkauft werden. Doch niemand trug Sorge um Gesetze und Eide: Die einen, die so taten, verteilten das Land zum Schein an ihre eigenen Leute, während die Mehrzahl es überhaupt mißachtete.«[23] Das von Appian genannte Gesetz soll angeblich 367 v. Chr. beschlossen worden sein. Das Mißverhältnis zwischen wirtschaftlicher Potenz der Großgrundbesitzer und zunehmender Verarmung und Abhängigkeit der Bauern wuchs von Jahrzehnt zu Jahrzehnt; und ein moderner Forscher kommt in diesem Zusammenhang zu der scheinbar paradoxen Feststellung:

»Je freier der antike Bauer im politischen Sinn war, desto bedrohter war seine Stellung.«[24]

Wie ist das zu verstehen? – Der vollständig freie Bauer genoß keinen Schutz vor einer Serie von Mißernten, vor dem Zwang zum Militärdienst, vor den endlosen Plünderungen in Kriegen, Bürgerkriegen und Sklavenerhebungen. (Die Geschichte des Bauern ist noch zu schreiben!) Daß der Großgrundbesitzer dagegen weitgehend immun war, verdankt er drei Voraussetzungen: Aufgrund der Größe seiner Latifundien kann er in Krisenzeiten Reserven einsetzen; da er ohnehin Adel oder Ritterschaft angehört, kann er sich durch seine »Verbindungen« über Wasser halten; da er Besitzer einer mehr oder weniger großen Sklavenschar ist, wird sein Betrieb auch in Kriegszeiten bearbeitet, denn Sklaven dürfen das Vaterland nicht verteidigen. Ja man kann annehmen, daß es den Sklaven in vielen Fällen besser ging als den »freien« Kleinbauern, da ihr Besitzer sich um ihr Wohlergehen kümmern mußte, wollte er mit Gewinn arbeiten. Zweitausend Jahre später stoßen wir auf eine erstaunliche Parallele, wenn wir das Leben der schwarzen Sklaven in den Südstaaten der USA mit ihren befreiten Nachkommen vergleichen: Die New Yorker Elendsviertel haben die gleiche Wurzel wie die römischen!

Im Wirtschaftsleben des antiken Italien nahm die Landwirtschaft die beherrschende Stelle ein. Landbesitz war die sicherste Kapitalanlage und hauptsächliche Ursache des Reichtums. Beloch[25] schätzt die Zahl der erwachsenen männlichen Bürger am Ende der Republik auf 1,5 Millionen. Um die Mitte des Jahrhunderts war die Zahl der römischen Getreideempfänger auf 300000 gestiegen[26]. Zur Zeit unserer Geschichte lag die Zahl der Sklaven auf einem Betrieb der oberen Größe bei 400. Der alte Cato kam auf seiner Olivenplantage 100 Jahre früher noch mit 13 Leuten aus.

Wie in Mittelalter, Neuzeit und auch unseren Tagen (Indien, Brasilien) sucht das ausgelaugte Landvolk sein Heil in der Stadt und bildet jenes »Lumpenproletariat«, das die Verwaltungen vor schier unlösbare Probleme stellt, das mitfühlenden Beobachtern Alpträume bereitet – und dem dennoch nicht abgeholfen wird!

Wie Rio de Janeiro, Kalkutta, Manhattan-Süd ist dieses Rom des 1. Jahrhunderts v. Chr. übervölkert! Die neuesten Untersuchungen nehmen für das Areal innerhalb der alten servianischen Mauer eine Bevölkerungszahl von 1 Million Einwohnern an[27]. Die stets gleiche Folge: Arbeitslosigkeit, untragbare hygienische Verhältnisse, Seuchengefahr, hohe Sterblichkeitsquote – und daraus resultierend der Weg in die politische Katastrophe.

Die historischen Quellen bieten eine Fülle von Nachrichten über die Wohn- und Lebensverhältnisse der wohlhabenden Klassen. Die berühmteste ist jene aus der Feder des jüngeren Plinius aus dem 1. Jahrhundert nach Christus, und sie gibt den »Standard« des wohlhabenden Adels wieder, wie er uns bereits aus spätrepublikanischer Zeit, etwa aus Pompeji, bekannt ist. Wenn wir die Stelle hier zitieren, dann nicht, um uns an der gleichsam königlichen Lebensart des großen Ästheten zu ergötzen, sondern nur, um die Kluft zu den Bedürftigen aufzuzeigen. An seinen Freund Sosius Senecio schreibt er (hier leicht gekürzt):

»Du fragst verwundert, warum mir mein Laurentinisches Gut so große Freude macht? Siebzehn Meilen ist es von Rom entfernt, so daß man nach Erledigung seiner Geschäfte dort die Mußestunden verbringen kann. Zwei Straßen führen hin. In beiden Fällen kommt man dann auf einen Weg, der zum Teil sandig und zum Fahren etwas beschwerlich und langweilig, für den Reiter aber kurz und bequem ist. Auf beiden Wegen wechselt fortwährend das Landschaftsbild: Bald läuft der Weg ganz schmal durch Wälder dahin, bald verbreitert er sich und zieht durch sehr weite Wiesenflächen. Da wimmelt es von Schafherden, da weiden Pferde und Rinder, die, durch den Winter vom Gebirge herabgetrieben, in der Frühlingssonne bei fettem Grase üppig gedeihen.

Das Landhaus ist für seinen Zweck geräumig genug und seine Unterhaltung nicht kostspielig. Zuerst begegnet uns eine einfache, aber doch nicht ärmliche Halle, dann läuft ein Säulengang in der Form eines »D« herum, der einen kleinen, aber hübschen Hofraum einschließt. Dieser Säulengang bildet einen vortrefflichen Aufenthaltsort bei schlechtem Wetter, denn er ist durch Glasfenster und noch mehr durch vorspringende Wetterdächer geschützt. Dem Säulengang mitten gegenüber befindet sich ein heiteres Empfangszimmer, daneben ist ein reizend eingerichteter Speisesaal, der bis zur Küste vorspringt; und wenn einmal der Südwestwind das Meer stürmisch erregt, dann bespülen ihn leicht die bereits sich brechenden und verlierenden Wellen. Auf allen Seiten hat dieses Gemach Flügeltüren oder Fenster, die ebenso hoch sind wie die Türen, und dadurch hat man von beiden Seiten und von vorn sozusagen auf drei Meere Aussicht.

Hinten sieht man den Empfangssaal, die Säulenhalle, den Hof, dann wieder die Säulenhalle, hernach das Vorhaus, Waldungen und die fernen Berge.

Links vom Speisesaal befindet sich, etwas zurückspringend, ein geräumiges Zimmer, dann ein anderes, kleineres, das durch ein Fenster die Strahlen der Morgensonne einläßt und durch das andere der Abendsonne Zutritt gewährt. Auch von diesem sieht man das Meer, zwar aus größerer Entfernung, aber dafür ungestörter. Dieses Zimmer bildet mit dem vorspringenden Speisezimmer einen Winkel, der die direkten Sonnenstrahlen in einem Brennpunkt vereinigt. Dies ist der Winteraufenthalt und zugleich der Turnplatz meiner Leute. Hier schweigen alle Winde, ausgenommen diejenigen, die dunkles Gewölk herbeiführen. An diesen Winkel schließt sich ein Erkerzimmer an, das den ganzen Tag Sonne hat. In die Wand ist ein Schrank gefügt mit dem Aussehen eines Bücherkastens, der aber nicht Unterhaltungslektüre enthält, sondern Studierwerke. Mit dem Bibliotheksraum steht ein Schlafzimmer mittels eines schwebenden Ganges in Verbindung, der durch ein Röhrensystem die aufgefangene heiße Luft in angenehmer Temperatur dahin und dorthin leitet und verteilt. Darauf folgt das Badezimmer. Das Kaltwasserbassin ist groß und geräumig. Aus den einander gegenüberliegenden Wänden springen zwei Badebecken im Bogen hervor. Daran stößt das Salbzimmer, die Zentralheizung, die Kesselanlage für das Bad; dann noch zwei Badezimmer, die man eher nett als luxuriös eingerichtet nennen kann. Mit diesem ist ein herrliches Warmbad in Verbindung, wo man beim Baden die Aussicht aufs Meer genießt; und nicht weit davon ist ein Ballspielsaal, der im Hochsommer erst gegen Abend Sonne hat. Hier erhebt sich ein Turmbau mit zwei Zimmern im Untergeschoß und ebenso vielen im Obergeschoß, außerdem ist oben ein Speisezimmer, das einen Ausblick weithin auf das Meer, auf den ausgedehnten Seestrand und auf recht hübsche Villen (von Nachbarn) gewährt.

Der Spazierweg ist mit Buchsbaum oder, wo dieser fehlt, mit Rosmarin eingefaßt. Längs der inneren Seite des Spazierwegs zieht sich eine junge schattige Weinpflanzung herum, in der man selbst barfuß weich und bequem geht. Der Garten ist dicht mit Maulbeer- und Feigenbäumen bepflanzt. Dort gewährt ein Speisesaal, der in einiger Entfernung vom Meere liegt, eine Aussicht, die nicht minder schön ist als die auf das Meer. Von dort dehnt sich eine gedeckte Wandelbahn aus, die fast wie ein öffentliches Gebäude aussieht. Auf beiden Seiten sind Fenster, und zwar gegen das Meer hin mehr. Diese Fenster stehen an einem heiteren, windstillen Tage ohne Nachteil offen, bei windigem Wetter aber nur die, welche der Windseite abgekehrt sind. Vor der Wandelhalle ist eine von Veilchen duftende Blumenanlage.

Die gedeckte Halle verstärkt die Wärme der einfallenden Sonne durch Rückstrahlung; und so wie sie die Sonne aufnimmt, so schützt sie vor dem Nordwind. Und so warm es vorn ist, so kühl ist es hinten.

Am Ende der Blumenterrasse ist ein Gartenhaus, in das ich verliebt, wahrhaft verliebt bin: Ich habe es selbst gebaut. Darin ist ein Raum für die Sonnenbäder, von dessen Fenster man auf der einen Seite die Blumenterrasse, auf der anderen das Meer, auf beiden Seiten die Sonne sehen kann. Daran schließt sich ein Schlafzimmer, dessen Tür auf den Wandelgang führt und wo man durchs Fenster das Meer erblickt. Liegt man nun im Bett, so hat man zu den Füßen das Meer, hinter sich die Landhäuser und nach oben die Waldungen. Daran stößt ein Schlafzimmer. Dort nimmt man nichts wahr vom Lärm des Hausgesindes, vom Rauschen des Meeres, vom Zucken der Blitze...«[28]

Wenn wir auch für das 1. Jahrhundert v. Chr. keine Quellen vergleichbarer Qualität besitzen, dürfen wir doch annehmen, daß die Wohlhabendsten ähnlich ausgestattete Villen besaßen. Von Sueton erfahren wie über Caesar:

»Daß er ein großer Freund einer prächtigen und geschmackvollen Einrichtung gewesen sei, haben viele berichtet. Eine Villa am Nemisee, die er von den Fundamenten an neu erbaut und mit großen Kosten vollendet hatte, ließ er, weil sie seinem Geschmack nicht vollends entsprochen hatte, völlig niederreißen, obschon er damals (um 70) ein unbedeutender Mann und tief verschuldet war[29].

Damals ging die Rede, daß er mit 1300 Talenten (7 Millionen

Goldmark) in der Kreide stand. Schulden waren bei den Etablierten kein Hinderungsgrund, aus dem vollen zu leben: »An meinem Tusculanum und Pompeianum[30] habe ich viel Freude«, schreibt Cicero im Juni 60 an Freund Atticus. »Nur haben die beiden Landsitze mich, der ich einst selbst Gläubiger (in Prozessen) schützte, zwar nicht in korinthischem Erz, aber in diesem bei den Wechslern geborgten Gelde erstickt.«[31]

Für einen Schöngeist wie Cicero spielt die Ausstattung eine große Rolle; an Atticus schreibt er: »Meine Standbilder und Herculesbüsten und was Du sonst noch Passendes für den Dir wohlbekannten Ort (= Tusculanum) findest, besonders wenn es sich Deiner Meinung nach für die Palästra[32] oder das Gymnasium[33] eignet, laß bitte, wie beabsichtigt, verladen, sobald sich eine einigermaßen brauchbare (Transport-)Gelegenheit findet.«[34]

Cicero, homo novus, besitzt insgesamt acht ländliche Villen, ist dennoch »bedürftig« im Vergleich zu den Apanagen der Abkömmlinge neu- und altreichen Adels; weit entfernt von dem Finanzgenie Crassus, der öfters leger zum besten gibt: »Nur der ist reich zu nennen, der, ohne mit der Wimper zu zucken, eine Armee samt Ausrüstung auf die Beine stellen kann.« Er konnte es und schlug damit 71 den Spartacusaufstand nieder.

Die sachkundigen Beobachter des »öffentlichen Wohnungsbaus« scheinen mit dem derzeitigen Niveau der Wohnverhältnisse in den Massenvierteln zufrieden zu sein. Vitruvius jedenfalls[35], dessen Enzyklopädie »Über die Architektur« auf uns gekommen ist, stellt aus der Sicht des unbeteiligten Spezialisten über diese Jahre fest:

»Bei der gewaltigen Ausdehnung der Hauptstadt und der unermeßlichen Zahl ihrer Bevölkerung besteht die Notwendigkeit, unzählige Wohnungen zu beschaffen. Da nun das vorhandene Baugelände bei seiner ebenerdigen Bebauung nicht mehr dem Bedarf einer solchen Menschenmenge genügen kann, zwang die Not dazu, durch Errichtung höherer Gebäude Abhilfe zu schaffen... Da auf diese Weise der Umfang der Stadt durch die vielen Stockwerke (der insulae) sozusagen nach der Höhe hin vervielfacht wurde, verfügt die Bevölkerung Roms ohne irgendwelche Einschränkungen über vortreffliche Wohnungen.«[36]

In Berlin, Frankfurt, Paris und New York soll es ja heute Architekten geben, die mit ähnlicher Zufriedenheit über unsere Betonsärge urteilen.

Wie sieht das nun in der Praxis aus? Iuvenal, der große Satiriker[37], gießt seinen Spott über die so gepriesene Errungenschaft der insulae:

»Schwer kommt man in die Höhe, wenn enge, häusliche Lage
Eigne Bewährung behindert; in Rom aber ist der Versuch am Schwersten: Die ärmliche Wohnung ist teuer, die kärgliche Mahlzeit
Teuer und teuer, die Sklaven zu füttern...
Bang oder bangte vorm Einsturz des Hauses im kühlen Praeneste
Je ein Bürger...
Wir aber hausen zumeist in Gebäuden mit Stützbalken leichter
Art; nur solche zieht der Verwalter ein, wenn die Wand schwankt.
Hat er die alten Risse verstopft, dann sagt er, wir sollten
Ruhig schlafen, obgleich die Gefahr des Einsturzes dauert.
Wahrlich, leben sollte man dort, wo Brände nicht schrecken,
Dort, wo Alarme nicht wecken! Ukalegon schreit schon nach Wasser,
Schafft schon hinaus sein Gerümpel, schon raucht's in der dritten Etage:
Du merkst nichts! Wenn auf der untersten Stufe sie trippeln,
Brennt der ab, der zuoberst wohnt, dort, wo vor dem Regen
Ziegel ihn schützen und Eier legen die zärtlichen Tauben...
Weil es an Schlaf fehlt, gehen in Rom viele Kranke zugrunde.
Und die Krankheit kommt von der schlechten Verdauung der schweren,
Magenentzündenden Kost. Doch wen läßt die Mietswohnung schlafen?
Viel Geld kostet der Schlaf in der Hauptstadt, das ist des Übels
Kern! Allnächtlich rollen die Reisewagen durch enger
Gassen Gewinkel, wo Herden sich stauen und Flüche der Treiber
Hallen: Der Lärm weckte Erzschlafmützen, wie Claudius[38] war, und
Meerkälber auf! Hat ein Reicher ein dringend Geschäft: In der Nacht noch
Läßt er in riesiger Sänfte sich tragen über die Köpfe
Der sich drängenden Menge, die ausweicht, liest oder schreibt drin,
Setzt auch den Schlaf fort, den das verhangene Fenster begünstigt,

Doch ist er früher am Ziele als ich...«[39]

Iuvenal läßt dann auch seinen Freund die einzig richtige Konsequenz ziehen; denn er verläßt die Hauptstadt und läßt sich in einem ruhigen Landstädtchen nieder.

Was der Dichter hier ironisch beklagt, sieht in Zahlen so aus:

– Ciceros Einnahmen aus seinen insulae betrugen 80000 Sesterzen.

– Sulla mußte in seiner Jugend eine Jahresmiete von 3000 Sesterzen entrichten, als er noch in der Subura wohnte.

– In einer Mietwohnung oder einem Raum, der noch minderwertiger war als der Sullas, zahlte ein Freigelassener jährlich 2000 Sesterzen.

– Zur Zeit Caesars sah man eine Jahresmiete von 2000 Sesterzen in Rom und von 500 Sesterzen außerhalb der Stadt als zumutbar an.

– Diodor[40] berichtet: »Ptolemaios (Philometor)[41], der König von Ägypten, kam, vom eigenen Bruder aus seiner Herrschaft vertrieben, als Privatmann in bemitleidenswertem Aufzug nach Rom. Er wohnte aber in einem engen und ganz billigen Zimmer im oberen Stock (= Mansarde!) wegen der Höhe der Mieten in Rom.«[42]

– Gelegentlich waren mehr als 16 Personen in einer einzigen Wohnung zusammengepfercht.

Überschlägt man alle überlieferten Angaben und Zahlen, kommt man zu dem Ergebnis, daß im 1. Jahrhundert v. Chr. von der einen Million Einwohner 700000 bis 800000 in den insulae untergebracht sind, während die restlichen 200000 bis 300000 Personen »domus«-Bewohner sind, d.h., einige 10000 Wohlsituierte samt ihrer zahlreichen Dienerschaft wohnen in komfortableren Stadthäusern. Gerade diese Epoche größter imperialer Aktionen bringt Hunderttausende Sklaven nach Rom, und der Sklavenluxus blühte wie nie zuvor und nie danach.

Anzeigen wie die folgende, die man an einer Hauswand in Pompeji gefunden hat, dürfte es in Rom zu Tausenden gegeben haben:

»Häuserblock des Arrius Pollio. Besitzer Cn. Alleius Nigidius Maius. Vom nächsten 1. Juli ab werden vermietet: Läden mit ihren Oberzimmern, herrschaftliche Speiseräume und ein Haus. Der Mieter soll sich an Primus wenden, den Sklaven des Cn. Alleius Nigidius Maius.«[43]

Während römische Provinzstädte wie Köln oder Trier nach Maximen gebaut wurden, die wir heute noch in New York, Los Angeles oder Chicago wiederfinden – nämlich ein Optimum an Übersichtlichkeit und Verkehrsmöglichkeiten zu bieten –, bildete Rom selbst von Anfang an ein heilloses Durcheinander namenloser Gassen, die nach keinerlei übergeordnetem Plan ihr Netz auf und zwischen den Hügeln ausbreiteten. Einem nach rein nützlichen Gesichtspunkten planenden Architekten wie Vitruv muß dieses Rom wie ein Monstrum erschienen sein. Seine Idealstadt – gebaut hat er nie eine! – hat ein geometrisches Konzept:

»Nach Anlage der Ringmauern folgt innerhalb der Stadtmauer die Einteilung des Baugeländes und Ausrichtung der Haupt- und Nebenstraßen nach den Himmelsrichtungen.«[44]

Welch ein Glück, daß nicht alle alten Städte am Zeichenbrett entstanden sind. Architektonische Stadtgeschichte läßt sich nicht planen – sie wächst, sie entwickelt sich wie das Leben selbst!

Allerdings wird der Reiz dieses aus allen Fugen quellenden Lebens teuer bezahlt: mit Einsturz, Brand, Seuchen und hohen Mieten. Vitruv, selbst Besitzer großer Villen, sieht es natürlich anders: »Bei der großen Bedeutung der Stadt aber und der unendlich großen Zahl von Bürgern muß man unzählige Wohnungen schaffen. Da also Häuser, die nur ein Erdgeschoß haben, eine so große Menge zum Wohnen in der Stadt nicht aufnehmen können, zwangen die Umstände selbst dazu, daß man sich damit half, die Häuser in die Höhe zu bauen. So wurden mit Hilfe von Steinpfeilern, Mauern aus gebrannten Ziegeln und Brauchsteinmauern hohe Häuser errichtet; sie wurden auf häufigen Balkenlagen mit Bretterböden versehen mit dem Ergebnis, daß die oberen Stockwerke zum größten Nutzen Aussicht (auf die Stadt) haben. Da also das Fassungsvermögen der Stadtmauern durch die verschiedenen Stockwerke nach der Höhe zu vervielfältigt wurde, hat das römische Volk ohne Schwierigkeit ausgezeichnete Wohnungen.«[45]

Aber da sind technische Schwierigkeiten. Bereits Iuvenal geißelte die Baufälligkeit der Häuser. Viele Mängel kommen zusammen. Hauptursache: die mangelnde Festigkeit der Ziegel.

Man kennt damals keine besseren Prüfungsverfahren, als sie zwei Jahre lang in Regen, Sonne und Wind liegenzulassen. »Daher können sie«, schreibt Vitruv, »wenn sie frisch und nicht völlig trocken verbaut sind, nachdem der Putz darübergelegt ist und dieser schnell sich verhärtend starr bleibt, infolge ihrer eigenen Schrumpfung nicht die gleiche Höhe wie der Verputz behalten und hängen, durch die Schrumpfung in Bewegung gesetzt, nicht mehr mit ihm zusammen ... Und die Wände, die sich setzen, werden schadhaft.«[46]

Die zweite Ursache: Die Fundamente mußten oft auf sumpfigen Grund gelegt werden, da die Ballungszentren in den feuchten Senken zwischen den Hügeln lagen; in der Nähe des Tibers gar auf dem Niveau der höheren Fluten des Flusses. Im Jahre 54 trat der Tiber so stark über seine Ufer, daß nicht nur die tiefer gelegenen Bezirke, sondern auch beträchtliche Teile der Oberstadt unter Wasser standen. Die Flut blieb mehrere Tage, brachte das Ziegelmauerwerk Tausender Häuser zum Quellen und Zerbröckeln – und sie stürzten ein.

Drei Jahre vor unserer Verschwörung stürzten ohne ersichtlichen Anlaß zahlreiche Häuser zusammen[47]; 56 erschütterte ein Erdbeben die Stadt; 50 vernichtete das gewaltigste Feuer, das je im republikanischen Rom wütete, vierzehn vici (Straßenzüge); 49 folgte ein weiteres Erdbeben, das zahlreiche Brände und Einstürze nach sich zog, selbst der Tempel des Quirinus wurde nicht verschont.

Alle diese Katastrophen wurden noch schrecklicher, weil sie Seuchen, besonders die Pest im Gefolge hatten. Zwischen 181 und 171 wütete die Seuche dermaßen, daß die zur Bestattung abkommandierten Kräfte der Zahl der Leichen, die auf den Straßen lagen, nicht Herr wurden. Um dem Schlendrian wie der Profitgier Einhalt zu gebieten, legte schließlich Augustus die Höhe der insulae auf 21 Meter fest, woraus hervorgeht, daß sie überschritten wurde.

Nun hätten gewiß die »Verantwortlichen« längst vor Augustus durch strengere Bauvorschriften und Bebauungspläne des Schlamassels Herr werden können. Aber wollten sie es? Z. Yavetz, der sich besonders um die Aufhellung des anonymen Lebens der Massen bemüht hat, meint dazu: »Viele Hausbesitzer und Bauunternehmer zogen aus den gegebenen naturbedingten und sozialen Schwierigkeiten den größten Vorteil, und das Elend der Massen verschaffte ihnen eine ziemlich ergiebige Einnahmequelle. Beträchtlich war die Zahl jener, die damit ein Vermögen verdienten, daß sie minderwertige Baustoffe verwendeten, besonders dünne Mauern zogen oder jegliche Grundregeln einer soliden Bauweise außer acht ließen.

Auch zögerten die Bauunternehmer nicht, aus der günstigen Situation Gewinn zu ziehen. Unter Ausnützung der starken Nachfrage nach Wohnungen setzten sie einen Preis fest, noch bevor mit dem Bau begonnen worden war; zur Zeit der Fertigstellung des Hauses war dann der Preis bis zu 50 Prozent gestiegen. Die Folge war, daß gewisse Hausbesitzer derart maßlosen Forderungen nicht nachkommen konnten und der Bau unterbrochen wurde... Manchmal fand man einen Weg, das Gebäude auf Kosten von irgend jemand anderem fertigzustellen. Auf diese Weise machten sich in der Stadt die »avaritia copiarum« (Gier nach Reichtum, Raffgier; d. Verf.) und die Gleichgültigkeit gegenüber den Vorschriften und Verordnungen bezüglich des Hausbaus breit.«[48]

Im April 44 schreibt Cicero: »Mir sind zwei Mietshäuser (tabernae) eingestürzt, und die übrigen ziehen Risse. Daraufhin haben nicht nur die Mietsleute, sondern sogar schon die Ratten das Weite gesucht. Alle Welt nennt das ein Malheur, ich kaum eine Unbequemlichkeit... Immerhin mache ich es mir beim Neubau zum Grundsatz, daß bei dem Schaden schließlich noch etwas herausspringt.«[49] Und Catull spöttelt gegenüber einem Landbewohner: »Herrlich könnt ihr verdauen, braucht nichts fürchten: weder Feuersgefahr noch Häusereinsturz, keine Morde im Hause, noch Vergiftung.«[50]

Mit einem Wort: Profit ging vor Sicherheit! Dies im übrigen ein Phänomen, das bis zum heutigen Tag im öffentlichen wie im privaten Bauwesen die Gerichte auf den Plan ruft. Damals aber nahm man solche Fälle als naturgegeben und unabänderlich hin.

Wir haben uns mit diesem traurigen Sachverhalt nicht so ausführlich befaßt, um nach bewährter additiver Methode »römischer Privataltertümer« Stoff anzuhäufen; die beschriebenen Mißstände stehen vielmehr in direktem Zusammenhang mit der sozialpolitischen Krise der Zeit, auch mit Catilina. Im Verlauf der Verschwörung kommt es zu der alten und immer wiederkehrenden Forderung nach Schuldenerlaß und »tabulae novae« (neuen Gesetzen). Zwar wird in der modernen Forschung oft dieser Zusammenhang bestritten: Die städtische Plebs habe kein Vermögen, keinen Kredit, folglich keine Schulden. Wie aber kommt es dann, daß sich diese Leute gerade solchen Politikern anschlossen, die Tilgung oder Herabsetzung der Schulden versprechen? Denn dies steht fest und wird durch unsere Erfahrungen in den Elendsquartieren der Metropolen heutiger Entwicklungsländer bestätigt: Der größte finanzielle Druck, der auf den Massen der Unterbemittelten liegt, resultiert aus der Unumgänglichkeit der Mietzahlung! Nicht unwesentlich dürfte damals der Verlust der persönlichen Habe bei Einsturz und Bränden zu Buche geschlagen sein. Besonders betroffen waren auch die kleinen Ladenbesitzer, die im Erdgeschoß der »tabernae«[51] ihre Geschäfte betrieben. Man lese in diesem Zusammenhang einmal genauer römische Grabinschriften jener Zeit, die ja auch ein »Branchenverzeichnis« darstellen, und man wird vorsichtiger mit vorschnellen Wertungen sein[52]! Es gab ja keine Versicherungen, die den Verlust abdeckten. Alle diese kleinen Leute waren, wie der »freie« Bauer, auf Kredit angewiesen. Handel und Gewerbe konnten kein sicheres Auskommen garantieren. Sie waren in erster Linie Gelegenheitsarbeiter, Lastenträger und Baugehilfen, lebten von der Großzügigkeit beziehungsweise den Bestechungsgeldern der Kandidaten: »Ihr wißt doch, wen ihr zu wählen habt!...« Während der Erntezeit verdingten sich viele als Saisonarbeiter auf dem Lande. Wenn dennoch immer mehr Bauern das Land verließen, so wohl weniger, weil sie der Mühsal der agrarischen Arbeit auswichen, sondern weil ihnen die Hauptstadt ein besseres Auskommen versprach.

Natürlich gingen sie nicht alle. Der von niemandem durch eine »konzertierte Aktion« gesteuerte ökonomische Prozeß lief nach natürlichen Bedürfnissen ab. Außerhalb Roms bildeten in den Städten Handwerker und Einzelhändler, an den Küsten Seeleute und Fischer, einen beträchtlichen Teil der freien Bevölkerung. Die große Mehrheit jedoch blieb in der Landwirtschaft tätig. Wir werden sehen, wie neben den Machtinteressen einzelner senatorischer Gruppen und dem Elend der städtischen Plebs gerade das ländliche Proletariat Anteil an der Zuspitzung der politischen Krise hat: Jüngere Söhne von Kleinbauern, deren Höfe keine Unterteilung zuließ; Pächter, die ihr Land lieber besitzen als teilen wollten; Tagelöhner, deren Arbeit auf den Feldern kaum zum Lebensunterhalt ausreichte. Die ungelöste Agrarfrage ist das Leitmotiv des Jahrhunderts!

Schon nach dem Bisherigen konstatieren wir, daß des Polybios Laudatio über die Ausgewogenheit der römischen Verfassung von der Wirklichkeit der Verfassungspraxis längst überholt ist. Von »Herrschaft des Volkes« kann keine Rede mehr sein. Aus dem stolzen CIVES ROMANUS mit klugem politischen Urteil ist weithin ohnmächtiger Mob geworden, der nur noch ans tägliche Überleben denkt. Und das demokratische Element der politischen Willensbildung ist denn doch sehr verwässert: Ohne die Mitarbeit eines Magistrats kann die Volksversammlung nichts unternehmen, kann sie nicht einmal einberufen werden. Selbst wenn ein Tribun einen Antrag des Volkes vorlegte, war es nicht sicher, daß er durchkommen würde. Ein anderer Tribun konnte, wenn er unter dem Druck einer senatorischen Interessengruppe stand, sein Veto einlegen; der Consul konnte schlechte »Vorzeichen« entdecken (omina)[53], die eine Versammlung nicht rechtfertigten. Alle öffentlichen Ämter waren unbezahlt, waren »honor«; folglich konnte nur ein Angehöriger der wohlhabenden Schichten die ungeheuren Kosten eines Wahlkampfes bestreiten. Und so kommen denn auch alle Tribunen aus dem Establishment. Die Kontrollmechanismen waren alle so angelegt, daß sie in der Praxis nur im Interesse der herrschenden Klasse funktionierten. Wollten Reformer zum Ziel kommen, waren sie gezwungen, Situationen zu schaffen, in denen der Senat die Anwendung von Gewalt zu fürchten hatte. Aber auch dann saßen »die da oben« am längeren Hebel, da die Plebs unbewaffnet war und zu Steinen und Knüppeln greifen mußte[54]. Die Folge war, daß sich Vorkämpfer reaktionärer wie revolutionärer Ziele mit bewaffneten Banden umgaben, mit denen sie die Straße beherrschten. Ein Beispiel: Cicero schildert seinem Bruder Quintus in einem Brief eine Szene auf dem Forum. P. Clodius, patrizischer Führer des städtischen Proletariats, hatte T. Annius Milo, Exponent einer erzkonservativen Senatsgruppe, vor der Volksversammlung des gewaltsamen Aufruhrs angeklagt. Beide hatten ihre »Sturmabteilungen« im Rükken. Im Februar 56 versuchte nun Pompeius, öffentlich für Milo einzutreten:

»Pompeius sprach oder versuchte jedenfalls zu sprechen. Denn als er sich erhob, begannen Clodius' Mietlinge zu lärmen; und das widerfuhr ihm während seiner ganzen Rede, um ihn durch Gebrüll, ja Beschimpfungen und Schmähungen aus dem Konzept zu bringen. Als er zu Ende war – denn er hielt sich dabei ganz wacker, ließ sich nicht einschüchtern, sagte alles, und zuweilen herrschte sogar Stille, wenn seine Autorität durchschlug –, also als er zu Ende war, erhob sich Clodius. Den empfingen unsere Leute mit solchem Spektakel – sie wollten ihm mit gleicher Münze heimzahlen –, daß er den Faden verlor, sich verhaspelte und ganz blaß wurde. Pompeius war bis zwölf Uhr eben fertig geworden; diese Szene spielte dann bis gegen zwei Uhr, wobei man allerlei Schmähworte und schließlich sogar recht anzügliche Verse auf Clodius und Clodia[55] zu hören bekam. Wutentbrannt und totenblaß fragte er mitten im Sepktakel seine Leute, wer es denn sei, der die Leute verhungern lasse. ›Pompeius!‹ antwortete die Meute. Wer gern nach Alexandria gehen möchte? (d. h. abgeschoben werden möchte...) ›Pompeius!‹ Wer denn nach ihrem Wunsch gehen sollte? ›Crassus!‹ ... Etwa um drei Uhr begannen die Clodianer wie auf ein Kommando die Unsrigen anzuspeien. Erbitterung wallte auf. Jene drängelten, um uns zu verdrängen; unsre Leute gingen zum Gegenangriff über. Flucht der Meute; Clodius wurde von der Rostra[56] heruntergeworfen, und auch ich machte mich aus dem Staube, um in dem Gedränge nicht unter die Füße zu kommen.«[57]

Clodius hatte sich damals (aus Gründen, auf die wir später näher eingehen werden) auf Cicero eingeschossen und macht ihm das Leben schwer. Vier Monate vor obigem Brief schreibt Cicero an Freund Atticus:

»Am 3. November (57) haben bewaffnete Banden die Handwerker von meinem Grundstück vertrieben[58]. ...Meines Bruders Haus wurde zunächst mit Steinwürfen von meinem Grundstück aus demoliert, dann auf Clodius' Befehl angezündet; und die ganze Stadt war Zeuge, wie die Feuerbrände geschleudert wurden, unter lautem Jammern und Klagen nicht etwa nur der Guten – gibt es die überhaupt noch? –, sondern geradezu aller Leute. Der verrückte Kerl (Clodius) war außer Rand und Band; nach dieser Wahnsinnstat sinnt er jedoch nur noch auf Ermordung seiner Feinde, läuft von Gasse zu Gasse und zeigt den Sklaven ganz offen das Lockbild der Freiheit... So überfiel er mich am 11. November mit seinen Banden, als ich die heilige Straße hinunterging. Ehe wir uns versahen, erhob sich ein Geschrei, Steinwürfe hagelten, Knüppel sausten, Dolche blitzten. Wir suchten im Vestibül (= Eingangshalle, Flur) des Tettius Damio Schutz... Am 12. November versuchte er Milos Haus zu stürmen und in Brand zu stecken, indem er am hellen Mittag schildbewehrte Männer mit gezückten Schwertern, andere mit brennenden Fackeln anrücken ließ.«[59] Dieser Straßenterror steigerte sich Jahr für Jahr, bis Clodius Anfang 52 von der Bande des Milo erschlagen wurde.

Wer diese Leute sind, die da Kopf und Kragen riskieren, werden wir im zweiten Teil erfahren. Dies aber können wir schon hier sagen: Ciceros Standardäußerung, man habe es bei diesen Banden stets mit »Verbannten, Sklaven und Verrückten« zu tun[60], entspricht ähnlichen Urteilen der Etablierten vor der Französischen Revolution oder nach 1848, wenn man die in letzter Verzweiflung sich aufbäumenden Landleute und städtischen Proleten als »Räuber, Desperados, zerlumpte Kerle, Faulpelze, Verbrecher« usw. abtat. P.A. Brunt, dem wir viele neue Einsichten in die Probleme der römischen Plebs verdanken, kommt in diesem Zusammenhang zu dem hoffnungslosen Fazit:

»Die Bevölkerung, die wirklich auf Versammlungen in Rom anwesend sein konnte, war nicht wirklich repräsentativ und unfähig, das Reich zu regieren. Die einzig brauchbare Alternative zu der Herrschaft weniger war die Herrschaft eines einzelnen. Die Einmischung des Volkes in Staatsangelegenheiten führte zur Monarchie.«[61]

5.
Zwischen Übermut und Schulden

Das Establishment

Die Geschichte lebt nicht nur von Fakten, sondern ebenso von Vorurteilen. Die Gerüchteküche der Zeitgenossen produziert da sehr fleißig Schlagworte, Sprüche, Anekdoten, Legenden, und sie erstarren schließlich zu Mythen, die mit Behagen durch die Jahrhunderte weitergereicht werden. Oft wollen die Leute gar nicht wissen, »wie es war«, sondern die Erfahrungen ihres alltäglichen Schlamassels in der Vergangenheit bestätigt finden: »Es war schon immer so!« – die Mächtigen sind böse, die Bedürftigen gut; dies im übrigen auch immer wieder die Grundlage historischer Schinken in Film und Fernsehen, zuletzt bei »Roots«. Differenzierung ist eben anstrengender, Schwarzweißmalerei bequemer; die Kasse stimmt meistens, denn »die Leute« wollen es so haben.

Diese Sachlage ist nicht neu, denn auch Sage und Märchen wurzeln in diesem utopischen Boden der unerfüllten Sehnsüchte und Hoffnungen. Geschichte wird dann vom Gefühl und nicht vom Verstand her beurteilt. Kritisches Geschichtsbewußtsein bildet sich erst da, wo Differenzierung einsetzt; und so ist die Geschichte der Geschichtsschreibung ein fortlaufend sich verzweigender, detaillierender Prozeß der Aufklärung. Daß dabei die in der jeweiligen Gegenwart gewonnenen Erkenntnisse über das Miteinander der Menschen auf die Vergangenheit übertragen werden, ist natürlich und legitim, da es keinen anderen Weg der Annäherung gibt als den aus der eigenen Zeit.

So sind zwar die Fakten, über die wir aus literarischen und archäologischen Quellen verfügen, seit langem unverändert die gleichen, doch wir interpretieren sie immer wieder neu, setzen die Steinchen zu immer neuen Bildern zusammen, mit anderen Worten: Die Quantität ändert sich nicht, aber wir unterlegen ihr eine neue Qualität.

Es ist bezeichnend für die Arbeit unserer Historiker, daß sie sich zunehmend mit kleinen, überschaubaren Zeitabschnitten oder monographischen Themen befassen, und auch unser Buch folgt diesem Ansatzpunkt: Wir meinen, daß eine begrenzte Nabelschau redlicher sei als der Griff nach dem Jahrtausend, wobei wir letzteres freilich nicht aus den Augen verlieren dürfen.

Vorurteile! ... Eines behauptet, daß die römische Führungsschicht seit Beginn des 1. Jahrhunderts in Saus und Braus lebte. Schuld daran haben bereits antike Zeitgenossen wie etwa Plutarch, wenn er über Lucius Lucullus[62] mit sichtlichem Behagen am Anekdotischen mitteilt:

»Das Leben des Lucullus läßt sich daher mit Recht mit einer alten Komödie vergleichen, worin zuerst Staats- und Kriegsbegebenheiten, hinterher aber Trinkgelage und Schmausereien und gar noch lustige Gelage, Fackelfeste und alle Arten von Spielereien vorkommen. Denn unter Spielereien rechne ich wenigstens die prachtvollen Bauten, die Anlegung von Galerien und Bädern und noch mehr die Gemälde und Bildsäulen und andere derartige Kunstwerke, welche Lucullus mit großem Eifer und unter ungeheurem Aufwand sammelte ...

... (Einst) kamen Cicero und Pompeius auf dem Forum, wo er müßig herumging, auf ihn zu. Cicero war einer seiner besten und vertrautesten Freunde, und obgleich Pompeius mit ihm wegen des Feldzuges in Asien manche Auseinandersetzung gehabt hatte, lebten doch beide jetzt in ziemlich gutem Einvernehmen und sprachen oft miteinander. Cicero begrüßte ihn und fragte, ob es ihm wohl recht wäre, wenn sie ihn besuchten. Da er antwortete, es wäre ihm sehr recht und sie zugleich höflichst einlud, versetzte Cicero:

›Nun gut, wir wollen heute bei dir speisen, aber so, wie die Mahlzeit für dich bereitet ist.‹

Als Lucullus Schwierigkeiten machte und den folgenden Tag vorschlagen wollte, erklärten sie sich damit nicht einverstanden und ließen ihn auch nicht mit einem seiner Diener sprechen, damit er nicht mehr als die für ihn bestimmten Gerichte bestellen könne. Nur so viel erlaubten sie ihm auf seine Bitten hin, einem der Bedienten in ihrer Gegenwart zu sagen, daß er heute im ›Apollo‹ speisen wollte.

Diesen Namen führte eines der kostbarsten Zimmer, und eben dadurch hinterging er die Männer, ohne daß sie es merkten. Denn für jedes Speisezimmer war der Wert der Mahlzeit festgesetzt, und jedes hatte sein besonderes Geschirr und seine besondere Ausstattung, so daß die Bedienten, wenn sie nur hörten, wo er speisen wolle, gleich wußten, wie hoch sich der Aufwand belaufen und mit welchen Anstalten und Anordnungen die Mahlzeit gegeben werden solle. Im ›Apollo‹ aber pflegte er immer mit einem Aufwand von 50000 Sesterzen zu speisen. Diese Summe wurde auch diesmal ausgegeben. Und Cicero und Pompeius setzten neben dem ungeheuren Aufwand noch die Schnelligkeit der Zubereitung in Erstaunen.«[63]

Beschreibungen wie diese stammen schon aus einer anderen Epoche, aus der nachrevolutionären »Gründerzeit« des Kaiserreichs, als »Populare« und »Optimaten« bereits abgestandene Reminiszenzen sind, wie uns Heutigen: »Hie Welf! – Hie Waibling!« Oder in Zukunft einmal: »Links« und »Rechts«. Das Anekdotische ist wichtiger geworden als das parteiliche Engagement. Autoren wie Plutarch oder Sueton sind bei aller Kenntnis der menschlichen Schwächen und Anfälligkeiten nicht mehr bis in die letzte Faser beteiligt; der zermürbende Endkampf der Republik ist von ihnen wohl gedanklich nachvollziehbar, aber sie werden nicht mehr substantiell angerührt. Sie schreiben für ein sattes, nun »kaiserlich« denkendes Bürgertum; man könnte sie die ersten Autoren historischer Sachbücher nennen.

Ganz anders Sallust! Aber er ist ja auch leidender Zeitgenosse, und das, was er anklagend beschreibt, kennt er aus eigener Erfahrung:

»Übrigens war das Unwesen der Parteien und Cliquen in Rom mit all ihrem üblen Betrieb erst vor wenigen Jahren in Rom aufgekommen, und zwar infolge der Friedenszeit und dem Überfluß an all den Dingen, die die Menschen am höchsten achten. Denn bis zur Zerstörung Karthagos (146) verwalteten Volk und Senat von Rom friedlich und schiedlich miteinander den Staat, und es gab keinen Wettstreit um Ruhm oder Herrschaft zwischen den Bürgern. Furcht vor dem Feinde hielt die Bürgerschaft bei guten Sitten. Sowie aber diese Besorgnis aus den Herzen geschwunden war, da freilich trat leider das ein, was das Glück gern mit sich bringt: Zügellosigkeit und Übermut. So wurde es mit der Ruhe – die sie in widrigen Zeiten so ersehnt hatten –, seit sie sie bekommen hatten, nur noch schlimmer und drückender. Denn der Adel begann seine bevorrechtete Stellung, das Volk seine Freiheit in Willkür zu verkehren; jeder suchte an sich zu ziehen, zu raffen und zu rauben. So wurde alles in zwei Parteien zerrissen: der Staat, der in der Mitte lag, zerfleischt. Dabei hatte der Adel durch seinen Parteizusammenschluß mehr Kraft. Die Macht des Volkes aber, die bei der großen Menge locker und zerstreut war, vermochte weniger. Nach dem Willen einer Minderheit wurde daheim und draußen Politik gemacht. In ihren Händen lagen auch Staatsschatz, Provinzen, Ämter, Ruhmestitel und Triumphe. Das Volk stand unter dem Druck von Kriegsdienst und Not. Die Beute in den Feldzügen teilten sich die

Feldherrn gierig mit einigen Freunden. Inzwischen wurden die Eltern oder die kleinen Kinder der Soldaten, sofern sie an einen mächtigeren Nachbarn grenzten, aus ihrem Besitz gejagt. So riß mit der Macht Habsucht ohne Maß und Grenzen ein, besudelte und verwüstete alles, kannte nichts Hohes noch Heiliges mehr, bis sie endlich sich selbst in den Abgrund stürzte. Denn sowie sich im Adel Männer fanden, die wahren Ruhm ungerechter Macht vorzogen, geriet die Bürgerschaft in Bewegung, und es entstand eine Spaltung der Bürger ähnlich der Umschichtung von Erdmassen.«[64]

Kaum ein anderer Fragenkomplex wurde in der Forschung der letzten Jahrzehnte mit mehr Verve diskutiert als dieser: Was sind die Ursachen für den Niedergang der römischen Republik? Wie ist es möglich, daß eine Großmacht, die Jahr für Jahr neue imperiale Erfolge nach außen verbuchen kann, innenpolitisch von einer Krise in die nächste stolpert?

Die aktuelle Bedeutung dieses Themas liegt auf der Hand: Sehen wir doch unsere eigenen demokratischen Ordnungen in latenter Gefahr, verwässert, zerredet, zerstört zu werden. Man lese nur die täglichen Leitartikel europäischer Zeitungen!

Sallust – mit dem wir uns später noch intensiv zu befassen haben – gibt uns da einige Stichworte: »Unwesen der Parteien«, »Cliquen«, »Zügellosigkeit und Übermut des Adels«, »Willkür, Habsucht, Selbstzerfleischung«.

Die Forschung hat in den letzten Jahren verschiedene Deutungsversuche erarbeitet – Versuche! –, denn jede Interpretation des Geschehens wird von der nachfolgenden Generation in Zweifel gezogen. Unabhängig davon haben sich zwei Lager gebildet, die – grob gesagt – diese Positionen einnehmen:

a) Man geht nach *prosopographischen* Gesichtspunkten vor, d. h. man erfaßt einzelne Personen oder Gruppen, zieht gleichsam an den Fäden und beobachtet, bis zu welchem Radius das Umfeld die Reaktionen zeigt, die man erwartet. Nach dieser Auffassung ist das politische Leben Roms bestimmt von wechselnden Interessengruppen, von persönlichen, freundschaftlichen und vor allem familiären Beziehungen und Abhängigkeitsverhältnissen, von Gruppenbildungen, »Parteien« (s. oben) innerhalb der Nobilität. Friedrich Münzer, der 1920 mit »Römische Adelsparteien und Adelsfamilien« Vater des Gedankens war, hat in Matthias Gelzer und Hermann Strasburger (Deutschland) und Ronald Syme (England) Adepten bekommen, die die Methode der Prosopographie weiterentwickelten. Einige Sätze aus Symes mittlerweile klassisch zu nennendem Buch »Römische Revolution« mögen dies verdeutlichen:

»Wie begabt und mächtig er auch sein mag, der römische Staatsmann kann sich nicht allein ohne Bundesgenossen und Anhängerschaft durchsetzen. Diese Wahrheit gilt sowohl für die politischen Gewalthaber der Endzeit der Republik als auch für ihren letzten und alleinigen Erben. Die Herrschaft des Augustus war die Herrschaft einer Partei, und in gewisser Hinsicht war sein Prinzipat ein Syndikat; der eine Begriff setzt den anderen im Grunde voraus.

Die Laufbahn des revolutionären Führers erscheint phantastisch und unwirklich, wenn man sie schildert, ohne anzudeuten, wie die von ihm geführte Partei sich zusammensetzte, wie seine bedeutendsten Parteigänger geartet waren, was sie taten und welchen Einfluß sie hatten. Was auch immer die Form und der Name einer Regierung sein mag, Monarchie, Republik oder Demokratie, zu allen Zeiten lauert eine Oligarchie hinter der Fassade; und die römische Geschichte, die republikanische wie die kaiserliche, ist die Geschichte der herrschenden Klasse.«[65]

Diese Sicht ist natürlich auch eine Weiterentwicklung der älteren Auffassung von »Männer machen Geschichte«, wenn etwa Theodor Birt, ein Historiker des ausgehenden 19. Jahrhunderts, noch 1913 schreibt:

»Die großen Menschen waren es, und sie sind es noch heute, die die Geschichte machen. Schlimm, wenn sie fehlen! Die Masse fühlt wohl, was not täte, aber sie vermag als solche nichts und wird es nie vermögen. Die Tat gehört dem einzelnen, der die Natur vertritt... Die Blüte der Gesellschaft aber sind überall die großen Personen, die plötzlich und überraschend, wie der Riesenblütenschaft aus dem Blätterwuchs der Agave, in Vereinzelung aus den Familien hervorwachsen, seien es Künstler und Denker, seien es Männer der politischen Tat.«[66]

b) Da wir durch Weltkriege, Revolutionen und die Möglichkeit der Manipulation durch Kommunikationstechniken eine ungeheure Lektion über die Folgen von Hierarchiegläubigkeit, Personenkult, Führerstaat erhalten haben, war es nur natürlich, auch in der historischen Deutung nach anderen Ordnungsprinzipien und Kausalitäten Ausschau zu halten. Schon 1940 schrieb der italienische Althistoriker Momigliano:

»Die prosopographische Forschung hat den großen Vorzug, einzelne Personen oder kleine Gruppen zu erfassen, aber sie erklärt nicht ihre materiellen oder geistigen Bedürfnisse: Diese werden vielmehr einfach vorausgesetzt. Geschichte ist die Geschichte von Problemen, nicht von einzelnen Personen oder Gruppen. Ferner ist in unserem besonderen Fall in Anbetracht der Quellen, die für die Geschichte im ersten vorchristlichen Jahrhundert zur Verfügung stehen, die prosopographische Forschung notwendigerweise auf die führenden Männer beschränkt, und diese Männer können weniger bedeuten als die Massen.«[67]

Wie sehr die jeweilige Position von der eigenen Lebenserfahrung bestimmt wird, zeigt ein Satz, den Strasburger (1967) prägte: »Wer einmal bei den ›Spänen‹ war, als ›Männer, die Geschichte machen‹, ›hobelten‹, lernt den Konflikt zwischen Vitalität und Objektivität bei sich selber erkennen, vermag aber um so eher auf ebensolche Erlebnisse im geschichtlichen Felde aufmerksam zu machen.«[68]

Die Gegner der prosopographischen Methode argumentieren: Weniger einzelne Individuen oder Gruppen bestimmen das historische Geschehen als vielmehr die Gegebenheiten der Wirtschafts- und Sozialstruktur. So etwa T. Frank (1969) in »Aspects of Social Behavior in Ancient Rome« (Aspekte des Sozialverhaltens im alten Rom):

»In einem Wort, die inneren Konflikte der vierzig Jahre von 90 bis 50 v. Chr., die den Fall der Republik herbeiführten, enthüllen einen bedenklichen Gegensatz zwischen den Großgrundbesitzern, die den Senat kontrollieren, und den Kleinbauern Italiens, die die Volksversammlung beherrscht hätten, wenn der Staat ihnen ein effektives Instrument gegeben hätte, um ihre Meinung auszudrücken... Für das Scheitern der Republik sind vor allem die Großgrundbesitzer verantwortlich. Sie strebten zu sehr nach Macht im Ausland und nach Möglichkeiten, die Provinzen auszuplündern. Sie begrüßten eigennützig die Verwendung billiger Sklavenarbeit, ohne zu bedenken, daß sie hierdurch unabhängige Bauern vertrieben und für die Zukunft eine politisch inkompetente und wenig patriotische Bürgerschaft heranzogen.«[69]

Nun hat bekanntlich alles seine zwei Seiten; die Wahrheit liegt in der Mitte, und ganz so konträr, wie oben angedeutet, liegen sich die Fronten nicht gegenüber. Uns sollte zu denken geben, daß schon Sallust beide Positionen auf seine Weise umfaßt: »...denn der Adel begann seine bevorrechtete Stellung, das Volk seine Freiheit in Willkür zu verkehren.« Und: »Nach dem Willen einer Minderheit wurde drinnen und draußen Politik gemacht.«

Wir werden sehen, wie wirtschaftliche und soziale Gegebenheiten einzelner Gruppen und die machtpolitischen Ziele einzelner Individuen in permanenter Spannung zueinander stehen; und die utopische Frage, was denn eher dagewesen sei, Huhn oder Ei, ist letztlich eine dumme, weil unhistorische Frage. Der historische Prozeß ist viel zu komplex, als daß er nur aus einem Blickwinkel, der gerade à la mode ist, grundlegend geklärt werden könnte. All dies ist letztlich eine Frage der Perspektive und somit der Ziele, die ich herausarbeiten will. Eine Grundvoraussetzung für unsere Fähigkeit, Zusammenhänge zu erkennen, lautet: Betrachte ich ein Objekt mit der Lupe, so erkenne ich viele Details, vermisse aber die Gesamtform; steige ich auf einen Berg, dann vermeine ich das Ganze im Blick zu haben, registriere aber keine Einzelheiten. Die Ergebnisse der Betrachtung werden nun so verwirrend, weil jeder Beobachter sich seinen eigenen historischen Hochsitz zimmert, und es ist schier unmöglich, einen für alle annehmbaren Konsens zu finden. Wir jedenfalls wollen versuchen, beides, das einzelne und das Ganze, im Blick zu behalten.

Wenn wir in der Überschrift dieses Kapitels das oft mißbrauchte Etikett »Establishment« benutzen, dann in der ursprünglichen Bedeutung als »Standesordnung einer staatlichen oder öffentlichen Körperschaft«. Es sei dem Leser überlassen, ob er jene leise, überlegene Ironie mitschwingen läßt, mit der wir uns so gerne und erhaben von den Machthabern distanzieren. Wir folgen hier auch nicht der gelehrten Unterteilung in »Adel« und »Ritterschaft«, sondern erörtern die politische und wirtschaftliche Einflußnahme beider Gruppen eben unter dem Aspekt des »Establishments«. Auf die besondere Rolle der »Equites« (Ritter) kommen wir bei gegebenem Anlaß zurück.

Nobilität und Patriziat – Amts- und Uradel – besetzen im Normalfall, wie wir sahen, die hohen Exekutivämter und treten nach Amtsniederlegung in die Reihen des Senats zurück. Was ist eigentlich »Adel«?

Bis in unsere Tage hält das deutsche Wort »Adel« die ursprüngliche Beziehung zwischen archaischem Mensch und Erde fest: Er will das Stück Land, auf dem er lebt, als Revier behaupten; und es ist bis zum heutigen Tag eine Norm im Zusammenleben der Individuen wie der

Staaten, daß der *Besitz* eines abgegrenzten Territoriums vor jedem fremden Zugriff zu schützen ist. »Adel« steht in enger Verwandtschaft zu germanisch »Odal«, meint Sippeneigentum an Grund und Boden, väterliches Erbgut. Geht man diesen Fragen nach, gelangt man sehr schnell in die »Reviere« anderer Humanwissenschaften, besonders der Anthropologie und der sozialpsychologischen Verhaltensforschung. Bei der wachsenden Unüberschaubarkeit der einzelnen Disziplinen ist es bezeichnend, daß neue Impulse zu einem wissenschaftlichen Über-den-Zaun-Blicken oft von Außenseitern kommen, so von R. Ardrey, der sich nach erfolgreicher Karriere als Bühnenautor ganz anthropologischen Fragen zuwandte. Seine Diktion kann den früheren Dramaturgen nicht verleugnen:

»So viele verschiedene Territoriums-Interpretationen es auch (über die gesellschaftliche Evolution des Menschen) gibt, so gering sind die Unterschiede im territorialen Ausdruck. Da haben wir dieselbe Isolation auf einem privaten Bereich, dieselbe Intoleranz gegenüber Nachbarn; man beschäftigt sich vorwiegend mit der Festlegung von Grenzen, und fast in jedem Fall kann man gewiß sein, daß der Eindringling vertrieben wird... Wir verteidigen unseren Platz, unser Heim, unser Dorf, unsere Nation nicht, weil es uns gerade beliebt, sondern weil wir es tun müssen.«[70]

Grundbesitz ist Voraussetzung für Ackerbau, Ackerbau die Basis aller primitiven, d. h. urzuständlichen seßhaften Gesellschaften. Bei keinem antiken Volk aber gewann der Besitz von Grund und Boden eine solch zentrale Bedeutung wie im frühen Rom. Unser Begriff »Kultur« ist ein Indiz dafür, stammt das Wort doch vom agrarischen »colere, cultum« = pflegen, bebauen. Oder dies: In Rom heißen die Reichen »locupletes« (locus = Landbesitz), und man nennt eine Person »locuples«, wenn man sie als charakterfest, glaubwürdig, zuverlässig bezeichnen will. »Locus« kann sowohl Ort, Platz, Terrain, Besitz als auch Rang, Herkunft, Stellung, Würde meinen, die die Geburt verleiht. Liest man Quellen verschiedener Jahrhunderte, so stößt man immer wieder auf eine scheinbar paradoxe Ambivalenz: Sparsamkeit, Genügsamkeit und Selbstbescheidung werden als ideale Tugenden gepriesen – und Reichtum wird verherrlicht! Diese entgegengesetzte Wertung finden wir in allen Kulturen, die einen agrarischen Ursprung haben, und sie lebt in den großen Flächenstaaten bis heute fort. Erinnern wir uns nur, welche Skrupel es bei manch sorgsamem Hausvater wie Minister in den letzten Jahren zu überwinden galt, als westeuropäische Regierungen darangingen, Staatsverschuldung als eine gute Sache zu preisen; als man Schritt für Schritt die Tugend des Sparens durch zunehmende Kreditaufnahme im individuellen wie im industriellen Maßstab ersetzte. Dahinter steckt eine tiefgreifende Veränderung unseres überkommenen ökonomischen Denkens; denn wir sind dabei, die risikoreicheren Möglichkeiten des Handels jenen älteren, bodenständigen vorzuziehen, weil sie uns nach den neuen Bräuchen der Marktwirtschaft schnelleren Gewinn bringen.

Handels- und Seefahrernationen wie Phönizien, Karthago, Griechenland in der Antike, wie Venedig, Florenz, Genua im Mittelalter oder Holland und England in der Neuzeit wußten dies schon immer; und unsere »Multis« praktizieren es nun in globalem Ausmaß. Doch Rom löste sich über Jahrhunderte nicht von seinen bäuerlichen Idealen; »Punier« (Karthager) war lange Zeit Schimpfwort und Synonym für Krämergeist, Eigennutz, Betrüger. So war es etwa für einen Senator verboten, Geldgeschäfte zu tätigen; und die altrömischen Maximen des älteren Cato[71] wanderten als agrarischer Mythos durch die Jahrhunderte, wurden belächelt und bewundert. In der Einleitung seiner Schrift »Vom Landbau« (de agri cultura) schreibt er:

»Es kommt wohl vor, daß es sich mehr empfiehlt, durch Handel Vermögen zu erwerben, wenn es nur nicht so gefahrvoll wäre, und ebenso durch Geldleihen (inklusive Verzinsung), wenn es nur so ehrbar wäre. Unsere Vorfahren haben es so gehalten und es so in Gesetzen bestimmt, daß ein Dieb zum doppelten, ein Wucherer zum vierfachen (!) Ersatz zu verurteilen sei: Ein wieviel schlechterer Bürger nach ihrem Ermessen der Wucherer war als der Dieb, kann man hieraus erkennen. Und wenn sie einen als braven Mann loben wollten, lobten sie ihn als braven Landwirt und braven Ackerbauern. Wer so gelobt wurde, dem, so meinte man, sei das ehrenvollste Lob geworden. Was nun den Kaufmann anbetrifft, so ist er zwar ein wackerer und eifrig auf Erwerb bedachter Mann, aber, wie ich bereits sagte, sein Geschäft ist Unfall und Gefahren ausgesetzt. Aber die Ackerbauern haben die tapfersten Männer und wackersten Soldaten zu Söhnen; und der Erwerb aus dem Ackerbau ist der schuldloseste und gleichmäßigste und am wenigsten dem Neid ausgesetzt; und am wenigsten haben die, die mit dieser Arbeit beschäftigt sind, böse Gedanken.«

In seinen Ratschlägen an den Gutsherrn heißt es dann:

»Wenn der Hausherr aufs Gut gekommen ist und den Hausgeist (Lar)[72] begrüßt hat, soll er an demselben Tage, wenn er kann, den Umgang um sein Land machen. Wenn er sich überzeugt hat, auf welche Weise das Land bebaut ist und welche Arbeiten getan und ungetan sind, soll er am Tage danach den Gutsverwalter rufen, ihn fragen, was von Arbeit getan sei, was noch zu tun sei, ob die Arbeiten zur richtigen Zeit ausgeführt seien, ob er, was übrig sei, ausführen könne, und was von Wein, Getreide und allen anderen Dingen eingebracht sei. Wenn er das angehört hat, muß er auf die Berechnung der Arbeitskräfte und Tage eingehen.

Wenn die Arbeit nicht stimmt, der Inspektor sagt, er habe getan, was er konnte: es seien Sklaven krank geworden, es sei schlechtes Wetter gewesen, es seien Sklaven durchgegangen, er habe öffentliche Arbeiten leisten müssen – wenn er diese und andere Entschuldigungen vorgebracht hat, so rufe ihn zur Rechenschaft über Arbeiten und Arbeitskräfte zurück; wenn Regenzeit gewesen sei, welche Arbeiten bei Regen hätten gemacht werden können: Fässer auswaschen, verpichen, das Haus reinigen, Getreide umlegen, Mist hinausbringen, Misthaufen anlegen, Samen reinigen, Seile flicken, neue machen; ihre Röcke und Kapuzen hätten sich die Leute flicken sollen. An den Feiertagen konnten die alten Gräben ausgefegt, die Landstraße verbessert, Dornenhecken gestutzt, der Garten umgegraben, die Wiese gereinigt, Ruten gebunden, Dornen gejätet, Korn gemahlen, alle Räume geputzt werden.

Wenn Sklaven krank waren, hätten nicht so viel Lebensmittel ausgegeben zu werden brauchen. Wenn dies mit Gelassenheit durchgesprochen ist, soll er sorgen, daß ausgeführt wird, was von Arbeiten übrig ist, die Geld- und Getreiderechnung abnehmen und was des Futters wegen angeschafft ist; die Wein- und Ölrechnung; was verkauft, was eingekommen ist, was aussteht, was noch zu verkaufen ist. Wo Sicherheit anzunehmen ist, muß sie angenommen werden; was übrig ist, muß zur Stelle sein. Wenn etwas übers Jahr fehlt, muß es angeschafft werden, was überflüssig ist, verkauft werden. Was verdingt werden muß, soll verdingt werden; welche Arbeiten er ausgeführt, welche er verdingt haben will, soll er befehlen und das schriftlich zurücklassen. Das Vieh soll er in Augenschein nehmen.

Er soll einen öffentlichen Verkauf anstellen: Öl, wenn es seinen Wert hat, Wein, Getreide, soviel übrig ist, soll er verkaufen. Alte

Ochsen, entwöhntes Großvieh, entwöhnte Schafe, Wolle, Felle, altes Fahrzeug, altes Eisenzeug, alt gewordene Sklaven, kränkliche Sklaven und was es sonst Überflüssiges gibt, soll er verkaufen. Ein Hausherr soll verkaufslustig, nicht kauflustig sein...«[73]

Herr Colbert dachte 2000 Jahre später ähnlich, und man nannte es Merkantilismus.

Mit ähnlichem Erstaunen, wie wir es bei der Besichtigung von Wohnhäusern unserer Altvorderen in sogenannten Freilichtmuseen empfinden, plaudert der jüngere Seneca[74] über das karg eingerichtete Landhaus des älteren Scipio:

»... Es ist das Landhaus des Scipio Africanus[75], von dem aus ich Dir diese Zeilen schreibe... Ich habe das aus Quadersteinen gefügte Gebäude gesehen, die Mauer, die ein Waldstück umschließt, die Türme, die auf beiden Seiten als Bollwerk errichtet sind, das Wasserbecken unterhalb von Gebäuden und Garten – es würde ausreichen, ein ganzes Heer zu versorgen – und den engen, nach altem Brauche dunklen Baderaum; nur ein Bad, das dunkel war, dünkte unseren Vorfahren warm... In diesem Winkel wusch jener Schrecken Karthagos, dem Rom zu verdanken hat, daß es nur einmal vom Feinde genommen wurde, seinen von der Landarbeit ermüdeten Körper; mit solcher Arbeit hielt er sich gesund und bestellte, wie es bei den Alten üblich, seinen Acker selbst.«[76]

Welch ein Gegensatz zu Plutarchs Bericht über Lucullus und seine verschwenderische Lebensführung! Aber dieser Widerspruch besteht nur scheinbar: Liest man Catos Richtlinien genauer, so entdeckt man bald einen Zug, der in der Nähe von Habsucht und klammheimlicher Bedachtnahme auf den persönlichen Vorteil liegt. Es hat ein Ideal der Armut in Rom nie gegeben, vielmehr überwiegen – wie so oft im ökonomischen Denken – Motive, die mit wirtschaftlichem Denken nichts zu tun haben: Moral, Tradition, Politik; der Römer würde sagen, das »mos maiorum«, die Sitte der Väter.

Allerdings ist das, was man »Tugend der Großzügigkeit« nennen kann[77], erst eine Errungenschaft der nachkarthagischen Zeit; aber auch hier sind es nicht altruistische Motive, sondern taktische Impulse, wenn wir etwa über Crassus, den reichsten Mann seiner Zeit, lesen:

»Obwohl Crassus sich meisterlich darauf verstand, jedermann durch Schmeicheleien zu gewinnen, so ließ er seinerseits sich von allen durch Schmeicheleien sehr leicht gewinnen. Man führt auch noch diesen besonderen Umstand von ihm an, daß er, so geizig und gewinnsüchtig er auch war, andere, die ihm hierin gleich waren, am meisten haßte und schmähte ... Crassus war unermüdlich, anderen zu dienen, zeigte sich nicht selten auf dem Forum, erschwerte niemand den Zutritt zu ihm, sondern trieb sich immer in Geschäften für andere herum und gewann so durch sein herablassendes und menschenfreundliches Verhalten leicht den Sieg über die Würde (des Pompeius).«[78]

Ging von Crassus doch das Wort, nur der sei reich zu nennen, der, ohne mit der Wimper zu zucken, ein Heer von 100000 Mann auf die Beine stellen könne. Sein Vermögen wird in seinen besten Jahren mit 200 Millionen Sesterzen angegeben. Zum Vergleich: Ein Legionär erhält einen Jahressold von 480 Sesterzen, die Kosten für eine Legion belaufen sich damals auf 3 Millionen[79].

Der Reichtum von Männern wie Crassus, Lucullus, Pompeius floß aus drei Quellen:

a) eigener Besitz an Land, Leuten und Immobilien
b) Kriegsgewinne
c) Einkünfte aus Provinzstatthalterschaften

Mehr und mehr riß im 1. Jahrhundert v. Chr. die Gepflogenheit ein, Geld- und Handelsgeschäfte – ein Sakrileg für einen Senator nach dem »mos maiorum«! – über Strohmänner abzuwickeln. Iunius Brutus, der integre Caesarmörder, hatte keine Skrupel, für geliehenes Geld über 40 Prozent Wucherzins zu fordern – und zu bekommen!

Die Kriegsgewinne und die Staatseinkünfte hatten die Italiker zu den Gläubigern der mittelmeerischen Welt gemacht, und niemand profitierte davon mehr als die Senatoren. Ein Beispiel: Bithynia, Cilicia und Sycia brachten den öffentlichen Finanzen nach Pompeius' »Neuordnung des Ostens« 35 Millionen Denare ein; und Cicero schätzt die Einkünfte aus Ägypten auf 12500 Talente, was etwa 250 Millionen Goldmark entspricht. P.A. Brunt, Kenner antiker Wirtschaftsgeschichte, fragt nach der Motivation des Strebens nach Reichtum und resümiert:

»Das ungeheure Wachstum von Handel und Industrie in der modernen Zeit und die daraus resultierende Entdeckung der Abstraktion des Wirtschaftsmenschen durch Denker des 18. und 19. Jahrhunderts mag uns oft in die Irre geleitet haben bei der Interpretation der Bedingungen der Antike und der Motive, von denen Griechen und Römer geleitet wurden. Es wäre natürlich absurd zu leugnen, daß ihr Verhalten oft von wirtschaftlichen Erwägungen beeinflußt oder bestimmt war. (Tribute und Beute aus Eroberungen sind gewiß relevant bei der Interpretation des antiken Imperialismus.)

Es mag aber durchaus sein, daß wirtschaftliche Erwägungen nicht so sehr überwogen, wie dies heute manchmal angenommen wird. In der Antike gab es viel weniger Gelegenheiten zu profitbringenden Kapitalinvestitionen und zu unbegrenzter Anhäufung von Reichtum. Es können dafür zahlreiche Erklärungen gegeben werden wie: wissenschaftlicher und technologischer Rückstand, fehlende Kommunikations- und unzureichende Transportmöglichkeiten, unangemessene Bestimmungen des römischen Privatrechts, Knappheit an Brennstoff, Abhängigkeit von Sklavenarbeit. Aber was auch immer die Gründe gewesen sein mögen: Unter den vorherrschenden Gegebenheiten waren Kapitalisten natürlicherweise geneigt, ihren Reichtum zu nutzen, nicht so sehr, um ihn noch weiter zu vermehren, als um nicht-wirtschaftliche Ziele zu fördern, um ihre Vergnügungssucht zu befriedigen oder um ihren Status aufrechtzuerhalten durch demonstrativen Konsum, den die Römer ›*luxuria*‹ nannten, und auch, um ihre Macht und ihr Andenken nach dem Tode zu erhalten. Crassus war einer der reichsten Männer seiner Tage... (Es folgt sein eben zitierter Ausspruch über den Gradmesser des Reichtums.) Die Bemerkung verriet seine Geisteshaltung, und sie war durch und durch römisch...«[80]

Wir sagten oben über den Senat: Jede Aristokratie habe die Tendenz zum Zusammenhalt und zur Verewigung des Standes. Wir werden sehen, wie aus dieser Haltung der Hauptkonflikt des Jahrhunderts genährt wird, das Problem der Agrarreform.

Wenn es denn römischem Denken entspricht, daß Reichtum aus agrarischen Einkünften eine solide und ehrenwerte Sache sei, ja daß nur derjenige Anspruch auf öffentliche Reputation habe, der Herr großer Ländereien ist, dann wird verständlich, warum ein ehrgeiziger Mann mit allen Mitteln diesen Status zu erreichen sucht. Der Weg dorthin führt freilich nur über die öffentliche Bühne: Hat er Pfründe, kann er die Massen manipulieren; hat er keine, wird er dem Stimmtier das Blaue vom Himmel versprechen, um an die Schaltstellen der Macht zu kommen. Er wird sich an die Rockschöße eines cleveren Provinzstatthalters hängen und ihn als Legat oder Quaestor begleiten. Bleibt er in Rom, wird er sich dem hier verbliebenen Anhang des erfolgreich operierenden Proconsuls anschließen und in der Stadt seine Fahne hochhalten.

Kommt er in die Jahre, wird er etwa als Richter in einem anstehenden Repetundenprozeß – Delikt: Erpressung von Untertanen und Bundesgenossen durch römischen Magistrat – sehr gern »Geschenke« annehmen, besonders, wenn der spendable Mann noch Consul werden will.

Zur Zeit unserer Geschichte war es so weit gekommen, daß der Kampf um Ämter, Provinzen und Beuteanteile immer offener, immer unbarmherziger, egoistischer und wichtiger wurde als die ideologische Auseinandersetzung. Von »Sachprogrammen« war nicht mehr die Rede. Das Dilemma des Machtkampfes liegt ja darin, daß nur einer die Spitze der Pyramide erklettern kann. Bestechung, Korruption, Lüge, Hetze, Drohung, Demagogie, Terror und Mord machten eine politische Lösung der anstehenden Probleme unmöglich. Hätte Macchiavelli damals gelebt, hätte er nicht minder Anlaß gehabt, pragmatische Ratschläge den zur Macht drängenden Opportunisten zu geben.

Bei der allgemeinen Verschuldung und unsoliden Wirtschaft empfanden viele, wenn sie bei der Wahl durchfielen, weniger die Schande als die Entrüstung: Enthielt doch das Consulat zugleich die Anwartschaft auf die Verwaltung einer Provinz von der Größe eines Königreiches und somit die Möglichkeit, seine Verhältnisse zu arrangieren. Kaum einer, an dem der Kelch der Versuchung vorbeigegangen ist. Und selbst Cicero, der unbestechliche Proconsul von Cilicia, schreibt in einem Brief an Bruder Quintus:

»...sollten diese Asiaten auch einmal bedenken, daß ihnen die ganze Last und Not eigener Kriegführung und eigener Parteipolitik im Innern dadurch erspart wird, daß sie dem römischen Reich angehören. Da sich dieses Reich aber nun einmal nicht ohne Steuern und Zölle aufrechterhalten läßt, sollten sie es sich ruhig einmal gefallen lassen, wenn sie diesen ewigen Frieden und ihr schönes, ruhiges Leben, das sie genießen, mit einem Teil ihres Überflusses erkaufen.«[81]

Selbst ein Mann wie Sallust konnte der Verlockung einer fetten Provinz nicht widerstehen, um die Basis seines späteren Reichtums (Villen, Häuser, Güter und die riesigen Gärten in Rom) zu schaffen.

Jede Provinz hat ihren Wert, und alle Interessenten kennen ihn. Die Folge: Wo eben möglich, einigen sich die Kandidaten schon vorher über die Verteilung. Und hier hätte Macchiavelli Stoff in Fülle:

Wäge alle günstigen und ungünstigen Momente sorgfältig gegeneinander ab! Betrachte vorurteilslos die Stellung in der Öffentlichkeit, die du erworben hast! Betrachte deine Mitbewerber genau, durchwühle ihr Vorleben gründlich, damit du sie in den Schmutz ziehen kannst, wo es nur geht! Scheue keine Übertreibung, und sei sie noch so wahnwitzig: Je unwahrscheinlicher es klingt, um so eher wird man dir glauben! Und irgend etwas bleibt immer hängen.

Überblicke die Gruppe deiner Freunde und frage, auf wen du dich verlassen – wichtiger: auf wen du dich nicht völlig verlassen kannst! In den Centurien (Wahlviertel) mußt du gute Verbindungen haben, selbstverständlich in erster Linie zu Senatoren und Rittern. Und vergiß nicht: Viele tüchtige Leute aus der Stadt, viele einflußreiche und energische Freigelassene verkehren auf dem Forum, die nach oben streben!

Beschränke dein Netz nicht auf die Stadt: Es muß sich über ganz Italien erstrecken. Für ein glanzvolles Auftreten ist zu sorgen: Viele Besucher müssen sich morgens bei dir einfinden, und jeder erfordert Beachtung! Auf der Straße darfst du dich nur in zahlreicher Begleitung zeigen! Auch gegen Leute, die dir mißgestimmt sind, hast du freundlich zu sein und ihnen klarzumachen, wieviel du ihnen nützen kannst, wenn sie in den Kreis deiner Freunde eintreten. Laß dich allzeit von einem Nomenklator (Namennenner) begleiten, damit du Begegnende mit ihrem Namen anreden kannst. Besuche, wo sich die Gelegenheit bietet, Gelage! Veranstalte selbst welche! Halte überhaupt dein Haus stets offen, zeige allen zu jeder Zeit ein freundliches Gesicht und versprich selbst solchen Hilfe, denen du sie nie wirst gewähren können. Man wird dich uneigennützig nennen. Begrüße selbst deine Konkurrenten mit einem selbstsicheren, überlegenen Lächeln!

Bemühe dich um die Volksgunst, ohne bei den Senatshäuptern Anstoß zu erregen! Sammle Claqueure in reicher Zahl um dich, damit sie dich im Theater und Circus lauthals und überschwenglich begrüßen und als den kommenden Retter Roms feiern!

Daß bereits 181 ein Gesetz gegen Wahlbestechung erlassen worden war, zeigt, daß die Unsitte weitaus älter sein muß.

Es hatte sich allmählich ein Mißbrauch des Amtes der »Divisores« herausgebildet: Waren diese Beamten an sich dazu bestellt, von Staats wegen Geld- und Getreidespenden den Bedürftigen zuzuteilen, so entdeckten gerissene Kandidaten bald die großartigen Möglichkeiten, die dieses Amt bot, um über diese Leute ihre »Spenden« an den Mann zu bringen. Damit aber die so Bestochenen oder noch zu Bestechenden nicht etwa das Geld einsteckten, ohne hernach im Sinne des edlen Spenders zu stimmen, wurde die Bestechungssumme bei »sequestres«[82] hinterlegt und erst nach der Wahl ausgezahlt.

Als Sulla 93 Praetor wurde und dieses Amt als sein eigenes bezeichnete, konnte Lucius Caesar[83] spötteln:

»Du hast ganz recht, es dein eigenes zu nennen; du hast es ja gekauft!«

Dasselbe behauptete man von Marius' sechsten Consulat. Gaius Verres rechnete man nach, er habe, um Praetor zu werden, 3 Millionen Sesterzen an die »Divisores« verteilt.

Caesar hatte, um gegen aussichtsreiche Konkurrenten Pontifex maximus[84] zu werden, gewaltige Summen springen lassen; während Catulus, sein Gegenkandidat – wir kennen ihn schon aus der Eingangsszene –, erhebliche Abstandsgelder geboten hatte.

Ein offenkundiger Skandal ereignete sich unter den Consuln Piso und Messalla (61): Damals wollte Pompeius seinem Legaten L. Afranius zum Consulat verhelfen und bediente sich als Vermittler des Consuls Piso, in dessen Haus sich die Divisores versammelten. Das führte zu zwei Senatsbeschlüssen des Inhalts, daß auch in den Wohnungen von Beamten Hausdurchsuchungen durchgeführt werden durften, um die dort eventuell deponierten Gelder aufzuspüren.

Wie sehr das Stimmtier die Bestechungsgelder an den Comitien (Wahltagen) als legitime und gesicherte Einnahmequelle betrachtete, zeigt der Vorfall unter Caesars und Bibulus' Consulat 59: Damals wollte Bibulus (erzkonservativer Gegner Caesars ohne Fortüne) die Wahlen, die sonst im Juli stattfanden, bis zum Oktober verschieben. Das aber bedeutete die Sperrung einer Einnahmequelle und war so unbeliebt, daß Caesar prompt versuchte, die Menge gegen ihn aufzuhetzen.

Überhaupt ging es damals immer ärger und schamloser zu: Es wurden vor aller Augen Tische aufgestellt, an denen sich das Volk sein Geld abholte.

Cicero schreibt an Bruder Quintus über eine andere Wahl:

»Der Wahlkampf kehrt mit Heftigkeit wieder; er war noch nie so arg. Am 15. Juli stieg der Zinsfuß von 4 auf 8 Prozent...

Ich übertreibe nicht: Sie haben der zuerst wählenden Centurie sogar 10 Millionen geboten. Die Kandidaten zum Tribunat haben unter

Hinterlegung von je 500000 Sesterzen bei M. Cato das Abkommen getroffen, sich seiner Entscheidung zu unterwerfen, so daß der Zuwiderhandelnde von ihm verurteilt wird. Wenn es bei diesen Comitien ohne Bestechung zugeht, wie man erwartet, so hätte Cato allein mehr vermocht als alle Gesetze und Richter zusammen.«

Später wird Sallust in der Einleitung seines Erstlings »Catilina« schreiben: »Die Habsucht strebt nach Geld, das doch kein kluger Mann sich jemals wünscht; wie mit bösen Giften getränkt macht sie des Mannes Leib und Seele schwach, immer ist sie grenzenlos, ja unersättlich, läßt sich nicht durch Überfluß und nicht durch Mangel mindern.«[85]

Wir könnten seitenlang fortfahren, Beispiele der fortschreitenden politischen Dekadenz zu schildern, wollen aber diesen beschämenden Überblick abschließen mit jener Bemerkung Jugurthas, als er nach Bestechung des halben Senats seinen Kopf gerettet hatte und nach seinem Abzug aus der Stadt eine Weile stumm zurückblickte und dann rief:

»Welch eine feile Stadt! Wie schnell wird sie zugrunde gehen, wenn sie nur einen Käufer findet!«[86]

Was Wunder, wenn Leute, die dermaßen skrupellos das Geld unters Volk warfen, sich vor einer Wahl an den Rand des Ruins brachten. Selbst Cicero erlaubte sich ein Jahr nach Catilinas Verschwörung den Witz: Er stecke so tief in Schulden, daß er sich ganz gern an einer Verschwörung beteiligen möchte, wenn ihn jemand aufnähme.

Nicht alle konnten diesen Kampf durchstehen, wenn sie nicht das nonchalante Draufgängertum und die charmante Bedenkenlosigkeit etwa des achtunddreißigjährigen Caesars besaßen. Einige potente Geldsäcke hatten etwas gegen die Abreise des Propraetors in seine Provinz Spanien: 20 Millionen Sesterzen Schulden waren nicht beglichen. Freund Crassus griff tief in die Tasche oder leistete Bürgschaft; er brauchte Caesar noch als Rammbock gegen den bald aus dem Osten heimkehrenden Sieger Pompeius.

Gemessen an der Kopfzahl des senatorischen Adels war es nur eine kleine privilegierte Gruppe, die jede Krise durchstehen konnte, ohne ihre wirtschaftliche Substanz zu gefährden. Und sie sanierte sich immer wieder in gewinnbringenden Kriegen. Drei Beispiele:

Lucius Lucullus prunkte nicht nur mit den Beutestücken seines Triumphzuges, dem königlichen Aufwand seiner Tafel, den großartigen Gärten (Vorbild aller Renaissance- und Barockgartenkunst), er züchtete Fische. Nun, das wäre nicht der Rede wert, hätte er nicht auf seinem Gut bei Neapel einen Berg durchbohren lassen, um jenseits gelegene Bergquellen in seine Teiche zu leiten. Prompt nennt Ciceros lose Zunge die Superreichen »piscinarii«, Fischteichbesitzer.

Als Pompeius in Spanien (77–72) den zermürbenden Krieg gegen den enttäuschten Antisullaner Sertorius führte, mußte er noch Brandbriefe nach Rom schreiben: »Müde des Schreibens und überdrüssig der Gesandtschaften habe ich alle meine privaten Mittel und Kredite erschöpft... Helft ihr nicht, wird – gegen meinen Willen – das Heer nach Italien übersetzen!“[87] Bei seinem Triumph (60) über Mithridates erfahren wir schon, daß er dem Staatsschatz (aerarium) Beutestücke im Wert von 20000 Talenten (400 Millionen Mark) zuweist, davon allein an gemünztem Geld 50 Millionen Sesterzen. Seine Legaten (Kommandeure) und Quaestoren erhielten 25 Millionen, jeder Soldat 6000 Sesterzen. Keine Frage, daß er einen erheblichen Teil an Beute und Geldern in die eigene Tasche steckte.

Schließlich Caesar: Entging er noch 62 nur mit Hilfe von Crassus' Bürgschaften den wütenden Gläubigern, so konnte er wenige Jahre später aus den gallischen Einnahmen seine politische Anhängerschaft in Rom aushalten:

»... ließ Caesar seine in Gallien erworbenen Reichtümer allen, die an der Staatsverwaltung teilhatten, in reichlichem Maße zufließen und befreite nicht nur den Volkstribunen Curio[88] von seinen vielen Schulden (er ließ ihm 5 Millionen Mark zustecken), sondern gab dem amtierenden Consul (von 50) Paulus 1500 Talente (30 Millionen Mark).“[89] Paulus dachte fix an seine Reputation und baute von dem Geld seine prachtvolle Basilika[90].

Ungeheuerlich schließlich die Beute, die bei Caesars letztem Triumph (45) die Via Sacra entlanggetragen wurde:

»... sollen bei den Triumphen 65000 Talente und 1822 goldene, 2414 Pfund wiegende Kränze vorbeigetragen worden sein. Von diesen verteilte er sogleich, alle seine Versprechungen überbietend, an jeden Soldaten 5000 attische Drachmen, an jeden Centurio (Hauptmann) das Doppelte und an jeden Kriegstribun und Reiterführer das Vierfache.«[91]

Antike Schätzungen über Caesars gesamte in den Zügen mitgeführte Beute gehen bis 1,2 Milliarden Sesterzen[92].

Nun sind Lucullus, Pompeius, Crassus und Caesar die herausragenden Köpfe der Epoche; aber Ciceros Bemerkungen über die »Fischteichbesitzer« zielen auf eine größere Gruppe der mächtigsten und reichsten Nobiles, für die die luxuriösen »piscinae« zum wichtigsten Lebensinhalt wurden analog zu modernen Rennstallbesitzern (die mittlerweile durch Besitzer von Formel-I-Rennwagen abgelöst wurden):

»Diese Fischteichbesitzer, die kein Hehl daraus machen, daß sie mir meine Stellung (als homo novus) nicht gönnen...« Oder: »... unsere führenden Männer sich aber im siebten Himmel wähnen, wenn in ihren Teichen die Goldfische aus der Hand fressen, und sich um nichts anderes kümmern...«[93]

Aber nicht alle Nobiles sind »piscinarii«, wenn sie auch gern im trüben fischen. Caesars Reichtum ist erworben, nicht ererbt! Nicht alle haben einen sechsten Sinn im Umgang mit Geld und Immobilien wie Crassus; und nur einer, Pompeius, kann den Endsieg über Mithridates erringen. Die Hyänen warten, bis die Löwen die Mahlzeit beendet haben. Schulden haben sie am Beginn ihrer Laufbahn alle; bei Caesar waren es am Ende seiner Praetur 72 Millionen!

Wer Karriere machen will, muß vor allem durch prächtig ausgestattete Spiele auf sich aufmerksam machen, und das beginnt schon bei der Kandidatur zum Aedil. Verglichen mit den Kosten für Gladiatorenkämpfe, Rennen, öffentliche Speisungen und szenische Spielen ist etwa der Aufwand, den die närrische Stadt Köln zur Karnevalszeit treibt, Puppentheater. Zwar stellte die Staatskasse Mittel dazu bereit, doch war seit längerem die Gepflogenheit eingerissen, daß die Aedilen erhebliche Gelder aus ihrer Privatschatulle beisteuerten. So veranstaltete Caesar als Zugabe Gladiatorenspiele zu Ehren seines vor 20 Jahren verstorbenen Vaters und ließ 320 Fechterpaare in silbernen Rüstungen auftreten. Er erreichte sein Ziel: »Caesar« war in aller Munde. Und der stocksteife Bibulus, den Caesar gerissen an den Kosten beteiligt hatte, um ihm dann die Schau zu stehlen, klagte sauer: »Mir ist es ergangen wie Pollux: Der Tempel auf dem Forum gehört beiden Zwillingen (den Zeussöhnen Castor und Pollux), heißt aber nur Castor-Tempel. So heißen die von mir und Caesar veranstalteten Spiele ›Caesars Spiele‹.«

Die Maxime lautet immer: Mehr scheinen als sein! Mehr ausgeben als haben! Irgendwo wartet ja eine Provinz darauf, gemolken zu werden.

Was Wunder, wenn weniger einfallsreiche Köpfe sich und die eigene Sippe in den wirtschaftlichen Ruin stürzen; denn nur einer von vielen kann die Wahl gewinnen. Leute dieses Schlags waren es, die die Sache der »Republik« verteidigten. Bislang rauften sie sich immer wieder zusammen gegen solche, die an der Basis rüttelten: im Kampf gegen Gracchus, Saturninus, Glaucia (s. unten), in der Auseinandersetzung für oder gegen Marius und Sulla. Doch längst sind am Horizont Kräfte aufgezogen, die diese Solidarität gefährden.

In diesem ersten Teil ging es uns darum, einen vorläufigen, großen Überblick in die sozialen, wirtschaftlichen und politischen Verhältnisse im ersten Drittel des 1. Jahrhunderts v. Chr. zu gewinnen.

II. Teil

Ehrenlauf in die Sackgasse

Catilinas Karriere bis zum Sommer 65

»Der Eroberer, der nach einer Herrschaft greift,
sollte alle Gewalttaten, die er zwangsläufig begehen muß,
genau überlegen und mit einem Schlag durchführen,
damit er nicht jeden Tag von neuem damit anfangen muß.«

Macchiavelli, Der Fürst

1.
Wie man ein Römer wird

Catilinas Kindheit und Jugend vor dem Hintergrund der Revolution

Antike Autoren rollen das Leben eines herausragenden Großen gleichsam rückwärts auf. Sie ziehen aus dem, was ein Individuum auf der Höhe seiner Zeit zuwege brachte, Rückschlüsse auf die frühen Jahre. In den Anfangskapiteln ihrer Berichte tauchen dann immer wieder stereotype Wendungen auf wie:

»...verlegte Lucullus sich *schon von Jugend auf* mit großem Fleiß auf die schönen und freien Wissenschaften...« – »*Schon als Jüngling* ließ es Caesar nicht an Eifer und Zuverlässigkeit für seine Clienten fehlen...« – »Cato zeigte, wie man versichert, *gleich von Kindheit auf*, in seiner Stimme und Miene einen ganz unbeugsamen Charakter...«[1]

Verglichen mit unserer Manier, das Leben eines Individuums nachzuzeichnen, ist die antike Biographie statisch. Der antike Autor reiht Nachrichten und Anekdoten aneinander, er will eine Summa aller ihm erreichbaren Aussagen über seinen Helden bilden. Diese Methode ist uralt, denn sie kommt aus dem naiven alltäglichen Erzählen; und Herodot steht auch hier am Anfang:

»Sardeis war aber nun auf *folgende Weise* eingenommen worden...« – »Diese Königin ersann *folgenden Trug*...« – »Smyrna aber verloren die Aioler auf *folgende Weise*...«[2]

Daher ist es unerheblich, ob der Autor wie Plutarch rein chronologisch vorgeht oder wie Sueton kaleidoskopartig bestimmte Charaktereigenschaften, Tätigkeiten, Besonderheiten sammelt. Richard Friedenthals große Goethe-Biographie heißt »Goethe und seine Zeit«; ein Buch »Caesar und seine Zeit« wäre in Rom nicht denkbar. Denn der Biograph Caesars ginge davon aus, daß Caesar Geschichte »macht«; er hätte kaum ein Interesse wie wir, Caesar unter anderem auch als Produkt seiner Umwelt zu sehen; der Wechsel der biographischen Perspektive zwischen Caesar als *Objekt* und Caesar als *Subjekt* seiner Zeit wäre seinem Empfinden weithin fremd.

Wenn überhaupt Biographien geschrieben werden, dann meist in Form von Sammlungen, besonders den beliebten Gegenüberstellungen nach der Art von Plutarchs »Berühmte Griechen und Römer«

oder erbaulichen Blütenlesen wie die des Cornelius Nepos[3]. Erst Sallust, und nach ihm Tacitus, stoßen in die Tiefen und Untiefen der menschlichen Seele vor; aber es ist bezeichnend, daß sie überpersonale *politische* Geschichte und keine Biographien schreiben.

Catilina! – Zwielichtigste Figur des Jahrhunderts! Ein Mann, über den zu Lebzeiten mehr gelästert worden ist als über die Mörder im Staatsdienst: Marius und Sulla! Ein Mann, über den nur, aber auch nur Negatives weitergegeben wurde, wenn von seinem Charakter die Rede war, so daß er seit nunmehr 2000 Jahren zum Synonym des skrupellosen Intriganten, Umstürzlers, Demagogen, des über Leichen gehenden Opportunisten an sich wurde. Dabei tritt er nur kurz, zwischen 66 und 63, ins helle Licht der politischen Bühne; hat eigentlich nicht mehr Dreck am Stecken als alle die andern, Caesar – und gerade er! – eingeschlossen. Aber die Geschichte ist voreingenommen; sie vergißt vieles, nur dies nicht: Erfolglosigkeit!

Als Sallust begann, über ihn nachzudenken, war Catilina bereits zwanzig Jahre im Hades. Wir können uns gut in die Lage des Historikers versetzen, denn er weiß zunächst nicht viel mehr als wir vom Hörensagen; er kennt Ciceros vier große Reden gegen Catilina, hört das Schlagwort von der »catilinarischen Existenz«, sieht wie wir betroffen, ja erschüttert, wie die Chaoten den Staat zertrümmern, wie die Republik und ihre Repräsentanten oder Totengräber im eigenen Blut enden: Pompeius 49 ermordet; Cicero 43 ermordet; Caesar 44 ermordet; Cato legt 46 Hand an sich. Es ist Wahnsinn – aber ohne Methode! Krieg in Gallien, Krieg in Spanien, in Afrika, in Italien, in Griechenland, in Asien, in Ägypten, in Rom! Die Republik ist tot – »...ein Körper ohne sichtbare Gestalt«. Hatte Caesar recht, als er das sagte?

Als Sallust begann, waren auf Veranlassung von Caesars Erben gerade einige hundert Senatoren und Ritter in den Hades geschickt worden. Sallust muß ähnlich zumute gewesen sein wie vielen Europäern 1918, mehr noch 1945: Da bricht ein historisches Gebilde, ein 500 Jahre altes Welt- und Wertsystem zusammen, und zurück bleibt ein Vakuum ohne Form, ohne Zukunft, ohne Hoffnung. Der Weltgeist tritt auf der Stelle! Denn daß da ein junger Mann namens Octavian lebt, den sie später Augustus, den Erhabenen nennen, kann er noch nicht wissen; und der »Knabe« – so nennen alle den Adoptivsohn Caesars herablassend – weiß es selbst noch nicht.

Also begibt sich Sallust auf die Suche nach den Gründen. Irgendwann muß es ihm in die Augen gesprungen sein: In Catilina spiegelt sich die ganze schreckliche Fratze der verderbten Epoche:

»So will ich denn die Verschwörung Catilinas so wahrheitsgetreu wie möglich in kurzen Worten schildern; denn dies Unternehmen ist meiner Ansicht nach besonders denkwürdig wegen seiner unerhörten Bosheit und Gefahr.«[4]

Bosheit und Gefahr – wörtlich heißt es: »...wegen der Neuartigkeit des Verbrechens und der Gefahr« (sceleris atque periculi novitate). Er fährt dann fort:

»Bevor ich aber mit der Darstellung (der Verschwörung) beginne, muß ich über das Wesen dieses Menschen einiges berichten...«

Wir möchten ihm gern folgen, doch wird uns das, was Sallust über Catilina berichtet, nicht genügen:

»Lucius Catilina stammte aus adligem Geschlecht. Seine geistige und körperliche Kraft war bedeutend, sein Charakter völlig verdorben. Von früh an waren Bürgerkrieg, Mord, Raub und Zwietracht unter den Bürgern seine Freude, darin übte er sich in seinen Jugendjahren. Gegen Hunger, Frost und Mangel an Schlaf war er unglaublich abgehärtet; ein tollkühner Kerl, tückisch und unbeständig, ein Meister in Heuchelei und Verstellung jeder Art; nach fremdem Gute gierig, mit dem eigenen verschwenderisch; glühend in seinen Leidenschaften, recht redegewandt, doch wenig einsichtsvoll. Unersättlich begehrte er stets Maßloses, Allzuhohes. Seit Lucius Sullas Gewaltherrschaft hatte ihn der brennende Wunsch gepackt, die Führung im Staate an sich zu reißen...«[5]

Nichts über Kindheit und Jugend, kein: »Schon als Knabe...« Natürlich wußte Sallust mehr über den Mann, aber ihn interessiert Catilinas Vorleben weniger im Zusammenhang seines Themas, das ja einen Vorgang – die Verschwörung – und nicht vorab eine Person analysieren will.

Daher bleibt seine Nachzeichnung des catilinarischen Charakters zunächst in groben Strichen stehen; die einzelnen Etappen der frühen Jahre kommen nicht zur Sprache. Wir wissen nicht, über welches Material Sallust im einzelnen verfügte, wir stellen nur fest, daß er vieles wegläßt, übergeht, weil es ihm unwichtig erscheint. Das ist aus seiner Sicht berechtigt: Wenn er zwanzig Jahre nach der Verschwörung über das Ereignis schreibt, kann er bei seinen Lesern vieles voraussetzen. Er selbst war zur Zeit der Ereignisse zwanzig, konnte also später eigene

Beobachtungen verarbeiten, wird vor allem Überlebende und Beteiligte persönlich ausgefragt haben. Uns gibt er nur Stichworte:

»Seit Sullas Gewaltherrschaft hatte ihn der brennende Wunsch gepackt... – Stammte aus adligem Geschlecht... – Bürgerkriege, Raub, Mord und Zwietracht unter den Bürgern...«

Jeder seiner Leser weiß, was gemeint ist, denn die Ereignisse berührten das Leben jedes einzelnen, und dies unabhängig von seinem politischen Standort.

Hinzu kommt dies: Römische Politik ist Stadtpolitik, ist überschaubar, hautnah erlebt. Ein Report wie der Sallusts wird auf größtes Interesse stoßen, da er einen Abschnitt der Zeitgeschichte behandelt, der emotional nachwirkt bis in die Tage nach Caesars Ermordung. Es ist im gleichen Sinne Vergangenheitsbewältigung, wie in unseren Tagen die Aufarbeitung des Geschehens der zwanziger und dreißiger Jahre bis 1945. Also braucht er sich nicht mit langen Vorreden zur Person Catilinas aufzuhalten, sondern kann sich gleich seinem Thema zuwenden: Was sind die Ursachen für die Degeneration des Systems?

Für uns ist das sehr bedauerlich, denn wir müssen uns die biographischen Details mühsam zusammensuchen.

Quintus Tullius, der jüngere Bruder Ciceros, erinnert in einem langen Schreiben den älteren an das skandalöse Vorleben Catilinas, der sich damals zusammen mit C. Antonius ums Consulat bewirbt. Hier interessieren uns die Angaben über Catilinas Werdegang. Da heißt es:

»...Catilina fürchtet nicht einmal die Gesetze; geboren in väterlicher Armut, aufgewachsen in Unzucht mit der Schwester, zum Manne gestählt im Bürgermord. Sein Eintritt ins politische Leben war die Tötung römischer Ritter...«[6]

Bei Asconius Pedianus finden wir:

»...Catilina soll, als er zur Sullanischen Partei gehörte, grausam gehandelt haben... Er hat sich durch alle Arten von Unzucht und Schandtaten befleckt, seine Hände mit ruchlosem Mord besudelt...«[7]

Noch achtzig Jahre später schreibt Valerius Maximus in seinen »Denkwürdigen Taten und Aussprüchen«:

»Ein besonders hervorstechendes Beispiel verbrecherischer Lust ist Catilina. Von wahnsinniger Liebe zu Aurelia Orestilla erfaßt, schaffte er seinen einzigen, schon fast erwachsenen Sohn, in dem er das einzige Hindernis für die eheliche Verbindung mit jener sah, durch Gift aus dem Wege, zündete sogleich am Scheiterhaufen die Hochzeitsfackel an und brachte der Neuvermählten seine Kinderlosigkeit als Hochzeitsgeschenk dar. Er, der später als Bürger dieselbe Gesinnung zeigte, die er als Vater bewiesen hatte, büßte mit seinem Tode in einem der Seele seines Sohnes und der verbrecherisch angegriffenen Vaterstadt.«[8]

Wir könnten noch einige zwanzig solcher Äußerungen folgen lassen, tun es aber nicht, weil sie nichts Greifbares bringen. Catilinas Bild in der römischen Überlieferung war für alle Zeiten zementiert! Wollen wir mehr wissen, sind wir auf die Ereignisse der Zeit angewiesen, und ein Puzzlespiel beginnt, bei dem wesentliche Plättchen fehlen.

Wir sind in der gleichen Situation wie jener Kommissar, der anhand von mehr oder weniger treffenden Zeugenaussagen aus einzelnen Gesichtspartien ein Porträt des verdächtigen Mannes zusammenlegt, dabei immer im Zweifel, ob es denn der Gesuchte ist. Auch unser Endurteil wird sich auf Indizien stützen, allerdings ohne den Anspruch und die Kompetenz des Richters, zwischen »schuldig« und »nicht schuldig« zu entscheiden. Das maßen sich schon die Zeitgenossen zur Genüge an. Geschichte kennt keine Schuld – nur Schulden, die von den Späteren aufgearbeitet werden müssen.

Catilina wurde im Jahre 108 geboren. Im Abstand weniger Jahre betreten damals Gestalten die geschichtliche Bühne, wie sie die Natur in solcher Fülle nie vorher und nur einmal später – in der italienischen Renaissance – hervorgebracht hat: Lucius Lucullus 117, Marcus Crassus 115, Gnaeus Pompeius 106, Marcus Cicero 106, Gaius Caesar 100, um nur die Herausragenden zu nennen. Von ihnen wird nur Lucullus eines natürlichen Todes sterben, freilich in geistiger Umnachtung.

Marius ist in Catilinas Geburtsjahr 48, Sulla 30 Jahre alt, Gaius Gracchus wurde vor dreizehn Jahren ermordet. Marius schlägt sich in Afrika mit dem Guerilla-Fürsten Jugurtha herum, man wird ihn im nächsten Jahr zum Consul wählen. Seine Grußadresse an die Nobiles kennen wir schon.

Und damit geht die trügerische Ruhe der nachgracchischen Restauration zu Ende; es beginnt jener permanente Spannungszustand und politische Stellungskrieg zwischen erstarrenden Gruppen, der einerseits Rom auf die Höhe als imperiale Supermacht führt und im Innern zugleich den überkommenen politischen Rahmen zerstört.

Daß dieser Zerfallsprozeß der Verfassung sich fast über ein Jahrhundert erstreckt, ohne Gefahr für den Herrschaftsanspruch – im Innern freilich als ein Schrecken ohne Ende –, dies beweist, welch eine stabilisierende Wirkung bisweilen von offensiver Außenpolitik ausgehen kann, so lange draußen noch was zu holen ist. Es beweist aber ebenso, wie der Primat aggressiven militärischen Ausgreifens die inneren Probleme vernachlässigt, vor sich herschiebt, in immer größeren Siegesfeiern erstickt.

Wir sprachen von Vorurteilen. Eins davon will wissen, daß »der« Römer – wer ist das überhaupt? – gegen Ende des Reiches im 5. Jahrhundert n. Chr. sich nur mit Mühe aus dem Bett erhob und die Probleme des Tages mit einem müden Gähnen beiseite schob; daß dagegen jener der Zeitenwende voller Energie und Weitblick die Zukunft stets im Auge hat. Beides ist falsch: Rom eroberte sein Weltreich, als es moralisch bereits dekadent war; als die Sitten sich besserten, entschlief es sanft.

Zu allen Zeiten sind Reichsgründungen nur möglich durch die absolute Skrupellosigkeit der Akteure, die wir »naiv« nennen können, da eine Steuerung durch das Gewissen fehlt.

Keiner hat den Machtkampf in seiner amoralischen Funktion klarer beschrieben als Macchiavelli:

Um die Volksherrschaft zu erreichen, »bedarf es weder besonderer Tüchtigkeit noch besonderen Glücks, sondern eher einer vom Glück begünstigten Verschlagenheit... Die Alleinherrschaft wird entweder vom Volk oder von den großen Herren eingeführt, je nachdem die eine oder die andere der beiden Parteien Gelegenheit dazu findet. Wenn nämlich die großen Herren sehen, daß sie dem Volk keinen Widerstand leisten können, dann beginnen sie einen von ihnen besonders herauszustellen und machen ihn zum Alleinherrscher, um unter seinem Schutz ihre Absichten rücksichtslos verfolgen zu können... Wer mit Hilfe der großen Herren zur Alleinherrschaft kommt, hat mehr Schwierigkeiten, um sich zu halten, als der, der mit Hilfe des Volkes Alleinherrscher wird...«[9]

Wir werden sehen, wie dies bei Cicero zutrifft. Es ist bemerkenswert, daß Macchiavelli das Material seiner Erkenntnisse fast stets aus der Antike bezieht.

Wo Lucius Sergius Catilina in Rom geboren wurde und wohnte, wissen wir nicht. Es heißt, die GENS SERGIA entstamme einem alten patrizischen Geschlecht, das wie das julische Caesars den Anspruch erhob, von Venus abzustammen. Das besagt zunächst wenig, und wir müssen unsern Radius vergrößern, um brauchbares Indizienmaterial zu bekommen.

Die Sergier sind nicht die einzigen, die eine mythische Brücke zu den »FAMILIAE TROIANI«, den pseudo-trojanischen und protorömischen Ahnen der latinischen Frühzeit schlagen. Im letzten Jahrhundert der Republik bekam der Venus-Kult eine politische Färbung und nahm einen neuen Aufschwung. Ehrgeizige Politiker erwählten sich die schöne Göttin zur Beschützerin: Venus wurde für Sulla die glückbringende (Sulla »Felix«, der Glückliche), er nannte sich »Epaphroditus«, Liebling der Aphrodite (= Venus); Pompeius stellte sie als siegreiche Göttin heraus (Venus Victrix); und mit Caesar wurde sie als »Venus Genetrix« (Mutter) mythische Ahnfrau der GENS IULIA und der nachfolgenden julischen Dynastie. Sogar die Habsburger greifen später zu, um sich vor ihren fürstlichen Konkurrenten in ein besseres Geschichtslicht stellen zu können.

Ehe wir salopp die Meldung beiseite legen, auch die GENS SERGIA leite ihren Ursprung von der schaumgeborenen Göttin ab, sollten wir uns klarmachen, was es denn bedeutet, als Patrizier in eine »Familia Troiana« hineingeboren zu werden. Mit Sicherheit zählte sie nicht zu den »Fischteichbesitzern«. Ihr Anspruch auf öffentliche Reputation dürfte darunter nicht gelitten haben, wie denn zu allen Zeiten der verarmte Uradel sich am elitärsten gebärdet. Und daß die Familie nicht zu den vermögendsten zählte, haben wir aus Quintus Ciceros Schreiben an Bruder Marcus erfahren: »...geboren in väterlicher Armut...« Wir können es ebenso aus der permanenten Verschuldung des herangewachsenen Catilina schließen, darin verwandt der Ausgangsposition des acht Jahre jüngeren Caesars. Davor aber liegen Kindheit und Jugend im väterlichen Hause.

Jules Marouzeau, der große französische Altphilologe, stellt in diesem Zusammenhang bedauernd fest:

»Was nicht den (römischen) Schriftsteller, seine Umgebung und seine Welt betrifft, existiert nicht. Die Leute aus dem Volk sind nur ein unbestimmtes Kollektiv (*plebs*), das man gerne mit einem verächtlichen Wort (*turba* oder *vulgus*) bezeichnet. Die Händler, Ladenbesitzer, Arbeiter sind unsichtbar und wie nicht vorhanden: ›Der Gewinn jeden Handwerkes ist gemein; nichts Edles kann sich in einer Werkstatt finden.‹[10] Ein armer Mann ist nur interessant, wenn er zum *cliens*[11] wird. Der Sklave hat keine Persönlichkeit, er ist nur ein Werkzeug: *mancipium*[12]. Die Frau tritt kaum in Erscheinung: Die Literatur kennt ein halbes Dutzend, das glänzende Taten vollbracht hat; im übrigen ist sie nur die anonyme Matrone, Mutter ihrer Kinder, eine streng moralische Person – was freilich wenig gilt in unserer modernen Welt. Nicht etwa, daß man sie unterschätzt: ›wir Römer beherrschen alle Welt‹, sagt Cato, ›und wir werden von unseren Frauen beherrscht.‹ Aber es ist doch wohl zuzugeben, daß man, wenn die Frau in Rom Herrin ist, auf jeden Fall im Werk des Schriftstellers, der ein Mann ist, nichts davon merkt. Auch das Kind hat keine Persönlichkeit: Es ist nur die Hoffnung der *gens*, der Erbe des häuslichen Kultes und der häuslichen Tradition. Seine Spiele, seine lustigen Einfälle, sein Geplapper, all das existiert nicht. Das Kind ist ein kleiner Römer, und damit fertig.«[13]

Es sei in diesem Zusammenhang ein Vorgriff auf spätere Ereignisse erlaubt: Sallust berichtet, wie Catilina Zulauf von Leuten aus allen Lagern und Schichten erhält, darunter auch Söhne von Senatoren. Dann heißt es:

»...gab es außer den Verschworenen noch viele, die gleich anfangs zu Catilina übergingen. Zu diesen gehörte Fulvius, eines Senators Sohn; *ihn ließ der eigene Vater zurückholen und mit dem Tode bestrafen.*«[14]

Diese makabre Nachricht läßt uns stocken! Sie kommt so unerwartet, weil wir bei Sallusts vorheriger Schilderung der Ereignisse Schritt für Schritt ein Geschehen verfolgen, das uns auch – und gerade! – heutzutage möglich erscheint. Dann dieser Satz: kurz, hart, kommentarlos – für Sallust selbstverständlich. Für uns zunächst fremd und unverständlich!

Sallust will seinem Leser sagen: Seht ihr, es gab vor zwanzig Jahren noch Patriarchen von altem Schrot und Korn! Und ihr...?!

Damit sind wir beim eigentlichen Thema unseres Kapitels: der Frage nach Familie, Erziehung, Bildung. Nach altrömischer Tradition ist der »pater familias« (*familias* ist archaischer Genetiv!) Herr über Leben und Tod der Hausbewohner; die *familia* umfaßt nicht nur Eltern und Kinder, sondern die gesamte Sklaven- und Dienerschaft. Diese patriarchalische Gewalt ist durch zahlreiche Beispiele der frührömischen Überlieferung belegt. Er ist Hausherr »sui iuris«, d.h. nach eigenem Recht, während alle Glieder der Familie »alieno iuri subiecti«, also fremdem Recht Unterworfene sind – nach heutigem Sprachgebrauch »Abhängige«.

Das Familienoberhaupt ist im Besitz der »patria potestas«, der väterlichen Gewalt, und sie geht so weit, daß er entscheidet, ob ein neugeborenes Kind auszusetzen, zu töten oder anzuerkennen ist. Dieser Rechtsbrauch – denn trotz unserer moralischen Bedenken war er ein solcher! – reicht in vorgeschichtliche Zeiten zurück; doch noch um die Zeitenwende wird gemeldet, wie die am Todestage des Germanicus[15] geborenen Kinder ausgesetzt wurden, weil dies ein »dies ater«, ein schwarzer Tag, ein Unglückstag war[16].

Daher denn auch die Sitte, daß der Vater das Neugeborene offiziell anerkennt und erziehen will, indem er es von der Erde aufhebt. Allerdings setzt zur gleichen Zeit die aufgeklärtere juristische Strömung ein, die das Töten und Aussetzen von Kindern für einen Mord erklärt.

Catilina wurde also von seinem Vater als »filius familias« und Sproß der GENS SERGIA anerkannt – vielleicht kam eine Zeit, wo er es bereute. Bis auf weiteres bleibt der Sohn unter der absoluten Gewalt des Vaters. Erst mit siebzehn wird er in Beziehung auf das römische Recht selbständig, wenn er fähig wird zur Teilnahme an den Comitien oder, ab dreißig, zur Bekleidung eines öffentlichen Amtes (= »ius honorum«, das Recht zum »Ehrenlauf«). Privatrechtlich aber bleibt er weiter in der Abhängigkeit vom Vater, so daß er etwa kein persönliches Eigentum hat, sondern alles, was er erwirbt oder ererbt, dem Alten Herrn, somit der Familie, zuzubringen hat. Diese Normen galten noch bis weit in die Kaiserzeit.

Diese Auffassung stand in vieler Hinsicht in einem Gegensatz zur griechischen. Joachim Marquardt faßte vor hundert Jahren in seinem »Privatleben der Römer«, einem immer noch unentbehrlichen Sammelwerk zur römischen Kulturgeschichte, den permanenten und sich steigernden Spannungszustand zwischen beiden Kulturen so zusammen:

»Das Anheimgeben der ganzen Erziehung an die Familie, wie es in der *patria potestas* des Familienoberhauptes bedingt war, bringt ein Princip der Stabilität zur Geltung, das darauf ausgeht, den *mos maiorum* (Sitte der Vorfahren, d. Verf.) zu erhalten, d. h. die folgende Generation der vorhergehenden gleichzustellen; es schließt jeden Fortschritt in Wissenschaft und Gesittung, also den Zweck der modernen Erziehung (um 1870!) gänzlich aus; und wenn der Widerstand gegen diesen Fortschritt durch die Macht der geschichtlichen Entwicklung dennoch gebrochen wird, so ist die Folge der Verfall der alten Zucht ohne den Ersatz durch eine dem Charakter des Volkes und den Bedürfnissen des Staates entsprechende neue Bildung. Dazu kommt, daß der beschränkte Gesichtskreis des Privatmanns der Familienerziehung die engste Begrenzung gibt. Die ideale Richtung auf eine harmonische Bildung des Menschen, welche die Griechen gross gemacht hat, ist den Römern stets fremd geblieben; ihr wunderbares praktisches Talent ersetzte einigermaßen, was wir heutzutage durch Schulbildung zu erreichen suchen; sie haben die Welt erobert und beherrscht mit den dürftigsten geographischen Kenntnissen; sie haben einen enormen Staatshaushalt geführt bei der größten Schwierigkeit der Rechnung: Aber sie sind zuletzt durch ihre praktische Richtung in einen Materialismus gerathen, in welchem Religion und Sittlichkeit, Staat und Familie zu Grunde ging. Das ist das letzte Resultat ihrer realistischen Erziehung gewesen.«[17]

Im übrigen dürfen wir nicht vergessen – und der Hinweis ist wichtig –, daß dieser Prozeß vornehmlich die Oberschicht betrifft, das Volk besteht weiterhin aus Analphabeten.

Aus Catilinas späteren Jahren, vor allem aus seinem gesellschaftlichen Umgang und Freundeskreis – immerhin tangiert er lange zu Caesar! –, vor allem aber aus seinen Kontakten zu »emanzipierten« hochadligen Damen und ihren »Salons« dürfen wir folgern, daß er weltoffen auf alles einging, was damals zum Kanon aristokratischer Bildung und Halbbildung gehörte. Mit großer geistiger Neugier wird er vieles von dem aufgenommen haben, was von der Ägäis herüberkam an Wissenschaft, Philosophie, Theater, Mode, Bildniskunst, Malerei, Musik und verfeinerten Sitten. Mochte Cato noch so wettern und seinen Sohn beschwören, sich von der griechischen Literatur fernzuhalten, hielt er es selbst gegen Ende seines Lebens für opportun, sich an das Studium des Griechischen bei Thukydides und Demosthenes zu machen.

Nun aber tat sich vor den jungen Leuten adliger Häuser eine neue Welt auf, »Philhellene« (Griechenfreund) zu sein war bald ebenso verpflichtend – wollte man mitreden – wie die Nachahmung der französischen Barockkultur in deutschen Duodezfürstentümern des 18. Jahrhunderts. In vornehmen Häusern überwog die Zahl der griechischen Sklaven, und es gehörte zur unabdingbaren Voraussetzung, einen gebildeten Privatlehrer zur Unterrichtung der Sprößlinge anzustellen.

Zunächst plagte man den Kleinen mit dem Erlernen der grundlegenden Kulturtechniken: Lesen, Schreiben, Beherrschen der Grundrechenarten. Ein dem Sklavenstande angehörender »ludi magister« unterrichtete zu Hause oder in einer Privatschule, »pergula« genannt, die sich in Rom, Karthago oder Pompeji meist am Forum befand und zum Platz hin öffnete. Der Unterricht wurde fast in freier Luft gegeben, vom Verkehrslärm draußen nur oberflächlich durch einen Vorhang getrennt. Die Schüler sitzen auf Hockern ohne Lehnen, Tische fehlen, denn man schreibt auf den Knien. Der Magister thront in ihrer Mitte auf einem erhöhten Katheder.

Nun wollen wir uns nicht in den Einzelheiten des römischen Elementarunterrichts verlieren; nur so viel: Der Unterricht mißachtete in jeder Weise die Gegebenheiten der kindlichen Seele. Quintilian[18], eine Art Humboldt seiner Zeit, fordert unaufhörlich: »Nicht versuchen (den langsamen, verquälten Unterrichtsgang) abzukürzen! Nicht sich beeilen! Keine Stufen überspringen!« Quintilian galt bis ins 18. Jahrhundert als pädagogische Autorität, wie auch Plinius der Ältere im Bereich der Realien.

Rom folgt in der pädagogischen Praxis griechischem Vorbild, Gedächtnis und Nachahmung sind die beim Kind am meisten geschätzten Eigenschaften. Verweise und Züchtigung stehen an erster Stelle der Strafen: »Die Hand für die Peitsche hinhalten« (manum ferulae subducere) ist Synonym für »zur Schule gehen«.[19]

All dies haben auch die Großen über sich ergehen lassen müssen, Caesar sowohl wie Cicero – und natürlich Catilina. Neben Lesen, Schreiben, Rechnen war ungeheuer viel auswendig zu lernen; und es gab Leute, die damit protzten, den ganzen Homer aus dem Stegreif rezitieren zu können, wie sie ja alle in ihren Briefen und Abhandlungen bei passenden und unpassenden Gelegenheiten mit Zitaten glänzen, meist griechischen, so wie es bis vor hundert Jahren noch zum guten Ton gehörte, mehr oder weniger treffende Bonmots auf Französisch einzublenden. Und das »Wie sagt der Dichter...!« ging auch in Rom nicht nur Pennälern auf die Nerven.

Bald kommen im Unterricht moralische Spruchweisheiten an die Reihe: »Nichts weiß, wer alles gleichmäßig weiß!« – »Der weiß nicht, wohin er will, der vielen Fußspuren folgt!« – »Befrage die Sachen selbst, Nachdenken allein genügt nicht!«

Besonders beliebt waren um die Zeitenwende Sprüche aus dem

Schatz des Mimus-Dichters Publilius Syrus[20]: »Ein schlechter Rat, der sich nicht ändern läßt!« – »Die Redlichkeit ist guten Rufes Bettlerkleid!« – »Wer zweimal Schiffbruch litt, geb' nicht die Schuld dem Meer!« – »Behandle so den Freund, als könnt draus werden leicht ein Feind!« – »Es wird Gefahr nur immer durch Gefahr besiegt!«... usw.[21].

Von Cicero wissen wir, daß er im Kindesalter auch das Zwölftafelgesetz[22] auswendig zu lernen hatte, wie Protestanten Luthers Katechismus. Man muß dabei bedenken, daß in einer Zeit ohne Medien – ein handgeschriebenes Buch mit 200 Abschriften war ein Bestseller! – erheblich mehr und sicherer auswendig gelernt wurde als heute; und vieles, was sich bei antiken Historikern später schwarz auf weiß findet, wurde vorher über längere Zeit von Mund zu Mund weitergegeben. So wäre es auch undenkbar, daß ein Redner von einem Manuskript abliest. Bekanntlich sind viele von Ciceros Reden erst im nachhinein schriftlich fixiert und folglich geschönt worden.

Nach Abschluß der Elementarschule ging man, wenn man sich keinen eigenen Grammaticus leisten konnte, zu ihm hin oder nahm das Angebot einer befreundeten Familie an, den Lehrer in deren Haus zu hören, wie wir es von Gnipho[23] wissen, den u.a. Caesar und Cicero hin und wieder gemeinsam hörten. Hier wurden vor allem die Stücke der griechischen Dichter interpretiert oder die großen Reden eines Demosthenes studiert; und die Kleinigkeitskrämerei und Übergenauigkeit dieses Unterrichts war trocken, ermüdend, geisttötend. Vorbereitung auf wissenschaftliches Denken und Arbeiten wurde nicht gefördert und auch nicht erwartet. Am Ende der Ausbildung stand die Beschäftigung mit der »iuris prudentia« (wörtlich: Klugheit in Rechtssachen): Die römische Rechtswissenschaft, eine Betrachtung von Präzedenzfällen, schafft dem ehrgeizigen Politiker die unabdingbare Kenntnis über Gewohnheiten, Verfahrensfragen, Beispiele aus der Geschichte, auf die er sich später in einem bestimmten Fall beziehen kann. Dabei lernt er all die praktischen Kniffe kennen, schult sein logisches Denken, wird auf die kulturermöglichenden Werte des Gerechten und Guten gelenkt. Cicero sagt später einmal rückblickend: »Mich hatte mein Vater sogleich nach meiner Bekleidung mit der Männertoga (mit 17) bei Scaevola[24] eingeführt mit der Weisung, solange ich könnte und dürfte, niemals von der Seite des Greises zu weichen. Und so prägte ich meinem Gedächtnis manche seiner gelehrten Abhandlungen, aber auch manchen kurz und trefflich formulierten Gedanken ein und war immer bemüht, durch seine Klugheit meine Bildung zu vertiefen.«[25]

Von Catilina, dem wir uns nun wieder zuwenden, dürfen wir wohl dies annehmen: Er war weder Biedermann, Humanist noch Gelehrter – er war Machtmensch! Er wird sich das, was seinen Neigungen und Zielen opportun war, herausgepickt haben.

2.
Zwischen Reminiszenz und Verpflichtung

Das Erbe der Ahnen

Homines novi, Aufsteiger, sind meistens Musterschüler: »...war ich immer bemüht, durch seine Klugheit meine Bildung zu vertiefen.« So Cicero. Aber er ist Ausnahme. Hochwohlgeborene Söhne pflegen meist in Fragen der schulischen Disziplin große Lässigkeit an den Tag zu legen, selbst wenn sie Goethe heißen.

Wenn dem Schüler der Sinn des Ganzen auf lange verborgen bleibt, lernt er dem Vater zuliebe, aus Angst vor Züchtigung, aus Hoffnung auf Belohnung, selten aus eigenem Antrieb. Seit es diese Massendressur gibt, die wir Schule – der Römer gar »Spiel«, »Ludus« – nennen, wird ein junger Mensch zum Sklaven des Wissens der Älteren, die fleißig behaupten, anders könne der Stand des Erreichten nicht gehalten werden: »Non scolae sed vitae discimus.«

Bis zum heutigen Tag wird freilich das Atmosphärische der Kindheit von der Mutter bestimmt, im Positiven wie im Negativen. Das wirkt nach bis zur späteren Partnersuche. Stets schwärmen die Nachgeborenen auch von der »großen Mutter« der Vorzeit, so auch Tacitus:

»Früher nämlich ließ jeder seinen Sohn, von einer keuschen Mutter geboren, nicht in der Kammer einer gekauften Amme, sondern auf dem Schoß und an der Brust der Mutter aufziehen, deren höchster Ruhm es war, das Haus zu hüten und sich hingebend den Kindern zu widmen. Sorgfältig wurde eine ältere Verwandte ausgewählt, deren erprobten und bewährten Sitten der gesamte Nachwuchs einer Familie anvertraut wurde. So beaufsichtigte, wie wir hören, Cornelia, die Mutter der Gracchen, so Aurelia, die Caesars, so Atia, die des Augustus, die Erziehung; und sie erzogen ihre Söhne zu Staatsführern.

Diese Zucht und Strenge verfolgte das Ziel, daß die lautere, unverdorbene und durch keine Verkehrtheit entstellte Natur eines jeden sich edlen Beschäftigungen zuwandte und, mochte sie zum Kriegsdienst, zum Studium des Rechts oder zur Ausbildung der Beredsamkeit hinneigen, sich allein damit beschäftigte und ihr Studium gründlich betrieb. Heute aber...«[26] Die Klagen kennen wir schon!

Hat es also Catilinas Mutter an Liebe, Fürsorge und Hinwendung fehlen lassen, wenn wir an den späteren »Staatsführer« denken? Dies läßt sich weder so noch so beantworten, denn außer dem Namen – sie hieß Belliena – wissen wir nichts von der vornehmen Dame.

Oder kann, wie bei Caesar, Oppermanns Wort gelten?:

»Männer, über deren Jugend das Bild einer guten geliebten Mutter gestanden hat, suchen – das bekannteste Beispiel ist Goethe – in ihrem Leben immer wieder die Ergänzung durch die Frau in den verschiedensten Formen. So auch Caesar: Zu seinem Wesen gehörte der Wille zur Macht und Herrschaft ebenso wie der Zauber, mit dem er um die Soldaten und das Volk wie um einzelne wirbt und auch die Anziehung, die das weibliche Geschlecht auf ihn und er auf die Frauen ausübt.«[27]

Catilina ist von vielen Frauen geliebt worden, gar von einer Vestalin; ob er selbst aber zur Liebe fähig war oder ob seine zahlreichen Affären, besonders mit zwielichtigen weiblichen Charakteren, die meist sehr schnell endeten, sich gerade aus bitteren Erfahrungen eines gestörten Mutter-Sohn-Verhältnisses herleiten, wollen wir hier nicht entscheiden – doch spricht einiges dafür.

Das Bild, das Tacitus vom Verfall der altrömischen Familie zu seiner Zeit zeichnet, ergab sich nicht von heute auf morgen. Es sind ja verschiedene Regionen der Gesellschaft, in denen Genuß- und Konsumdenken, Anspruch ohne Leistung, moralische Laxheit nach und nach die alten Normen verdrängten und verwässerten, so wie in unserer Epoche zunächst das Ethos des Adels als erstes dran glauben mußte, als das Bürgertum des 19. Jahrhunderts ihn beerbte, das dann von den Massen abgelöst wurde; und ausgerechnet diese sind heute am konservativsten und politisch kaum zu bewegen.

Tacitus jedenfalls sieht es so: »Heute aber wird das Kind nach seiner Geburt irgendeiner griechischen Magd anvertraut, der der eine oder andere aus der gesamten Sklavenschaft, zumeist der wertloseste und zu keiner ernsthaften Aufgabe geeignete, beigegeben wird. Mit deren Geschwätz und Dummheiten werden die jungen, noch unberührten Herzen angefüllt; und keiner im ganzen Haus achtet darauf, was man in Gegenwart des jungen Herrn sagt und tut. Ja, die Eltern erziehen die Kleinen nicht zu Bravheit und Bescheidenheit, sondern zu mutwilligem und naseweisem Betragen, wodurch sich allmählich Unverschämtheit und Mißachtung alles Fremden und Eignen einschleicht. Und, fürwahr, es werden von ihnen die unserer Stadt besonders anhaftenden Fehler beinahe schon im Mutterleibe mit empfangen, die Verherrlichung der Komödianten und die Begeisterung für Gladiatoren und Rennpferde. Wie wenig hat ein dafür begeistertes und davon besessenes Herz für edlere Künste noch übrig? Welches andere Gesprächsthema unter jungen Leuten hören wir noch, wenn wir einmal die Hörsäle betreten?«[28] Nun, eben dieser Prozeß hatte schon im 1. Jahrhundert v. Chr. begonnen.

Das Kind trat im Alter von sieben Jahren aus der alleinigen Sorge und Leitung der Frauen heraus und ging in die des Vaters über. Von Catilinas Vater, Lucius Sergius Silus, ist nichts Nennenswertes bekannt, außer daß er vielleicht identisch ist mit jenem Silus, den L. Licinius Crassus (140–91), berühmtester Redner seiner Zeit, als Zeuge in einem Repetundenprozeß zwischen 114 und 111 lächerlich machte:

»Das Witzigste aber«, plaudert Cicero, »was ich von unserm Crassus gehört habe, ist folgendes: Silus hatte als Zeuge den Piso durch die Behauptung, er habe Nachteiliges über ihn reden hören, beleidigt. Da sagte Crassus:

›Es ist doch möglich, Silus, daß der, von dem du es gehört zu haben behauptest, es im Zorn gesagt hat.‹

Silus stimmte nickend zu.

›Möglich auch, daß du es nicht recht verstanden hast...‹

Auch dazu nickte Silus mit dem ganzen Kopf, um sich dem Crassus gefällig zu beweisen.

›Möglich auch‹, fuhr dieser fort, ›daß du das, was du gehört zu haben behauptest, überhaupt nie gehört hast.‹

Dies kam so unerwartet, daß ein allgemeines Gelächter den Zeugen ganz aus der Fassung brachte.«[29]

Was können wir mit solcher Anekdote anfangen? – Zunächst dies: Silus, ein sonst völlig unbekannter Mann, taucht nur in Zusammenhang mit einer strafrechtlichen Sache, eben diesem Repetundenprozeß, auf. Er ist Zeuge der Verteidigung des der Korruption angeklagten XY... Nun mag es ein Zufall der Überlieferung sein, daß nichts Spektakuläres auf uns gekommen ist; dennoch gibt uns diese Notiz zu denken: Das Delikt eines solchen Prozesses heißt in der Sprache des römischen Rechts »crimen pecuniarum repetundiarum«, etwa: »Beschuldigung wegen wiederzuerstattender Gelder.« Der farblose, ja geradezu beschönigende Ausdruck zielt auf einen der schlimmsten Mißstände der spätrepublikanischen Staatsverwaltung: auf die Vielfalt der

Willkürakte und Gewalttaten, zu der sich das Gros der schier unumschränkt schaltenden römischen Statthalter in den Provinzen hinreißen ließ.

Der Tatbestand des Repetundendelikts, schlicht und einfach Erpressung, wurde vom Senat formuliert, von der Behörde also, der de facto die Aufsicht über alle Teile des Weltreichs zukam. Er sollte den schlimmsten Auswüchsen statthalterlicher Machtvollkommenheit steuern; seine Geschichte beweist, daß er seinen Zweck nur in sehr unvollkommener Weise erfüllt hat[30].

Wenn also Catilinas Vater Silus als Zeuge der Verteidigung in einem solchen Prozeß auftaucht – die Details sind nicht bekannt und interessieren uns hier nicht weiter –, können wir daraus ableiten, daß er zu jenen Senatoren zu rechnen ist, die im Umgang mit dem Gesetz jene laxe Haltung eingenommen haben, die wir schon im ersten Teil als Hauptursache des inneren Niedergangs der Republik kennzeichneten. Darüber hinaus dürfen wir aus der witzigen Abfuhr, die Crassus dem Zeugen erteilt, auf eine nicht gerade umwerfende Intelligenz des Sergiers schließen. In späteren, vergleichbaren Situationen verhält sich der Sohn weitaus cleverer und kontert mit gefährlichen Tiefschlägen, die meist unter die Gürtellinie zielen, die selbst einen Cicero aus dem Gleichgewicht bringen!

So dürfen wir getrost voraussetzen, daß der Sohn dem Vater an wacher Intelligenz und Stehvermögen überlegen ist, ja daß er mit größtem Interesse verfolgt, wie man sich verstellen muß, will man trotz erdrückender Beweise seine Schäfchen ins trockene bringen. Der erwähnte Prozeß ist ja kein Einzelfall; die Gerichte befassen sich fast ununterbrochen mit dem »crimen pecuniarum repetundiarum«.

Der Sohn wird auch dies – zunächst erstaunt, dann selbstverständlich – zur Kenntnis genommen haben: Man darf als Senator alles – sich nur nicht erwischen lassen! Und wenn, dann muß man seine Beziehungen spielen lassen; vor allem darf das hehre Bild der Familienehre vor der Öffentlichkeit nicht angekratzt werden! Er wird Zeuge familiären Palavers gewesen sein, wenn man über den politischen Gegner herzieht – der Feind steht links! –, der ja moralisch keineswegs besser, aber gerissener ist, wenn es ihm gelingt, sich aus solchen Querelen und Kabalen geschickt herauszuhalten.

Mit sieben Jahren tritt der Sohn ganz unter den erzieherischen Einfluß des Vaters, der auch später, als schon Hauslehrer in Erscheinung treten, immer letzte Instanz bleibt. An der Seite des Vaters wird der Sohn in alle Bereiche des offiziellen Staatslebens eingeführt, durch seine Vorschriften und mehr noch durch sein Beispiel und Verhalten belehrt:

»Früher«, schreibt Gellius, »hatten zu Rom die Senatoren die Gewohnheit, ihre (unter 17 Jahre alten) Söhne, die noch das verbrämte Oberkleid (die »toga praetexta« des Kindes) trugen, mit in die Ratsversammlung (des Senats) zu nehmen.«[31]

Keine Frage, daß hier die entscheidenden Prägungen des heranwachsenden Jünglings stattfinden, wie ja zu allen Zeiten die politische und moralisch-sittliche Charakterbildung des Sohnes von der Haltung des Vaters abhängt, bis hin zu Ödipuskomplex und der Angst vor dem »Über-Vater«.

Da Catilina später immer wieder den Stolz auf seine Familienehre herausstellt (und seinen Gegner Cicero gerade als homo novus verächtlich zu machen sucht), wird er oft dabeigewesen sein, wenn der Vater etwa bei Fest- und Gedenktagen die altehrwürdigen Schränke im Atrium öffnete und die Bilder und Masken der Ahnen sehen ließ, durch die sich das Andenken der Familie an eine ruhmvolle Vergangenheit knüpfte.

Die GENS SERGIA ist ja eines der ganz alten Geschlechter, und in der Überlieferung lassen sich die Spuren bis in die Zeit des großen Brandes beim Galliereinfall unter Brennus[32] (387) verfolgen.

Ein Lucius Sergius Fidenas errang als Consul 437 einen verlustreichen Sieg über Fidenae, eine Stadt etruskischen Ursprungs an der Via Salaria, und bestrafte 428 die Fidenaten wegen Übergriffe auf römisches Territorium, wofür er wohl den Beinamen »Fidenas« erhielt. 429 war er zum zweitenmal Consul, davor und danach mehrmals tribunus militum[33] (433, 424, 418).

Ein Marcus Sergius Fidenas war 404 und 402 tribunus militum und erlitt während der Auseinandersetzung mit Veii, dem letzten etruskischen Brückenkopf nördlich von Rom, eine Niederlage[34], für die er im folgenden Jahr mit einer hohen Geldbuße bestraft wurde[35].

Sein Sohn Lucius Sergius Fidenas war 397 tribunus militum, ging 394 nach dem Sieg über Veii mit zwei anderen Legaten nach Delphi, um Apollo mit einem goldenen Mischkrug aus der Siegesbeute für den Sieg zu danken[36].

Dann hören wir längere Zeit nichts, bis 331 eine Sergia auftaucht, die, der Giftmischerei angeklagt, sich vor Gericht das Leben nahm[37].

Die Sergier liebten das Dramatische: Hundert Jahre später meldet die Überlieferung einen Marcus Sergius Silus, der es bis zum Praetor Urbanus[38] brachte und sich tapfer in den Kriegen gegen Hannibal schlug. Er dürfte als Haudegen und tollkühner Bursche den größten Eindruck auf seinen Urenkel Catilina gemacht haben. Der ältere Plinius notiert über ihn voller Lob:

»Dem M. Sergius (Silus) wird wohl niemand, wie ich annehme, irgendeinen vorziehen, mag auch sein Urenkel Catilina den Klang seines Namens mindern. Auf seinem zweiten Feldzug (gegen Hannibal) verlor er die rechte Hand; auf zwei Feldzügen wurde er dreiundzwanzigmal verwundet. Obwohl er deshalb weder Hand noch Fuß recht gebrauchen konnte, ist er, da sein Geist gesund geblieben war, in vielen späteren Kriegen kein invalider Soldat gewesen. Zweimal wurde er von Hannibal gefangengenommen – denn er ließ sich nicht mit jedem Feind ein –, und zweimal entkam er aus der Gefangenschaft, nachdem er zwanzig Monate hindurch ununterbrochen in Ketten und Banden gehalten wurde. Mit der linken Hand allein kämpfte er viermal, und zwei Pferde wurden ihm unter dem Sattel durchstochen.

Er ließ sich eine rechte Hand aus Eisen anfertigen und am Arm befestigen und kämpfte damit, als er Cremona[39] befreite, Placentia[40] verteidigte und in Gallien zwölf feindliche Lager eroberte.«

Ein römischer Götz von Berlichingen! Und er bekommt auch ähnlichen Ärger:

»Dies alles geht aus einer Rede hervor, die er hielt, als ihn seine Amtsgenossen als Invaliden von den heiligen Opfern bei der Praetur ausschließen wollten. Welche Menge von Ehrenkränzen hätte dieser Mann einem andern Feinde gegenüber aufgehäuft! Denn es kommt doch sehr viel darauf an, in welche Zeit die Tapferkeit eines Mannes fällt. Welche Bürgerkronen[41] gewährten die Trebia, der Ticinus oder der Trasimenische See[42]? Welche Krone wurde zu Cannae[43] verdient, wo die Flucht die höchste Leistung der Tapferkeit war? In der Tat, die übrigen waren Sieger über Menschen, Sergius aber besiegte sogar das Schicksal!«[44]

Ganz sicher war dieser Mann die zentrale Figur des häuslichen Ahnenkultes; und dies waren gewiß nicht die einzigen Taten, die man von dem Haudegen mit der eisernen Hand zu erzählen wußte. Wie oft wird der jugendliche Catilina es gehört haben: »Die Familie erwartet von dir...!« – Oder: »Wenn Marcus Silus noch lebte, dann sähe heute vieles anders aus!«

Es folgen in der Überlieferung noch einige Sergii, über die nichts Nennenswertes zu sagen ist, bis auf einen Gaius Sergius Orata, einen »Fischteichbesitzer« mit dem bezeichnenden Cognomen »Orata« (= »Goldforelle«). Er wird einer sich abgespaltenen Seitenlinie zuzurechnen sein. Am Lucriner See, einer künstlich zur Lagune vom Meer abgetrennten Bucht bei Baiae, deren Absperrung durch einen Steindamm man dem Herkules zuschrieb, betrieb er eine großangelegte Fisch- und Austernzucht. Noch einträglicher dürfte sein schwunghaftes Immobiliengeschäft gewesen sein; denn seine gerissenen Handelsmethoden brachten ihm einen Prozeß mit dem ehrenwerten M. Marius Gratidianus ein, von dem wir noch Trauriges hören werden.

Dann folgt also Silus, der Vater. Wir gehen wohl nicht fehl in der Annahme, wenn wir uns ihn als stocksteifen, etwas ältlichen, erzkonservativen Aristokraten vorstellen, dem die Vergangenheit mehr als nur Reminiszenz bedeutete, der es freilich im öffentlichen Ehrenlauf zu nichts Höherem brachte. Er ist demnach einer jener dreihundert Senatoren, die wohl eifersüchtig auf ihre ererbten Vorrechte pochen, ohne zu deren Rechtfertigung irgend etwas Produktives beigetragen zu haben.

Gerade solche Typen reizen die begabteren, nervöseren Söhne, wider den Stachel der altväterlichen Autorität zu löcken! Außerdem dürfte es mit der familiären Eintracht im engsten Kreise nicht allzu weit her gewesen sein – wird sich doch Catilina in Kürze nicht scheuen, gegen den eigenen Bruder Marcus und den Mann seiner Schwester Sergia vorzugehen. In seltsamem Licht steht auch Catilinas spätere, im Zorn vor dem Senat formulierte Äußerung:

»Ich stamme aus so guter Familie und habe von früher Jugend an mein Leben so geführt, daß ich mich zu den besten Hoffnungen berechtigt fühle! Ich selbst habe als Mann von altem Adel wie meine Vorfahren die größten Verdienste um das römische Volk aufzuweisen...« Wir werden darauf zurückkommen.

Catilinas spätere Unverfrorenheit, ja Tollkühnheit könnten darauf hindeuten, daß er sich sehr früh aus der väterlichen Vormundschaft gelöst hat. In welchem Verhältnis er zu Bruder und Schwester stand – wir wissen es nicht. Vielleicht war der Tag, an dem er die Toga virilis, die Männertoga, anlegte, der letzte, an dem man einträchtig zusammensaß und gelöst über Vergangenes und Zukünftiges plauderte. Und vielleicht hatte ihm Onkel »Goldforelle« schon andere Flöhe ins Ohr gesetzt, mehr als dem Vater lieb war. Damit sind wir im Jahre 91 angelangt, im übrigen ein Abschnitt, der gewaltige neue Unruhen für das Gemeinwesen brachte. Wenden wir uns darum den staatlichen Verhältnissen zu, denn dort haben wir festeren Boden unter den Füßen.

3.
»Angeblich Herren der Welt, haben sie nicht eine Scholle zu eigen!«

Es begann mit den Gracchen

Catilinas Geburtsjahr 108 ist im politischen Leben der Stadt eine Zäsur, denn Marius entschließt sich, fürs Consulat zu kandidieren. Damit wird auf lange Jahre der popularen Gruppe das Terrain geebnet: »Popular« hieß das Wort der Stunde!

Begonnen hatte es vor zwei Jahrzehnten, und die Waffen zum Austrag des Kampfes lieferten das Volkstribunat und das Militärkommando.

Tiberius Sempronius Gracchus, selbst ein Mann der Hocharistokratie – seine Mutter Cornelia war die jüngste Tochter des Scipio Africanus –, trat mit dem Anspruch auf, man könne mit Vernunft Politik machen. Auf der Rückreise von Numantia[45] in Spanien wird er in Mittel- und Norditalien mit dem Elend des Landvolkes konfrontiert; es ist sein »Damaskus«-Erlebnis:

»Die Tiere, die in Italien leben, haben alle Höhlen und eine Lagerstätte und einen Unterschlupf für die Nacht; die Männer aber, die für Italien kämpfen und sterben, haben wohl Luft und Licht, sonst aber nichts. Ohne Haus und ohne Heimat irren sie mit Weib und Kind umher. Die Feldherren aber lügen, wenn sie die Soldaten in den Schlachten aufrufen, für Gräber und Heiligtümer (der Vorfahren) mit dem Feinde zu kämpfen; denn keiner unter so vielen Römern hat noch einen Hausaltar oder ein Ahnengrab. Nein, für fremden Luxus und Reichtum kämpfen und sterben sie; angeblich die Herren der Welt, haben sie nicht eine Scholle Land zu eigen...«[46]

Es bleibt nicht bei verbaler Klage: 133 versucht er als Volkstribun die Ansiedlung von Proletariern durch Landzuweisung aus dem »ager publicus« (Staatsland). Die Höchstgrenze setzt er auf 1000 Joch (250 Hektar) für eine Familie mit zwei Söhnen fest. Eine Dreimännerkommission sollte den verfügbaren Boden feststellen und für eine gerechte Durchführung der Maßnahme sorgen. Finanziert werden sollte das Unternehmen aus der Erbschaft des Attalos von Pergamon[47], der sein Reich an Rom vermacht hatte.

Dagegen erhob der Volkstribun Octavius im Namen der »Fischteichbesitzer« Einspruch, worauf Tiberius Gracchus nicht zögerte, den widerspenstigen Gegner von der Volksversammlung absetzen zu lassen, da er den Interessen des Volkes zuwiderhandle. Dies war ein revolutionärer Schritt, der die Verfassung sprengte. Um sich gegen Anklagen zu sichern, kandidierte Tiberius für 132 erneut zum Volkstribunat, wurde aber während der Wahlunruhen erschlagen. Trotz des blutigen Sieges wagte der Senat nicht, das angenommene Siedlungsgesetz anzutasten, zog freilich die Ausführung durch allerhand formaljuristische Tricks hin.

Zehn Jahre später nahm Gaius Sempronius Gracchus (123) die Pläne seines Bruders wieder auf. Er verpflichtete sich das Proletariat durch ein Getreidegesetz (lex frumentaria), das jedem römischen Familienvater monatlich etwa dreiviertel Zentner Weizen zu einem Billigpreis auf Staatskosten garantierte. Hier beginnt das, was man später »Brot und Spiele« genannt hat: die politische Entmündigung des römischen Volkes und seine Erniedrigung zum Stimmtier.

Außerdem übertrug Gaius das bisher nur den Senatoren vorbehaltene Richteramt, das sich mit Erpressungen der Provinzstatthalter zu befassen hatte, den Rittern, brachte letztere ganz auf seine Seite, als er ihnen durch ein Steuergesetz die Provinz Asia zur Ausbeutung auslieferte. Gaius war sich über die verhängnisvolle Wirkung dieser Regelungen bewußt: »Er habe Dolche auf das Forum geworfen, mit denen die Bürger sich von nun an untereinander zerfleischten.«

Er scheiterte, als er daranging, an alle Latiner das Vollbürgerrecht und an alle Bundesgenossen das Bürgerrecht (sine suffragio) zu verteilen. Der Senat erklärte den Staatsnotstand; es kam zu Unruhen; Gaius' Anhänger wurden erschlagen, er selbst ließ sich von einem Sklaven auf der Flucht töten.

Die von den Optimaten erhoffte Ruhe dauerte nicht an: »Die einmal gezeigte Möglichkeit, gegen den Senat mit der Volksversammlung eigene Absichten durchzusetzen, rief eine neue Art Politiker hervor. Sie nannten sich Populare, wollten aber keineswegs die Herrschaft des Volkes in Form einer Demokratie, sondern verfolgten unter dem Deckmantel der Volksfreundlichkeit eigene machtpolitische Ziele.«[48] Darum ist auch der Gebrauch der Vokabel »Demokraten« – etwa bei Mommsen – irreführend.

Zunächst mußte eine äußere Gefahr beseitigt werden: Jugurtha, Fürst der Numider, brachte in Nordafrika römische Interessen in Gefahr. In einem siebenjährigen Feldzug wurde der Usurpator aus dem Hause des Masinissa[49] zur Räson gebracht, wobei sich Gaius Marius als Feldherr profilieren konnte.

Marius interessiert Politik wenig, er hat kaum Einblick in das politische Gerangel des Tages, seine Erfolge kommen ganz aus seiner durch und durch pragmatischen Natur: Ein Bauernsohn, der die soldatische Ochsentour hinter sich hat; einer, der wahrhaft durch die Schule der Armee gegangen ist. Ein Praktiker, der alles über den militärischen Leisten schlägt: »Wo ha'm Se jedient?«

Persönlich integer und ohne Eitelkeit, aber besessen von dem Wunsch nach Befehlsgewalt, kommandiert er erst die Kohorte, dann die Legion, schließlich den Staat. Bei diesem Staats-Feldwebel verfangen die Tricks und Finten der Optimaten nicht, denn er hat die Massen und die Armee hinter sich. Mit der Energie des Praktikers reformiert er die Armee, vereinigt die Manipel[50] zu schlagkräftigen, im Ernstfall selbständig operierenden Kohorten, schafft so allen Späteren das Instrument weiterer Provinzeroberungen.

Tiefgreifender ist seine zweite Maßnahme: Marius gibt bekannt, jeder, der sich körperlich dazu imstande fühle, könne sich zur Armee melden, dies unabhängig von Vermögen, Herkunft und gesellschaftlichem Rang – und natürlich freiwillig. Alle bisherigen Heere bestanden aus Freiwilligen, nach dem Census – wir würden sagen: nach der Einkommensteuer – aus dem bäuerlichen und bürgerlichen Mittelstand ausgehoben. Doch diese Quelle war in den jahrzehntelangen Kriegen versiegt. So greift Marius auf das großstädtische Proletariat zurück, ein schon jetzt unerschöpfliches Reservoir. Voraussetzung bleibt lediglich der Nachweis römischen Bürgerrechts.

Zwei Gedanken sind entscheidend: Ausrüstung und spätere Versorgung durch den Staat und freiwillige Verpflichtung gegenüber... dem Staat?, dem Feldherrn? De iure gegenüber dem Gemeinwesen, aber de facto, wie sich bald zeigen wird, gegenüber dem erfolgreichen General!

Mit dieser Armee bringt Marius 102 bei Aquae Sextiae und 101 bei Vercellae die von Norden hereinbrechende Flut der Cimbern und Teutonen zum Stehen, rettet Italien vor dem »Furor Teutonicus«.

Als Politiker freilich versagt er auf der ganzen Linie. Zwar wählt das dankbare Volk den Haudegen sechsmal zum Consul, und die Popularen erhoffen sich von ihm den totalen Umschwung, doch als es 100 zu blutigen Unruhen über die Durchführung eines neuen Siedlungsprogramms des Saturninus[51] kommt, ist Marius als Consul gezwungen, im Sinne der Optimaten die öffentliche Ordnung aufrechtzuerhalten und schlägt den Aufstand blutig nieder. Durch diesen Verrat an den »Gracchenplänen« und den neuen Reformern verlor er jedes politische Gewicht. Die Probleme blieben weiterhin ungelöst.

Die von Gaius Gracchus den Rittern überlassenen Gerichte fällten skandalöse Urteile gegen senatorische Statthalter, die sich gegen die üblen Finanzpraktiken der Steuerpächter wandten. Marcus Livius Drusus, der »Gracchus der Aristokratie«, ein hochangesehener und integrer Vertreter der konservativen Senatsgruppe, suchte einen Ausgleich zu schaffen: Er forderte die Erneuerung der gracchischen Agrargesetze, Aufnahme von 300 Rittern in den Senat, Besetzung von Richterstellen durch Ritter und die Verleihung des Bürgerrechts an die italischen Bundesgenossen. Die Justiz- und Sozialreform wurde zunächst Gesetz, dann aber wegen ihrer nicht zulässigen Verkoppelung bei der Abstimmung vom Senat kassiert. In einer nie ganz aufgeklärten Dunkelmänner-Aktion wurde Drusus in seinem Hause ermordet.

Die Folgen dieser kurzsichtigen Politik sollten sich bald zeigen: Was selbst Hannibal in zwanzigjährigem Kampf auf italischem Boden nicht gelungen war, brachte die Borniertheit des Senats nun selbst zuwege. Das italische Umfeld lehnte sich offen gegen die Wölfin auf. Die Ermordung des Livius Drusus war das Fanal! Zwar versuchte der Senat durch eilige Gesandtschaften die aufgewiegelten Völker und Gemeinden zu beschwichtigen, doch dieses Manöver verfing nicht mehr. Appian berichtet:

»Die Italer, welche von der Ermordung des Drusus erfuhren, glaubten nicht länger dulden zu können, daß diejenigen, welche ihre Vorteile im Senat verträten, so behandelt wurden; und da sie keinen andern Ausweg mehr sahen, das Bürgerrecht zu erlangen, beschlossen sie, geradezu von den Römern abzufallen und sie mit aller Macht zu bekriegen. Sie schickten heimlich unter sich Gesandte, um sich hierüber zu vereinigen und tauschten untereinander Geiseln als Bürgen aus.«[52]

Der von Rom nach Asculum geschickte Praetor Servilius beging den Fehler, die erregten Leute mit herrischen und überheblichen Worten zum Gehorsam zu rufen, worauf die aufgebrachte Bürgerschaft ihn zusammen mit seiner Begleitung in den Hades schickte.

Diese Bluttat gab auch den übrigen Völkern das Zeichen zum Losschlagen.

Die Kämpfe werden auf beiden Seiten mit gnadenloser Härte geführt. Doch Rom ist von den Ereignissen so überrascht worden, daß seine eilig ausgehobenen Legionen den bestens ausgerüsteten und strategisch hervorragend geführten Heeren der Aufständischen auf lange nicht gewachsen sind.

Die Italiker kopieren geschickt die politische und militärische Organisation Roms, schließen sich in einem Bund zusammen mit der Hauptstadt Corfinium[53], die sie herausfordernd »Italica« nennen. Die Führung liegt in der Hand eines Senats; zwei »meddices«[54] koordinieren wie römische Consuln alle Exekutivmaßnahmen, werden dabei unterstützt von zwölf Praetoren. Als besonders aggressive Herausforderung Roms prägt man eigene Münzen in oskischer Schrift und läßt darauf den italischen Stier[55] sich auf die ohnmächtig duckende Wölfin stürzen. Oskisch wird neue Amtssprache.

Rom kämpft anfangs aus dem Stegreif, muß improvisieren, steckt in kurzer Zeit neunzig Niederlagen ein, wird an die Wand gedrückt. Wie tief Disziplin und Moral in den römischen Legionen gesunken sind, zeigt eine Notiz Plutarchs über Sulla:

»In eben diesem (Bundesgenossen-)Krieg schlugen Sullas Truppen einen seiner Legaten, der Praetor gewesen war, mit Steinen und Knüppeln tot. Sulla ließ ein so großes Verbrechen ungeahndet hingehen.«[56]

Dann aber gelingt es, die Bündner nach mehreren römischen Siegen zu spalten. Durch die Lex Iulia[57] verlieh der Senat Ende 90 den treu gebliebenen Italikern das Bürgerrecht. Um noch zu retten, was zu retten war, schob man 89 rasch die Lex Plautia Papiria[58] nach. Dieses Gesetz versprach volle Amnestie nach »freiwilliger« Kapitulation, Aufnahme in die Civitas Romana – und die Nordgruppe unter Führung der Marser war kompromißbereit.

Wenn auch gezwungen durch das Schwert und einen sehr hohen Blutzoll, ist dieses Zugeständnis eine der klügsten Maßnahmen der ausgehenden Republik gewesen und schuf Ansätze zu einer italisch-römischen Nation zwischen Po und Messana.

Allerdings bezahlen die Betroffenen den neuen, harterkämpften Status auf lange Sicht teuer; siebzig Jahre später schreibt Strabon[59] rückblickend in seiner geographischen Weltbetrachtung:

»Die Lucaner und Bruttier und selbst die Samniten sind so völlig heruntergekommen, daß ihre Wohnsitze nur schwer auseinanderzuhalten sind. Schuld daran ist, daß kein Zusammenhalt für die einzelnen Völker mehr besteht und ihre Besonderheiten in Sprache, Bewaffnung, Kleidung und ähnlichen Dingen verschwunden sind.«[60]

Das Aufgehen von Minderheiten in einem größeren Staatsgebilde war zu allen Zeiten schmerzhaft, denn der Unterworfene und nun Integrierte verliert seine eigene Geschichte. So geschehen mit Etruskern, Ägyptern, Germanen, Kelten, Azteken, Inkas. Und selbst heute reißen die Klagen nationaler Minderheiten nicht ab, wie die Spannungen zwischen Korsen, Bretonen, Basken, Walisern, Schotten, Slowaken, Frankokanadiern und der jeweiligen Zentralregierung beweisen. Es sei eine »Frage der Kultur«, hier einen Konsens zu finden, stellte kürzlich der engagierte Europäer Leo Tindemans fest.

Rom war damals noch weit entfernt von solchen Rücksichtnahmen.

4.
Gefährlicher Präzedenzfall

Sullas Marsch auf Rom

Der Ausgang des Bundesgenossenkrieges hatte eine neue Lage geschaffen. Der politische Rahmen dehnte sich nun bis an die Grenzen der Halbinsel, und die Verantwortlichen versuchten sich nach dem ersten Schreck innerhalb des neuen, größeren Horizonts einzurichten.

Dies galt für beide Seiten, und Nutznießer waren die großen Clans der alten italischen Städte und Stämme, die ihre auswärtigen Handelsgeschäfte nun unter dem Schutz des neuen Status eines römischen Bürgers tätigen konnten. Sah man genauer hin, so blieb es für die große Masse der unteren Schichten beim alten. Was Wunder, wenn in entfernteren Regionen, zumal in den kargen Tälern des Apennins, die Rede davon ging, daß ihre Großen sie an Rom verraten und verkauft hätten. So glühten weiterhin Haß und der Wunsch nach Revanche, besonders unter den stolzen Sabinern, und viele zu kurz Gekommene lauerten auf die Stunde der Abrechnung.

Das Entgegengesetzte war auf römischer Seite zu beobachten: Eifersüchtig wachte der Senat darüber, daß das Bürgerrecht nicht an »Unwürdige« verliehen wurde; und der uralte Konflikt darüber, wieweit man auswärtigen Kräften besondere Rechte einräumen dürfe, feierte traurige Urständ.

In diesem Zusammenhang taucht nun Catilinas Name zum erstenmal in den überlieferten Dokumenten auf. Am 17. November 89 hatte der amtierende Consul Cn. Pompeius Strabo sämtlichen dreißig Angehörigen einer spanischen Reiterabteilung wegen bewiesener Tapferkeit vor dem Feind das römische Bürgerrecht verliehen. Catilina wird als Mitglied dieses Consiliums genannt, eines Kreises von Senatoren und Offizieren, die den Imperiumsträger, hier den amtierenden Consul und Oberbefehlshaber der italischen Truppen, in Fragen der militärischen und politischen (besser: diplomatischen) Auszeichnungen berieten.

Catilina war damals 19 oder 20 Jahre alt, und seine Stellung wird die eines Legionstribunen oder Praefekten von Hilfstruppen gewesen sein. Aus seiner Teilnahme an diesem Gremium können wir vielleicht schließen, daß er Kommandeur der auszuzeichnenden Schwadron war – wenn ja, dann ginge die Initiative der Auszeichnung gar auf ihn zurück; und er konnte sich schmeicheln, eine so tapfere Einheit kommandiert zu haben, da ihr Ruhm immer auch der des Befehlshabers war.

Als weiteres Mitglied des Consiliums wird Cn. Pompeius, der spätere »Große« (Magnus), namentlich genannt. Pompeius ist zwei Jahre jünger als Catilina und verdankt seine Stellung im Stabe des Oberbefehlshabers dem Umstand, daß Strabo sein Vater ist.

Was uns Heutigen höchst verwunderlich erscheint, ist in römischen Notzeiten das Normale: Der Sohn ist mit siebzehn volljährig; die Grenze zwischen Jüngling und Erwachsenem wird damals noch ziemlich exakt parallel zur biologischen Reife des Mannes gezogen. Dahinter steht freilich auch die geringe Lebenserwartung des antiken Menschen, die bei etwa fünfunddreißig Jahren liegt, wie wir aus den Grabinschriften wissen. Senex, Greis, konnte schon ein Mann sein, der gerade die Fünfzig überschritten hatte. Der Senat als Versammlung der »Väter« war keineswegs ein Club der Alten, sondern weithin aus Männern zusammengesetzt, deren Jahre wir heute als die »Blüte des Lebens« bezeichnen. Die Dreißig- bis Vierzigjährigen machen die Politik! Und hier liegt unter anderem einer der Gründe für die Leidenschaftlichkeit, Härte, aber auch Kurzsichtigkeit, mit der gekämpft und entschieden wird. Ein Mann wie Catulus, in unserer Eingansszene, ist mit seinen rüstigen achtundsechzig Lenzen nach römischer Auffassung ein uralter Mann; und hohes Alter gilt als besondere Gnade der Götter. »Weisheit des Alters«, Rom kannte und schätzte sie, wie alle bäuerlichen Kulturen.

Schließlich ist bedenkenswert, daß der Heranwachsende in der Antike nicht erst diesen ungeheuren Ballast an tradiertem Wissen, an technischen Fertigkeiten, an anerzogenem Verhalten und Rollenmuster lernend in sich aufzunehmen hatte, der der heutigen jungen Generation die Jugendjahre vergällt und die Intelligenteren zu stets neuem Protest gegen die Älteren herausfordert. »Jugendbewegung« und »Studentenrevolte« wären in Rom nicht vorstellbar, und sei es nur die Verulkung der vorausgehenden Generation mit Hilfe von Vollbärten, betont lässiger Kleidung und Rede. Caesar trug die Toga »leichtgegürtet« – das genügte, um ihn suspekt zu machen. Der gesittete Römer geht glattrasiert; ungepflegter Haar- und Bartwuchs war dagegen ein öffentlich gezeigtes Merkmal persönlicher oder »politischer« Trauer.

Die Quellen verzeichnen mit Akribie, wenn ein junger Mann sich nicht an die Konventionen hält: Gaius Gracchus pflegte bei seinen Reden vor dem Volk erregt auf und ab zu gehen und die Zipfel der Toga hängen zu lassen, was wohl unserem Hochkrempeln der Ärmel entspricht – allerdings am falschen Ort: Man stelle sich vor, der Bundeskanzler zöge während einer Rede vor dem Parlament die Jacke aus!

Es ist keine gleichgültige Feststellung, daß Catilina einige entscheidende Jugendjahre im Hauptquartier Strabos verbrachte. Pompeius Strabo war ein eigenwilliger Kopf, der, hätte er länger gelebt, die Geschichte Roms in andere Bahnen lenken konnte.

Matthias Gelzer nennt ihn einen »bedeutenden Mann« und »Hauptbahnbrecher der militärrevolutionären Epoche, welche nach vier Jahrzehnten zur Beseitigung der Nobilitätsoligarchie und damit der Republik durch die Militärmonarchie führte«.[61]

Dieser »General-Consul« muß entscheidenden Einfluß auf den zwanzigjährigen Catilina gehabt haben, denn seine Ziele und Methoden sind in vielem eine Vorwegnahme der späteren catilinarischen Umtriebe.

Den Status dieser jungen Leute kann man mit der Situation von Assistenten vergleichen: Wie kaum andere gewinnen sie Einblick in den Aufgabenbereich dieser politisierenden Generale, sehen und hören oft mehr, als ihnen guttut und dem Befehlshaber recht ist. Strabo arbeitete zielbewußt auf eine persönliche Machtstellung, unabhängig von der Oligarchie hin, wobei ihm eine ganz und gar ergebene Armee als Stütze diente. Ende 89 war Asculum gefallen, Hauptort des Ager Picenum (heute Ascoli). Hier hatte vor zwei Jahren der Krieg begonnen, und hier endete er nach langwieriger Belagerung durch Strabo. Gewaltige Beute war in die Hände des Consuls und seiner Armee gefallen. Strabo hatte die Stadt auf das härteste bestraft, als Vergeltung dafür, daß die Einwohner zu Beginn des Krieges den römischen Unterhändler und Praetor Servilius ermordet hatten (vgl. S. 107). Nach ungeschriebenem Recht war Strabo verpflichtet, die Gelder und Edelmetalle dem Aerarium (Staatskasse) zuzuführen, das ohnehin zur Zeit einem Faß ohne Boden glich. Doch Strabo behielt die Beute zu seiner eigenen Verfügung. Noch Jahre später ging denn auch die Rede von seinem »schändlichen Geiz«, und Plutarch vereinfacht die Betrachtung gänzlich, aber er gibt wohl die Zeitmeinung wieder:

»Nie haben die Römer gegen irgendeinen anderen Feldherrn einen so heftigen und bitteren Haß gezeigt, als gegen den Vater des Pompeius (Magnus), den Pompeius Strabo. Solange er lebte, fürchteten sie zwar seine Waffengewalt, da er der tapferste und mutigste Krieger war... Die einzige Ursache des Hasses gegen den Vater war seine unersättliche Habsucht.«[62]

Inwieweit des Consuls Augenfehler – »Strabo« heißt der »Schieler« – eine abwertende Rolle gespielt hat, mag dahingestellt bleiben, doch neigt der naive antike Mensch ebenso wie unser Märchen dazu, körperliche Mißbildungen mit negativen Charaktereigenschaften in Verbindung zu bringen.

Für uns ist das von geringer Bedeutung; um so mehr dies: Strabo wird auf den jungen Catilina aufmerksam, er fördert sein militärisches Fortkommen, damals immer die Voraussetzung für den weiteren politischen Aufstieg.

Catilina muß ein schneidiger Bursche und taktisch geschickt führender Offizier gewesen sein, denn der Nachweis seines alten Namens allein konnte vor einem Truppenführer wie Strabo als Qualifikation nicht genügen, zumal der Sergier mit Vermögen nicht protzen konnte.

Die Ereignisse dieser Monate nach Beendigung des Bundesgenossenkrieges müssen auf den jungen, ehrgeizigen Adeligen ohne Vermögen großen Eindruck gemacht haben, und er wird sicherlich die Meinung seines Oberbefehlshabers über die politische Großwetterlage geteilt haben:

Das neue Stimmrecht der Italiker ist Makulatur, denn die Ausübung der politischen Rechte setzte das persönliche Erscheinen in der Volksversammlung zu Rom voraus. (Briefwahl war aus verständlichen Gründen unbekannt und hätte dem direkten Demokratieverständnis der Antike widersprochen.) Das erzwungene Arrangement ist ein innenpolitischer Mißgriff, denn die italischen Neubürger werden nur in acht der fünfunddreißig tribus (Wahlbezirke) eingeschrieben, so daß ihnen von vornherein die Möglichkeit einer Stimmenmehrheit genommen ist.

Wie zur Zeit der Cimbernkriege hatte der Kampf der Parteien unter dem Druck von außen geruht. Nun aber formieren sich wieder die alten Fronten, ergänzt noch durch eine neue Variante zwischen Alt- und Neubürgern. Die Staatskasse ist leer. Unendliche Werte sind in den beiden Kriegsjahren vernichtet worden. Die Besitzer der Latifundien sind von ihren in den italischen Regionen liegenden Gütern abgeschnitten gewesen, sie haben keine Einnahmen verbuchen können. Die agrarische Wirtschaft stagniert. Weite Teile des Mittelstandes sind hoch verschuldet, die Schuldner können die von ihnen geforderten Wucherzinsen nicht zahlen. Weite Landstriche liegen gebrandschatzt, verwildert, entvölkert da.

In dieser militärisch, wirtschaftlich und politisch zugespitzten Lage schlägt völlig unerwartet die auf lange Zeit letzte asiatische Großmacht zu: Mithridates VI. von Pontos, stets bestens informiert über das stadtrömische und italische Gerangel, nutzt die Erbitterung der Griechen über die römische Mißwirtschaft und die schamlosen Requirationen der Statthalter und tritt mit der geschickt lancierten Parole »Freiheit den Griechen! Schuldenerlaß! Bodenreform!« vor die hellenistische Öffentlichkeit Kleinasiens und des griechischen Mutterlandes. Um zu zeigen, daß er es ernst meint, besetzt er 88 die römische Provinz Asia, veranstaltet nach gut organisiertem Plan seine »Vesper von Ephesos« und läßt an einem Tage 80000 Römer und Italiker mit Frauen, Kindern und Dienerschaft auf brutale Weise ermorden. Ergebnis: Die römische Herrschaft im Osten bricht zusammen.

Die Wirkung auf Rom ist ungeheuer. Überlebende der »Vesper« berichten von Greueltaten. Die Stadt steht vor einer schier unlösbaren Aufgabe: Im eigenen Lande der schwelende Bundesgenossenkrieg; im eigenen Hause Klassenkampf; in der eigenen Provinz Erhebung! Die Griechen sagen sich los, träumen von alten stolzen Freiheiten! Athen verloren! Der »Neue Dionysos«, wie Mithridates sich allenthalben nennen läßt, schickt schon seine Armeen nach Griechenland! Das uralte Trauma des Abendlandes wiederholt sich – nicht zum letztenmal: Die Gefahr kommt aus dem Osten!

Wie reagiert Rom auf all diese Nackenschläge? – Überhitzt! Kein Magistrat ist seines Lebens sicher. Ein Beispiel: Der einsichtige Praetor A. Sempronius Asellio, der in seinen zivilrechtlichen Urteilen stark und tapfer für die Belange der wirtschaftlich Schwachen eintrat und unbeirrt für die Rechte übervorteilter Schuldner gegen die mörderische Zinsknechtschaft kämpfte, wird von empörten Gläubigern beim Frühopfer überfallen und ermordet. »In Rom«, schreibt Ernst Kornemann, »das einst den Magistrat in höchster Achtung gesehen hatte, folgten jetzt die Beamtenmorde schnell aufeinander und bezeugten mehr als alles andere, daß das alte republikanische Staatsgebäude auch von innen her in seinen Fugen zu krachen begann.«[63]

Aber es muß doch etwas geschehen! Wo ist der starke Mann, der das Chaos steuert und Dämme gegen die anarchische Auflösung baut? Man beratschlagt endlos, zerredet positive Möglichkeiten, wägt Personen und die hinter ihnen stehenden Gruppen ab: Da ist Sulpicius Rufus, Popularer, Marianer, der auf seine Stunde wartet. Ein Mann von hoher Geburt, dazu von außerordentlicher Redegabe, aber hochverschuldet. Einer der vertrautesten Freunde des »guten Menschen« Livius Drusus. Ein gefährlicher Mann für die »Rechten«. Hinter ihm steht die Ritterschaft, die in Asien ihre Steuerfelle davonschwimmen sieht. Kann man ihm trauen?

Was ist mit Marius? Wird er sein Gesicht wiederfinden oder erneut durchdrehen? Dann ist da noch Lucius Cornelius Sulla! Fünfzig Jahre alt, überheblich, eitel, aber hochintelligent! Hat er sich bisher nicht legal verhalten? War er nicht mehr oder wenig erfolgreich als praetorischer Statthalter der Provinz Kilikien? Man könnte es mit ihm versuchen, trotz seiner unverschämt hohen Schulden – oder gerade deswegen!

Man wählt also Sulla zum Consul, der noch mit einem Kontingent vor Nola in Campanien steht und die letzte Glut des Bundesgenossenkrieges in dieser Gegend austritt. Sein Kollege wird Q. Pompeius Rufus, gleich Sulla ein Exponent der Optimaten. Auch die Übertragung des Oberbefehls im Osten geht glatt über die Bühne – Pompeius Rufus bekommt Italien als Feuerwehrmann zugewiesen –, aber da legt sich der Volkstribun Sulpicius quer:

Mit gracchischer Rhetorik knetet er die Volksversammlung, fegt die Straßen mit seinen gemieteten Terrorbanden leer und peitscht überstürzt einige »volksfreundliche« Gesetze durch:

– Kein Senator darf mehr als 2000 Denare Schulden haben (er selbst hinterläßt seinen Erben eine Schuldenlast von drei Millionen), widrigenfalls er den Sitz im Senat verliert! (Die Spatzen pfeifen es natürlich von den Dächern: Dies ist eine Schikane der Ritter!)

– Durch optimatische Gesetze Verbannte dürfen wieder in die Heimat zurückkehren.

– Radikalste Maßnahme: Alle italischen Neubürger sollen auf alle 35 tribus verteilt werden. Im nachhinein eine gutgemeinte Sache, doch die Zeit ist noch nicht reif für solch kosmopolitische Höhenflüge. Prompt reagieren die Altbürger mit Empörung. Es folgen erbitterte Straßenschlachten, wobei sich des Sulpicius 600 junge Ritter – er nennt sie seinen »Gegensenat« – besonders hervortun und politisch Andersdenkenden den Kopf vor die Füße legen.

Es kommt noch toller. Der Senat weiß sich des anarchischen Treibens nur durch eine offizielle Erklärung des »Geschäftsstillstandes« (iustitium) zu erwehren: Sie enthält das Verbot, private Geschäfte zu betreiben und das Gebot, sich zum Militärdienst bereitzuhalten; Verfassungs-, Verwaltungs- und Rechtsprechungsorgane stellen ihre Tätigkeit ein. Eine Mischung aus Staatsnotstand und allgemeiner Mobilmachung.

Sulpicius ist der Exekutive immer einen Schritt voraus, ruft die Massen auf dem Marsfeld zusammen, verteilt seine 3000 Mann starke Sturmabteilung an strategischen Punkten des Areals – sie tragen sämtlich den Dolch im Gewande –, pöbelt gegen die »volksfeindliche« Maßnahme des Senats und gibt das Zeichen zum Losschlagen. Eine irrwitzige Schlägerei setzt ein, Blut fließt in Strömen. Bald decken Hunderte Leichen den geheiligten Versammlungsort des Volkes, darunter der Sohn des Consuls Pompeius Rufus und Schwiegersohn Sullas. Rufus selbst kann sich aus dem Getümmel unverletzt absetzen.

Sulla, noch in der Stadt, bleibt nichts anderes übrig, als das »iustitium« aufzuheben. Dann begibt er sich unverzüglich zu seiner Armee nach Capua, wo sie seit längerem auf den Abmarsch in den Osten wartet. Rufus muß sehen, wie er Herr des Schlamassels wird.

All dies hat man im Lager des Pompeius Strabo mit wachsender Unruhe verfolgt. Zum Hades mit diesem »Volksfreund«! bellt er, und die Truppe ist ganz seiner Meinung. Leute wie Sulpicius sind ihnen verdächtig, weil es allzu sehr nach Taktik aussieht, wenn ein Aristokrat so ostentativ populare Ziele verfolgt.

Catilina sieht aber auch das andere: Strabo taktiert scheinbar kühl abseits, hält weiterhin im Norden die Wacht am Po. Er verleiht einigen transpadanischen Keltengemeinden das *latinische Recht*, d.h. diese Gemeinden bleiben zwar weiterhin von Rom abhängig, aber ihre Bürger erhalten das *»ius migrandi«* (migrare = wandern) und können durch Übersiedlung nach Rom und Eintragung in die römische Bürgerliste die »Civitas Romana« erlangen; bei nur zeitweiligem Aufenthalt in Rom steht ihnen das *»ius suffragi«* (Stimmrecht) in der römischen Volksversammlung zu. Durch diese mehr oder weniger eigenmächtige Maßnahme des Strabo wurden die keltischen Gruppen der Gallia Transpadana (Gallien jenseits des Po) auf lange Sicht aus ihren nationalen Traditionen gelöst und auf Rom ausgerichtet. Neben den spektakulären militärischen und politischen Ereignissen des Jahrhunderts sind es immer wieder solch unscheinbare Vorgänge am Rande der großen Ereignisse, die die italischen Völker auf den weiteren Weg zur römischen Nation bringen; und diese Maßnahme des Pompeius Strabo wird stets zu wenig gewürdigt – wenn er sie auch aus rein politisch-taktischen Gründen durchführte. Aber das tun sie ja alle!

Er hofft freilich, sich durch dieses Entgegenkommen im Norden einen provinzialen Rückhalt für alle kommenden Eventualitäten schaffen zu können. (Caesar wird später darauf weiterbauen können.)

Und Catilina, derzeit noch immer in seinem Stabe, ist ein gelehriger Schüler. Es spricht vieles dafür, daß Strabo versucht hat, 88 erneut zum Consul gewählt zu werden – die alte Fristenregelung galt seit Marius nur noch für naive Biedermänner –; allein in Rom verfolgt man sein Treiben mit Argwohn, und er wird 88 wegen Hochverrats belangt, vielleicht gerade aufgrund seiner eigenmächtigen Bürgerrechtsverleihung. Hier ist – und bleibt – vieles im dunkeln. Strabo entging dennoch einer Verurteilung – wer ihn damals herauspaukte, ist nicht bekannt – und blieb weiter als Proconsul an der Spitze seiner Nordarmee. Und das war ihm zweifellos das wichtigere Ergebnis des Zwischenfalls.

Wir müssen uns an dieser Stelle einmal bewußtmachen, wie zerfahren, ja geradezu chaotisch die innere Situation des römischen Staates ist. Dies ist deshalb von Bedeutung, weil wir wegen der raffenden Berichterstattung von Quellen und gelehrten Abhandlungen allzu leicht dazu neigen, das weitere Geschehen dieser Jahre aus dem Blickwinkel des siegreichen Sulla zu beurteilen und übereilt einen scheinbar notwendigen, eindeutigen Prozeß herauslesen. Damals konnte jedoch niemand voraussehen, wohin der Karren lief. Zunächst einmal steckt er im Dreck.

Wahrscheinlich setzte Catilina damals noch ganz auf Strabo als den kommenden großen Mann. Er mag es so gesehen haben:

Sulpicius mit seinen Jungrittern beherrscht zwar die Straße, doch ist es fraglich, wie lange er sich halten kann; der revolutionäre Marsch über das Volkstribunat ist bisher am Ende immer noch gescheitert.

Niemand weiß, wie sich die Führer der Popularen, allen voran Marius, verhalten werden. Die optimatische Senatsgruppe ist keineswegs am Ende ihrer Möglichkeiten, wie der nur mit Mühe errungene Kompromiß im Zusammenhang mit dem Prozeß gegen Strabo gezeigt hat.

Nach Sullas Abgang in die asiatische Kampfzone wird es in Rom zu erneuten bürgerkriegsähnlichen Zusammenstößen kommen; das wird die Stunde Strabos sein. Man muß versuchen, den amtierenden Consul Pompeius Rufus und seine italischen Schutztruppen für langfristige Pläne zu gewinnen. Und man könnte mißtrauischen italischen Stammesführern alle möglichen Versprechungen machen. Alles muß sich so entwickeln, daß am Ende Strabo als der Retter des Vaterlandes eingreift. Das Weitere wird sich dann finden.

Aber da geschieht etwas völlig Unerwartetes! Während Sulla die letzten Vorbereitungen für den Abmarsch seiner Asienarmee trifft, kommt aus Rom die Meldung, Sulpicius habe den Antrag gestellt, Sulla seines Oberbefehls im mithridatischen Krieg zu entheben und statt dessen Marius in den Osten zu schicken. Das Ziel ist allen Beobachtern außerhalb Roms klar: Der Nobilität soll ein letzter, tödlicher Schlag versetzt werden!

Grimmig lächelnd erfährt Strabo Einzelheiten über Marius: Er gehe nämlich alle Tage aufs Marsfeld, »wo er sich mit jungen Leuten übte und zeigte, daß sein Körper noch immer fähig sei, die Waffen zu tragen und sich auf dem Pferde zu halten, obwohl er im Alter (er ist nun siebzig) durch Dicke und Fettheit ziemlich schwerfällig geworden war«.[64]

Wenn die Gegner auch höhnisch von »Verkalkung«, »kindischer Selbstüberschätzung«, »Spinner!« reden, so wissen doch alle Regimentskameraden aus dem Kriege gegen Jugurtha, wie Marius vom alten Haß auf seinen ehemaligen Stabsoffizier Sulla getrieben wird, der ihm am Ende des afrikanischen Krieges mit diplomatischer Eleganz den Numiderfürsten vor der Nase weggeschnappt hat. Natürlich steckt auch Sulpicius dahinter, der sich geschickt des Marius als Galionsfigur und Köder der Massen bedient, denn für die Bedürftigen ist Marius immer noch einer der Ihren, ist: »Unser Marius!«

Sullas Empörung ist groß, hat er vor einem Jahr die Wahl des Sulpicius zum Tribunen doch selbst gefördert: einer der wenigen Fälle, wo er sich in seiner Menschenkenntnis geirrt hat.

Sulpicius hat nun Oberwasser und fühlt sich so sicher, daß er zwei Tribunen nach Capua schickt, um Sulla den »Beschluß des Volkes« kundzutun.

Mit höchster Spannung verfolgt man in Rom, wie in Strabos Stab, die Zuspitzung der Lage. Es dämmert ihnen allmählich, daß hier Roms weiteres Schicksal auf des Messers Schneide steht. Wie wird Sulla reagieren?

Düstere Nachrichten verlassen die Hauptstadt: Marius hat mit »Säuberungsaktionen« begonnen und läßt Köpfe rollen, darunter zahlreiche von Sullas Freunden, deren Häuser er anschließend plündern läßt.

Sulla reagiert, wie immer in kritischen Augenblicken, blitzschnell, beruft eine Heeresversammlung ein und hält aus dem Stegreif eine jener selbstsicheren Reden, über die man das Motto setzen könnte: Siegen allein genügt nicht – jederzeit als Sieger auftreten ist wichtiger! So geißelt er nicht nur die feindlichen Bestrebungen des Sulpicius, Marius und ihrer popularen Gernegroße, spielt nicht nur – und das kommt ihm gewiß von Herzen – auf die verächtliche Behandlung der consularischen Gewalt an, sondern malt ihnen, den Bauernsöhnen, Abenteurern, aber auch den enttäuschten Aristokraten unter seinen Chargen eine glänzende Zukunft, lockt sie mit unermeßlicher Beute im Osten, die diese hergelaufenen popularen Lumpen und Staatsverräter ihnen nun zu ihrem eigenen Nutzen vor der Nase wegschnappen wollen; denn Marius wird *seine* Clique fördern und verhätscheln, um sich halten zu können!

Die Armee kennt ihren Feldherrn zu gut, um nicht seine unausgesprochene Absicht zu erraten: »Die Soldaten aber, welche verstanden, was er im Sinne hatte, und fürchteten, um den Feldzug (gegen Mithridates) zu kommen, sprachen offen Sullas Gedanken aus und forderten ihn auf, sie unbedenklich gegen Rom zu führen.«[65] Für Sulla ist Politik immer auch ein Geschäft, und er ist der erste, der diesen Aspekt stets mit im Auge hat.

Die von Sulpicius selbstherrlich geschickten Tribunen, die da in der Pose des Siegers anreisen, erkennen zu spät den wahren Sachverhalt: Sie werden ohne Vorwarnung von Sullas aufgebrachten Legionären in den Hades geschickt. Man steinigt sie.

Anders als Caesar zeigt uns Sulla in solchen Momenten eisige Kälte und Menschenverachtung – wie schon vor drei Jahren, als er kommentarlos die Erschlagung eines der Truppe mißliebigen Praetors übersah. Was interessiert ihn das Schicksal zweier popularer Heißsporne, wo er vor der schicksalhaftesten Entscheidung seines Lebens steht – und mit ihm Rom! Es gibt keine Alternative; Zögern bedeutet eigenen Untergang und Preisgabe der konservativen Sache. Befehl: Angriff! Pompeius Rufus, zweiter Consul, Statthalter Italiens, ist zunächst ganz seiner Meinung, denn er hat noch einen Sohn zu rächen.

Mit fünf Legionen marschiert Sulla los. Allmählich weicht denen in der Stadt die Euphorie, und sie ahnen, was auf sie zukommt. Hastig schickt man ihm zwei neue Boten entgegen, diesmal Praetoren. Sie kommen im Auftrag des Senats, der zwischen Sulpicius' Banden und Sullas Armee in der Zwickmühle sitzt: Bei allen Göttern, Sulla möge doch warten, bis man einen Entschluß gefaßt und die Lage im Griff habe!

Sulla hat aber bereits seinen inneren Rubikon überschritten, die Armee ist nicht mehr zu stoppen. Die Truppe gibt den Gesandten denn auch prompt Bescheid auf eine leicht verständliche Art, schickt sie – wenn nicht in den Hades, so in den Straßendreck. Und eilig machen sich die Gedemütigten davon; der Schrecken sitzt ihnen im Nakken, noch während sie in Rom das Ungeheuerliche berichten: der nie dagewesene Angriff eines römischen Consuls auf die eigene, durch das Pomerium des Romulus geheiligte Hauptstadt.

Letzter Bremsversuch des Senats: Pompeius Rufus läßt sich gewinnen und spricht sich bei Sulla für maßvolles Vorgehen aus. Zu spät! Sulla hat geträumt: Venus (!) erschien ihm und reichte ihm einen Donnerkeil – das Zeichen göttlicher Strafvollmacht –, und er zerschmettert damit seine Feinde. Die Olympischen sind mit ihm, und natürlich verkündet er dies der Truppe. Die Armee marschiert.

Hätte es damals Zeitungen gegeben – wenn ja, dann unter popularer Zensur –, würden wir darin Ähnliches lesen wie bei Napoleons Anmarsch auf Paris zu Beginn seiner »Hundert Tage«:

»Der Unhold ist nicht nach Asien entronnen!« – »Der optimatische Werwolf hat den Volturnus überschritten!« – »Der Tiger hat sich zu Aquinum gezeigt. Tapfere Truppen sind auf allen Seiten gegen ihn in Bewegung.« – »Er endete damit, als elender Abenteurer in den Gebirgen umherzuziehen. Entrinnen kann er nicht!« – »Das Ungeheuer ist wirklich, man weiß nicht, durch welche Verräterei, nach Frusino entkommen.« – »Der Tyrann hat in Cales verweilt; Entsetzen lähmte alles bei seinem Anblick. Der Usurpator hat es gewagt, sich der Hauptstadt bis auf 30 Meilen zu nähern.« – »Lucius Cornelius Sulla nähert sich mit starken Schritten, aber niemals wird er nach Rom gelangen.« – »Sulla wird morgen unter den Mauern Roms sein.« – »DER GROSSE FELDHERR IN DER STADT! ROM GRÜSST SULLA!...«

Hals über Kopf flüchten Sulpicius, Marius und ihre Anhänger aus der Stadt. Keine Gegenwehr. Die Überrumpelung ist vollkommen. Selbst die Sklaven, denen Marius die Freiheit versprochen hatte, rühren keine Hand. Lediglich von einigen Dächern fliegen Dachziegel. Doch Sullas Drohung, die Stadt in Brand zu setzen, läßt schnell Ruhe einkehren.

Marius, Vater und Sohn, werden geächtet, doch es gelingt ihnen unterzutauchen. Des Marius Odyssee nach Afrika wäre der Schilderung wert, führt uns aber zu weit vom Thema. Der interessierte Leser möge die Geschichte bei Plutarch nachlesen.

Sulpicius wird gefangen, erschlagen und enthauptet, sein Kopf als Mahnmal auf der Rednertribüne am Forum aufgepflanzt, wie es von nun an ein Brauch im Umgang mit den Häuptern der jeweils unterlegenen Partei werden wird.

Überblickt man die folgenden Jahrhunderte römischer Geschichte bis zum Untergang, kommt man nicht umhin, in diesem durch Sulla erstmals geschaffenen Präzedenzfall bereits den Keim der späteren Reichskatastrophe zu sehen:

Erstmals in der republikanischen Epoche macht ein zur diktatorischen Allmacht drängender *Consul* einen revolutionären Alleingang nicht nur *ohne* Unterstützung der Volkstribunen, sondern *gegen* sie! Das militarisierte Proletariat und proletarische Militär seiner Legionen steht gegen die von popularistischen Demagogen aufgehetzten Massen; und von nun an folgt die politische Entwicklung, von wenigen Ausnahmen abgesehen, stets militärischen Bahnen.

Die Tragik des Marius besteht unter anderem darin, daß das von ihm geschaffene Berufsheer, in einem grandiosen nationalen Schwung auf die Beine gestellt zur Niederwerfung eines äußeren Feindes, nun gegen ihn und gegen die res publica selbst eingesetzt wird. Kornemann sieht es so:

»Rom, bisher für das Heer nach dem Gesetz unbetretbar, war den Legionen ausgeliefert. Die Gesetze schwiegen, die Waffen entschieden; das Juristenvolk sah den Bürgerkrieg in den Mauern seiner Stadt, nachdem Italien schon seit drei Jahren in zwei Lager gespalten war und die Bruderstämme sich blutig zerfleischt hatten. Wohl war der Freistaat gerettet, aber der heilige Boden Roms war durch das Betreten seitens der Soldateska entweiht. Er war seitdem keine Stätte mehr für republikanische Freiheit.«[66]

5.
Schrecken ohne Ende

Cinnas Interregnum

Wir haben uns so ausführlich mit den Ereignissen nach dem Bundesgenossenkrieg befaßt, weil sie schlaglichtartig das bereits erreichte Zerfallstadium des res publica vor Augen führen und weil Catilina wohl zum erstenmal eigenen Einblick in das gewissenlos opportunistische Treiben der Verantwortlichen in den verschiedenen Lagern gewinnt, wo nicht einmal mehr vor den brutalsten Anschlägen zurückgeschreckt wird, um dem Gegner zu schaden.

All diese Marius, Sulpicius, Strabo, Rufus, Sulla können freilich Argumente ins Feld führen, die auf den ersten Blick bestechen: Jeder führt jederzeit das Wohl des Ganzen im Munde; schuld an dem gegenwärtigen Ruin von Verfassung, Wirtschaft, Sitte und Moral ist die andere Seite. Wir kennen dieses Vorschieben, Herausreden, Verharmlosen, Kaschieren überreichlich aus den Statements unserer Politiker, denen – Gott sei Dank! – größere juristische, gesellschaftliche und technische Schranken auferlegt sind, die sie daran hindern, Politik mit Gewehren zu machen. Das bleibt den heutigen Supermächten in der sogenannten »Dritten Welt« überlassen. Doch auch ihnen wird immer unbehaglicher, wenn sie sehen, wie 30 Prozent der nationalen Etats bei »Mars« investiert werden müssen, um das »Gleichgewicht der Kräfte« zu halten. So besteht der zivilisatorische Fortschritt unseres Jahrhunderts immerhin darin, jährlich einige Millionen Menschen lediglich Hungers sterben zu lassen, statt sie zu liquidieren, damit die Waffen frisch geölt und lackiert in den Depots gepflegt werden können. Rom ist da freilich noch rückständiger und läßt seine Massen alle paar Jahre Mann gegen Mann antreten.

Catilinas absolut gewissenloses Hantieren mit Menschen hat seine Wurzel – außer in ihm selbst – im blutigen Anschauungsunterricht dieser achtziger Jahre; denn zu keiner anderen Zeit wurden in Rom größere Verbrechen vor aller Öffentlichkeit im Namen der Öffentlichkeit begangen. Wenn Caesaren später morden, dann geht es auf ihr privates, meist psychisch angeschlagenes Konto; und die zeitgenössischen Historiker entrüsten sich in angemessener Weise. Liest man aber die spätrepublikanischen Quellen genau, so stutzt man nach einiger Zeit: Kaum irgendwo finden sich – mit Ausnahme von Sallust – grundsätzliche Anklagen; subtil und klug urteilende, im Privaten empfindsame Autoren wie Cicero können im gleichen Atemzug über den gestern vor aller Öffentlichkeit geschehenen Mord berichten und auf der Stelle zu ästhetischen Fragen übergehen.

Sulla ist unterwegs nach Asien, schlägt sich erfolgreich mit dem »neuen Dionysos« herum und avanciert in Kürze zum reichsten Mann Roms. Anders als später Caesar, kann er über die riesige Entfernung nicht in die römischen Tageskämpfe eingreifen. Die Dossiers seiner Freunde kommen zu spät an, um in angemessener und direkter Weise darauf reagieren zu können.

Wie soll es in Rom weitergehen? Die fünf Jahre zwischen Sullas Aufbruch (88) und seiner Rückkehr (83) gehören zu den verworrensten und ungeklärtesten der ausgehenden Republik, was sich auch niedergeschlagen hat in der ambivalenten Wertung Cinnas, des Marius politischem Erben. Über keinen der späteren Kontrahenten Caesar, Pompeius, Crassus liegen für diese Zeit erschöpfende Nachrichten vor; kein »Schon als Knabe...«, erst recht nicht über Catilina. Es gibt nur Vermutungen.

Ende 88 unternahm der Senat den Versuch, das Kommando über die italischen Kontingente dem Pompeius Rufus zu übertragen. Unverzüglich begibt sich Rufus zur Erledigung der Übergabeverhandlungen in Strabos Lager: »Dieser wurde auf die Nachricht hiervon sehr aufgebracht, nahm jedoch den Quintus (Pompeius Rufus), als er in das Lager kam, auf und entfernte sich am folgenden Tage, als Quintus ein Geschäft vornahm – gleichsam, als habe er seinen Oberbefehl niedergelegt –, ein wenig. Auf einmal stellten sich viele Soldaten, unter dem Schein ihn anzuhören, um den Consul herum und ermordeten ihn. Als sie darauf die Flucht ergriffen, kam ihnen Gnaeus (Pompeius Strabo), durch die frevelhafte Ermordung des Consuls erzürnt, entgegen und übernahm trotz seines Unwillens den Oberbefehl wieder.«[67]

Diese Version stammt von Appian, und sie klingt verdächtig; andere Autoren schreiben den Mord eindeutig dem Strabo zu[68].

Erneut ist Catilina Zeuge, wenn nicht Mitwisser einer kaltblütigen Mordtat geworden, diesmal am amtierenden Consul!

Die populare Gruppe setzt Cinna auf den curulischen Sessel. Cinna führte bis 84 ein Regiment, das sich nach außen mit »volksfreundlichen« Sprüchen garnierte, in Wahrheit aber eine Einmannherrschaft darstellte – nach einem Urteil Ciceros »ohne Rechtsbasis und ohne irgendwelche Würde«.[69] Wer war dieser Mann?

Über die Geschichte der Familie, einem Zweig der Cornelier, ist kaum etwas bekannt. Cinnas Vater Lucius bekleidete 127 das Consulat, er selbst wird zuerst um 90 faßbar als Praetor. Im Bundesgenossenkrieg führt er Teiltruppen als Legat und besiegt 88 die Marser. Im gleichen Jahr wird er ganz gegen Sullas Willen zum Consul (für 87) gewählt, obwohl er auf der Seite des eben verbannten Marius steht. Sein Kollege ist Cn. Octavius, ein körperlich und geistig schwacher Vertreter der Oligarchie. Sulla nimmt Cinna vor seinem Abgang den Eid ab, nichts gegen die bestehende Ordnung zu unternehmen. Aber Cinna liebäugelt mit den Plänen des gestürzten Sulpicius. Kaum ist Sulla außer Landes, versucht er das Steuer herumzureißen, ungeachtet Eid und Versprechungen. Ihn interessieren die parteipolitischen Gruppierungen wenig, er will Macht, die ganze Macht.

Als erstes versucht er, die Rückberufung des Marius und anderer popularer Verbannter durchzusetzen, worauf der wackere Octavius prompt über Volkstribunen Einspruch erheben läßt. Cinna und die aus allen Löchern hervorkriechenden Marianer suchen ihren Willen mit Terror durchzusetzen, doch kann der Senat sich gegenüber Octavius behaupten. Cinna wird seines Amtes enthoben, des Bürgerrechts entkleidet und aus der Stadt gejagt.

Jubel bei den Optimaten. Aber es ist nur ein Strohfeuer. Hören wir Appian:

»Cinna, welcher auf die große Zahl der Neubürger sein Vertrauen gesetzt und mit Gewalt durchzusetzen gehofft hatte, nun aber gegen seine Erwartung die Kühnheit der Minderzahl den Sieg davontragen sah, lief durch die Stadt, rief die Sklaven mit dem Versprechen der Freiheit zusammen und eilte, als niemand zu ihm stieß, hinaus in die benachbarten Städte, welche erst vor kurzem das römische Bürgerrecht erhalten hatten: nach Tibur, Praeneste und allen übrigen bis nach Nola (in Campanien). Er reizte sie alle zum Abfall auf und sammelte Geld zum Kriege... Darauf beschloß der Senat, daß Cinna, weil er die Stadt als Consul in der Gefahr gelassen und Sklaven die Freiheit angekündigt habe, weder Consul noch römischer Bürger mehr sein sollte und erwählte an seiner Stelle den Priester des Jupiter, Lucius Merula (zum Consul). Dieser Priester wird ›flamen dialis‹ genannt[70] und trägt allein beständig einen Hut, während die übrigen Priester nur bei den Opfern Hüte tragen.

Cinna aber wandte sich nach Capua, wo ein anderes römisches Heer stand, gewann dessen Anführer (Ap. Claudius) und die dort sich aufhaltenden Senatoren. Nachdem er erstmals als Consul (mit den Amtsinsignien) vor dem Heer erschienen war, ließ er die Fasces niederlegen, als träte er in den Privatstand zurück. Dann sagte er unter Tränen: ›Von euch, meine Mitbürger, habe ich dieses Amt empfangen; denn das Volk hat mich erwählt, der Senat aber hat es ohne eure Einwilligung mir entrissen. Dennoch schmerzt mich diese mir widerfahrene Beleidigung nur um euretwillen. Denn wozu bewerben wir uns noch ferner bei den Wahlen um die Gunst der tribus? Wozu bedürfen wir eurer? Wie könnt ihr noch fernerhin in den Volksversammlungen, bei den Abstimmungen und Consulwahlen einige Macht haben, wenn ihr das nicht sichert, was ihr schenkt, sondern wieder entrissen wird, was ihr auch immer verliehen habt.‹

Nachdem er versucht hatte, durch solche Reden sie aufzureizen und durch viele Klagen ihr Mitleid für sich zu gewinnen, zerriß er sein Kleid, stürzte sich, von dem erhöhten Ort herunterspringend, mitten unter sie und blieb lange Zeit liegen, bis sie gerührt ihn aufrichteten, wieder auf den curulischen Sessel setzten, die Fasces aufhoben, ihn ermahnten, wegen des Consulates guten Mutes zu sein und ihn aufforderten, sie hinzuführen, wo er sie brauche.«[71]

Vergessen wir nicht, damals gibt es keine Medien! Die Akteure müssen sich direkt vor ihrem Publikum in Szene setzen; dies im übrigen ein Zug, den die Südländer bis zum heutigen Tage beibehalten haben und um den wir steifen Nordländer sie bisweilen beneiden.

Sullas Exempel macht nun Schule: Cinna zieht mit der so gewonnenen Armee, unterstützt durch italische Kontingente, gegen Rom. Überall »eilte er in den Städten der Bundesgenossen umher und suchte sie aufzureizen, als sei er besonders ihretwegen ins Unglück geraten. Sie brachten auch Geld und Truppen zusammen, und sogar aus Rom kamen viele angesehene Männer.« Darunter der Ritter Quintus Sertorius, von dem wir noch hören werden. Die Wellen des erneuten Umschwungs schlagen bis nach Afrika, veranlassen den greisen Marius zur Heimkehr. Eine Prophezeiung aus seiner Kindheit hat ihm ein siebtes Consulat verheißen. Ein stattliches Corps numidischer Reiter bringt er gleich mit. Wie er das alles bewerkstelligt, bleibt rätselhaft.

Kaum betritt er italischen Boden, zieht die Magie seines Namens Tausende an, spontan stellen sich ihm 6000 Etrusker zur Verfügung.

Cinna bleibt nichts anderes übrig, als die ungebetene Unterstützung anzunehmen, so daß die wohl schrecklichste Farce der römischen Geschichte ihren makabren Lauf nehmen kann. Die nun folgende Pervertierung der Verfassung wäre komisch zu nennen, signalisierte das würdelose Geschehen nicht den neuesten Tiefpunkt der verlorenen Republik. Aber lassen wir Plutarch berichten:

»Da er (Marius) wußte, daß Octavius, einer der trefflichsten Männer, sein Amt auf die rechtmäßigste Art verwalten wollte, Cinna hingegen die eingeführte Verfassung umzustürzen suchte, so beschloß er, sich mit seiner Macht zu diesem zu schlagen. Er schickte daher Abgesandte an ihn und erbot sich, ihn als Consul anzuerkennen und alle seine Befehle zu vollziehen. Cinna, der darüber sehr froh war, ernannte ihn gleich zum Proconsul und übersandte ihm die Fasces und die übrigen Ehrenzeichen dieser Würde. Marius aber erklärte, dieser Schmuck schicke sich nicht für seine gegenwärtigen Umstände und ging immer in schlechter Kleidung mit langem Haar und Bart, den er seit dem ersten Tage seiner Flucht hatte wachsen lassen, als ein mehr als siebzigjähriger Greis mit langsamen Schritten einher, um recht mitleidswürdig zu erscheinen; aber diesem kläglichen Aussehen war der eigene Ausdruck, in dem das Furchtbare hervorstach, beigemischt. Und seine Traurigkeit verriet nicht nur ein niedergeschlagenes, sondern auch ein durch das Unglück verwildertes Gemüt.«

Diese Charakteranalyse des Plutarch ist eine der tolerantesten der gesamten Antike, gemessen an dem, was folgt. Plutarch fährt fort:

»Nachdem er Cinna begrüßt und an die Soldaten eine Rede gehalten hatte, ging er gleich an seine Aufgabe und gab der Sache in kurzem eine ganz andere Wendung. Zuerst schnitt er mit seinen Schiffen der Stadt Rom die Zufuhr ab, plünderte die Kaufleute aus und bemächtigte sich aller zugeführten Lebensmittel. Sodann segelte er an der Küste entlang und nahm die Seestädte ein. Endlich bekam er auch Ostia durch Verrat in seine Gewalt, wo er große Summen erpreßte und viele Einwohner töten ließ. Auch schlug er eine Brücke über den Fluß (Tiber) und schnitt dadurch den Feinden die Zufuhr von der Seeseite her gänzlich ab.

Nun rückte er mit der Armee gegen die Stadt selbst heran und besetzte sogleich den Ianiculus, da Octavius nicht nur durch Ungeschicklichkeit der Sache schadete, sondern vielmehr wegen einer gar zu genauen und pünktlichen Befolgung der Gesetze zum Nachteil des

Staates die dienlichsten Anweisungen versäumte. Denn als viele in ihn drangen, die Sklaven unter Versprechung der Freiheit aufzubieten, antwortete er: ›Ich mag nicht Sklaven die Rechte des Vaterlandes mitteilen, die ich, um die Gesetze aufrechtzuerhalten, dem Marius versage.‹

... Bei dieser Lage der Dinge schickte der versammelte Senat Abgeordnete an Cinna und Marius und ließ sie bitten, in die Stadt einzuziehen, aber die Bürger zu schonen. Cinna, als Consul, empfing die Abgeordneten auf seinem Stuhle sitzend und erteilte ihnen eine freundliche Antwort.«[72]

Was macht eigentlich Strabo? In letzter Verzweiflung klammert der Senat sich an diesen undurchsichtigen Mann und beordert ihn aus dem Norden herbei. Er kommt. Wittert er seine Stunde? Er hat vor der Porta Collina sein Lager aufgeschlagen. Da rücken von drei Seiten die Aufständischen heran: Marius nach Eroberung Ostias von der Seeseite, Cinna vom Ianiculum, Sertorius gegenüber Strabo. Zwar gelingt es, den Marius über den Ianiculus zurückzuwerfen, da bricht eine nicht näher beschriebene Seuche aus, und Strabo stirbt. (Nach einer anderen, wohl optimatisch tradierten Überlieferung wird er vom Blitz erschlagen.)

Und Octavius, der andere Consul, nach Plutarch »einer der edelstdenkenden Römer«? Männer wie er sind für langweiligere Friedenszeiten gemacht: Er verbringt »mehr Zeit mit Zeichendeutern und Wahrsagern als mit Kriegs- und Staatsmännern. Er wurde noch vor dem Einzuge des Marius von den vorausgeschickten Soldaten von der Rednertribüne herabgerissen und ermordet.«[73]

Rom ist von seinem lebenswichtigen Handelshafen Ostia abgeschnitten, in der Stadt brechen Seuchen aus. Nach erniedrigenden Verhandlungen mit Cinna, die mit leeren Versprechungen enden – »Cinna versprach mit seinem Namen niemand ermorden zu lassen, lehnte jedoch jeden Eid ab«[74] –, kapitulierte der Senat und öffnete die Tore.

»Marius aber blieb beim Tore stehen und sagte mit bitterem Spott, ihm sei als Verbanntem durch ein Gesetz der Eintritt in seine Stadt verboten; wenn man also seine Gegenwart für notwendig fände, müsse erst sein Verbannungsurteil durch ein anderes Gesetz aufgehoben werden; als wenn er sich so genau an das Gesetz hielte oder in eine Stadt zurückkehrte, die völlig frei sei.«[75]

Prompt gibt man dem zynisch vorgebrachten Ersuchen statt; Cinna wird als Consul wieder legalisiert, sogar den Italikern – die ja den Putsch erst durch ihre flankierenden Aktionen ermöglicht hatten – das Bürgerrecht in der von Sulpicius geplanten Form zugebilligt und im übrigen alle Maßnahmen Sullas aufgehoben. Darunter eine Bestimmung, daß der Volksversammlung von den Tribunen kein Antrag vorgelegt werden dürfe, der nicht vorher vom Senat geprüft worden sei. Das Volkstribunat wurde mit großem Pathos in alter Weise eingerichtet, mit anderen Worten: Die Entmachtung des Senats war vollkommen. Es gab niemanden, der die neuen Machthaber kontrollierte.

Mit dieser Macht von eigenen Gnaden schritt man als erstes zur Liquidierung des politischen Gegners. Und nun rollen nicht nur die Köpfe derer, die sich offen zu Sullas restaurativen Maßnahmen bekannt hatten; Marius räumt in einem Blutrausch ohne Beispiel mit persönlichen Feinden auf, und sei es nur, daß sie einst zu Sulla »Guten Tag!« gesagt hatten:

»... rückte er mit einer Art Leibwache, die er unter den zusammengelaufenen Sklaven ausgelesen hatte und ›Bardaeer‹ nannte[76], in die Stadt ein.

Diese Leute töteten sogleich eine große Menge Bürger, teils auf ausdrücklichen Befehl, teils auf bloßen Wink von ihm; ja sie hieben sogar den Ancharius, einen Ratsherrn und ehemaligen Praetor, der dem Marius aufwartete, von ihm aber keines Grußes gewürdigt wurde, vor seinen Augen nieder. Von der Zeit an brachten sie, wie auf ein verabredetes Zeichen, alle diejenigen, deren Anrede oder Gruß er nicht erwiderte, gleich auf der Straße um, so daß selbst seine Freunde voller Angst und Sorge waren, sooft sie sich ihm näherten, um ihn zu grüßen... Lutatius Catulus (es ist der Vater des in unserer Eingangsszene genannten Catulus), der mit Marius Consul gewesen war und über die Cimbern triumphiert hatte, schloß sich – da Marius denen, die sich für ihn verwendeten, weiter nichts antwortete, als: er müsse sterben – in sein Zimmer ein, blies einen Haufen Kohlen an und erstickte sich im Dunst.

Die Körper der Hingerichteten wurden ohne Kopf – sie steckten ja auf den Piken der Rednertribüne – auf die Straße geworfen und zertreten; aber niemand empfand dabei Mitleid, weil dieser Anblick nichts als Angst und Furcht erregte. Am meisten aber kränkte das Volk die Ausgelassenheit der sogenannten Bardaeer, welche, wenn sie die

Hausherrn ermordet hatten, die Knaben schändeten und die Fauen vergewaltigten. Nichts konnte ihrer Raub- und Mordwut widerstehen, bis endlich Cinna und Sertorius zusammentraten, sie nachts in ihrem Lager überfielen und alle zusammen (durch reguläre Truppen) niederhauen ließen.«[77]

Soweit Plutarch, und es mag genügen. – Beide Machthaber erklärten sich für 86 zu Consuln, und so ging des Marius Prophezeiung in Erfüllung: Er verwaltet das Staatsamt zum siebtenmal.

Doch nun erkrankt der zur Völlerei neigende Haudegen; Sulla verfolgt ihn bis in seine Träume, eine Stimme raunt ihm zu: »Selbst das verlassene Lager des Löwen ist voller Schrecken.« Er flüchtet in den Rausch und »ergab sich ganz und gar dem Trunke«. Heute ein Fall für Psychiater! – Am 13. Januar 86 stirbt er im Alter von siebzig Jahren.

Rom atmet auf: »Ganz Rom bezeugte anfänglich große Freude und hoffte, durch seinen Tod von einer drückenden Tyrannei befreit zu sein...«[78]

In der Tat beruhigt sich nun das alltägliche Leben in der Stadt; es ist die Ruhe *nach* dem Sturm. Und Cinna steuert das Staatsschiff schlecht und recht im Alleingang.

Seine Maßnahmen, soweit sie bekannt sind, tragen eine pragmatische Handschrift. Es gibt kein langfristiges Programm, er wurstelt sich mit Ad-hoc-Erlassen durch:

– Eine Bürgerzählung ergibt 463000 waffenfähige Männer, nur 70000 mehr als bei der Zählung von 115. Und dafür das Gemetzel der letzten Jahre!

– Ein Getreidegesetz: Die Bedürftigen werden wieder mit staatlich subventioniertem Korn versorgt. Das Proletariat wird durchgefüttert, statt ihm eine Basis zu ökonomisch-wirtschaftlichem Aufstieg zu verschaffen.

– Ein Schuldengesetz: Jede Privatforderung wird auf den vierten Teil des Nominalvertrages herabgesetzt.

– Eine Währungsreform: Die seit Livius Drusus schleichende Münzverschlechterung wird gestoppt. Minderwertige Silberstücke werden eingezogen. Die organisatorische Leitung der Aktion liegt bei dem Praetor M. Marius Gratidianus – dem Schwager Catilinas! Das Volk feiert den Münzmeister überschwenglich als Wohltäter der Bedürftigen. Man errichtet ihm Standbilder und bringt davor Rauchopfer dar. Wir werden gleich Trauriges von ihm zu berichten haben.

All dies klingt sehr konstruktiv, insgesamt aber gehen die Wertungen über Cinnas Regiment verschiedene Wege. Kornemann schreibt:

»Über die Persönlichkeit des Dunkelmannes ist schwer ein Urteil zu fällen. Bezeichnend ist die auf uns gekommene Nachricht, daß er von den Popularen einst für 100 Talente (1 Million Goldmark) gekauft worden sei.«[79]

Mommsen: »In der Tat hat die Bewegung, an deren Spitze er sich stellte, ganz den Anschein der Geringhaltigkeit sowohl der Beweggründe wie der Ziele.«[80]

Ähnlich Alfred Heuß: »... ihm fehlten die politischen Ideen nicht weniger als die Tatkraft für die nächstliegenden Aufgaben. Nicht einmal das äußerliche Funktionieren des staatlichen Apparates war gewährleistet... Der einzige Ertrag dieser Ära war die Beilegung der Bundesgenossenfrage.«[81]

H. G. Gundel im »Kleinen Pauly«: »Sulla gegenüber war Cinna ein Mann ohne Format.«

Christian Meier dagegen: »Im übrigen war Cinnas Herrschaft gemäßigt. Er sorgte für geordnete wirtschaftliche Zustände (soweit das möglich war, da sich die reichen Ostprovinzen in Sullas Hand befanden) und ließ dem Senat (der größtenteils in Rom blieb) einigen Spielraum. Daß er das Consulat jahrelang bekleidete, entsprach wohl ebensosehr seinem eigenen Machtstreben wie dem Wunsch der von ihm vertretenden Schichten. Wie er sich die Zukunft vorstellte, ist unklar.«[82]

Cinna hätte sich gern auf länger eingerichtet, doch das Ende seines Interregnums kommt schnell. Auf die Nachrichten von Sullas unerhörten Erfolgen im Osten rafft er sich im August 84 zu einem Feldzug gegen den siegreichen Proconsul auf. Da erschlagen ihn seine meuternden Soldaten. Interessant ihre Begründung: Sie wollen nicht gegen Mitbürger ins Feld ziehen. In Wahrheit wissen sie, daß sie gegen Sulla auf verlorenem Posten kämpfen. Somit sind sie klüger als ihr Feldherr und ersparen sich und ihren Müttern, Frauen und Kindern ein weiteres sinnloses Blutbad!

Das Ergebnis von Marius' kurzer, hektischer Terrorherrschaft (»Herrschaft« ist doch wohl ein zu großes Wort!) und Cinnas politischem Zwischenakt darf nicht isoliert gesehen werden; es läßt vielmehr die schon seit den Gracchen erkennbare Tendenz deutlicher hervortreten:

Aus jedem Kampf geht der Senat als Ordnungsfaktor geschwächt hervor, weil er aufgrund seiner Zusammensetzung aus entgegengesetzten Interessengruppen nicht mehr in der Lage ist, die auseinanderklaffende Schere zu schließen. Kapital und Masse waren in der altrepublikanischen Verfassung nicht als staatstragende Kräfte vorgesehen. Die Masse selbst ist ohnmächtiges Objekt zwischen den Fronten, sei es, daß ein außerhalb der Stadt operierender Imperiumsträger seine Proletarierhaufen gegen das städtische Stimmtier mobilisiert, sei es, daß die städtischen Demagogen die Massen gegen den vor den Toren stehenden Usurpator aktivieren. Die Führer wechseln, doch die Methode bleibt die gleiche. Freilich wird auf Dauer nur der erfolgreiche Generalconsul seinen Willen durchsetzen können – bis zum nächsten Umschwung.

Es ist die Tragik der italischen Brüder, daß sie, als die »besseren Römer«, kaum Einfluß auf die pervertierten Verfassungsbräuche der Hauptstadt nehmen; doch zugleich liegt hier auf Dauer die große Chance einer nationalen Einigung. Und in wenigen Jahren stellen die italischen Regionen zwischen Po und Sizilien schon die besten Köpfe in Politik und Kultur; wir brauchen nur Maecenas, Agrippa, Sallust, Horaz, Vergil, Livius zu nennen.

Es ist für uns sehr schwer nachzuempfinden, welch ein lang sich hinziehender Umdenkungsprozeß durch die Köpfe der Betroffenen ging. Ausdehnung des Bürgerrechts wurde als Preisgabe altüberlieferter, geheiligter Souveränität empfunden. Ganz von fern erinnert unser Gerangel um die politische Einigung Europas an die damaligen Auseinandersetzungen. Und heute wie damals gibt es Männer, die die Notwendigkeit des größeren politischen Rahmens früh als die einzige Möglichkeit gleichberechtigten Zusammenlebens erkannten, wollte das Ganze nicht an den Egoismen der mächtigen Einzelgruppen zugrunde gehen. Freilich war die Zeit noch nicht reif, den Schritt vom »Gemeindestaat« zum »Reichsstaat« zu vollziehen. Wieder müssen wir Kornemann das Wort geben, wenn er mit epochalem Blick so formuliert:

»Rom ist schon jetzt nicht mehr die Stadt schlechthin in Italien, sondern eine Stadt inmitten einer Unsumme von städtischen und ländlichen Gemeinden aller Art, wie sie die Stämme der Halbinsel längst bei sich und aus sich erzeugt hatten. Italien, gewissermaßen die Stadtmark von Rom, beherbergt – in einem seltsamen Widerspruch mit sich selbst – eine Unzahl weiterer Städte. Schon für diesen Scheinterritorialstaat gab es nur zwei Möglichkeiten, wenn er nicht zum Repräsentativsystem übergehen wollte: entweder die Herrschaft des Senats oder die Herrschaft eines einzelnen, da die Volksversammlung nach dem Gesagten nur noch ein Possenspiel war...«[83]

6.
»Keine Scheu vor den Göttern, keine Scham vor den Menschen!«

Catilina, der Scherge Sullas

Damit kehren wir zu Catilina zurück. Was hat er in all den Jahren nach Cinnas Machtübernahme getrieben?

Nach dem Tode Strabos war dessen bisherige Nordarmee dem Octavius unterstellt worden. Dabei konnte Catilina Zeuge sein, wie der integre Consul sich weigerte, um eines möglichen kurzfristigen Erfolges willen den Sklaven die Freiheit zu geben – während Cinna mit den Unfreien, die ihm auf sein Versprechen hin aus der Stadt zuliefen, ein Corps bildete. Auf dem Höhepunkt der späteren Verschwörung werden wir bei Catilina einen ganz ähnlichen aristokratischen Standard im Umgang mit Sklaven finden, als er es gegen das Anraten seiner Freunde ablehnt, Unfreie zu bewaffnen. Wir werden dann auf seine möglichen Motive zurückkommen. – Der entscheidende Punkt war erreicht, als auch die bislang regierungstreuen Truppen zu den Marianern und Popularen überliefen und Roms Schicksal im Sinne Cinnas entschieden war.

Der Vergleich Catilinas mit dem zwei Jahre jüngeren Pompeius bietet sich an: »Gleich nach dem Tode des Strabo wurde (sein Sohn) Pompeius in einen Prozeß wegen der öffentlichen Gelder, die sein Vater (angeblich aus der Beute des rigoros bestraften Asculum) unterschlagen haben sollte, verwickelt.«

Einzelheiten des Vorfalls sind nicht bekannt. Bei Plutarch heißt es weiter nur:

»Er selbst (also Pompeius junior) wurde angeklagt, daß er Jagdnetze und Bücher von der Beute in Asculum besäße. Diese hatte er nun zwar von seinem Vater bei der Eroberung von Asculum erhalten, sie aber wieder verloren, als die Trabanten des Cinna nach dessen Rückkehr (aus dem Süden) in sein Haus eingebrochen waren und es völlig ausgeplündert hatten.«[84]

Insgesamt eine undurchsichtige Angelegenheit. Der Prozeß jedenfalls geht günstig für den jungen Mann aus, und »danach begab er sich in das Lager des Cinna; aber weil er wegen gewisser (oben genannter) Beschuldigungen und Vorwürfe Angst bekam, machte er sich unbemerkt bald wieder davon«.[85] Er lebt eine Weile auf seinen väterlichen Gütern im Picenum.

Wäre Catilina zu dieser Zeit unter den Mordbuben Cinnas und Marius' tätig geworden, so hätte die spätere Chronik sich dies unter keinen Umständen entgehen lassen. Er wird sich, wie sein Legionskamerad Pompeius und andere Offiziere, still verhalten haben, um die weitere Entwicklung bis zu Sullas Rückkehr abzuwarten. Sulla hängt schon seit längerem wie eine stetig wachsende Gewitterwolke am östlichen Horizont. Dem plan- und glücklosen Zauberlehrling Cinna graute zunehmend vor der Rückkehr des Meisters; und die Geister, die er gebändigt zu haben glaubte, spukten schon lange keck in und außerhalb Roms.

Wir wissen nicht, wo Catilina sich aufhielt, welchen optimatischen Köpfen er sich näherte. Längst hatte Sulla im Osten aus dem Kreise der zu ihm geflüchteten Senatoren einen »Gegensenat« gebildet; er lehnte jede Verhandlung ab und rasselte aus der Ferne grollend und drohend mit dem Säbel. In einem ungemein selbstbewußten Schreiben an den geschrumpften römischen Senat kündigt sich das kommende Strafgericht an:

»... jene, die von Cinna verbannt und aus dem Vaterland gestoßen wurden, haben bei mir Zuflucht gefunden. Ich habe sie in ihrer Hilflosigkeit aufgenommen und ihnen ihr Unglück erleichtert. Und der Dank? Dafür hat man mich, den Retter, zum Feind des Vaterlandes erklärt. Meine Feinde haben mein Haus zerstört, meine Freunde getötet. Meine Gemahlin, meine Kinder sind unter Gefahr für Leib und Leben zu mir gestoßen. Aber in Kürze werde ich wegen dieser ruchlosen Taten und im Namen des Vaterlandes gegen alle die als gerechter Rächer kommen, die das alles gewissenlos verübt haben. Allen übrigen aber und den Neubürgern (!) werde ich wegen nichts einen Vorwurf machen.«[86]

Ein ungemein geschickter Schachzug! Er weiß sehr wohl um die Skrupel der Unentschlossenen, der Mitläufer, vor allem der jungen Leute, die schnell Karriere machen wollen. Das Schreiben und seine Drohungen gehen von Mund zu Mund, werden natürlich gewaltig aufgebauscht von seinen Gegnern, die sich schon unter dem gezogenen Schwert ducken.

Eilig schickt der Senat – sofern der zusammengeschrumpfte Rest des Hohen Hauses diese Bezeichnung verdient – dem Heimkehrer eine Grußadresse entgegen durch Gesandte, »die ihn mit seinen Feinden aussöhnen und ihm melden sollten: Wenn er eine Sicherheit wünsche, so möge er es dem Senat sobald als möglich zu wissen kundtun«.[87]

Wo auch immer er steckt – Catilina spitzt die Ohren und knüpft Kontakte zu alten Regimentskameraden: Man muß sich von Anfang an unzweideutig auf die Seite des Siegers schlagen! Denn daß Sulla Herr der Lage sein wird, ist ihnen von vornherein klar, auch wenn es zu Gefechten kommen wird.

Überall in und außerhalb Italiens eilen in diesen Tagen Boten mit Briefen hin und her, die meist hochverräterischen Inhalts sind.

Crassus taucht wieder auf! Er hatte sich während Cinnas Regiment in Spanien verkrochen. Den Morden der popularen Tyrannen waren Vater und Bruder zum Opfer gefallen. Und er lebte in einer Höhle, die zum Landgut eines gewissen Vibius Pacianus gehörte, einem alten Freund seines Vaters, der als Propraetor diese Provinz verwaltet hatte.

Crassus gelingt es stets, der noch so verworrenen Situation Behaglichkeit abzugewinnen, wie diese köstliche Anekdote Plutarchs zeigt, die wir einstreuen, um uns ein wenig vom blutigen Geschäft der Politik dieser Jahre zu erholen:

Vibius hat erfreut von der erfolgreichen Flucht des Crassus erfahren und »erkundigte sich nach der Zahl seiner Begleiter und dem Ort seines Aufenthaltes. Er selbst ließ sich nicht sehen, sondern schickte nur den Verwalter des Landgutes nach der Stelle und befahl ihm, täglich zubereitete Speisen dahin zu bringen, sie neben den Felsen zu setzen und dann stillschweigend wieder fortzugehen, ohne neugierig nachzuspüren; dabei drohte er ihm, wenn er vorwitzig nachforsche, mit dem Tode, versprach ihm aber die Freiheit, wenn er seinen Befehl treu ausführte.

Diese Höhle liegt nicht fern vom Meere. Sie ist von steilen Felsen umgeben, welche so nahe zusammenstoßen, daß zwischen ihnen nur ein schmaler, kaum bemerkbarer Pfad übrigbleibt, der nach oben ins Innere führt. Bei Eintritt öffnet sich ein Gewölbe von ungeheurer Höhe, welches sich in der Breite in mehrere ineinandergehende Höhlen von großem Ausmaß teilt. Es fehlt ihr auch nicht an Wasser und Licht. Eine Quelle köstlichen Wassers rinnt unten am Felsen hin. Und die natürlichen Spalten im Fels, auf welche besonders das Licht fällt, lassen dieses von außen eindringen, so daß der Ort bei Tage genug erhellt wird. Die Luft ist innen ganz trocken und rein, weil der Felsen durch seine Dichte alle Feuchtigkeit und Nässe in die Quelle hinausdrängt.

Hierher nun brachte jener Verwalter dem Crassus täglich die nötigen Lebensmittel, ohne die Fremden zu sehen oder zu erkennen; doch wurde er selbst von ihnen gesehen, weil sie die Zeit wußten und abwarteten. Die Speisen waren immer reichlich und wohlschmeckend und nicht bloß zur Befriedigung des Bedürfnisses bereitet. Denn Vibius hatte sich vorgenommen, den Crassus auf die freundschaftlichste Art zu bedienen. Es fiel ihm sogar ein, auf seine jungen Jahre Rücksicht zu nehmen; und er glaubte, den diesem Alter eigenen Vergnügungen Befriedigung gewähren zu müssen, weil die bloße Befriedigung des Bedürfnisses mehr einen erzwungenen als willigen Dienst verriete. Er nahm also zwei schöne Sklavinnen und ging mit ihnen am Meere spazieren. Als er in jene Gegend kam, zeigte er ihnen den nach der Höhle führenden Weg und hieß sie getrost hingehen.

Crassus, der sie von ferne kommen sah, geriet in Besorgnis, sein Aufenthalt möchte entdeckt und verraten sein, und fragte sie daher gleich, wer sie seien und was sie wollten. Da sie nun, wie sie unterrichtet waren, antworteten, sie suchten ihren Herrn, der sich hier versteckt halte, erkannte Crassus daraus den Scherz und die liebreiche Gesinnung des Vibius gegen ihn und behielt die Mädchen bei sich. Sie blieben auch die noch übrige Zeit in seiner Gesellschaft und dienten ihm, wenn er Vibius etwas zu melden hatte, als Botinnen. Fenestella[88] (der Gewährsmann Plutarchs) sagt, er habe die eine von ihnen noch als eine alte Frau gekannt und sie oft diese Begebenheiten mit viel Vergnügen erzählen hören ...«[89]

Sobald aber Crassus von Cinnas Tod erfährt, wird er rastlos tätig, stellt ein Kontingent von 2500 Einheimischen auf, erobert Städte, darunter Malaca (heute Malaga), fährt dann nach Afrika hinüber, stellt sich dem dort mit einer Armee stehenden Metellus Pius zur Verfügung. Dieser Q. Caecilius Metellus Pius war Sohn jenes Metellus Numidicus, den Marius einst als Oberbefehlshaber im Krieg gegen Jugurtha abgelöst hatte, ein erzkonservativer Optimat. In der unwahrscheinlich langen Zeit von 88 bis 82 waltete er als Propraetor und

Befehlshaber an verschiedenen Kriegsschauplätzen, nahm 88 Venusia ein, war 86 Gesandter des Senats zu Cinna, hielt dann die Provinz Afrika und wartete auf einen konservativen Umschwung der Dinge. Crassus aber blieb nicht lange bei ihm, sondern wandte sich nach Meinungsverschiedenheiten direkt dem in Süditalien gelandeten Sulla zu.

Sulla setzte große Hoffnungen auf diese jungen Aristokraten: »Als er hierauf nach Italien gefahren war, wünschte er die bei ihm befindlichen Männer soviel wie möglich in Tätigkeit zu setzen und trug daher dem einen dieses, dem andern jenes auf.«[90]

Nun stoßen neben Crassus auch Metellus Pius, Cn. Pompeius und C. Verres zu Sulla. Letzterer hofft auf eine dringende finanzielle Aufbesserung seiner Möglichkeiten; er hatte als Quaestor 84 öffentliche Gelder unterschlagen. Wir werden bald mehr von ihm hören.

Mit einem unerhörten Coup führt sich Pompeius in die Geschichte ein: »Pompeius hielt sich damals in Picenum auf, weil er dort Güter hatte... Er sah nun, wie die edelsten und besten Bürger Haus und Hof verließen und von allen Seiten in das Lager Sullas eilten. Er aber wollte nicht mit leeren Händen erscheinen, sondern, um sich Sulla zu verpflichten, auf eine ehrenvolle Art an der Spitze einer Armee zu ihm gehen... In einem Alter von nicht mehr als 23 Jahren legte sich Pompeius, ohne von jemandem zum Feldherrn ernannt zu sein, aus eigener Macht das Kommando zu... Er warb Soldaten an (unter den Hintersassen der Familie) und setzte, wie sich's gehörte, Oberste und Hauptleute über sie ein... In kurzer Zeit brachte er drei vollzählige Legionen zusammen, schaffte Lebensmittel, Lasttiere, Wagen und andere zur Ausrüstung notwendige Dinge herbei und zog damit zu Sulla, nicht etwa eilig und darauf bedacht, sich zu schaden und alle Gegenden, durch die er kam, soviel als möglich von Carbo (einem der Gegner Sullas) abwendig zu machen... Als ihn Sulla auf sich zukommen sah und die Armee, die sich durch stattliche junge Männer auszeichnete, in Parade aufgestellt sah, sprang er vom Pferde; und sobald er, wie gewöhnlich, als Imperator begrüßt worden war, begrüßte er Pompeius wiederum als Imperator (!), zur Verwunderung aller, daß Sulla einem jungen Mann, der noch nicht einmal zum Senat gehörte, einen Titel beilegen würde, um dessentwillen er mit Marius Krieg geführt hatte.«[91]

Das hat Sulla mit Caesar gemeinsam: Konventionen gelten ihm nichts, wenn sie seinem Fortkommen im Wege stehen. Im übrigen bringen ihm all diese jungen Aristokraten mehr oder weniger starke Mannschaften entgegen, und die gegen ihn ausgeschickten Truppen des Consuls Norbanus schlägt er am 6. Juli 83 aufs Haupt; die zweite Armee des Kollegen Scipio geht mit fliegenden Fahnen zu ihm über: Während er mit dem einfältigen Scipio noch Verhandlungen führt, mischen sich Sullas Leute unter dessen Armee – alles sieht natürlich ganz zufällig aus! –, berichten von großartigen Abenteuern und Beute im Osten, verteilen ihre Mitbringsel, loben Sulla als den größten Feldherrn aller Zeiten; und die consularischen Legionen haben keine Lust mehr, für eine abstrakte, aussichtslose Sache *gegen* Sulla den Kopf hinzuhalten.

Catilina hat freilich keine Hintersassen, mit denen er auch nur eine einzige Legion auf die Beine stellen könnte; erst recht fehlt ihm das Geld, solche Leute in angemessener Weise auszustatten. Aber er hat etwas, was den anderen abgeht – besser gesagt, ihm fehlt, wovon die anderen noch einen Rest besitzen: Gewissen, Skrupel, Langmut. Dafür hat er Schneid, ist tollkühn, kennt keine moralischen, sittlichen oder religiösen Hemmungen. Er will nach oben! Raus aus der ärmlichen, altväterlich-konservativen Enge seiner Sippe! Er hat in Sullas Nähe den Atem der Macht kennengelernt.

Gewiß hat er ein Ethos; es ist jenes rein funktionale der schnellen Aktion, des spontanen Handelns, des bedenkenlosen Zuschlagens. Die Spannung der Gefahr an sich ist erstrebenswert, wenn man sich ganz dem Augenblick und seinem ungewissen Ausgang hingeben kann. Und dennoch kommt er tief innen in Konflikt mit dem Erbe seiner altadeligen Erziehung, wir sprachen weiter oben davon. Er will ein größerer Sergier als der Ahn M. Silus werden; in seinen Träumen spricht der Haudegen zu ihm. Er sieht, wie während Cinnas Regiment um ihn herum optimatische Köpfe rollen. Aus den großen Familien ist nur eine Handvoll Männer um die vierzig übriggeblieben. Große Zeit für Senkrechtstarter! Er weiß es! Und er handelt danach.

Dann sind da noch diese qualifizierten Truppenführer, die sich in Asien hochgedient haben: Narben an Gesicht und Gliedern! Wortkarg! Ungeheuer männlich! Sulla mag sie, fördert sie allenthalben, und sie gehen für ihn durchs Feuer! Viele neue Gesichter darunter.

Catilina wittert seine Chance; seit Monaten kreist sein Denken um die Rückkehr des siegreichen »Lieblings der Aphrodite«. Mit diesen Haudegen kann Sulla zwar Schlachten gewinnen, aber keine feinmaschige Innenpolitik machen. Sie waren zu lange weg; fünf Jahre sind eine Ewigkeit, gemessen an den sich überstürzenden Ereignissen in der Hauptstadt. Sulla braucht ihm absolut ergebene Leute, die die römischen Details kennen, die jeden Flecken auf der Toga dieser scheinheiligen Biedermänner zu deuten wissen. Sulla braucht Spezialisten, die genug Phantasie besitzen, auf einen Wink hin große Unternehmungen selbständig in die Wege zu leiten, ohne das Image des siegreichen Imperators und Staatsmanns anzukratzen. Männer, die ohne viel Federlesens geheime Befehle ausführen, Stimmungen auskundschaften, aus eigenen und fremden Dossiers die notwendigen Folgerungen ziehen; denn Sullas oberstes Ziel lautet: Schluß mit diesem destruktiven Wahnsinn von links! Schluß mit dieser naiven Volksverdummung! Dafür Ruhe, Ordnung, öffentliche Disziplin! Die alte Verfassung muß neu hergerichtet werden. Weg mit dem aufgeblasenen Volkstribunat, das in den letzten vierzig Jahren nur zum Schaden des Ganzen wirkte. Die Leute sollen arbeiten und abends müde ins Bett fallen! Es muß mit einem eisernen Besen gekehrt werden.

In nächtlichen Gesprächen wird er es ihnen, vermengt mit zynischen Sprüchen, hinter die Ohren geschrieben haben. Und alle nicken stumm Beifall, rechnen sich ihre eigenen Chancen nach dem baldigen Umschwung aus. Aber noch ist es nicht soweit. Rom muß erst genommen, die Stellung im mittleren Süden noch gefestigt werden. Das wird Zeit brauchen.

Consuln des neuen Jahres (82) werden Carbo zum drittenmal und C. Marius, Sohn des Cimbernsiegers, noch nicht dreißig Jahre alt. Die Bestimmungen der Verfassung sind zur Farce geworden.

Plutarch über Marius junior, nachdem er über den Tod des Vaters berichtet hat: »In wenigen Tagen fühlten die Römer, daß sie nur den alten Gebieter mit einem jungen, rüstigen vertauscht hatten; eine so große Grausamkeit und Strenge bewies sein Sohn Marius, indem er die vornehmsten und angesehensten Männer aus dem Wege räumte...«[92]

Das war vor vier Jahren. Carbo, Freund von Cinna und Sulpicius, hatte außer großen Sprüchen nichts zu bieten. Sulla läßt ihn von Norden her in die Zange nehmen.

Marius ist gefährlicher. Sein Name zieht die Bedürftigen an. Gegen ihn geht Sulla selbst vor und schließt ihn in Praeneste, berühmt wegen seiner kyklopischen Mauern, ein.

Da erhebt sich Etrurien! Er übergibt das Kommando seinem Legaten Q. Lucretius Ofella und wendet sich weiter nach Norden in die tuskischen Stammlande, dem Hauptstützpunkt der Marianer. Hier konnte Catilina mit eigenen Augen die verheerenden Folgen des Bundesgenossenkrieges wahrnehmen. Mehr noch dürfte er von dem immer noch unbändigen Stolz dieses uralten Volkes, das einst Roms Lehrmeisterin war, gerührt worden sein. Ihre Priester munkeln von einem siebten Weltalter, das zu Ende geht. Er wird diese Eindrücke nicht vergessen und zu gegebener Zeit, wenn es um die Realisierung seiner eigenen Ziele geht, darauf zurückkommen.

Zeit zum Nachdenken gibt es nicht. Sie sind alle pausenlos unterwegs in diesen Tagen und im harten Einsatz. Überall gilt es, rebellische Glut und trotzige Schwelbrände auszutreten, Ansammlungen der Feinde zu verhindern, gegnerische Corps zu zerstreuen. Und sie sind ganz bei der mörderischen Sache, tun alle ihre Bestes.

Für diese Zeit gilt wohl das Urteil, mit dem Sallust, Cicero und andere später an die Öffentlichkeit treten: »Seine geistige und körperliche Kraft war bedeutend... Gegen Hunger, Frost und Mangel an Schlaf war er unglaublich abgehärtet; ein tollkühner Kerl...«[93]

Nach einem unentschiedenen Gefecht schöpft Carbo neue Hoffnung, doch dann wird einer seiner Legaten geschlagen. Carbo zieht sich nach Norden über den Apennin zurück, doch Sullas junge Generale sitzen ihm im Nacken. Bei Faventia zwischen Ariminum und Bononia (heute Bologna) erfolgt die entscheidende Niederlage. Carbo wirft die Flinte ins Korn, gibt seine Sache auf und flieht nach Afrika.

Ganz Sohn des Vaters, hatte der jüngere Marius in Rom noch vor seinem Abgang nach Praeneste ein Blutbad veranstaltet, das an Grausamkeit und Mordlust alles Bisherige in den Schatten stellte. Und das wollte schon etwas heißen.

Sullas gerechter Zorn kennt keine Grenzen mehr: Gewalt wird nun mit Gewalt, Terror mit Gegenterror beantwortet! Sulla setzt seine Liquidierungskommandos auf die Fährten der Gegner.

Beide Seiten wollen die Entscheidung, und die alles entscheidende Schlacht findet unmittelbar vor den Toren Roms statt. Lassen wir Plutarch berichten:

»In dieser Schlacht, die eine der hitzigsten in diesem Kriege war, trug der rechte Flügel, den Crassus kommandierte, einen glänzenden

Sieg davon; der linke aber kam ins Gedränge und wurde übel zugerichtet, weswegen Sulla auf einem Schimmel, der sehr rasch und schnell auf den Beinen war, zur Hilfe herbeieilte. Daran erkannten ihn zwei von den Feinden und hoben schon ihre Speere auf, um sie nach ihm zu schleudern. Er selbst bemerkte es nicht; aber sein Reitknecht schlug das Pferd so mit der Peitsche, daß es einen weiten Satz machte und noch eben so weit sprang, daß die Speere den Schwanz streiften und daneben in die Erde fuhren.«[94]

Um ein Haar hätte er Schlacht und Leben verloren. Abergläubisch, wie alle Machtmenschen, hatte er ein kleines goldenes Medaillon mit dem Bild des Apollo getragen. »Dies soll er auch damals geküßt und so angeredet haben: ›o du pythischer Apollo, hast du denn den glücklichen Cornelius Sulla, den du in so vielen Kämpfen zu einem glänzenden Ruhm erhobest, bis an die Tore der Vaterstadt geführt, um ihn da noch niederzuwerfen und mit seinen Mitbürgern auf die schimpflichste Art umkommen zu lassen?‹« – Natürlich nicht, denn Schwester Aphrodite hatte ein gutes Wort für den einstigen Tempelräuber von Delphi eingelegt, und immerhin hatte Sulla die damals konfiszierten Gelder der delphischen Pythia längst zurückerstattet.

Sulla ist Herr der Stadt, und seine Revanche ist fürchterlich, so fürchterlich, daß Caesar später in mehreren überlieferten Äußerungen Abstand davon nahm. Wir wollen auf einen weiteren Bericht der tausendfachen Greuel verzichten. Uns genügt, was zeitgenössische und spätere Chronisten von Catilina zu berichten haben:

»Nichts aber schien unerhörter und abscheulicher als die Taten des Lucius Catilina. Dieser hatte noch vor der Entscheidung des Krieges seinen Bruder ermordet und bat jetzt Sulla, diesen Mann, als lebte er noch, mitzuächten, was auch geschah.«[95]

Eine ungeheuerliche Anschuldigung! Was ist davon zu halten? Zunächst dies: Brudermord zieht sich wie ein blutiger roter Faden durch die gesamte Geschichte. Schon die Mythen berichten darüber. Kain erschlägt Abel, Romulus den Remus; göttliche Brüder trachten einander nach dem »Leben«. Noch die spätere europäische Geschichte verzeichnet erstaunlich viele Beispiele, man denke an Otto den Großen und seinen usurpierenden Bruder Heinrich. Karl der Große wurde wahrscheinlich nur durch den frühen Tod seines Bruders Karlmanns von dessen Beseitigung abgehalten. Die englische Geschichte schließlich zeigt die wohl turbulentesten Ereignisse, die Shakespeare zu seinen Königsdramen anregten.

Wer war Catilinas Bruder? Wir wissen es nicht, kennen nicht einmal seinen Namen. Aus dem Zeitpunkt des Mordes – immer angenommen, daß die Tat historisch ist – können wir wohl schließen, daß er Anhänger der popularen Richtung war, denn sonst hätte ihn Sulla nicht posthum auf seine Proskriptionsliste setzen lassen.

Nun stoßen wir gewiß zu allen Zeiten in bürgerkriegsähnlichen Situationen auf Fronten, die quer durch die Familien gehen; und nicht zuletzt darum nennt man den Bürgerkrieg den schrecklichsten aller Kriege. Es sei auch erinnert an jenen Senator Fulvius, der seinen Sohn hinrichten läßt (vgl. S. 90). Doch immer findet sich bei solch makabren Fällen ein Erklärungsversuch des Chronisten, oder der Leser reimt sich selbst die dramatischen Zusammenhänge einer familiären Tragödie zusammen.

In unserem Fall liegt nichts dergleichen vor. Uns bleiben nur zwei Spekulationen: Betrachten wir die Tat als geschehen, so müßte sie im Zusammenhang mit weiteren Anschlägen auf nahestehende Verwandte gesehen werden. Darüber gleich mehr. Wir könnten folgern, daß die übrigen Sergier, vor allem durch ihre ehelichen Bindungen, popular gesinnten Häusern gegenüber Verpflichtungen hatten. In diesem Falle müßten wir eine Todfeindschaft zwischen den Brüdern voraussetzen, wovon allerdings nirgends in den Quellen die Rede ist. Hätte Catilina seinen Bruder ermordet oder erschlagen lassen, dann müßte sich ein Hinweis in Quintus Ciceros Schreiben an den Bruder aus dem Jahre 65/64 finden. Wir zitierten bereits daraus. Dies ist nicht der Fall. So spricht vieles dafür, daß die voreingenommene Überlieferung ein Gerücht über den plötzlichen Tod des Bruders – im übrigen ein bedeutungsloser Mann – gern aufgriff und den Mord Catilina anhing, paßte dies doch nur zu gut ins Bild des »bösen« Unruhestifters.

Es ist an der Zeit, daß wir Sullas Charakter und seinen Einfluß auf diese jungen Karrieremacher näher erörtern. Catilina ist in diesen Wochen oft in seiner Nähe, lernt ihn bei Beratungen, Essen, Festlichkeiten näher kennen und wird gewaltig angezogen von diesem Tatmensch, in dessen Denken und Handeln er verwandte Züge entdeckt. Und Sulla versteht es – wie später Caesar – junge Menschen an sich zu binden. Sulla ist die entscheidende Begegnung in Catilinas zweitem Lebensabschnitt, jener Phase zwischen dem Anlegen der Toga Virilis und seinem ersten öffentlichen Amt.

Sulla ist eine faszinierende Persönlichkeit, schillernd, stets aktiv, herausfordernd, geliebt und gehaßt – doch niemandem gleichgültig. Catilina kann Parallelen entdecken: Wie er stammt Sulla aus uraltem patrizischen, aber früh heruntergekommenem Hause, einem Zweig der Cornelier. Früher Tod der Mutter. Äußerst bescheidene, ja ärmliche Wohnverhältnisse in einem römischen Mietshaus. Unter Obhut einer Stiefmutter erzogen, die ihm später doch ein ansehnliches Erbteil hinterläßt. Subalterner Vater. Nichts über ihn zu berichten. Er lernt bald, sich anzupassen, steht früh unter der deprimierenden Spannung des großen Namens – unter den Vorfahren ist ein zweifacher Consul P. Cornelius Sulla 290 und 277 – und den erniedrigenden Gegebenheiten des Alltags. Spielgefährten und Jugendfreunde aus den Unterschichten. Er beherrscht ihren Jargon, ist verschlagen wie sie, erobert draufgängerisch Mädchenherzen und läßt sie gelangweilt hinter sich. Eine Sprachbegabung mit Hang zum Schauspielerischen; Meister der Überredung, Charmeur, wenn es zum Ziel führt. Grausam aus Überlegung. Wenn er will, kann er weinen – nicht wie Achill aus gerechtem Zorn, eher wie Odysseus aus Taktik. Ein loser Vogel, immer in Gesellschaft von zwielichtigen Charakteren, Männchen oder Weibchen: vorzugsweise Mimen und Clowns aus der Theaterwelt. Für Catos Sprüche hat er nur ein überhebliches Lächeln. Eine Spielernatur, ein Hasardeur, immer bereit, alles auf einmal einzusetzen. Dabei nicht nachtragend: Dem widerspricht nicht sein derzeit inszeniertes Blutbad, das eher seinem Hang zu grausamer Vernichtung entspricht. Nur in einem äußerst empfindlich: Er hält sich für schön! Es muß jene Art von Schönheit gewesen sein, die von den Augen ausgeht und das Spielerische seines Charakters, die Fähigkeit zur momentanen ganzen Hingabe wie auch deren plötzlichen Umschlag ins Herrische spiegelt – Eigenschaften, die Frauen von jeher anziehen, weil sie sie bändigen wollen.

Am meisten muß Catilina davon fasziniert gewesen sein, wie Sulla – sagen wir es salopp: »abschalten« kann; wie er aus dem Stegreif alles Drängende, Tagespolitische vom Tisch fegt, um mit seiner ästhetisierenden »Hofgesellschaft« stundenlang über Merkwürdigkeiten dieser oder jener philosophischen Richtung zu diskutieren, Architekturprobleme zu erörtern oder selbst die Besetzungsfragen einer neuen Inszenierung des Menander oder Plautus[96] mit seinen Schauspielern zu lösen.

Sulla ist umgeben vom weltläufigen Flair des Herrschers, der bis an die Grenzen der Welt vorstieß, der alles bekommt, was er will, auch und gerade die Frauen.

Als er die Macht hat, veranstaltet er Gladiatorenspiele:

»Da die Plätze im Theater damals noch nicht abgesondert waren, so fügte sich's, daß eine Frau von großer Schönheit und vornehmer Geburt nicht weit von Sulla zu sitzen kam. Sie war eine Tochter des Messala und Schwester des Redners Hortensius, hieß Valeria und war erst seit kurzem von ihrem Mann geschieden. Diese Frau legte, als sie hinter Sulla vorbeiging, ihre Hand auf seine Schulter, zog eine Flocke aus seinem Kleide und begab sich dann auf ihren Platz. Da nun Sulla sich voller Verwunderung nach ihr umsah, sagte sie zu ihm:

›Imperator! Es geschah nicht in böser Absicht; ich wünsche mir nur, an deinem Glück auch einen kleinen Anteil zu nehmen.‹

Sulla mißfiel die Rede keineswegs, im Gegenteil verriet er deutlich, daß diese Frau sogleich Eindruck auf ihn gemacht hatte; denn er ließ sich insgeheim nach ihrem Namen, Stand und Lebenswandel erkundigen. Bald darauf warfen sich beide verliebte Blicke zu, sahen sich immer nach einander um und begegneten einander mit zärtlichem Lächeln, bis dann endlich ein Verlöbnis und die Hochzeit selbst zustande kam... Obwohl er nun diese Frau bei sich im Hause hatte, setzte er doch seinen Umgang mit Komödiantinnen, Zitherspielern und Tänzern noch immer fort, mit denen er von früh an, auf Polstern herumliegend, zechte...«[97]

Plutarch kann solche Anekdoten aus dem behaglichen Abstand von 150 Jahren erzählen; Sallust, leidender Zeitgenosse, schlägt über Sullas Ära andere Töne an:

»Als aber Lucius Sulla mit Waffengewalt den Staat erobert hatte und nach gutem Anfange ein schlimmes Ende fand, da raubte und plünderte alle Welt; der eine begehrte ein Haus, der andre Land, kein Maß und keine Bescheidenheit kannten die Sieger, gemeine und grausame Taten verübten sie an ihren Mitbürgern. Und weiter: Lucius Sulla hatte sein Heer, das er in Asien damals führte, gegen der Väter Sitte durch üppiges Leben und reichlichen Sold allzusehr verwöhnt, um seine Truppen zu gewinnen. Der verführerische Reiz des Landes hatte in der Zeit der Ruhe die rauhen Krieger bald verweichlicht; hier gewöhnte sich der römische Soldat zum erstenmal daran zu huren und zu zechen, Bildwerke, Gemälde, kunstvoll gearbeitete Gefäße zu bewundern, sie aus privatem und öffentlichem Besitz zu rauben, Tempel auszuplündern und alles zu schänden, mochte es heilig oder weltlich sein. So ließen diese Krieger den Besiegten nichts mehr übrig, wenn sie den Sieg erfochten hatten. Lähmt doch das Glück sogar des Weisen Kraft: Und da hätten sich jene sittenlosen Banden im Siege mäßigen sollen?

Seitdem es dahin gekommen war, daß Reichtum Ehre brachte und ihm Ruhm, Macht und Einfluß folgten, da begann die Tugend zu schwinden, Armut galt als Schande, Unbescholtenheit sah man als bösen Willen an. So kamen infolge des Reichtums Üppigkeit und Habsucht und auch Hochmut über die Jugend: Man raubte, praßte, achtete seine Habe gering, begehrte fremdes Gut; Ehrgefühl und Zucht, göttliches Gebot und menschliches Recht, alles war ihnen einerlei, sie kannten keine Rücksicht, keine Hemmung. Wenn man Stadtpaläste und Landsitze kennengelernt hat, die wie Städte aufgebaut sind, dann lohnt es sich, auch die Göttertempel anzuschauen, die unsere Vorfahren, diese gottesfürchtigen Menschen, geschaffen haben. Sie freilich schmückten die Heiligtümer der Götter mit ihrer Frömmigkeit, die eignen Häuser mit ihrem Ruhm, und den Besiegten nahmen sie nichts als die Möglichkeit zu neuem Unrecht. Ganz anders heute diese feigen Kerle: In größter Bosheit rauben sie den Bundesgenossen alles, was ihnen die tapferen Sieger einst gelassen haben. Sie meinen wohl: Unrecht tun, erst das heiße wirklich herrschen!

Was soll ich noch Fälle erwähnen, die nur Augenzeugen glauben können: daß von Privatleuten Berge abgetragen, Meere aufgefüllt wurden? Die haben wohl Spott mit ihrem Reichtum getrieben, denn sie beeilten sich, ihr Vermögen, das sie doch in Ehren behalten konnten, auf schändliche Weise zu verbrauchen. Aber Hang zu Unzucht, Schlemmerei und allem sonstigen Luxus war im gleichen Maße aufgekommen: Männer ließen sich wie Weiber brauchen, Weiber trugen ihre Keuschheit zu Markte; nach Leckerbissen durchsuchte man alles zu Wasser und zu Lande; man schlief, bevor man Schlafbedürfnis hatte; Hunger oder Durst, Kälte oder Müdigkeit wartete man nicht ab, sondern alle diese Empfindungen suchte man durch üppige Reizmittel schon vorher künstlich zu wecken. Dies Leben verleitete die jungen Menschen zu Verbrechen, wenn ihr Leben aufgebraucht war: Einmal an das sittenlose Treiben gewöhnt, kamen sie nicht leicht von ihren Leidenschaften frei; um so hemmungsloser betrieben sie nun mit allen Mitteln Erwerb und Verschwendung.«[98]

Mittlerweile ist Sulla Herr der Stadt, und er fordert von seinen jungen Heißspornen den Preis für seine Protektion; die Währung wird Blut sein! Ein unvorstellbares Morden, Hängen, Würgen, Ersäufen, Köpfen setzt in allen eroberten popularfreundlichen Städten ein. Neapel: Ein Großteil der Bevölkerung erschlagen! – Norba: Die Einwohner töten sich selbst, um nicht in die Hände der Mordkommandos unter Aemilius Lepidus zu fallen! Und so wüten Sullas Schergen in allen Orten, die nicht freiwillig ihre Tore öffneten.

Praeneste hält sich immer noch. Der Haß auf den Feind seines Vaters läßt Marius junior letzte Kräfte mobilisieren. Vor dem letzten Sturm auf die Kyklopenmauern der Bergfeste will Sulla in der Hauptstadt reinen Tisch machen. Ein Glück für Pompeius, daß er mit Sonderaufträgen im Süden unterwegs ist, er hätte sich sonst in einer Weise besudeln müssen, die man ihm – wie den andern – nicht vergessen hätte.

Als erster muß Marius Gratidianus dran glauben, jener ehrenwerte Praetor, der vor kurzem unter Cinna die fällige Währungsreform durchgeführt hatte. Sullas Befehl ist eindeutig, Catilina wird ihn ausführen, obwohl Gratidianus der Bruder seiner derzeitigen Frau ist.

Die Mordtruppe wird teuflisch klug aus Galliern zusammengestellt, die bei den Progromen ihren ganz privaten Römerhaß abreagieren können.

Was sich nun abspielt, ist mehrfach überliefert, und es besteht kein Anlaß, an der Authentizität der Nachrichten zu zweifeln, denn Quintus Cicero – zur Zeit des Geschehens zwanzig – führt in seiner Denkschrift von 65/64 dem Bruder noch einmal alle Einzelheiten des Vorgangs vor Augen:

»Catilinas Eintritt ins politische Leben war die Tötung römischer Ritter. Denn ich entsinne mich, wie Sulla an die Spitze jener Gallier, die damals die Köpfe eines Titinius, Nannius und Tanusius (= popular gesinnte Ritter, die Cinna unterstützten) abmähten, allein Catilina gestellt hatte. Unter anderem ermordete er einen kreuzbraven Mann, den Q. Cecilius, den Gatten seiner Schwester, einen römischen Ritter, politisch unbelastet, immer friedlich von Natur und nachgerade auch infolge seines Alters, mit eigener Hand.

Muß ich Dich jetzt auch noch daran erinnern, daß Dein Mitbewerber um das Consulat (Catilina) derjenige ist, der einen beim Volke äußerst beliebten Mann, den M. Marius (Gratidianus), unter den Augen des Volkes mit Ruten durch die Stadt prügelte, zur Grabstätte (des Q. Catulus, des Cimbernsiegers, der von Marius 86 zum Selbstmord gezwungen wurde) trieb, ihn dort unter grausigen Martern verstümmelte, ihm dann, während er noch lebend dastand, mit der rechten Hand durch das Schwert den Kopf vom Rumpf trennte, wobei er mit der Linken seinen Haarschopf am Scheitel gepackt hielt und dann eigenhändig seinen Kopf davontrug, während Rinnsale von Blut zwischen seinen Fingern herunterrannen?«[99]

Diese Tat war so ungeheuerlich, daß sich noch hundert Jahre später Seneca in »de ira« (»Über den Zorn«) darüber erregte:

»Dem M. Marius (Gratidianus), dem das Volk (als Dank für seine Münzreform) auf allen Straßen Statuen errichtet hatte, zu dem es mit Weihrauch und Weinspenden betete, ließ Sulla die Beine brechen, die Augen ausreißen, die Zunge und die Hände abschneiden und ihn, als ob er ihn so oft töten wie verwunden könnte, allmählich, Glied für Glied zerfleischen.

Wer war das ausführende Organ dieses Befehls? Wer sonst als Catilina, der schon seine Hände für jede Art von Schandtat übte. Dieser riß ihn vor dem Grab des Q. Catulus in Stücke, unerträglich durch seine Grausamkeit: an der Urne des gütigsten Mannes, über der ein Mensch von schlechter Art, trotzdem populär und nicht so unverdient wie übermäßig geliebt, tropfenweise sein Blut hergab. Marius war würdig, das zu leiden; Sulla, es zu befehlen; Catilina, es auszuführen. Aber nicht hatte es der Staat verdient, daß sein Leib die Schwertstreiche gleichermaßen der Feinde wie der Rächer empfing.«[100]

Plutarch, dem die Fakten bekannt sind, fügt eine vage Spekulation an – vage, gerade weil er sie so bestimmt vorträgt. Nach dem Bericht über die Ermordung von Catilinas Bruder und den posthumen Eintrag in die Proskriptionsliste heißt es:

»Dafür erstattete Catilina Sulla seinen Dank ab, indem er einen gewissen M. Marius von der Gegenpartei tötete. Er trug den Kopf des Ermordeten zu Sulla, während dieser auf dem Markt (Forum, Plutarch schreibt als Grieche ›agora‹) saß, trat dann an das in der Nähe befindliche Weihwasserbecken des Apollotempels und wusch sich darin die blutigen Hände ab.«[101]

Unsere erste Reaktion ist Erschrecken, Abscheu, Zorn, vielleicht gar Zweifel an der antiken Berichterstattung. Wir sind so sehr gewöhnt, unseren Pfad durch die Geschichte nach dem »Schönen, Wahren, Guten« auszurichten, daß wir uns instinktiv sträuben, solche Greuel in unsere Betrachtungsweise miteinzubeziehen. Es geht uns ähnlich wie jenen Touristen, die ein altes Kulturland bereisen und dabei lediglich auf die ästhetischen Reize der Kunst und Landschaft achten, während sie alles aktuell drängende Elend der Gegenwart als lästiges Beiwerk zur Seite schieben, um ihr Märchenbild einer makellosen, »schönen« Kultur, wie es ihnen Buch, Bild und Film eingeredet haben, nicht zu gefährden. Man findet diese realitätsferne, unhistorische Romantik in fast allen Italienbüchern.

Es gibt freilich auch Urerlebnisse der Angst, wenn wir ganz unerwartet der destruktiven Fratze des Menschen gegenüberstehen; doch sie werden immer seltener, weil unsere Medien uns ähnlich abgebrüht haben wie der tägliche Anblick von Krankheit und Tod den behandelnden Arzt. – Es ist auch bezeichnend, daß uns die Psyche des Täters in unseren Krimis mehr interessiert als die des Opfers, das mit dem Sterben aus dem Prozeß ausschied und uninteressant wird. Mit der gleichen Haltung treten wir der Geschichte gegenüber und verniedlichen das Urleiden des Menschen an sich selbst zum Spiel: Unsere Geschichtsbücher sind schon äußerlich ästhetisch »sauber« hergerichtet, die Schlachtpläne unserer Geschichtsatlanten mit letztem graphischem Pfiff arrangiert, daß wir sie gern in die Hand nehmen, um in Mußestunden darin zu blättern. Die größten Gemetzel wollen wir gefälligst auf bestem, holzfreiem Papier und in Tiefdruck serviert bekommen! Wir sind einfach nicht in der Lage, uns ununterbrochen selbst in Frage zu stellen, weil wir ahnen, daß wir sonst nicht lebensfähig wären. Darum sind uns all jene kompromißlosen Beobachter, die schmerzhaft den Finger in die nie heilende Wunde legen, nicht ganz geheuer: ob sie nun Böll, Macchiavelli, Sallust oder Jesaja heißen. Wir wollen Ruhe vor uns selbst haben und trösten uns mit jahrtausendealten Phrasen: »Man muß mit den Wölfen heulen.« – »Es war schon immer so.« – »Was willst du dagegen machen.« Wir akzeptieren einen Shakespeare u. a. nur, weil er seine abgrundtief bösen Charaktere mit dem Lächeln des wissenden Weisen in der ästhetischen Balance des Spiels hält. Hier lauert der größte und stärkste Gegner jeder Aufklärung: Unsere Geschichte ist ein fortlaufender Akt der Verdrängung.

Das apriorische Mißgeschick unserer Spezis liegt auch darin begründet, daß wir – als historische Wesen – immer erst im nachhinein unser Fehlverhalten zu analysieren vermögen; und es wird stets von den jeweils gegenwärtigen Strömungen, Wertvorstellungen, Normen, Rollenmustern abhängen, wie die Verstrickung eines Menschen zwischen Schuld und Erleiden beurteilt wird.

Eine unserer besten Eigenschaften ist unser Zug zur Objektivität, mit dem Vorsatz, individuelles Versagen vorurteilsfrei, quasi *sachlich* zu betrachten. Dabei schleicht sich unterschwellig die Erfahrung ein, daß die Zeit alle Wunden heile. Mit anderen Worten: Je weiter eine Epoche hinter uns liegt, um so offener sind wir für die Argumente aller Seiten.

Versuchen wir in diesem Sinne eine Analyse von Catilinas Tat.

Die Fakten sind klar. Beweismaterial liegt in großer Fülle vor. Der Hergang ist einfach: Befehl des neuen Machthabers, eine genau umrissene Zahl politischer Gegner zu liquidieren. Kein Widerspruch. Ausführung der Tat unter ungeheurer Qual für das Opfer.

Ein Abschnitt in Lucanus' »Bellum Civile« (»Bürgerkrieg«), geschrieben zur Zeit Neros, könnte uns weiterbringen. Lucan sieht den Bürgerkrieg als Verbrechen an Volk und Senat von Rom und als Folge der Machtgier Caesars und Pompeius', und die zielgerichtete Handlung führt ein widernatürliches, ja verbrecherisches Geschehen zum Sieg. Man kann das pessimistische Werk – eines der unrömischsten Schöpfungen –, das nicht zufällig in unserem Jahrhundert eine Renaissance erlebt, eine Art »Anti-Aeneis« nennen, die im Gegensatz zu Vergils Siegesepos den Niedergang Roms am Ende der Republik zum Thema hat. In fiktiven Reden läßt Lucan anonyme Zeitgenossen den unaufhörlichen Verfall beklagen. So läßt er einen Veteranen erklären:

»... welche Leichenmassen mußte das Collinische Tor in jenen Tagen erleben... Zu diesen Schlägen kam noch Sullas Rache. Er nahm der Stadt den letzten Rest von Blut, und als er die schon zu stark eiternden Teile wegschnitt, schoß sein Eingriff über das Ziel hinaus... Sterben mußten die Verbrecher, als es freilich nichts mehr geben konnte als Verbrecher. Da fanden Haßgefühle freie Bahn, da löste sich Empörung aus den Zügeln der Gesetze und stürmte dahin. Man tat nicht alles dem einen (= Sulla) zu Gefallen, nein, jeder frevelte zu eigenem Nutzen; hatte doch der Sieger auf einmal alles angeordnet. Ruchlos stieß der Diener seinem Herrn den Dolch ins Herz; Söhne troffen von

Vaterblut und stritten, wem der abgeschnittene Kopf ihres Erzeugers zukäme; Brudermord trug Brüdern Prämien ein. Totengrüfte füllten sich mit Flüchtlingen, ja, lebendig Begrabene gesellten sich zu Beigesetzten... Mancher steckte seinen Hals in eine Schlinge und erdrosselte sich; mancher warf sich kopfüber in die Tiefe und schlug zerplatzend auf den harten Grund, um seinen Tod dem blutrünstigen Sieger aus der Hand zu reißen; ein andrer errichtete sich seinen eigenen Scheiterhaufen, sprang, bevor sein ganzes Blut verströmte, in die Flammen... Auf Spießen trug man Führerköpfe zur Bestürzung aller in der Stadt umher und schichtete sie mitten auf dem Marktplatz zuhauf; dort war, was überall herumlag, eines ums andere zu erkennen... Auch selber weiß ich noch, wie ich den entstellten Kopf meines ermordeten Bruders trotz Verbot zur Verbrennung auf einen Scheiterhaufen zu betten wünschte, alle Opfer des Sulla-Friedens musterte und im Rundgang bei allen Rümpfen prüfte, zu welchem Hals das abgeschlagene Haupt gehöre...«

Nun folgt die entscheidende Stelle:

»Wozu soll ich die blutige Sühne für den toten Catulus erwähnen? Ohne daß sein Schatten vielleicht diese grausige Spende wünschte, war damals Marius das Opfer, das dem dürstenden Grab eine unerhörte Sühne zollte. Damals sahen wir, wie man ihm die Glieder zerfetzte und Wunden schlug, soviel der Körper Teile hatte; wie man wohl den ganzen Leib zerschnitt, jedoch, dem Leben keinen letzten Stoß vergönnte; wie statt dessen beispiellose Grausamkeit sich in der Quälerei gefiel, den Tod des Sterbenden hinzuhalten. Ausgerissen fielen die Arme, abgeschnitten zappelte die Zunge, und ihr stummer Schlag gab keinen Klang mehr in der Luft. Der eine hieb die Ohren, der andere die Nasenspitze mit den Atemlöchern herunter, ein dritter grub die Pupillen aus den Höhlen, stach zuletzt die Augen aus, als sie bei allen Gliedern zugesehen hatten. Kaum mag man solch erbarmungsloser Schurkerei, daß ein einziges Wesen eine solche Zahl von Strafen leiden mußte, den geringsten Glauben schenken. So werden, stürzt ein Bau zusammen, Glieder zerschmettert und unter ungeheurem Gewicht vermengt; und wer auf hoher See den Tod fand, erreicht nicht übler zugerichtet und entstellt den Strand. Was nützte es, den Lohn zu verscherzen und Marius' Züge zu verwüsten, als wären sie nichts wert? Sollte dieser frevlerische Mord vor Sullas Augen Beifall finden, mußten sie erkennbar sein...«[102]

Die grausame Tat war selbst für antike Maßstäbe, die im Umgang mit dem Individuum nicht zimperlich waren, so ungeheuerlich, daß sie immer wieder als Exempel menschlicher Verirrung aufgegriffen wurden. Noch am Ende des Altertums weist eine Scholie, d.h. eine philologische Erklärung schwieriger Textstellen zu Lucans »Bürgerkrieg«, auf die Tat hin:

»Manche sagen, Catilina habe diesen Marius Gratidianus, den Bruder seiner Gattin, auf Befehl Sullas am Grabe des (Q. Lutatius) Catulus getötet.«[103]

Im Zusammenhang unserer Frage nach der Motivation Catilinas ist diese Formulierung von Bedeutung:

»...blutige *Sühne* für den *toten Catulus*... War damals ein Marius das *Opfer,* das dem *dürstenden* Grab eine unerhörte *Sühne* zollte...«

Daß hier nur Catilina als Täter in Frage kommt, geht aus der parallelen Überlieferung hervor. Es gibt da kein Wenn und Aber! So abstoßend und schockierend, ja ekelerregend der Vorgang ist – wir kommen nicht umhin, die Tat vor ihrem politischen Hintergrund zu erörtern; denn sie ist ein Schlüssel, nicht nur zu Catilina, sondern ebenso zum Verständnis antiker Grausamkeit im Umgang mit dem politischen Gegner.

Wir betreten hier einen Urboden, einen grausigen Sumpf menschlichen Verhaltens, der keineswegs inzwischen trockengelegt worden ist. »Holocaust«, ein zur Zeit im Zusammenhang mit Hitlers Judenvernichtung neu entdecktes antikes Wort, zielt in die gleiche Richtung. Helmut Lamprechts Kommentar in einer großen deutschen Zeitung gilt nicht nur für »Auschwitz«, sondern ebenso in gedanklicher Ausweitung für Rom, wenn es heißt:

»Wenn es je in menschlicher Geschichte etwas gegeben hat, das so grauenvoll war, daß es sich jeder nachahmenden Darstellung, und sei sie noch so redlich gemeint, verweigert, dann war es das, was wir mit dem einen Wort ›Auschwitz‹ zu bezeichnen uns hilfloserweise angewöhnt haben, wohl auch angewöhnen mußten; denn gegenüber dem, was Auschwitz bedeutet, kann man nur hilflos sein. Schon der Gedanke, der millionenfache Tod könnte, etwa als Lehre der Geschichte, doch einen verborgenen Sinn gehabt haben, wäre Verrat an den Opfern...

Von Theodor Adorno, der mit der Frage, was es eigentlich bedeute, entronnen zu sein, nie fertig wurde, stammt der Satz: Die Behauptung, ›der Tod sei immer dasselbe, ist so abstrakt wie unwahr; die Gestalt, in der das Bewußtsein mit dem Tod sich abfindet, variiert samt den konkreten Bedingungen, wie einer stirbt, bis in die Physis hinein...‹ – ›Holocaust‹ ist eine griechisch-lateinische Wortverbindung und bedeutet: ›völlig verbrannt‹. Was soll in solchem Zusammenhang die ästhetische Kategorie des Realismus?... Allein die Vorstellung, daß der Folterknecht, der im Film (›Holocaust‹) eben sein Opfer umgebracht hat, mit diesem nach abgedrehter Szene eine Zigarette raucht, um sich für weitere, ganz realistisch zu gestaltende Untaten fit zu machen, läßt erkennen, daß vor der Realität ›Auschwitz‹ jeder ästhetische Realismus versagt und zu einem perversen Anspruch verkommt. Realistisch wäre einzig der Film, der die Einsicht vermittelte, daß Auschwitz nicht gespielt werden kann, auch nicht gespielt werden darf, gerade weil es zu verhindern gilt, daß es je wieder real wird...«[104]

Und dennoch: Catilinas Verbrechen läßt uns dunkel ahnen, daß Auschwitz kein säkularer Einzelfall ist. Die zivilisatorische Decke unserer Spezies ist hauchdünn, und darunter lauert immer »Auschwitz«; die Unterschiede des historischen »Holocaust« liegen nur in der »Technik« des Tötens und in dem ideologischen Mäntelchen, das sich die Täter zu verschiedenen Zeiten umhängen, um ihre Lust am Morden zu verbrämen.

Es gibt moderne Stimmen, die in der Hinrichtung des Marius Gratidianus ein unter rituellen Formen vollzogenes Sühneopfer für Lutatius Catulus sehen wollen[105]. Sulla habe den M. Marius als eines der Häupter der marianischen Revolutionsregierung am Grabe des Catulus grausam zu Tode martern lassen, weil er der Hauptverantwortliche gewesen sei, der den Catulus nach eifernden Reden 87 in den Selbstmord getrieben habe. Catulus war 102 zusammen mit C. Marius Consul gewesen, hatte als Proconsul zusammen mit Marius am 30. Juni 101 entscheidenden Anteil am römischen Sieg über die Cimbern. Beide Feldherren schrieben sich selbst das Verdienst des Sieges zu, feierten auch gemeinsam den Triumph und gerieten darüber in persönlichen Gegensatz.

Dafür hatte Gratidianus zu büßen. Freilich darf sich unser Entsetzen nicht auf diesen Einzelfall beschränken. Über Caesar und Augustus liegen ähnliche Nachrichten vor, doch suchen antike wie neuzeitliche Biographen ihre Verbrechen, wenn nicht zu verschweigen, so doch nur in einem Nebensatz zu erwähnen, um der imperialen Gloriole keinen Abbruch zu tun. Von Caesar wissen wir – neben seiner brutalen Ermordung zweier Völker: der Usipeter und Tencterer[106] –, daß er etwa den Vercingetorix, nationalen Anführer der mit letzter Kraft um ihre Souveränität kämpfenden Gallier, 52 nach der Schlacht von Alesia in Fesseln legt, ihn sieben Jahre in einem römischen Kerker schmachten läßt, um ihn in seinem großen Triumph gefesselt mitzuführen und anschließend erdrosseln zu lassen. Dazu ein Caesarkenner: »Vercingetorix' Erdrosselung im Mamertinischen Kerker ist für uns ein schwer annehmbarer Greuel, ein Mangel an Ritterlichkeit, der wie ein dunkler Schatten auf Caesar liegt. Der Römer sieht das ganz anders... Für ihn ist des Vercingetorix Auflehnung titanische Rebellion gegen das Fatum, ist Sakrileg, Hybris und Blasphemie.«[107]

Welch ein Wust hergeholter, pathetischer Begriffe, um ein gnadenloses Verbrechen zu entschuldigen.

Weitaus schlimmer Augustus, der »Friedensfürst«:

»Nach der Einnahme von Perusia«[108], schreibt Sueton, »verhängte er zahlreiche Todesstrafen, wobei er die, welche Verzeihung zu erbitten oder Entschuldigungen vorzubringen wagten, immer nur mit dem Wort unterbrach: ›es muß gestorben werden!‹ Einige berichten, er habe von denen, die sich ergeben hatten, dreihundert aus dem Ritter- und Senatorenstand auslesen und sie an einem dem vergötterten Iulius (Caesar) errichteten Altar am 15. März (dem Todestag Caesars) wie Opfertiere schlachten lassen.«[109]

Sueton nennt die Dinge beim Namen! Und von Augustus eingenommene Biographen haben erhebliche Mühe, mit solchen Mitteilungen ins reine zu kommen: »Holocaust!«

Wie stehen wir dazu? – Wenn man sich sehr lange und sehr intensiv mit einem als »böse« verschrienen Menschen beschäftigt, neigt man dazu, wenn nicht Entschuldigungen – so doch Motive für seine Taten zu suchen, besonders dann, wenn man selbst nicht betroffen ist. In unseren Tagen heißt das »Vergangenheitsbewältigung«. Die übernächste Generation sieht die Verbrechen großer Staatsmörder schon anders. In diesem, trotz allem »natürlichen« Wechsel der historischen Relationen und Perspektiven liegen Chance und Gefahr dicht beieinander: Je größer die zeitliche Entfernung ist, um so größer die Gefahr zur Oberflächlichkeit, zur tolerierenden Vereinfachung, um so wahrscheinlicher aber auch die Möglichkeit, sine studio et ira an die

Person heranzutreten. Zeitgeschichte ist stets unvollkommen, weil sie voreingenommen ist; und sie kann nicht anders sein, weil sie von noch Mitleidenden geschrieben wird. Sallust, Cicero, Tacitus beweisen es ebenso wie Philippe de Communes, Alexis de Toqueville, Albert Speer und Rolf Hochhuth. Doch alle aus aktuellem Gegenwartsbezug notierten Betrachtungen, Meinungen, Wertungen – und seien sie noch so wahrhaftig – bilden schließlich übereinandergeschichtete Sedimente, deren inneren Zusammenhang wir zunächst nur zweidimensional im Querschnitt erkennen können, als ob wir vor der frisch ausgehobenen Grube einer archäologischen Grabung stehen und die Übergänge der Schichten einzuordnen uns bemühen. Sobald wir uns an die im Boden zerstreuten Überreste heranmachen, kommen wir nicht umhin, die Umgebung zu zerstören. Was wir dann am Ende, nach mühseliger Kleinarbeit in Händen halten, scheint erbärmlich wenig zu sein.

Ähnlich ist unsere Adaption im vorliegenden Fall: »Das Blut seines Opfers rann ihm durch die Finger...« – Das schreckliche Bild blokkiert auf immer eine vorurteilsfreie Interpretation. Darum verzichten wir darauf, um der Gefahr des Zerredens zu entgehen. Möge jeder selbst im stillen seine Gedanken darüber spinnen...

Für den weiteren Gang unserer Geschichte ist dies wichtiger: Aus diesem Racheakt Sullas, ausgeführt durch seinen Gestapochef Catilina, datieren die ferneren Beziehungen zwischen dem Sergier und dem jüngeren Catulus unserer Eingangsszene; denn Catulus, zur Zeit des Geschehens vierzig, wird ihm das »Sühneopfer« am Grabe seines Vaters nie vergessen und von nun an Catilina protegieren und seine Hand über ihn halten, komme was da wolle. Dies im übrigen eine Art von »Treue«, die uns schon vor Jahrhunderten abhanden gekommen ist. Zur Zeit ist er Praetor, im Todesjahr Sullas Consul.

Wir haben uns mit den Einzelheiten der Akte »Gratidianus–Catilina« so lange und ausführlich beschäftigt, weil sie exemplarisch die Antriebe des Fünfundzwanzigjährigen vor dem Hintergrund des reaktionären Umschwungs zeigt. In allen anderen Fällen, wo er seines Amtes als sullanischer Häscher waltet, lassen sich die prosopographischen Bezüge nicht mit solcher Klarheit offenlegen.

Sulla konnte mit dem jungen Mann, der keine Fragen stellte, sondern handelte, zufrieden sein. Prompt überträgt er ihm neue, diesmal militärische Aufgaben.

Praeneste ist immer noch nicht gefallen, Marius junior verspottet Sulla von der Mauer herab. Sulla ernennt Catilina zum Legaten und bespricht mit ihm Maßnahmen der »psychologischen Kriegführung«: Der Kopf des Gratidianus soll zusammen mit den Häuptern gegnerischer Feldherren aus der Schlacht am Collinischen Tor nach Praeneste transportiert werden. Es ist dafür zu sorgen, daß genaue Zahlenangaben zu den Belagerten dringen: 50000 Tote vom 1. November 82 sprechen für sich!

Doch das genügt Sulla nicht. Die Gefangenen, es sind 8000 Mann und größtenteils Samniten, läßt Sulla von Sonderkommandos »niedermachen«, wie man es in solchen Fällen ja so schön sachlich notiert[110].

Sulla läßt wohl durchblicken, daß er von den militärischen Fähigkeiten des Q. Lucretius Ofella, der die Stadt schon seit Monaten vergeblich berennt, nicht viel hält. Besonders fällt ins Gewicht, daß Ofella einst Marianer war und erst vor zwei Jahren zu ihm übergelaufen ist.

Catilina macht sich also mit seinen Kontingenten und den makabren Werbemitteln im Gepäck auf den Marsch und erzielt prompt die erhoffte Wirkung, als man die Köpfe, hoch und allen sichtbar auf Piken gepflanzt, um die Mauern Praenestes trägt:

»Als die Praenestiner – so Appian – dieses sahen und hörten, daß Carbos Heer (im Norden) vernichtet und Norbanus selbst bereits aus Italien geflohen und ganz Italien und auch Rom völlig in Sullas Gewalt sei, übergaben sie dem Lucretius (Ofella) ihre Stadt. Marius verbarg sich in unterirdischen Gräben und tötete sich selbst darauf.«

Nach Strabo[111] führten von dem auf hohem Berge gelegenen Praeneste eine Menge geheimer unterirdischer Gänge in die Ebene herab, und Marius sei, als er einen davon als Fluchtweg benutzte, beim Heraussteigen von eigens dazu aufgestellten Soldaten Ofellas getötet worden. Nach anderen nahm er sich selbst das Leben, wurde von einem Sklaven getötet oder stürzte sich in sein Schwert[112].

Weiter Appian: »Lucretius (Ofella) ließ ihm den Kopf abschneiden und schickte diesen an Sulla, welcher ihn mitten auf dem Forum vor der Rednertribüne aufstellen ließ und über die Jugend des (erst dreißigjährigen) Consuls gelacht und gesagt haben soll: ›man muß erst rudern lernen, ehe man das Steuer führen will!‹«[113]

Praeneste selbst entgeht nicht dem Strafgericht:

»Nach der Einnahme von Praeneste ließ Lucretius (Ofella) die daselbst in Marius' Heere befindlichen Senatoren zum Teil sogleich töten, zum Teil ins Gefängnis werfen, und auch die letzteren ließ Sulla bei seiner (bald darauf erfolgenden) Ankunft töten.

Aller übrigen in Praeneste befindlichen Mannschaft befahl er, unbewaffnet heraus auf das freie Feld vor der Stadt zu kommen. Dort wählte er aus ihnen eine kleine Zahl derer aus, welche ihm früher irgendeinen Dienst geleistet hatten, und ließ die übrigen in drei Teilen – Römer, Samniten und Praenestiner – antreten und darauf durch einen Herold erklären, daß auch sie für ihre Handlungen den Tod verdient hätten, daß er ihnen jedoch Verzeihung angedeihen lassen wollte. Alle übrigen aber ließ er sämtlich mit Wurfspießen töten, und nur ihre Frauen und Kinder durften sich ungeschoren entfernen. So wurde also Praeneste zugrunde gerichtet.«[114]

Noch 150 Jahre später wird Lucanus klagen: »Die Schicksalsgöttin von Praeneste (= Fortuna Praenestina[115]) sah all ihre Bürger miteins den Henkerstreich empfangen, sah ihre ganze Gemeinde untergehen in der gleichen Zeit, wie sie sonst der Tod für einen einzelnen Menschen braucht.«[116]

Keine Frage, daß Catilinas gallisches Sonderkommando beim Untergang der Stadt in vorderster Linie liquidierte.

Wieder in Rom, hält Sulla eine programmatische Rede vor dem Volk, »sagte viel Rühmendes über sich selbst, auch vieles, um sie in Furcht und Schrecken zu setzen. Er fügte am Ende hinzu, daß er den Zustand des Volkes verändern und verbessern werde, wenn man ihm Folge leisten wolle...«[117]

Wie das in praxi abläuft, hat er längst im Kopf. Nach geradezu kaufmännischer Methode setzt er eine Gewinn- und Verlustrechnung auf – man nannte es exakt eine »Proskriptionsliste«, denn »proskribieren« heißt im merkantilen Gewerbe wörtlich »eine Ware ausschreiben«! Auf der Stelle läßt er an die 40 Senatoren und 1600 Ritter zum Tode veruteilen, aufspüren und ermorden.

Fassungslos lesen wir diese Zahlen und sind schockiert über die Methode. Gewiß wurden schon mehr Menschen auf Staatskosten in den

Hades geschickt, doch nie geschah es in einer so unverfrorenen, menschenverachtenden, zynischen Weise in aller Öffentlichkeit!

Sind das Anzeichen von Wahnsinn? Hybris? Rückfall in archaische Blutrituale, wie wir sie ähnlich nur bei Karthagern, Azteken oder Kannibalen kennen? – Bevor wir uns aus dem Staube machen, sollten wir uns an den Durchbruch unserer wölfischen Natur in unserem Jahrhundert erinnern; Stichworte genügen: »Endlösung«, »SS«, »IRA«, »PLO«, »Vietcong«, »Rote Khmer«, »Stadtguerilla«, »RAF«, »Dissidenten«, »Rote Brigaden«... Die Aufzählung wird ohne Zweifel bald ergänzt werden müssen.

Die Preisfrage der Akademie von Dijon aus dem Jahre 1749 – »Hat der Fortschritt der Wissenschaften und Künste dazu beigetragen, die Sitten zu verderben oder zu reinigen?« – kann man natürlich mit Rousseau energisch verneinen: Rom eroberte die gesamte Mittelmeerwelt, als es eine Nation von Bauern und Soldaten war, gewöhnt an eine stoische Disziplin; als es in epikureische Verweichlichung verfiel und die Obszönitäten des Ovid, Catull und Martial pries, wurde es ein Schauplatz des Lasters, »eine Schmach der Völker und das Spielzeug der Barbaren«.[118]

Wir sollten die Frage aufgrund unserer historischen Erfahrungen modifizieren:

»Ist der permanente Rückfall der Sitten in die Barbarei das *Stimulans* für Wissenschaft, Literatur und Künste?«

Wie anders will man begreifen und deuten, daß gerade in Zeiten brachialer Gewalt und politischer Erniedrigung bei den Geknebelten die Sehnsucht nach einer »besseren« Welt keimt und Geister hervorbringt, die dann doch kurzfristig die Welt verändern, und sei es nur, daß sie das Bewußtsein für die humaneren Möglichkeiten eines toleranteren Zusammenlebens schärfen. Cicero gehört in diesen Kreis, gerade weil er daran scheiterte. Das wird uns noch im letzten Teil unserer Geschichte beschäftigen.

Machthaber wie Sulla denken einfacher: Sie leben und handeln aus dem Bewußtsein, Werkzeug der Vorsehung zu sein, die sie an den exponierten Platz der Epoche gestellt hat, um »Ordnung« zu schaffen. Sie übersehen dabei, daß sie der größten Illusion, deren der Mensch fähig ist, aufsitzen. Nichts verrät dies deutlicher als der kurz darauf folgende Rücktritt des Diktators ins Privatleben aus der Annahme, alles sei für die Ewigkeit geregelt.

Zunächst aber kehrt er mit eisernem Besen und regiert mit dem Schwert. Das ganze Land wird in den blutigen Strudel gerissen. Appian dazu: »... bestimmte er den Mördern Belohnungen, ihren Denunzianten Lohn für die Anzeige, ihren Hehlern Strafen. Bald darauf fügte er noch mehr Senatoren zu den früheren (auf die Ächtungsliste)...«[119]

Einige Beispiele! Plutarch: »Quintus Aurelius, ein unpolitischer Mann, der an der gegenwärtigen Not keinen Anteil zu haben glaubte, als daß er andere Unglückliche bedauerte, ging auf den Markt und las die Liste der Geächteten. Als er sich selbst darunter fand, rief er aus:

›Wehe mir Armem! Das Landgut bei Albanum ist mein Ankläger!‹

Er war auch kaum einige Schritte fortgegangen, als er von einem, der ihn suchte, ermordet wurde.«[120]

Appian: »Von den Senatoren wurden einige unerwartet ergriffen und da, wo man sie traf, in den Häusern, auf den Straßen oder in den Tempeln niedergemacht, andere über der Erde schwebend zu Sulla geschleppt und vor seinen Füßen niedergeworfen, andere hingeschleift und mit den Füßen getreten, ohne daß jemand von denen, die es mit ansahen, vor Schrecken noch einen Laut über solche Greuel von sich zu geben wagten.

Andere wurden verbrannt und noch anderen ihre Güter eingezogen. Gegen die aber, welche aus der Stadt entflohen waren, Spione ausgeschickt, welche alles durchsuchten und jeden niedermachten, den sie ergriffen.

Auch von den italischen Bundesgenossen wurden alle, welche dem Carbo, dem Norbanus, dem Marius oder deren Unterfeldherren Folge geleistet hatten, ermordet, verbannt und ihrer Güter beraubt. Auch wurden hierüber in ganz Italien strenge Untersuchungen angestellt und vielfache Anklagen gegen die erhoben, welche ein Feldherrnamt bekleidet, Kriegsdienste (unter Marius und Cinna) geleistet, Geld beigesteuert oder einen andern Dienst erwiesen oder auch nur einen Rat gegen Sulla gegeben hatten.

Auch die Gastfreundschaft, die Freundschaft und ein erhaltenes oder vorgestrecktes Darlehen diente zum Vorwurf. Ja man wurde selbst wegen einer Gefälligkeit oder der bloßen Begleitung auf der Reise gerichtlich verfolgt, und diese Anklagen waren besonders gegen die Reichen im Schwunge.

Als die Anklagen gegen einzelne aufhörten, ging Sulla zu den Städten über und bestrafte auch sie, indem er einigen ihre Burgen oder Stadtmauern einriß oder den Gemeinden Geldstrafen auferlegte (so nahm er z. B. Volaterra und Arretium das römische Bürgerrecht) oder sie durch die härtesten Abgaben erschöpfte, in den meisten aber – um Besatzungen gegen die Bewohner Italiens zu haben – seine Veteranen ansiedelte und ihnen die Ländereien und Wohnungen der Städter schenkte und verteilte.«[121]

Eine Reportage des Schreckens! Mit allen Anzeichen einer Revolution – freilich einer konservativen Revolution von oben! Wir haben die überlieferten Details der blutigen Machtübernahme nicht aus Lust am Grauen geschildert, sondern um begreiflich zu machen, was es denn in Wahrheit heißt, wenn einer der besten Kenner der Epoche mit der Nüchternheit des Wissenschaftlers unterkühlt feststellt:

»Die Quellen gewähren uns einen tiefen Einblick in die Epoche der revolutionären Zersetzung, von welcher der damalige Römerstaat heimgesucht wurde.«[122]

Mehr noch! Catilina ist Exponent des sullanischen Terrorregiments, und wir kommen nicht umhin, Plutarchs späteres Urteil zu wiederholen:

»Nichts aber schien unerhörter und abscheulicher als die Taten des Lucius Catilina.« Wir kennen sie schon, soweit sie bekannt wurden.

Caesar hat das Glück, zur anderen Seite zu gehören. Er ist jetzt 19, glücklich mit Cornelia, der Tochter Cinnas, verheiratet. Es war Liebe auf den ersten Blick. Diese Ehe und seine belastende Verwandtschaft – Tante Iulia war Schwester seines Vaters und Marius' Gattin – veranlassen Sulla, den Neffen seines Todfeindes und Schwiegersohn Cinnas ultimativ aufzufordern, seine Ehe mit des letzteren Tochter zu lösen. Einen begabten jungen Aristokraten und Sproß der Venus kann er immer gebrauchen. Doch der Iulier bietet dem Diktator die Stirn, riskiert Kopf und Kragen; denn Sulla setzt ihn prompt auf seine Liste, befiehlt Ächtung, Enteignung des Besitzes und setzt ein Kopfgeld auf die Ergreifung des rebellischen jungen Aristokraten.

Nur durch die Fürsprache seiner hohen Verwandten mütterlicherseits aus dem uralten Geschlecht der Aurelii Cottae entgeht er dem Schwert.

Sulla, ein Meister zukunftweisender Statements, kommentiert die Dispenz vom Tode so:

»Nun, so habt ihr denn euren Willen. Aber nehmt euch in acht vor dem schlechtgegürteten Jüngling! Denn in ihm steckt mehr als *ein* Marius!« Und nach anderer Version: »Ich aber sage euch: Der, dessen Rettung ihr so sehr wünscht, wird euch und der Aristokratie dereinst den Untergang bringen...« Aus welchen Quellen er seine prophetischen Kenntnisse schöpfte, bleibt unbekannt. Die Stelle ist mit Sicherheit später interpoliert.

Caesar zieht es dennoch vor, für einige Zeit im Osten unterzutauchen. Sein weiterer Werdegang wird uns an anderer Stelle beschäftigen.

Nachdem Sulla alles, was ihn stört, vom Tisch gefegt hat, bastelt er an einer neuen Verfassung. Ist er doch »DICTATOR LEGIBUS SCRIBUNDIS ET REI PUBLICAE CONSTITUENDAE«, etwa: »Diktator für die Neuordnung der Gesetze und des Staates«, und dies ohne Befristung. Eine verfassunggebende Versammlung im Alleingang. Daß er seine Wahl, wie die folgenden Gesetze, durch Volksabstimmungen bestätigen läßt, ist kein demokratischer Akt, sondern das übliche plebiszitäre Feigenblatt, das quer durch die Geschichte zum glänzenden Aushängeschild der Tyrannen wurde: »Was denn? Was denn? – Die Leute wollen es doch so haben!« Dem kleinen Mann machte es schon immer Spaß, wenn die Großen sich zerfleischen. Da er an der Umverteilung der adeligen Besitztümer ohnehin keinen Anteil hat, ist es ihm gleich, an wen er seine Abgaben zahlt und für wen er in den Kriegen seinen Kopf hinhält. Bis jemand kommt und ihm einredet, so sei es absolut falsch... Außerdem lockt Sulla die Bedürftigen mit der alten Leimrute: Landzuteilung!

Anders als die Gracchen, Saturninus, Livius Drusus, Sulpicius kann er aus dem vollen schöpfen; denn es gibt niemanden, der ihm in den Rücken fallen könnte. An die 120000 Höfe und Parzellen wechseln den Besitzer, denn die Veteranen von 23 Legionen wollen versorgt sein. Große Gebiete in Samnium, Campanien werden mit einem Federstrich latinisiert; und wieder ist es eine agrarische Maßnahme *außerhalb* Roms, die die Nationwerdung unter römischem Vorzeichen einen Schritt weiterbringt. Sulla allerdings dürfte, darauf angesprochen, seinen übrigen Konstitutionen *in* Rom größere Bedeutung beigemessen haben, und sie machten denn auch kurzfristig mehr Furore:

– Beschneidung der tribunizischen Rechte: Die Volkstribunen

können Gesetzesanträge nur noch nach vorheriger Zustimmung des Senats vor die Volksversammlung bringen. Kein Tribun darf die senatorische Ämterlaufbahn einschlagen. Somit ist das gefährliche Amt für Heißsporne ohne weiteren Reiz und ein totes Gleis.

– Die Ritter verlieren ihre einflußreichen Richterfunktionen bei den Geschworenengerichten zugunsten der Senatoren.

– Der Senat wird aus Anhängern Sullas auf 600 Mitglieder erhöht.

Entscheidender als diese Maßnahmen erwiesen sich für die Zukunft freilich zwei militärpolitische Neuerungen:

Die Provinz, die ein Consul nach seinem Amtsjahr in Rom zu verwalten hat, wird für den Kandidaten schon *vor* der Wahl in Aussicht gestellt. Dies bedeutet, daß die Exekutivämter des Staates auf zwei Jahre erweitert werden, mit einer scharfen Trennung der Aufgaben: Innenpolitik in Rom, militärische Aufgaben in der Provinz; mit anderen Worten, Rom und Italien sind »entmilitarisierte Zonen« – ausgenommen Oberitalien, das »Diesseitige Gallien«. Wer das dortige Proconsulat verwaltet, verfügt über den Schlüssel zu Italien, zu Rom. Zur Grenze der Provinz wird der Rubikon erklärt.

Wenn wir eben von konservativer Revolution sprachen, so in dem Sinne, daß der Zustand der staatlichen Ordnung mit Gewalt in ältere Formen zurückversetzt werden soll. Das bedarf der Einschränkung:

Nach modernem Verständnis benutzen wir den Begriff nach dem Vorbild der Französischen Revolution im Sinne der Aufklärung, indem die geschichtliche Tradition als ordnende und bindende Macht entthront wird. In unserem Sprachgebrauch ist immer gewaltsamer Umsturz »von unten« durch eine Führungsgruppe gemeint mit dem Ziel, eine neue Ordnung zu schaffen und diese dann gegen jeden weiteren Umsturz (Konterrevolution) auch mit Gewalt zu verteidigen. Dazu gehört die Verneinung der bestehenden Zustände, Gewinnung und Formulierung kämpferischer Kräfte, Lähmung des Gegners, Machtergreifung, Beseitigung der alten Herrschaftsstruktur und Aufbau und Entfaltung neuer Macht, Neugestaltung der gesellschaftlichen Verfassung durch neue Satzungen und Ordnungen. Vorbedingung revolutionärer Veränderungen sind bewegende Kräfte, die die Massen begeistern durch zugkräftige Parolen, Bekanntgabe der kämpferischen Ziele, Aktivierung von vorhandenen Widerstandsgruppen.

Entscheidend für die Bewegung der »neuen« Kräfte sind Ideologien, die fast stets zu vollen sozialen Utopien ausgestaltet werden.

Ein kurzer Blick genügt, um erkennen zu lassen, daß bei Sullas Unternehmen nur das eine oder andere dieser Kriterien zutrifft. Von Programm, Parolen, Aktivierung der Massen kann überhaupt keine Rede sein. Der antiken, besonders der römischen Staatsauffassung ist das, was etwa Rousseau unter »Volonté Genérale« und »Contrat Social« verstand, völlig fremd.

Seit Rousseau haben wir uns angewöhnt, einen glücklichen Urzustand der archaischen Menschheit vorauszusetzen, der erst durch »Besitz« und »Herrschaft über die Produktionsmittel« zerstört wurde. Wir haben vergessen, daß antike Denker schon von einem egalitären naturhaften Urzustand der Menschheit reden. Das führt so weit, daß sich ein beinahe sachbuchartiger Extrakt solcher Vorstellungen in Vitruvs »Über die Architektur« niederschlägt; man lese unter diesem Aspekt einmal aufmerksam das erste Kapitel des zweiten Buches »Vom Ursprung der Gebäude«:

»In der Urzeit kamen üblicherweise die Menschen wie die wilden Tiere in Wäldern, Höhlen und Hainen zur Welt, und sie fristeten ihr Leben durch Verzehr roher, wildwachsender Feldfrüchte... Als sie sich aber durch tägliche Betätigung ihrer Hände zum Hausbau geübter gemacht hatten und durch ihre Geschicklichkeit und Übung ihres Geistes es über das herkömmliche Verfahren hinaus zu einer Kunstfertigkeit gebracht hatten, führte auch das Streben, das ihnen beigesellt war, dazu, daß sich diejenigen, die sich auf diesem Gebiet besonders eifrig betätigten, Handwerksmeister (fabri) nannten. Da dies also zunächst so eingerichtet war und die Natur die Menschen nicht nur wie die übrigen Lebewesen mit Sinnesorganen ausgestattet, sondern auch mit Gedanken und Überlegungen ausgerüstet und die übrigen Lebewesen ihrer Herrschaft unterstellt hatte, da wahrlich führten sie, nachdem sie Schritt für Schritt vom Häuserbau zu den übrigen Künsten und Wissenschaften fortgeschritten waren, die menschliche Gesellschaft von einem wilden und tierhaften zu einem friedfertigen, gesitteten Leben.«[123]

Für einen reinen Pragmatiker wie Vitruv ist »Wissen = Macht«! Der Politiker und Denker Cicero sieht es unter dem Aspekt des aristotelischen »zoon politikon«:

Der Urgrund des Volkes als einer Rechtsordnung ist »ein gewisser in der Natur (!) des Menschen liegender Hang zu Geselligkeit«.[124]

»Eintracht ist am leichtesten da, wo der Nutzen des einzelnen sich deckt mit der Gesamtheit. Aus der Verschiedenheit der Interessen erwächst Zwietracht... Wie kann eine bürgerliche Gesellschaft bestehen, wenn die Stellung der Bürger gegenüber dem Gesetz nicht die gleiche ist?... Was ist Staat anderes als eine Rechtsgemeinschaft von Bürgern?«[125]

Die römische Staatsauffassung ist statisch, ständisch, naturrechtlich in dem Sinne, als die sozialen Stufen der gesellschaftlichen Hierarchie seit undenkbaren Zeiten tradiert werden, bis hin zur nie in Frage gestellten Sklaverei. Ausnahmen wie der Aufstieg des »homo novus« bestätigen nur die Regel.

Vor diesem Hintergrund fehlen auch weitere neuzeitliche Kriterien einer Revolution wie Kulturkritik, Wille zur »Aufklärung«, »Volkssouveränität«. Als gleichwertigen Grundbegriff preist der Römer seine »Vaterlandsliebe«, und »Patria« (Vaterland) ist der mit am meisten benutzte Begriff der politischen Auseinandersetzung. Immer wieder findet sich in Ciceros politischen Reden die Wendung: »Wenn nun das Vaterland zu dir spräche...«

Was Sulla inszeniert hat, ist folglich keine Revolution im heutigen Sinne, sondern ein Staatsstreich »von rechts«, ein vom Inhaber der Regierungsgewalt vorgenommener gewaltsamer, gegen die populare Verfassung gerichteter Umsturz an der Spitze einer konservativen Senatsgruppe. Im übrigen hat es Cicero so treffend formuliert: Seit Tiberius Gracchus »haben wir in *einem* Staate *zwei* Senate und beinahe schon *zwei* Völker«.[126]

Analog zu Robespierre kann man, mit umgekehrten Vorzeichen, vom »Terror der Vaterlandsfreunde« reden. Sullas Versuch, das Gebäude der aristokratischen Republik durch Stärkung der Staatsmacht über die Zeiten zu retten, mußte auf Dauer scheitern, weil er von falschen Prämissen ausging. Die Aufgaben einer Reichsregierung waren nicht mehr mit der Interessenpolitik der »Fischteichbesitzer« zu bewältigen, und seine »Notverordnungen« überlebten denn auch nur wenige Jahre nach seinem Rücktritt. Wir haben Caesars sarkastisches Wort:

»Sulla war ein Analphabet, da er die Diktatur niederlegte.« Und: »Die Republik ist ein Nichts, ein Name ohne Körper und Gestalt!«[127]

Sullas Veteranen feierten ihren Heros als den »Glücklichen« (Sulla »FELIX«), den »Liebling der Aphrodite« (»Epaphroditus«); doch seinen überlebenden Gegnern bleibt er als größter Rohling, Schlächter, Würgeengel, Tyrann, Mörder, unmenschlich in jedem Sinne, in Erinnerung.

Wenn Catilina gehofft hatte, unter der weiteren Protektion des allmächtigen Diktators eine steile magistrale Karriere beginnen zu können, so machte ihm der unerwartete Tod Sullas einen Strich durch die Rechnung.

Doch die Lähmung nach dem Abgang des allmächtigen Monarchen war nur kurz. Als erste versuchen die am östlichen Horizont lauernden Widersacher Roms ihre Chance zu nutzen: Der »neue Dionysos« Mithridates kann sich auf einmal nicht mehr an die Abmachungen des Friedens von Dardanos erinnern – sie waren nie schriftlich fixiert worden – und bläst die alte Glut gegen Rom neu an, marschiert in die abgetretenen Gebiete Kappadokiens ein.

Im Westen aber beginnt Sertorius, sich in Spanien ein eigenes kleinrömisches Imperium aufzubauen. Quintus Sertorius (123–72), von Geburt Ritter aus Nursia, zeichnete sich bei Arausio (Orange) 105 und Vercellae 102 aus, wurde 90 Quaestor in Gallia Cisalpina und nahm als hervorragender Truppenführer (Legat) am Bundesgenossenkrieg teil. Auf Sullas Betreiben fiel er 87 bei der Wahl zum Volkstribun durch, und dies ist Ursache seines Hasses auf den späteren Machthaber.

Unter Marius' und Cinnas Terrorregiment ist er der einzige, der sich für eine maßvolle Behandlung der Gegenpartei einsetzt. Er ist es auch, der dem infernalischen Wüten angeheuerter Sklaven- und Gladiatorenbanden in Rom ein Ende macht, denn er läßt die Mordkommandos von regulären Truppen niedermachen.

83 geht er als Praetor in das ihm zugewiesene Spanien. Doch schon 81 läßt ihn Sulla von dort vertreiben. Sein Versuch, sich mit Hilfe kilikischer Piraten wieder in Spanien festzusetzen, scheitert. Es wird berichtet, er habe daraufhin im westlichen Meer (= Atlantik) die Inseln der Seligen gesucht, was aus verständlichen Gründen erfolglos blieb. Diese hübsche Mitteilung wie auch jene, daß er in seinem Militärlager Umgang mit einer weißen Hirschkuh (der Göttin Diana) hat, die ihm die Zukunft deutet, weist ihn als wohl einzigen römischen Romantiker in diesen so überaus realistischen Zeiten aus.

Es gelang ihm, in Mauretanien Fuß zu fassen, als ihn die Lusitaner, ein westiberisches Volk im heutigen Portugal, zurückrufen, um unter seiner Führung gegen Rom zu kämpfen. So beginnt er, sich eine spanische Hausmacht wie just Hamilkar, Hannibals Vater, aufzubauen. Bezeichnend ist für den mythischen Glauben der Zeit, daß sein Umgang mit der Hindin auf Einverständnis und Protektion der Götter schließen ließ, die Einheimischen bringen ihm eine beinahe mystische Verehrung entgegen und unterstützen ihn mit allen Kräften gegen die römische Zentrale.

Aus zu ihm geflohenen Marianern und anderen Enttäuschten bildet er einen eigenen Gegensenat, knüpft über die kilikischen Piraten – die beste Fernmeldeeinrichtung der Zeit! – Kontakte zu Mithridates und schlägt mehrere gegen ihn gesandte Kontingente Roms vernichtend.

Nebenbei legt er den Grund für die intensive Romanisierung des Landes, hofft im übrigen, von Spanien – wie später Caesar von Gallien – zum großen Schlag gegen Rom ausholen zu können, ohne allerdings die Mittel, die Ressourcen, die Armee, das militärische und organisatorische Genie des Iuliers ins Feld führen zu können. Und – er hat bald den größten Feldherrn dieser Jahre zum Gegner: Cn. Pompeius.

Es würde uns zu weit vom Thema führen, wollten wir den inneren Ereignissen der nachsullanischen Jahre in allen Einzelheiten folgen. Fassen wir darum die Entwicklung in groben Strichen zusammen, soweit wir die Fakten zum weiteren Verständnis von Catilinas Werdegang benötigen.

Sulla ist 78 an einem Blutsturz gestorben. Der Volksmund erfand die Geschichte von Würmern und Läusen, die ihn auffraßen wie später Herodes.

Sulla ist tot, Friede seinem Schatten! Rom atmet auf.

Was die politischen Erben des Diktators einstweilen zusammenhält, ist nicht das aufgesetzte neue alte System, sondern das Festkrallen an der unter Sulla erreichten Position. Sulla hatte keine Zeit, wohl auch nicht die Absicht – vor allem keine Möglichkeit, einen ihm gemäßen Nachfolger zu designieren. Wagen wir über die Zeiten einen Vergleich: Anders als Franco gelang es ihm nicht, einen in seinem Sinne qualifizierten Nachfolger aufzubauen und ihn in die Verfassung zu integrieren. Er war subjektiv überzeugt, daß das System der senatorischen Machtausstattung und Kontrolle genügte, Rom und sein Erbe über die nächsten Runden zu bringen. Warum sonst sein Rücktritt?

Um so erstaunlicher, wie sich die gewaltsam aufgesetzte sullanische Klammer in acht Jahren unmerklich und ohne Blutvergießen löst und der nachfolgenden Generation beider Fronten zunächst einmal ein vorsichtiges Abtasten ihrer Grenzen ermöglicht. Allerdings ist die populare Seite politisch viel zu schwach und zersplittert, um eine selbstsichere Rolle zu spielen.

Auch von der alten optimatischen Garde sind nicht viele übriggeblieben. Die einflußreichen Köpfe gehören der jüngeren Generation an: Q. Metellus Pius (Consul 80) und Q. Lutatius Catulus (Consul 78), beide Duzfreunde Sullas, und die beiden Brüder Lucius und Marcus Lucullus wären zu nennen. Lucius war von Sulla als Vormund seines Sohnes bestellt worden. Pompeius hat in Spanien erst sein Staatsexamen zu bestehen.

Der junge Caesar ist noch auf der Suche nach dem eigenen Profil, hängt sich zunächst an die Rockschöße des rührigen Crassus, der mit seinen während der Proskriptionen ergatterten Millionen den Immobilienmarkt Roms beherrscht. Keine Frage, daß die »Linken« auf die Wiederherstellung des Volkstribunats hinarbeiten, denn ohne dieses Instrument sind sie machtlos.

Während Mitte der siebziger Jahre der Proconsul Lucullus mit kluger Diplomatie – er erläßt den bedrängten Ostprovinzen einen Teil der Requirationszahlungen, die ihnen Sulla auferlegt hatte – und vorsichtiger Strategie Erfolge gegen Mithridates verbuchen kann, waltet Sertorius in Spanien auf dem Höhepunkt seiner usurpierten Hausmacht und bindet auf Jahre die Aktionen des Pompeius fern von Rom.

Dieses militärische Vakuum des entmilitarisierten Italiens nutzt ein junger Thraker aus dem Stamme der Maider[128], der nach Plutarch »nicht nur einen kühnen Mut und große Körperkraft besaß, sondern sich auch durch Verstand und Sanftmut weit über seinen Stand (als ›barbarischer‹ Sklave) erhob und mehr griechische Bildung besaß, als sich von seiner Geburt erwarten ließ«.[129]

Nach dem Ausbruch aus einer Gladiatorenkaserne in Capua erhält er von allen Seiten Zulauf, nutzt geschickt alte süditalische Aversionen gegen Rom, zieht wie Hannibal plündernd durch Italien und schlägt eine römische Armee nach der anderen, die man hastig aus Rekruten, die noch nie Blut gesehen haben, auf die Beine stellt. Bis man sich entschließt, dem Crassus das Oberkommando im »Sklavenkrieg« zu übertragen. In sechs Monaten gelingt es ihm, Spartacus im Süden der Halbinsel in die Enge zu treiben und in einer unerhört harten Endschlacht niederzuwerfen. Spartacus fällt. An die 6000 Überlebende werden gefangengenommen und von Crassus entlang der Via Appia ans Kreuz geschlagen.

Doch auch Pompeius' erste große Stunde ist gekommen: Er, der sich als militärischen Erbe Sullas betrachtet, hatte seine Laufbahn außerhalb der Legalität begonnen und nahm aufgrund seiner spanischen Erfolge für sich das Sonderrecht in Anspruch, ohne die übliche Ämterfolge des »cursus honorum« direkt zum Consulat vorstoßen zu können: Hatte man nicht Anarchisten wie Crassus junior mit dreißig auf den curulischen Sessel gehoben?

Der Zufall der Ereignisse bringt ihn Crassus näher, der eine eigene Kandidatur nicht ohne das Einverständnis des Jüngeren, aber Erfolgreicheren wagte – Crassus, »der reichste, beredteste und vornehmste unter den damaligen Staatsmännern, der selbst den Pompeius und alle anderen stolz verachtete«.[130]

Den aus guten Günden mißtrauischen Senat manövrieren sie beide aus mit dem Mittel, mit dem von nun an bis zum Ende der Republik Politik gemacht wird: der Armee! Die Truppen beider Feldherren lagern ja vor den Toren der Stadt. Begründung: Warten auf den ihnen zustehenden Triumph. Das wirkt auf der Stelle.

Trotz persönlicher Abneigungen gegeneinander einigen sich Pompeius und Crassus auf ein zugkräftiges Programm mit zwei Hauptpunkten: Wiederherstellung des Volkstribunats und erneute Beschneidung der senatorischen Interessen, denn die Besetzung der Richterstellen soll von nun an wieder zu gleichen Teilen aus Rittern und Senatoren vollzogen werden.

Eduard Meyer hat es so formuliert:

»Durch die Koalition wurde die Wahl des Pompeius und Crassus erzwungen und die sullanische Verfassung durch ihren Mitbegründer gestürzt,... Eine zielbewußte, den großen Aufgaben zugewandte Politik, für die der Senat sich schon in den Tagen seiner Allmacht nicht gewachsen gezeigt hatte, war fortan durch den ununterbrochenen Hader des Alltags vollends unmöglich gemacht. Für die ehrgeizigen Männer, die unter der Flagge der Demokratie segelten, begannen aufs neue goldene Tage; den Senat zu schikanieren und die Aristokratie zu ärgern – wie Caesar als Quaestor 68 bei der Leichenrede auf seine Tante, die Witwe des Marius, dessen *imago* (= Totenmaske, d. Verf.) er im Leichenzug vorführte –, war ein sicheres Mittel, um vorwärtszukommen.«[131]

Caesar ist zur Zeit Militärtribun und »lieh den Bemühungen derer, welche die von Sulla beschränkte Gewalt der Volkstribunen wiederherzustellen trachteten, seine eifrigste Unterstützung«.[132]

Soweit in großen Zügen die Entwicklung des Jahrzehnts nach Sullas Regiment, über die Eduard Meyer im übrigen bedauernd feststellt:

»Unsere Überlieferung ist so dürftig, daß wir andere Beteiligte bei der Umwälzung kaum nennen können.«[133]

Plutarch, Sueton und Appian berichten nur in großen Bögen; die sehr detaillierten Darstellungen dieser Jahre aus der Feder von Livius und Cassius Dio, zu schweigen von Sallust, sind auf immer verloren.

So können wir nur konstatieren, wie Sullas Verfassung, bezahlt mit dem Leben Tausender Römer, in einem unblutigen coup d'état zum Gerümpel der Geschichte geworfen wird, ganz in Bestätigung des Gedankens, daß in der Geschichte bisweilen der Erfolg des Augenblicks die Fakten schafft.

7.
Bekenntnisse einer »Nonne«

Der Draufgänger Catilina

Schwere Zeiten für Catilina – meinen wir? Die Schergenrolle, die er unter Sulla gespielt hatte, kettete ihn auch nach dessen Tod an die Verteidiger der wiederhergestellten Oligarchie, allen voran Q. Catulus. Und das wollte schon etwas bedeuten. Wir werden sehen.

Zunächst einmal kann er aus dem vollen leben von den Reichtümern geächteter Gegner. Wie sich bald zeigen wird, konnten diese Mittel seinen ausschweifenden Ansprüchen nicht genügen. Es paßt ins Bild, wenn unter seinen Freunden ein Gaius Verres zu finden ist, mit dem wir uns in Kürze zu beschäftigen haben. Wie sehr sich in diesen Jahren alles um Wein, Weib und Gesang dreht, zeigt eine Stelle der schon mehrfach zitierten Denkschrift von Quintus Cicero an Bruder Marcus, wo es heißt:

»Muß ich Dich auch noch daran erinnern, daß Dein Mitbewerber um das Consulat derjenige ist,... der sich hernach (d.h. nach seinen Mordtaten unter Sulla) mit Schauspielern und Gladiatoren herumtrieb und in den einen Helfer seiner Wollust, in den andern Helfer seiner Schandtaten fand? Der keine noch so ehrwürdige und geheiligte Stätte betrat, ohne daß infolge seiner Ruchlosigkeit auch an anderen, selbst wenn sie unschuldig waren, der Verdacht der Schande haftenblieb?«[134]

In diese Zeit (73) fällt ein für römische Begriffe ungeheuerlicher Vorfall: »Die Vestalin Fabia«, berichtet Asconius, »war wegen Unzucht (causa incesti) angeklagt worden, wobei sie beschuldigt wurde, sich von Catilina habe verführen lassen...«[135]

Wollte man einen Vergleich finden, müßte man davon ausgehen, ein mittelalterlicher Ritter habe die Äbtissin eines in Rom befindlichen Klosters in »unzüchtiger Weise« angegangen, wobei der Vergleich wie jede punktuelle historische Relation hinkt: Die Qualifikation der vestalischen Keuschheit war noch erheblich elitärer als die der christlichen Nonne, weil es insgesamt nur sechs Vestalinnen gab, weil sie überhaupt die einzigen weiblichen Priester waren und der Kult der Vesta zum höchsten des Staates gehörte.

Die sechs Priesterinnen lebten zusammen im »Haus der Vesta«, dicht beim Rundtempel der Göttin auf dem Forum. Sie unterstanden einer eigenen Vorsteherin, der VESTALIS MAXIMA; aber die ganze Gemeinschaft stand in enger Beziehung zum PONTIFEX MAXIMUS, der über die Priesterinnen die »*patria potestas*« ausübte. Er selbst »ergriff« sie auf rituelle Weise unter den sechs- bis zehnjährigen Töchtern der adligen Familien. Nach einem Noviziat von zehn Jahren versahen sie zehn Jahre den Kult und bildeten in weiteren zehn Jahren wiederum selbst Novizen aus. Anschließend konnten sie ins säkulare Leben zurückkehren, durften heiraten, wovon freilich nur wenige Gebrauch machten. Eine Vestalin, die ihr Keuschheitsgelübde verletzt hatte und der »Unzucht« überführt worden war, hatte mit einer der grausamsten Todesstrafen zu rechnen: In einer unterirdischen Gruft wurde sie lebendig eingemauert – oder vom Tarpeischen Felsen im Rücken des Capitols zu Tode gestürzt. Die Priesterinnen nahmen eine beinahe »exterritoriale« Stellung außerhalb der Gesetze ein: Vor ihnen hatten die Lictoren der Consuln und Praetoren ihre Fasces zu senken. Begegnete ihnen zufällig ein zum Tode verurteilter Delinquent, war er auf der Stelle in Freiheit zu setzen, was allerdings kaum vorkam und darum in der Überlieferung übertrieben herausgestellt wird.

Die formelle Anrede einer Vestalin war »Amata« – »Geliebte«. In ihrer mythischen Abstammung entsprach sie weder der Königin noch den Königstöchtern (wie bisweilen noch behauptet wird), vielmehr wurden sie wie die lokrischen Mädchen in Ilion einst für jeweils nötige Mädchenopfer bereitgehalten, wofür der Bruch des sexuellen Tabus als Motiv galt.

Vesta, die latinische Feuergöttin, ist etymologisch mit Hestia, der griechischen Göttin des häuslichen Feuers, verwandt; doch Vesta war nie Haus-, sondern immer Staatsgöttin. Ihr heiliges Feuer im Zentrum Roms darf nie ausgehen, und das Schicksal Roms hängt auf geheimnisvolle Weise von der gewissenhaften Durchführung des Kultes ab.

Bis heute ist nicht letztlich geklärt, ob das runde Heiligtum auf dem Forum Romanum auf altitalische Rundhütten zurückgeht oder ob die Überlieferung in indogermanische Frühzeit zurückreicht. Für letzteres spricht unter anderem, daß Vesta mit der offenbarenden Kraft des göttlichen Feuers gleichgesetzt wurde, denn in ihrem Tempel stand keine figürliche Kultstatue. Wie ihre Priesterinnen ist die Göttin jungfräulich gedacht, und sie gehört mit Mars Quirinus, Volcanus, Diana und Ianus zu den alten, von Griechenland unbeeinflußten Gottheiten.

Ihr Tempel, die *Aedes Vestae,* hatte innen einen Durchmesser von nur fünf Metern. Der Raum durfte von niemandem außer den Priesterinnen und dem Pontifex maximus betreten werden. Vesta und ihr Kult könnten uns einen Schlüssel geben zum Verständnis römischer Religion, wüßten wir mehr über Inhalt, Vollzug, Formen des religiösen Zeremoniells. So aber müssen wir uns mit intellektuellen Erklärungen zufriedengeben, wie sie Kerényi immer wieder versucht:

»So zeigt der Mythos in der antiken Religion, dem Stil der zwei klassischen Kulturen der mediterranen Welt entsprechend, zwei Formen. Die Griechen entfalteten ihn in Gestalten, welche die größte Offenheit des Geistes fordern und nur für solche Offenheit verständlich sind. Bei den Römern scheint der Mythos mehr begrifflich, abstrakt, schematisch; er fordert aber eine besondere Art der Offenheit des Geistes für alles, was der Zeit angehört, vor allem für das eigene Leben, mit dem man ihn unmittelbar erfährt.«[136]

Vor diesem Hintergrund nun die Anklage wegen »Inzest« mit der Vestalin Fabia. Dieser Vorfall wird noch prekärer, wenn wir erfahren, daß Fabia die Halbschwester von Ciceros Gattin Terentia ist. Da keine Einzelheiten über die Beweislage vorliegen, können wir wieder nur allgemeine Vermutungen anstellen. Wenn diese Fabia 73 Vestalin war, muß sie zwischen sechzehn und dreißig Jahre alt gewesen sein. Da sie 58 noch einmal erwähnt wird, dürfte sie in Analogie zu den drei Jahrzehnten des »cursus religiosus« zur Zeit der Affäre Mitte zwanzig gewesen sein.

Einer jungen Frau dieses Alters dürften sehr wohl Zweifel an der Notwendigkeit ihres nonnenhaften Status gekommen sein, zumal sie ja nicht wie ihre späteren christlichen Nachfahrinnen, abgeschirmt vor den Fährnissen der Welt, hinter Klostermauern ein beschaulich kontemplatives Leben führte, den Blick ganz aufs Jenseits gerichtet, sondern sehr oft als Vollzieherin des ältesten und wichtigsten Staatskults Roms in der Öffentlichkeit ihren Auftritt hatte. Im Circus waren ihr besondere Ehrenplätze vorbehalten. Niemand hatte sie um ihre Meinung gefragt, ob sie denn dreißig Jahre Keuschheit durchstehen werde. Zwei Männer, der Pontifex maximus und ihr Vater, bestimmten über ihr ferneres Leben. War sie zudem noch schön und temperamentvoll, dürfte es Männer vom Schlage eines Catilina sehr wohl gereizt haben, die scheinbar undurchdringliche Mauer von Konvention, vielleicht frömmelnder Heiligkeit und aufgezwungenem Gelübde zu druchbrechen. Gewiß, ein Spiel nicht nur mit dem Feuer, sondern mit dem Tode! Aber gerade darum für Catilina reizvoll. Eine Herausforderung seiner Männlichkeit und Eitelkeit, die sich mit dem Anknüpfen »normaler« Verbindungen zu langweilen begann.

War es am Ende Liebe? – Oder nur Tändelei mit heimlichen Blicken und Gesten? Bei aller Tollkühnheit und Gewissenlosigkeit in Sachen Moral: Catilina war vor allem kein Dummkopf! Eine Verurteilung Fabias hätte ihm zumindest eine langjährige Verbannung außer Landes eingebracht.

Die Affäre stellt sich auch schon ganz anders dar, wenn wir bei Plutarch erfahren, aus welcher Ecke die Anschuldigungen kommen:

»Einst (d.h. 73) stellte Cato sich dem Demagogen Clodius entgegen, der große Bewegungen und Unruhe anstiften wollte und verschiedene (!) Priester und Priesterinnen beim Volk verleumdete, unter welchen auch Fabia, eine Schwester der Terentia, der Gemahlin Ciceros, in Gefahr geriet. Bei dieser Gelegenheit setzte er (Cato) den Clodius einer allgemeinen Beschimpfung aus und zwang ihn, die Stadt zu verlassen. Als Cicero sich dafür bedanken wollte, sagte er zu ihm, er sei nur dem Staate Dank schuldig, um dessentwillen er alles tue und unternehme.«[137]

Auf des Clodius Quertreibereien werden wir noch öfter stoßen. Soviel vorweg: Er ist das politische und gesellschaftliche Enfant terrible der Epoche und in gewissem Sinne das jüngere Pendant zu Catilina. Geboren um 92, ist er einer jener begabten Heißsporne adliger Abstammung, denen die hohlen Phrasen ihrer aristokratischen Väter bald zum Hals heraushängen, da sie sehr früh die realen Verhältnisse der Zeit durchschauen und ihre ganz privaten Folgerungen daraus ziehen: Die destruktive Aktion an sich wird ihnen wichtiger als das Ziel, denn außer verschwommenen »linken« Vorstellungen, genährt aus philosophischen Häppchen der Griechen, ist ihr politisches Bild diffus; die permanente Beunruhigung des Establishments wird Lebensaufgabe – aber davon später mehr.

Daß ein junger Mann wie Clodius – er ist 73 neunzehn Jahre alt – sich mit dem fünfunddreißigjährigen Catilina anlegt, zeigt unter anderem auch, wie sehr man den Sergier zum konservativ optimatischen Lager rechnet. Dieser Eindruck wird erst recht bestätigt, wenn wir in einer andern, schon spätantiken Quelle lesen:

»Im selben Jahre (73) entging in Rom Catilina, wegen Unzucht mit der Vestalin Fabia angeklagt, der Verurteilung, *weil sich Catulus für ihn einsetzte.*«[138]

Nun, eine Hand wäscht die andere! So können selbst Verbrechen Früchte tragen.

Am meisten dürfte das Ehepaar Cicero-Terentia über den Ausgang des Skandals einigermaßen zufrieden gewesen sein: »Hättest du dir so etwas von Fabia denken können?!« – Eine Verurteilung der Schwägerin hätte sich wie ein düsterer Schatten auf Ciceros weitere Karriere legen können. Und so sind denn alle Beteiligten zufrieden: Clodius, weil er sich vor dem Volk gegen die »Fischteichbesitzer« ins rechte Licht gesetzt hat; Cicero, weil er weiter an seinem magistralen Aufstieg basteln und seine Stellung als Anwalt festigen kann; Terentia, weil die Familienehre rein gehalten wurde; Catilina, weil er seinen Spaß hatte und sich dennoch weiterhin im Schoß des optimatischen Lagers sicher fühlen kann – trotz der Gardinenpredigt, mit der ihm der patriarchalische Ehrenmann und Exconsul gewaltig ins Gewissen geredet hat; Catulus selbst, weil das Image der »Rechten« bis auf weiteres von Flecken rein gehalten wird. Und Fabia? Vielleicht hätte sie Stoff für »Bekenntnisse einer Nonne« gehabt. Sie war das einzige Opfer der Konventionen und zehrte hinfort von ihren wahren oder eingebildeten Erinnerungen.

Catilina aber lebt wie immer über seine Verhältnisse. All das, was man in diesen Jahren über seine zahlreichen Liaisons verbreitete, seien es nun Gerüchte oder Tatsachen, schlägt sich später bei dem erbarmungslos sondierenden Sallust in solchen Sätzen nieder:

»Meines Wissens glaubten manche Leute, die Jugend, die in Catilinas Haus verkehrte, habe dort ganz sittenlos gelebt. Das Gerücht war nicht mit Sicherheit zu beweisen, aber es hielt sich mehr aus anderen Gründen. Schon in früherer Jugend hatte Catilina viel schändliche Unzucht getrieben, so mit einem Mädchen aus adligem Hause, mit einer Priesterin der Vesta und sonst mancherlei, das gegen menschliches Recht und göttliches Gebot verstieß...«[139]

Sallust mußte es wissen, denn er selbst verbrachte seine burschenherrlichen Jahre im Milieu der römischen Jeunesse dorée, wandelte sich vom Saulus zum Paulus und schrieb dann päpstlicher als der Papst.

Irgendwann in diesen Jahren erreichte Catilina Quaestur und Aedilität, Zeitpunkt und Tätigkeiten dieser Ämter sind unbekannt. Von seiner höheren magistralen Laufbahn wird nur sicher die Praetur für 68 genannt.

8.
Zu den Akten gelegt...

Eine Statthalterschaft und die Folgen

Senat, Senator, Consulat und Consul sind politische Begriffe, die Rom an die Welt weitergab und die, angepaßt an neuzeitliche Verhältnisse, wie eh und je ihren sprachlichen Dienst tun. Anders der »Praetor«.

Name und Amt machten schon in Rom eine sozusagen inflatorische Metamorphose durch und sanken gegen Ende des Reiches zur Bedeutungslosigkeit ab. Einen ähnlichen Weg nahmen in unserer Zeit Titel wie König, Herzog, Anreden wie Majestät, Eminenz, Exzellenz; und nur noch gedankenlos gebrauchte Adjektive wie majestätisch, eminent, exzellent oder das von der Werbung hochstaplerisch mißbrauchte »royal« sind übriggeblieben.

Der Praetor, »prae-itor« – der »Vorausgehende« –, war ursprünglich die Bezeichnung des Heerführers wie später der »Her-zog«. In den Anfangsjahren der Republik hießen die beiden Oberbeamten »Praetor« und wurden erst später in »Consul« umbenannt. Das wird um 450 gewesen sein.

Zur Entlastung der Consuln wurde ab 367 ein »Praetor urbanus« gewählt, der besonders für die Gerichtsbarkeit zuständig war. Er durfte die Stadt nur für zehn Tage verlassen. Für Prozesse mit Nichtrömern setzte man, nun zur Entlastung des Praetor urbanus, den »Praetor peregrinus« ein.

Als nach Besitznahme der großen Inseln die Verwaltungsaufgaben zunahmen, wurden 227 für die Provinzen Sizilien und Sardinien die dritte und vierte, für Spanien 197 die fünfte und sechste Praetorenstelle geschaffen. Während sich nach dieser Verwaltungstradition der Praetor urbanus und peregrinus, besonders während Abwesenheit der Consuln, in Rom die Aufgaben der Verwaltung und Gerichtsbarkeit teilten, wurden die übrigen Praetoren als Statthalter oder für militärische Aufgaben eingesetzt.

Sulla erhöhte die Zahl auf acht und setzte das Mindestalter nach Duchlaufen der unteren Magistrate (Quaestur und Aedilität) auf vierzig Jahre fest.

Die Praetoren besaßen dasselbe Imperium mit theoretisch gleichem

Inhalt wie die Consuln, waren aber minderen Ranges, d.h. im Falle einer Konkurrenz ihrer Amtsgewalt hatte derjenige der Consuln Vorrang; und die Consuln waren berechtigt, den Praetoren Aufträge zu erteilen, wobei dann auch die Verantwortlichkeit bei den Consuln lag. So besitzen die Praetoren auch nur einen begrenzten Amtsbereich – der Praetor urbanus in der Stadt und dem eigentlichen römischen Territorium, die Provinzpraetoren nur in ihrer jeweiligen Provinz –, während das Imperium der Consuln immer für Rom *und* das Reich galt.

Die städtischen Praetoren waren auch nicht befugt, Maßnahmen in den Provinzen anzuordnen, ebenso wie praetorische Provinzstatthalter in Rom oder anderswo keine magistrale Hoheit ausübten. In Krisenzeiten, wie den Punischen Kriegen, konnte diese Ordnung natürlich durchbrochen werden, wenn Not am Mann war. Der tatsächlich geringere Amtsbereich des Praetors zeigt sich auch in den Insignien seines Imperiums: Dem Consul schreiten bei öffentlichem Auftreten zwölf, den praetorischen Statthaltern sechs, den städtischen Praetoren nur zwei Lictoren mit ihren Fasces, Rutenbündeln und Beilen, voraus. Die Äxte symbolisieren die vom Volk übertragene Gewalt über Leben und Tod, die Fasces erinnern an die richterliche Qualifikation, köperliche Züchtigung mit Ruten am Delinquenten durchführen zu lassen. Das Wort »Faschismus« hat hier seinen Ursprung.

Der Provinzpraetor hat als eine Art Vizeconsul in seinem Amtsbereich die uneingeschränkte souveräne Gewalt über alle Landesbewohner, Römer und Italiker, d.h. ihm unterstehen Heerführung, Zivilverwaltung und Rechtsprechung.

Sulla hatte nun verfügt, daß alle acht Praetoren zunächst als Richter oder Vorsitzende von Schwurgerichten in der Stadt blieben und nach diesem innenpolitischen Verwaltungsjahr erst Statthalter in einer Provinz wurden.

Es war eine Gepflogenheit geworden, daß der städtische Praetor die Grundsätze und Formeln seiner Rechtsprechung in einem »edictum praetorium« bei Amtsbeginn öffentlich verkündete. Dabei müssen wir bedenken, daß es – außer der relativ geringen Anzahl unmißverständlicher Grundgesetze (z.B. Zwölftafelgesetz) – kein »Bürgerliches Gesetzbuch« gab, das alle Möglichkeiten der Rechts-Brechung ins Auge faßte. Die römische Rechtsprechung ist eine Sammlung von Präzedenzfällen, auf die sich der Praetor und seine Geschworenen berufen konnten. Erst Justinian[140] ließ den ins uferlose gewachsenen

Komplex durch seine Rechtsgelehrten ordnen und schuf somit die Basis aller europäischen Iurisprudenz, wie wir sie heute kennen und achten.

Wollten wir die Zuständigkeiten des republikanischen Praetors in modernen Vorstellungen wiedergeben, dann umfaßte seine Tätigkeit die Aufgaben eines Innen-, Justiz-, Polizeiministers, des höchsten Gerichtshofes, dazu noch die Qualifikation eines Armeegenerals – und der Möglichkeit, alle Reichsgeschäfte bei Ausfall der Consuln (solange kein Interrex[141] oder Diktator bestimmt wurde) als Vizepremier und interimistisches Staatsoberhaupt zu führen. All dies änderte sich unter Augustus, als die gewaltig angewachsenen Verwaltungsaufgaben des Imperiums zunehmend an Spezialisten delegiert und Spezialpraeturen eingerichtet wurden. Allerdings blieb bis zu Diokletian[142] die Praetur Voraussetzung für die Besetzung hoher Offiziers- und Statthalterstellen. Im späten Kaiserreich bestand die Hauptaufgabe des Praetor urbanus in der Ausrichtung von »Spielen«; und das Amt wurde so sehr zur wirtschaftlichen Last, daß sich nur noch »Fischteichbesitzer«, und diese auch nur aus Prestigegründen, dafür fanden.

Doch zurück ins Jahr 68! Catilina ist also Praetor, ob »urbanus« oder »peregrinus«, ist nicht bekannt; ebensowenig hören wir von außerordentlichen Maßnahmen in dieser oder jener Richtung. Kein Rechtsstreit ist überliefert, bei dem er sich in irgendeiner Weise hervorgetan hätte. Doch will dies wenig besagen: Positive Dinge von einem Mann wie Catilina zu berichten war nicht interessant, wo man genügend mit dem Tradieren seiner Verbrechen zu tun hatte. Außerdem kann es an der äußerst kargen Überlieferung jener Jahre liegen. Ciceros Briefe beginnen mit dem Datum vom November 68. Catilina wird zum erstenmal im Spätsommer 65 erwähnt, als von möglichen Mitbewerbern ums Consulat die Rede ist.

Um die gleiche Zeit, die Wende 65/64, folgt die nagative Charakterzeichnung von Bruder Quintus; doch bei beiden Cicerones findet sich kein Hinweis auf politisch bemerkenswerte Maßnahmen des Sergiers während seiner Praetur. Quintus und Marcus Cicero hätten sich zum Zeitpunkt des hartentbrannten Wahlkampfes die Möglichkeit nicht entgehen lassen, weiteren Schmutz aus der Zeit seiner städtischen Praetur aufzuwühlen. So bleibt nur die Möglichkeit, daß er sich – und darin Caesar ähnlich – während seiner Amtszeit seltsam still verhalten haben muß. Consul waren damals L. Caecilius Metellus und Q. Marcius Rex. Metellus starb nach kurzer Amtszeit, ebenso sein nachgewählter Nachfolger, und Marcius verwaltete das Amt als alleiniger Consul. Sein Verhältnis zu Catilina dürfte »herzlich« gewesen sein, denn noch auf dem Höhepunkt der Verschwörung wendet sich Catilina u. a. an ihn mit der Bitte um Verständnis für seine Aktion. Marcius hatte das Pech, mit einer der drei »femmes fatales« der Epoche verheiratet zu sein, der älteren Schwester des Publius Clodius.

Die drei Clodiae waren Töchter des Appius Claudius Pulcher, Consul 79, eines erzkonservativen Aristokraten, der Sulla tatkräftig und loyal unterstützte und zum engsten Freundeskreis des Diktators gehörte. Die Claudier zählten neben den Aemiliern, Corneliern, Fabiern und Valeriern zu den großen Fürstenhäusern des republikanischen Rom und wirkten bis weit in die Kaiserzeit: Tiberius Claudius Nero war erster Gemahl der Livia, nachmaliger Frau des Augustus, und wurde über seine Söhne Tiberius und Drusus Stammvater des julisch-claudischen Kaiserhauses. Die republikanischen Claudier galten als typische Vertreter eines adelsstolzen und plebejerfeindlichen Junkertums. Zu unserer Zeit der ausgehenden Republik wurde der Zweig der Pulchri (pulcher = schön) sehr aktiv und bedeutsam, nicht zuletzt durch die clevere Heiratspolitik des Appius Claudius Pulcher. Von seinen drei Söhnen wurden besonders der oben genannte berüchtigte Publius Clodius und der ältere Appius Claudius bedeutsam in den permanenten Wirren der Epoche. Da wir ja öfter auf die Bedeutung prosopographischer Zusammenhänge stoßen, hier zum besseren Verständnis des Hintergrundes eine kurze genealogische Betrachtung:

Vater: Appius Claudius Pulcher, Consul 79
Nachkommen:

1. Appius Claudius Pulcher, geboren etwa 97:
   57 Praetor (de repetundis, vgl. oben)
   56 Propraetor (Sardinien)
   54 Consul
   53–51 Proconsul in Cilicia, Vorgänger Ciceros
   50 Censor (stieß Sallust aus dem Senat)
   † 48 (noch vor der Schlacht bei Pharsalos auf Euböa)
   Sein Schwiegersohn ist M. Brutus, der Caesarmörder.
2. Gaius Claudius Pulcher, geboren etwa 96:
   56 Praetor

3. Clodia Tertia, geboren 95, verheiratet mit Q. Marcius Rex. Sie blieb vom Stadtklatsch im Umkreis ihrer beiden Schwestern nicht verschont.
4. Clodia, geboren 94, verheiratet mit Q. Metellus Celer (63 Praetor urbanus, Gegner Catilinas, 60 Consul. Opposition gegen Pompeius und Clodius, gestorben 59).
   Unglückliche Ehe. Durch ihren sittenlosen Lebenswandel war sie die berüchtigste Dame der damaligen Gesellschaft. Der Stadtklatsch wußte von (unwahrscheinlichen) Beziehungen zu Cicero, der sie später mit glühendem Haß charakterisierte. Berühmt wurde sie als Geliebte des Dichters Catull (61–58), der sie als seine »Lesbia« besang. Man nannte sie »quadrantaria« (Groschenhure).
5. Publius Clodius Pulcher, geboren 92:
   Er änderte seinen Gentilnamen (Geschlechtsnamen) Claudius erst 59 aus politischen Gründen in die plebejische Form Clodius. Von seinen Quertreibereien war schon die Rede. Schon als junger Mann zeigte er während seines Kriegsdienstes im Osten (68–67 als Legat) unter seinem Schwager Lucullus seine Neigung zum Aufruhr. Legte sich, wie wir sahen, auch mit Catilina an und wird ihn demnächst verklagen. Von weiteren ruhelosen Aktivitäten wird später noch zu berichten sein.
6. Clodia, geboren 91:
   Die dritte Tochter des Appius Claudius war mit Lucius Lucullus verheiratet, der sich von ihr 66 wegen erwiesener Untreue trennte und 61 in einem Prozeß ihre Blutschande mit Bruder Publius bezeugte.

Ronald Syme charakterisiert das aufsehenerregende Treiben der drei Grazien so:

»Abwesende Ehemänner, Hochmut der Geburt oder die Vorliebe für Luxus und Umwerbung waren die Ursache für das skandalöse Betragen der Clodiae; doch schätzten sie Witz und Talent keineswegs gering. Hier lag die Gelegenheit für einen »municipalis« (= aus der Provinz zugewanderter Bürger, d. Verf.) wie Valerius Catullus, der aus Verona in der Transpadana kam, aus einer guten ortsansässigen Familie... In der »nobilitas« (Adel) waren Heirat, Scheidung und Ehebruch meist auch Anlaß für politische Folgen... Zwar ausgeschlossen vom öffentlichen Leben, doch im Genuß des Sozialprestiges der Familie oder der Ehemänner, konnte man die Töchter der »nobilitas« nicht um ihre tatsächliche und geheime Macht bringen, welche aus ihrem Einfluß kam. Sie zählten mehr als der durchschnittliche Senator, sie bewirkten nicht weniger, als ein gewesener Consul durch die stille Übung seiner »auctoritas« in der Abgeschiedenheit unter seinesgleichen erreichte – so deuten sie wahrlich auf die fürchterlichen Prinzessinen aus den Kaiserfamilien der Julier und Claudier voraus...«[143]

Catull freilich sieht seine Clodia anders und setzt sie auf den ewigen Thron der Poesie:

»Vivamus, mea Lesbia, atque amemus...
Laß uns, Lesbia, leben, laß uns lieben
und für alles Gezeter strenger Greise
laß uns nicht einen einzigen Heller geben!
Sonnen sinken und können wiederkehren:
Doch wenn unseres Lebens kurzes Licht losch,
deckt die ewige, eine Nacht uns Schläfer.
Gib mir tausend und aber tausend Küsse,
dann noch tausend und nochmals hundert Küsse...«[144]

»Passer, deliciae meae puellae...
Sperling, du meines Mädchens kleiner Liebling,
wie gern spielt sie mit dir, birgt dich am Busen,
reicht dir, wenn du dich nahst, die Fingerspitzen
und reizt neckend zu scharfem Biß dein Schnäblein,
wenn's der strahlenden, heißersehnten Liebsten
mein beliebt, einen Scherz zu treiben
und ein Tröstlein im Kummer sich zu suchen:
Dann wird wahrlich die heiße Glut sich legen!
Könnt auch ich, wie die Herrin, mit dir spielen
und den traurigen Harm des Herzens lindern.«[145]

Catull wird es erspart bleiben, den Zusammenbruch der Republik zu erleben. Menschlich hingezogen fühlt er sich zu keinem der Mächtigen. Er sucht den Abstand der Ironie, und bisweilen schlägt anklagende Bitterkeit durch:

»Doch seitdem die Erde befleckt mit unsagbarem Frevel
und habsüchtiger Sinne alles Recht aus dem Herzen vertrieb,
seitdem Brüder im Blute der Brüder gebadet die Hände,
und die Kinder zu trauern verlernt am Grabe der Eltern,
und der Erzeuger den Tod des erwachsenen Sohnes herbeiwünscht,
um in Ruhe die Blüte der Schwiegertochter zu pflücken,
unter den ahnungslosen Sohn sich die ruchlose Mutter
legt und sich ruchlos nicht scheut, zu beflecken die Manen der Vorfahrn:
Seit so Unrecht und Recht in verderblichem Wahne gemischt sind,
wandten sich ab von uns die Gerechtigkeit liebenden Götter.
Nie mehr würdigen
solch eine Menschheit sie des Erscheinens,
noch auch dulden sie es, daß ein sterbliches Auge sie erreiche.«[146]

»Neoteriker«, die »Neutöner«, die »Modernen« nannte Cicero die Gruppe der Dichter, zu der auch Catull gehörte. Zu diesem Kreis zählen neben Catull Caecilius, Cornificius, Helvius, Cinna und andere, von deren Werk außer den Namen nur Fragmente und Inhaltsangaben erhalten sind. Nur Catulls »carmina« (Lieder) sind auf uns gekommen.

Die Bedeutung der Neoteriker für die römische Dichtung liegt darin, daß Literatur zum erstenmal als solche ernstgenommen wird. Seit Sappho[147] findet sich in der Lyrik zum erstenmal wieder bei Catull der unbedingte Anspruch einer starken Leidenschaft auf den ganzen Menschen. Mit ihren hohen Anforderungen an Sprache und Metrum sind die Neoteriker Wegbereiter der augusteischen Dichtung geworden, auch wenn Horaz später über ihre Manierismen spottet.

Karl Büchner, größter Kenner und Exeget der spätrepublikanischen und augusteischen Literatur, schreibt über Catull:

»Das Wagnis, immer aufs neue solche seelische Bewegung zu erproben, Neues zu entdecken im Bereich des Herzens mit seinem Haß und seiner Liebe, das ist dort die Hauptsache. Das Empfundene wird geradeheraus gesagt, nicht gedämpft, beherrscht, ja die Aussage kann sich bis zum hilflosen Aufschrei steigern. Auf der anderen Seite vermag sich Catull in höchster Bewußtheit in seinem Leiden selbst zu sehen, dem Verfallensein zuzuschauen, von einem sich selbst behauptenden Ich aus die eigene Hilflosigkeit zu erkennen oder ihr zu Leibe zu gehen.«[148]

Inwieweit Catilina diesen Kreis tangierte, wissen wir nicht. Da er aber oft in den Salons sich emanzipiert gebender Damen weilte, wird er wohl öfter an den ästhetisierenden Diskussionen über die »Modernen« teilgenommen haben. Und wie sein väterlicher Freund Catulus wird er wohl, der Mode der Zeit entsprechend, sich in Distichen, Elegien und Epigrammen versucht haben. Und vielleicht bewahrte die Vestalin Fabia bis an ihr Ende einige seiner frühen Gedichte in ihrem Herzen, als Catilina beides – Verse und Adressatin – längst vergessen hatte.

Publius Clodius, Bruder der drei Grazien, in vielem Catilina so verwandt, empfand seltsamerweise keine Sympathien für den Sergier; schon fünf Jahre zuvor hatte er, wie wir sahen, böse Gerüchte ausgestreut. Es dürfte kaum am Altersunterschied gelegen haben – Catilina war vierzehn Jahre älter –, als vielmehr an der Konkurrenz der Familien. Die Claudier gehörten zu den wohlhabenden, wirtschaftlich wie politisch potenten Geschlechtern; die Sergier lebten aus dem Anspruch des älteren Namens bei ärmlichen Gegebenheiten der gegenwärtigen Reputation. Clodius gefällt sich als permanenter Unruhestifter, der materielle Anreiz der Macht lockt ihn nicht, er hat ja alles, was Catilina entbehrt! Weder Clodius noch seine beiden erfolgreichen Brüder Appius und Gaius wären je auf den Gedanken gekommen, das System mit einem revolutionären Schlag zu sprengen: Es bot ihnen, so wie es war, alles, was sie zur Gestaltung ihres aristokratischen Lebens brauchten. Des Clodius' späteres Spiel mit dem Feuer hatte andere Gründe und Ziele als Catilinas Aktionen.

Catilina als Praetor urbanus, der Recht spricht – eine kaum vorstellbare Tätigkeit? Aber, was soll's – auch ein Robespierre war zunächst einmal Anwalt in Arras, ehe er mit einunddreißig Mitglied des Jakobinerclubs und Führer der »Bergpartei« im Nationalkonvent wurde und Köpfe rollen ließ.

Die Quellen schweigen über die subalternen Fälle, mit denen Hinz und Kunz – alias Gaius und Marcus – damals wie heute die Gerichte beschäftigen; ein politischer Prozeß unter Catilinas Vorsitz ist nicht überliefert. Wenden wir uns darum seiner Propraetur in Afrika zu.

Zwar sind auch hier keine Einzelheiten seiner statthalterlichen Praxis bekanntgeworden, doch nun verfügen wir über analoges Material aus der Akte »Verres«. Denn, um es gleich zu sagen, Catilina wurde vor Ablauf seiner Amtszeit, wie vor ihm Verres, in Rom von Einwohnern seiner Provinz schwerwiegend belastet.

Wie so viele hoffte er, als König auf Zeit zwischen 67 und 66 seine schon wieder arg zerrütteten Vermögensverhältnisse gründlich wiederherzustellen, um nun endlich den Claudiern, Valeriern, Corneliern und wie sie alle heißen Paroli bieten zu können. Er muß bedenkenlos in die eigene Tasche gewirtschaftet haben, so daß schon Anfang 66 Gesandte der Provinz auf das heftigste beim Senat vorstellig wurden und mit ihren Beschwerden großen Eindruck machten.

Es war ihr Glück und Catilinas Pech, daß damals ein Mann das Consulat bekleidete, dem Cato des Älteren Maximen und das »mos maiorum« noch etwas bedeuteten: Lucius Volcatius Tullus. Ein Römer von altem Schrot und Korn; ein Mann, der keine Schlagzeilen machte; einer jener so unscheinbaren Staatsdiener, die an wichtigen Schaltstellen im stillen ihre Pflicht tun und im entscheidenden Augenblick hart bleiben können. Volcatius hörte sich die Klagen der afrikanischen Gesandten an, war entrüstet, versprach, den Dingen nachzugehen und tat es: Noch vor den Wahlen für 65 berief er ein »consilium« der Senatshäupter ein – wir würden da von »Ältestenrat« sprechen – und trug die Beschwerden der Afrikaner samt seinen eigenen Bedenken vor. In diesem Zusammenhang ist wichtig, auf Volcatius' Freundschaft mit Cicero hinzuweisen, der sich ganz energisch für eine Reform der Provinzpraktiken all dieser verkommenen Edelmänner einsetzte.

Was man Catilina im einzelnen vorzuwerfen hatte, wissen wir nicht; doch uns liegen beide großen Reden Ciceros gegen den aus gleichen Gründen angeklagten Gaius Verres vor, ein einzigartiges Dokument der Pervertierung römischer Verwaltungspraxis in diesen Jahrzehnten, zum andern ein Lichtblick, denn es bleibt festzuhalten, daß den geschundenen Provinzbewohnern im äußersten Falle der Rechtsweg offenstand.

Verres verwaltete 73–71 als Propraetor Sizilien, die älteste Provinz Roms. Da zur gleichen Zeit des Spartacus Sklavenscharen Italien an den Rand des Abgrundes brachten, spekulierte er darauf, klammheimlich die Insel ausplündern zu können, weil das Auge der Zentrale auf bedrohlichere Dinge gerichtet war. Doch seine Erpressungen,

Plünderungen und Rechtsbeugungen kamen 70 an den Tag, als Gesandte fast sämtlicher sizilischen Gemeinden in Rom erschienen waren und Cicero, der fünf Jahre zuvor Quaestor der Insel war, baten, er möge sie in dem angestrebten Prozeß gegen Verres vertreten.

Cicero übernahm den Auftrag, obwohl ihm die Rolle des Anklägers nicht zusagte; doch erkannte er, daß ihm diese skandalöse Affäre eine vorzügliche Gelegenheit bot, sein Talent zu entfalten und sich als »homo novus« vor Senat und Öffentlichkeit zu profilieren.

Er reiste sogleich nach Sizilien, sammelte in fünfzig Tagen erdrükkendes Material und kehrte rechtzeitig zum Prozeßbeginn zurück.

Cicero hielt seine erste Verres-Rede am Nachmittag des 5. August 70. Der Angeklagte wurde von Quintus Hortensius (114–50) vertreten, den Cicero als den größten Rhetor und Anwalt vor und neben sich schätzte. Den Vorsitz des Gerichtshofes führte der für Erpressungssachen (crimen repetundiarum) zuständige Praetor A. Acilius Glabrio (Consul 67), ein redlicher, aber energieloser Mann. Der Gerichtshof mag aus zwanzig Mitgliedern bestanden haben. Ciceros ungewöhnliche Maßnahme, sogleich Zeugen und Dokumente in den Mittelpunkt des Verfahrens zu rücken, überzeugte das Gericht in kurzer Zeit von der Berechtigung der Anklage und verhalf dem Fall des Verres in der Öffentlichkeit zu größtem Ansehen.

Die Verteidigung wurde völlig überrumpelt, der Angeklagte blieb vom dritten Tag an der Verhandlung fern. Verres zog die Konsequenzen und begab sich ins freiwillige Exil nach Massilia (Marseille), um den Rest seines Lebens in ungestörter Muße inmitten seines verbliebenen Reichtums zu verbringen. Doch die Hunde der Geschichte holten ihn ein: 43 wurde er von Marc Anton auf die Proskriptionsliste gesetzt[149] und von einem Häscherkommando in den Hades geschickt. Interessant der Grund, der damals hinter der Hand weitergereicht wurde: Die prachtvolle Keramiksammlung, die Verres aus Sizilien »gerettet« hatte, habe Marc Anton gereizt.

Es würde zu weit führen, wollten wir die komplizierten innenpolitischen Relationen des Verfahrens nachzeichnen, auf die Cicero im Verlauf seines Plädoyers eingeht. Uns interessieren hier mehr die Vorwürfe, die die Ausplünderung der Provinz betreffen. Verres und Catilina werden in den Quellen als Busenfreunde genannt, und das sagt alles.

Im Jahre 70 bekommt Verres solches zu hören – und es klingt beinahe wie die Argumentation einer frühen Bürgerinitiative durch ihren Sprecher Cicero:

»Von allen seinen Lastern hat er die meisten und größten Denkmäler und Wahrzeichen in der Provinz Sizilien errichtet, die er drei Jahre lang so schlimm heimsuchte und verwüstete, daß sie den alten Zustand überhaupt nicht mehr zu erreichen vermag, ja daß es scheint, sie werde sich in vielen Jahren und unter redlichen Statthaltern kaum einmal wieder einigermaßen erholen.

Unter diesem Praetor konnten die Sizilier weder ihre eigenen Gesetze noch unsere Senatsbeschlüsse, noch die allgemeinen Rechtsgrundsätze geltend machen: In Sizilien hat ein jeder nur das, was dem habgierigsten und begehrlichsten aller Menschen versehentlich entging oder aus Überfluß zuviel wurde. Keine (gerichtliche) Sache hat man drei Jahre lang anders entschieden als nach seinem Gutdünken... Unzählige Geldbeträge hat er aus den Gütern der zehntpflichtigen Landwirte durch ein neues, schändliches Verfahren erpreßt, die treuesten Bundesgenossen wie Staatsfeinde behandelt, römische Bürger gleich Sklaven gefoltert und getötet, noch so Schuldige für Geld der Gerichtsbarkeit entzogen, die ehrenhaftesten und untadeligsten Männer in Abwesenheit angeklagt und ohne rechtliches Gehör verurteilt und verbannt, die sichersten Häfen, die größten und festesten Städte Seeräubern und Wegelagerern geöffnet...

Eben dieser Praetor hat noch so alte Kunstdenkmäler – sie stammen teils von den reichsten Königen her (so von den Herrschern von Syrakus: Dionys I. und II.), die ihre Städte damit schmücken wollten, teils auch von unseren siegreichen Feldherren (der Punischen Kriege), die sie den sizilischen Gemeinden stifteten oder zurückgaben – samt und sonders geplündert und ausgeleert... Und das tat er nicht nur mit öffentlichen Bildwerken und Schmuckstücken, er raubte auch sämtliche durch die heiligsten Riten geweihten Tempel aus; schließlich ließ er den Siziliern kein einziges Götterbild übrig, das ihm auch nur einige Meisterschaft verriet oder mit altbewährter Kunstfertigkeit gearbeitet zu sein schien.

Seine schändlichen Gelüste und Ausschweifungen aufzuzählen, hindert mich mein Schamgefühl... Ich glaube, es gibt keinen Menschen, der den Namen des Verres vernommen hat und nicht von seinen Schandtaten reden könnte; ich muß daher eher befürchten, daß man annimmt, ich wolle viele Verbrechen übergehen, als daß ich etwas gegen ihn erfände...

...Die Anklage in diesem ersten Verfahren lautet folgendermaßen; wir behaupten: C. Verres hat nicht nur viele willkürliche, viele grausame Handlungen gegen römische Bürger und gegen Bundesgenossen sowie viele Verbrechen gegen Götter und Menschen verübt – er hat überdies 40 Millionen Sesterzen (32 Millionen Goldmark) widerrechtlich aus Sizilien erpreßt! Das werden wir durch Zeugen, durch private Aufzeichnungen und öffentliche Urkunden (sizilischer Behörden) so zwingend beweisen, daß ihr (Richter) feststellen müßt: Es hätte selbst dann, wenn wir zur Genüge über Redezeit und freie (Verhandlungs-) Tage geboten hätten, keines ausführlichen Vortrags bedurft. Ich habe gesprochen.«[150]

In der zweiten Rede, von Cicero zu einer gigantischen Anklage von einigen hundert Seiten ausgebaut, werden nun Schritt für Schritt die Einzelheiten geschildert, immer belegt durch Zeugen und Dokumente. Es führte zu weit, wollten wir auch nur einen Bruchteil aus den Vorwürfen der Anklage darstellen; ein Zitat stehe hier für viele:

»Die Gemeinde Messana (Messina) war früher nicht schlimm (d.h. was ihre Moral angeht). ... Diese Stadt nun war für unseren sizilischen Räuber und Piraten (Verres) ein zweites Phaselis (und wie diese Stadt in Pamphylien für die kilikischen Seeräuber ein Zufluchtsort). Dorthin wurde alles von überallher angefahren, bei ihnen gelagert; was es zu verbergen galt, das bewahrten sie in unauffindbaren Verstecken. Durch sie ließ Verres, was er wollte, insgeheim verladen und in der Stille wegschaffen. Endlich beauftragte er sie, ein riesiges Schiff, das er mit seinem Diebesgut beladen nach Italien schicken wollte, zu bauen und einzurichten. Für diese Bemühungen befreite er sie vom Aufwand, von Hand- und Kriegsdiensten (denn Quartier, Beförderung, Lebensmittel hätten sie sonst dem Statthalter geschuldet, sooft er in Messana Station machte), ja schlechtweg von allem. Drei Jahre lang waren sie als einzige nicht nur in Sizilien, sondern, wie ich glaube, auf der ganzen Welt los und ledig, ungebunden und frei von jedem Aufwand, von jeder Last und Abgabe...«

Dazwischen eingestreut immer wieder zusammenfassende Anklagen:

»Ich behaupte: In ganz Sizilien, einer so reichen, so alten Provinz, in so vielen Städten, so vielen Häusern, die so vermögend waren, gab es kein silbernes, kein korinthisches oder delisches Gefäß (= begehrte Luxusartikel aus legierter Bronze), keinen Edelstein, keine Perle, keine Arbeit aus Gold oder Elfenbein, keine Statue von Erz, Marmor, Elfenbein, kein Gemälde, weder auf Holz noch auf Leinwand, das er nicht aufgestöbert und besichtigt und, wenn es ihm gefiel, weggenommen hätte...

...Du hast dasselbe getan, was Räuber zu tun pflegen... Wo hat es je in einer Provinz einen solchen Kehrbesen (everriculum: ein unübersetzbares Wortspiel mit dem Namen »Verres«) gegeben, ihr Richter?...

...In Catina steht ein Tempel der Ceres, von gleicher Heiligkeit wie der in Rom. Im Innersten dieses Tempels befand sich ein uraltes Bildnis der Ceres. Die Männer (seines »Sammelkommandos«) wußten nicht, wie es aussah, denn kein Mann darf das Heiligtum betreten. Dieses Bildnis haben die Sklaven des Verres nachts insgeheim aus der hochheiligen und uralten Stätte entwendet. Am Tage darauf berichten die Cerespriesterinnen und die Vorsteherinnen des Tempels, ältere bewährte und vornehme Frauen, ihren Behörden den Vorfall. Jedermann empfand die Sache als bitter, als empörend und tief bedrückend. Da gibt Verres, von dem bösen Aufsehen der Geschichte betroffen und um den Verdacht des Frevels von sich abzulenken, einem seiner Gastfreunde die Weisung, jemanden ausfindig zu machen, den er der Tat bezichtigen könne...«

»... Wie viele (römische Bürger) er mit Ruten peitschen ließ – wozu soll ich mich damit befassen...«[151]

Es mag genügen. – Der Prozeß gegen Verres lag erst vier Jahre zurück. Seine Wirkung war ungeheuerlich, glich auf lange Sicht einem reinigenden Gewitter; Ciceros Ruf als eines furchtlosen Verteidigers von Recht, Ordnung und Anstand in den Provinzen hing ihm von nun an bei Volk und Optimaten an. Und man hielt ihn, den »homo novus«, für würdig, 69 die Aedilität zu bekleiden, womit seine Laufbahn zu den höchsten Staatsämtern frei war. In weiteren Prozessen festigte er seine Stellung und galt als erster Redner und Anwalt Roms. 66 erkletterte er die vorletzte Stufe des cursus honorum und verwaltete die Praetur.

Mitte des Jahres war nun Catilina nach Rom zurückgekehrt, um sich für 65 um das Consulat zu bewerben. Doch das vom Consul L. Volcatius Tullus einberufene consilium entschied nach Kenntnisnahme der afrikanischen Klagen, daß er in Erwartung des mit Sicherheit fälligen Repetundenprozesses als Kandidat nicht zugelassen wurde.

Diese Entscheidung bildet die Zäsur in Catilinas Leben und Karriere: »Mit dieser Abweisung (stellt Gelzer fest) wurde der Kampf um das Consulat zum Inhalt seines ferneren Lebens. Der zunächst rein persönliche Kampf steigerte sich allmählich infolge der damaligen zugespitzten politischen Krisenlage zu größerer historischer Bedeutung.«[152]

9.
An den Grenzen der Legalität

Catilina manövriert sich selbst ins Abseits

Werfen wir einen Blick auf die politische Großwetterlage. Sie ist, was die Ereignisse fern von Rom betrifft, in wenigen Worten beschrieben:

70 Pompeius und Crassus Consuln. Sturz der sullanischen Verfassung. Wiederherstellung des Volkstribunats.

69 Erfolge des Lucullus gegen Mithridates und Neuordnung der Provinz Asia. Widerstände der Ritterschaft.

67 Übertragung außerordentlicher Befehlsgewalt auf Pompeius zur Bekämpfung der Seeräuber mit bisher nie dagewesener Machtfülle:
- Absolutes Oberkommando zur See;
- Unbeschränkte Gewalt über die betroffenen Provinzen, 400 Stadien (72 Kilometer) landeinwärts;
- 15 Legaten (Unterfeldherren) senatorischen Ranges als Gehilfen;
- Bereitstellung unbegrenzter Geldmittel (»soviel, als ihm beliebt«);
- Eine Flotte von 500 Schiffen;
- Anwerbung und Anzahl der Soldaten nach eigenem Gutdünken.

Pompeius säubert in wenigen Wochen das gesamte Mittelmeer von Piraten und siedelt die Gefangenen an.

66 Pompeius löst Lucullus als Oberbefehlshaber im Osten ab. Lex Manilia: Pompeius werden alle Ostarmeen unterstellt, dazu absolute Exekutivgewalt über die Provinzen Kilikien, Bithynien. Oberkommando zu Lande und zur See gegen Mithridates.

Cicero, nun Praetor, rennt offene Türen ein mit seiner markigen Rede »Für den Oberbefehl des Pompeius« und macht sich lieb Kind bei dem von Erfolg zu Erfolg schreitenden Reichsfeldherrn.

Pompeius bleibt drei Jahre im Osten und teilt dieses Gebiet endgültig nach der Niederwerfung des Mithridates auf.

Nun zu Rom selbst! Während Pompeius als starker Mann, wie einst Sulla, vollauf im Osten beschäftigt ist, wursteln die bekannten Gruppen im Zentrum an ihren kleinlichen Interessen, wenn es auch so aussieht, als ob die Optimaten eine Renaissance ihres alten Einflusses erfahren. Aber es scheint nur so.

Crassus ist wieder rege, pausenlos aktiv; er will sich, während der Abwesenheit des Pompeius, die Stellung ergattern, von der er meint, daß sie ihm zukommt. In Caesar glaubt er einen gewandten und willfährigen Adjutanten gefunden zu haben. Und Caesar läßt ihn auf lange in diesem Glauben, denn Crassus, fünfzehn Jahre älter, deckt seine immensen Schulden.

Als erstes basteln beide daran, die Basis für eine materielle und politische Hausmacht zu begründen. Wir – und Caesar – erinnern uns an das Consulargesetz des Pompeius Strabo (89), worin den Transpadanern das latinische Recht zugestanden wurde. Als Caesar 68 vorzeitig aus seiner Quaestur im Jenseitigen Spanien zurückkehrte, machte er den keltischen Stämmen der Poebene Hoffnung auf das volle römische Bürgerrecht. Das gefiel dem Senat nun gar nicht, Crassus um so besser. Insgeheim fassen sie den Plan, diese Maßnahme während der bevorstehenden Censur des Crassus (65) durchzuführen. Doch als es soweit ist, legt sich Lutatius Catulus, nun Crassus' Kollege als Censor, quer und verhindert die Maßnahme durch sein Veto.

Ein zweiter Versuch, wieder von Caesar und Crassus ausgebrütet, ist noch kecker: 65 ist der ägyptische König Ptolemaios XIII. Auletes (der Flötenspieler) vertrieben worden. Ein Gerücht behauptet, der ermordete Vorgänger habe das Land dem römischen Volk vererbt. Caesar, Aedil, will sich über befreundete Volkstribunen eine außerordentliche Statthalterschaft übertragen lassen. Optimaten vereiteln den Schachzug, Cicero hält eine entsprechende Rede vor dem Senat. Er braucht optimatischen Rückenwind, um weiterzukommen.

Das Gespann Crassus–Caesar gibt nicht auf: Als es wieder einmal um die Lösung der permanent schwelenden Agrarfrage geht, wittern sie eine neue Chance: Ende 64 schieben sie den neugewählten Volkstribun Servilius Rullus in den politischen Ring; er beantragt: Verminderung des städtischen Proletariats durch Ansiedlung auf Staatsland in Campanien und Beaufsichtigung der Maßnahme durch zehn Kommissare über fünf Jahre; sie sollen mit praetorischem Rang ausgestattet sein. Klammheimlich soll die Einziehung Ägyptens damit gekoppelt werden. Wieder ist es Cicero, der die Gefahren wittert – es wäre zweifellos zum Bürgerkrieg gekommen – und bringt den Antrag ohne große Mühe zu Fall.

Alle drei mit List, viel Kleinarbeit und Crassus' Geld vorbereiteten Initiativen entpuppen sich als ein Schlag ins Wasser.

»Hinter Crassus und Caesar (so Eduard Meyer) stand eben keine wirkliche Macht; die Menge empfand instinktiv, daß ihre Pläne gegen Pompeius gerichtet waren und blieb daher lau, und so konnten sie die Optimaten und den Senat wohl ärgern und die Hauptstadt in fortwährender Unruhe halten, aber politisch nichts erreichen.«[153]

So unterscheidet sich das, was der spätere große Staatsmann und Politiker Caesar zwischen 70 und 63 bietet, in nichts von der rastlosen Erfolglosigkeit des Crassus, noch weniger von den hektischen Aktivitäten Catilinas, der immerhin die Praetur erreicht hatte. Wäre Caesar damals aus irgendwelchen Launen des Schicksals in den Hades gewandert: Kein Mensch hätte es für nötig befunden, seinen Namen in den Annalen der Geschichte zu verzeichnen.

Doch damit haben wir zwei Jahre vorgegriffen. Es ist nun zu berichten von dem, was man später die sogenannte »Erste Catilinarische Verschwörung« genannt hat; und hier treffen wir nun alle Genannten in einer seltsamen Interessengemeinschaft, deren Ziele und Machenschaften bis zum heutigen Tage nicht letztlich in ihren Zusammenhängen geklärt werden konnten.

In einem Rückblick seiner Monographie schiebt Sallust im 18. Kapitel der »Verschwörung des Catilina« diesen Exkurs ein:

»Schon früher einmal hatten sich ein paar Leute in gleicher Weise gegen den Staat verschworen, und auch zu denen gehörte Catilina. Ich will so wahrheitsgetreu wie möglich davon berichten. Im Jahre 66, unter dem Consulat von Lucius (Volcatius) Tullus und Manius Lepidus, waren die fürs nächste Jahr bestimmten Consuln, Publius Autronius und Publius Sulla, wegen Bestechung der Wähler gerichtlich belangt und bestraft worden. (Sie konnten ihr Amt nicht antreten, d. Verf.) Kurz darauf wurde Catilina durch eine Anklage wegen Erpressung (in Afrika) daran gehindert, sich um das Consulat (für 65) zu bewerben; denn er konnte sich innerhalb der gesetzlichen Frist nicht mehr melden. Zur selben Zeit lebte Gnaeus Piso, ein junger Adeliger ohne Vermögen, ein rechter Draufgänger und leidenschaftlicher Parteimann, den seine Mittellosigkeit und sein schlechter Charakter reizten, einen Staatsstreich zu riskieren. Mit ihm verabredeten sich Catilina und Autronius etwa um den 5. Dezember (66) und faßten den Plan, am 1. Januar (65) auf dem Capitol die Consuln Lucius Cotta und Lucius Torquatus (bei ihrer Amtseinführung) zu ermorden, selbst die Macht an sich zu reißen und Piso mit einem Heer zur Besetzung der beiden spanischen Provinzen abzuschicken. Doch ihr Plan wurde bekannt, und so hatten sie den Mordanschlag wieder auf den 5. Februar verschoben; jetzt aber gedachten sie nicht nur die beiden Consuln, sondern auch die meisten Senatoren umzubringen. Und hätte nicht Catilina seinen Genossen vor dem Rathaus (curia) zu früh das Zeichen (zum Losschlagen) gegeben, so wäre an diesem Tage das schändlichste Verbrechen seit Roms Gründung verübt worden. Nur weil nicht genug Bewaffnete sich eingefunden hatten, ging der Anschlag fehl.

Später wurde Piso als Quaestor mit den Befugnissen eines Statthalters ins Diesseitige Spanien geschickt; Crassus hatte dies veranlaßt, der ihn ja als erbitterten Gegner des Gnaeus Pompeius kannte. Doch auch der Senat hatte ihm die Provinz nicht ungern übertragen, denn er wollte den unheimlichen Menschen aus der Stadt entfernen: Auch sahen viele Optimaten in ihm eine Rettung von Pompeius, und schon damals war des Pompeius Macht gefürchtet. Aber dieser Piso wurde in der Provinz von spanischen Reitern, die im Heer unter seinem Kommando standen , auf einer Reise erschlagen. Manche behaupten, sein ungerechtes, herrisches, grausames Regiment hätten die Barbaren nicht ertragen können; andere wieder sind der Meinung, jene Reiter seien alte und getreue Schützlinge des Pompeius (aus dessen spanischer Zeit) gewesen und hätten Piso mit dessen Einverständnis überfallen: Nie hätten Spanier sonst ein solches Verbrechen verübt, sondern schon oftmals früher sich eine allzu strenge Amtsführung gefallen lassen. Über die erste Verschwörung mag dies genügen.«[154]

Diese Stelle hat viele Rätsel aufgegeben. Was ist damals tatsächlich geschehen?

Über die Ausgangssituation ist man sich einig: Erfolglose Gruppen entdecken irgendwann, daß ein taktisches Bündnis schneller zum Erfolg führt. Die kleine populare Clique um Caesar feierte ihn schon überschwenglich als tapferen Parteimann und Vorkämpfer des Marius. Plutarch spielt, stark vereinfachend, darauf an:

»In Rom befanden sich damals zwei Parteien, die des Sulla, die alle

Gewalt in Händen hatte, und die des Marius, die ganz niedergebeugt und daher in sehr bedrängten Umständen war. Um die letztere etwas zu heben und wiederaufzurichten, ließ Caesar jetzt, da seine während des Aedilenamtes (65) bewiesene Freigebigkeit noch in frischer Erinnerung war, insgeheim einige Bildsäulen des Marius mit Siegesgöttinnen und Trophäen verfertigen, die er bei Nacht im Capitol aufstellte. Am folgenden Morgen geriet man beim Anblick dieser von Gold schimmernden und mit ungemeiner Kunst gearbeiteten Bilder, deren Aufschriften die cimbrischen Siege (des Marius) erwähnten, in großes Erstaunen; denn der Urheber war nicht schwer zu erraten. Das Gerücht davon lief schnell durch die ganze Stadt und lockte jedermann herbei, um die Bilder zu sehen.«[155]

Nun kann man freilich mit Eduard Meyer dazu sagen: »... hatte es wenig zu bedeuten, wenn Caesar und Crassus nebst ihren Genossen in Personalfragen eine Anzahl von Erfolgen errangen, wenn z. B. Caesar durch den Glanz seiner aedilizischen Spiele 65 die Menge fesselte, wenn er Marius' Trophäen wiederherstellte und im nächsten Jahr als Vorsitzender des Mordgerichts eine Anzahl Schergen des Sulla verurteilen ließ – der ärgste von ihnen, Catilina, mit dem Caesar in geheimer Verbindung stand, wurde dagegen freigesprochen ...«[156]

Diese Deutung ist denn doch aus unserer Sicht zu einfach, wenn man Plutarchs Text aufmerksam weiterliest:

»Einige schrien, Caesar strebe nach der Tyrannei, da er durch Gesetz und Dekrete längst verscharrte Ehrenzeichen wieder ans Licht bringe; das sei weiter nichts als ein Versuch mit dem vorher gekirrten Volke, ob es von ihm durch seine prachtvollen Feste zahm genug gemacht worden sei, um sich solche Spiele und Neuerungen gefallen zu lassen. (Caesar hatte unter anderem Gladiatoren in goldenen und silbernen Rüstungen auftreten lassen.) Die Marianer hingegen munterten einander auf, erschienen sogleich in außerordentlicher Menge und erfüllten das Capitol mit Jubel und Händeklatschen. Vielen traten, als sie das Gesicht des Marius erblickten, Freudentränen in die Augen, und Caesar wurde gelobt und gepriesen, daß er vor allem andern verdiente, ein Verwandter des Marius zu heißen. Der römische Senat mußte deshalb zusammenkommen; und hier trat Lutatius Catulus, der vornehmste und angesehenste Mann in Rom, öffentlich auf, um Caesar anzuklagen, wobei er sich der denkwürdigen Worte bediente:

›Caesar greift unsere Verfassung nicht mehr mit unterirdischen Minen (= Gänge bei der Belagerung einer Stadt), sondern mit Sturmmaschinen an.‹

Indes wußte sich Caesar dagegen so geschickt zu verteidigen, daß er den Senat selbst zufriedenstellte; dadurch aber wurden seine Anhänger noch dreister und ermahnten ihn, nun vor niemand mehr den Mut sinken zu lassen, weil er durch die Unterstützung des Volkes gewiß noch obsiegen und sich über alle emporschwingen würde.«[157]

Leider ist nicht überliefert, mit welchen Argumenten Caesar vor den Senat trat.

Hier bereitet sich etwas vor, was zu diesem Zeitpunkt nur Cicero und Catulus wittern: Caesars Charisma! Hier ahnt man schon von fern etwas von seinem ungeheuren Einfluß auf die Massen, mit dem er später gestandene, narbenbedeckte Haudegen seiner Armeen zum Weinen bringt: Caesars Charme, seine Neigung zum »Bad in der Menge«, seine fesselnde Anmut im Umgang mit den Bedürftigen bei Plebs *und* Adel; dies alles sind Imponderabilien, die sich freilich nicht auf eine politische Waage legen lassen, die nur auf Geld, Stimmenzahl und Truppenstärke geeicht ist!

Der biedere Crassus verfolgt dies alles mit der Zufriedenheit des erfolgreichen Finanziers und politischen Patenonkels, der seinem vermeintlichen Zögling Caesar und anderen popularen Heißspornen auf die Schultern klopft: »Nun macht mal schön weiter so! Nicht lockerlassen! Wir werden sie schon kleinkriegen!« Wer »sie« eigentlich sind, wüßte er wahrscheinlich nicht eindeutig zu sagen. Ist er doch selbst einer von ihnen.

Dazu bedarf es freilich der Unterstützung durch die zahlreichen ruinierten Existenzen innerhalb der Nobilität und Ritterschaft, die unter dem Druck der Schulden, wenn ihnen der Weg zur Bereicherung über die Ämterlaufbahn versperrt wurde, vor keinem Verbrechen zurückschreckten.

Damit haben wir einen Punkt erreicht, an dem sich die Wege der Betrachtung trennen. Die philologische und historische Diskussion um das folgende Geschehen ist bis heute nicht abgerissen. Grund: Die Quellen sind nicht eindeutig in ihren Aussagen.

Zunächst die Fakten. Sie sind verwirrend; dennoch kommen wir nicht umhin, sie sehr detailliert darzustellen, da wir sonst zu keinem glaubwürdigen Resümee kommen. Wir sollten chronologisch vorgehen:

– Catilina hatte im Sommer 66 auf seine Kandidatur für 65 verzichten müssen.
– Zu Consuln für 65 werden P. Autronius Paetus und P. Cornelius Sulla gewählt, letzter Neffe des Diktators.
– Die Mitbewerber L. Aurelius Cotta und L. Manlius Torquatus überführen in einem Prozeß die gewählten Consuln wegen »Ambitus« (Wahlbestechung, Stimmenkauf). Paetus und Sulla treten zurück. Cotta und Torquatus rücken daraufhin selbst nach als für 65 designierte Consuln.
– In den Quellen geht die Rede von einer »Verschwörung« Ende Dezember 66 gegen die neugewählten Consuln und eine größere Anzahl Senatoren[158]. Als Akteure genannt werden Paetus und Sulla, Catilina, L. Cornelius Cethegus – wir hören noch von ihm – und L. Vargunteius.
– Nach einem angeblichen Fehlschlag am 5. Dezember 66 wurde das Vorhaben auf den 1. Januar 65 (Amtsantritt der Consuln Cotta und Torquatus) verschoben, doch der Plan wurde bekannt und erneut auf den 5. Februar verschoben. Wegen mangelhafter Kommunikation unter den Verschwörern können die konspirativen Anschläge zeitlich nicht koordiniert werden, und das ganze Unternehmen verpufft.
– Sallust und Asconius nennen nun Crassus und Caesar als Drahtzieher im Hintergrund[159]. Sallust beschließt seinen oben zitierten Exkurs auffallend lakonisch: »Wir wollen den Fall auf sich beruhen lassen. Über die erste Verschwörung mag das genügen.«

Uns genügt es nicht. Die entscheidende Frage lautet: Wer hat bei der Planung des Vorhabens die Initiative ergriffen? Aus Sallusts Text geht das nicht klar hervor. Ebenso ungewiß sind die angestrebten Ziele.

Matthias Gelzer deutet es so:

»Nach Sallust und Cicero[160] sollten nach Beseitigung der beiden legitimen Consuln Catilina und Autronius das Consulat von 65 übernehmen; nach Sueton[161] vielmehr Sulla und Autronius.

Die zweite Überlieferung hat die größere Wahrscheinlichkeit für sich, weil es sich dabei nur um die Rehabilitierung von zwei bereits Gewählten handelte. Selbstverständlich verpflichteten sich die beiden, dem Catilina zum Consulat von 64 zu verhelfen. Für die Durchführung des Putsches in Rom wurde aus Gladiatoren und entlaufenen Sklaven eine Truppe zusammengestellt. Um die neue Regierung militärisch zu halten, sollte sich Piso der beiden spanischen Provinzen bemächtigen. Die Meinung war offenbar, man könne aus Sertorianern (d.h. nach dem Muster von Sertorius' Erhebung, d. Verf.) rasch eine starke Armee zusammenbringen.«

»Nun Gelzers Folgerung über die Ziele:

»Diese vorausschauende Maßnahme beweist, daß es bei dem Putschplan auf Größeres als die Wiederherstellung des Consulates abgesehen war, nämlich auf einen völligen politischen Umschwung, welcher der bereits stark erschütterten sullanischen Oligarchie den Todesstoß versetzen, zugleich aber den voraussichtlichen Erben der sullanischen Machtstellung, den im Osten von Sieg zu Sieg schreitenden Imperator Cn. Pompeius Magnus, vor vollendete Tatsachen stellen sollte.«

Und nun die Initiatoren:

»Diese Gedanken waren natürlich nicht den Köpfen eines P. Sulla und P. Autronius entsprungen, sondern hinter ihnen standen M. Licinius Crassus und C. Iulius Caesar.«

Die Belegstelle Suetons lautet:

»Wenige Tage nämlich, ehe er (Caesar) sein Amt als Aedil (65) antrat, geriet er in den Verdacht, daß er sich mit dem gewesenen Consul Marcus Crassus sowie Publius Sulla und Lucius Autronius, die nach ihrer Wahl für das nächste Consulat wegen Wahlumtrieben (de ambitu) verurteilt worden waren, in eine Verschwörung eingelassen habe, infolge deren man zu Beginn des Jahres (65) den Senat bewaffnet angreifen und bestimmte Mitglieder dieses niederhauen wollte, worauf dann *Crassus* sich der *Diktatur* bemächtigen, er (Caesar) selbst von ihm zu seinem Stellvertreter (magister equitum) ernannt, die Verfassung in ihrem Sinn umgestaltet und schließlich Sulla und Autronius das Consulat zurückgegeben werden sollte.«[162]

Dazu Gelzer: »Der Bericht Suetons... verdient vollen Glauben.«

Es ist nun sehr interessant zu verfolgen, zu welch verschiedenen Interpretationen unsere Historiker seit Mommsen gekommen sind, wie man mehr und mehr auf kleinste Wendungen achtet, um mit Akribie, die sich bisweilen zu übergenauer Akkuratesse steigert, das verworrene Gespinst der Überlieferung zu entwirren.

Entgegen unserer bisherigen Erzählweise stellen wir im folgenden die wichtigsten Zitate chronologisch hintereinander, um zu zeigen, wie schwierig es oft in der historischen Forschung ist, zu einem annehmbaren Gesamturteil zu gelangen. Der ungeduldigere Leser mag die folgenden Seiten überschlagen.

Mommsen (1856): »... Was die Hauptsache anbelangt, die Beteiligung von Caesar und Crassus, so kann allerdings das Zeugnis ihrer politischen Gegner nicht als ausreichender Beweis dafür angesehen werden. Aber es paßt doch ihre offenkundige Tätigkeit in dieser Epoche auffallend genau zu der geheimen, die dieser Bericht ihnen beimißt. Daß Crassus, der in diesem Jahr (65) Censor war, als solcher den Versuch machte, die Transpadaner in die Bürgerliste einzuschreiben, war schon ein geradezu revolutionäres Beginnen... Gewisses läßt sich nicht ermitteln; aber die große Wahrscheinlichkeit ist dafür, daß Crassus und Caesar den Plan entworfen hatten, sich während Pompeius' Abwesenheit der Militärdiktatur zu bemächtigen.«[163]

Eduard Meyer (1918): »Wenn Crassus und Caesar das Losschlagen vereitelten und die Verschwörung daher im Sande verlief, so hinderten sie daran gewiß nicht Gewissensbedenken – die lagen ihnen sehr fern –, sondern das Bewußtsein, wie unsicher der Erfolg, wie gering die Aussicht sei, sich gegen Pompeius auf die Dauer behaupten zu können, dem sie alsdann die Masse des friedliebenden Volkes in die Arme trieben; die Aussichten waren zu gering, um ihre Existenz aufs Spiel zu setzen. Auch war Crassus ein gerissener Intrigant, aber nicht der Mann, einen derartigen kühnen Entschluß zu fassen. So spielte er mit dem Feuer... Überdies war die Lage noch keineswegs verzweifelt, und er durfte, wie sich gezeigt hat, immer noch hoffen, einen bequemeren Ausweg zu finden; er konnte zwar die Massen nicht mit sich zur Revolution fortreißen – dazu stand Pompeius' Ansehen viel zu hoch –, wohl aber hatte er gerade auch in den regierenden Kreisen einen starken Anhang, der durch all die materiellen Mittel, über die er verfügte, an ihn gefesselt war oder wenigstens nicht wider den Stachel zu löcken wagte.«[164]

Rostovtzeff (1926): »Die Demokraten (gemeint sind die Popularen, d. Verf.) trafen fieberhafte Vorbereitungen für die Rückkehr des Siegers (Pompeius). Ihr politischer Führer war Gaius Iulius Caesar... Geld für politische Intrigen erhielt Caesar von Crassus... Crassus war im höchsten Maße eifersüchtig auf Pompeius, seinen früheren Verbündeten, und fühlte, daß Pompeius' Ruhm der seine hätte sein können... Die Gewitterwolke von Pompeius' Heer lagerte im Osten. Daher waren die Jahre von Pompeius' Abwesenheit Jahre fieberhafter Anstrengungen seitens der Demokraten, sich so oder so zu Herren der Lage in Rom zu machen... Ein gefügiges Werkzeug fanden sie in L. Sergius Catilina, einem heruntergekommenen Aristokraten von großem Ehrgeiz, der einen nicht geringen Einfluß auf die verarmten Adeligen und auch auf die Hefe der römischen Gesellschaft besaß. Er hatte mit dem Senat Streit gehabt und war bereit, Caesar und seiner (!) Partei zu dienen, wenn sie ihm den Weg zum Consulat bahnten.«[165]

Kornemann (1938): »Zu dem legalen Verfahren, das jetzt wie später stets von Caesar möglichst eingehalten wurde, gesellte sich aber früh auch der Weg der geheimen Abrede, wie sie bei der großen Verarmung der untersten Schichten der Bürgerschaft und dem schnellen Anwachsen der Zahl der verschuldeten Desperados aus der Nobilität diesen letzten Jahren der Republik mit ihrem gleichzeitigen sittlichen Verfall der höheren Kreise das Gepräge gegeben hat. Unter ihnen hat der ehemalige Scherge Sullas, der seit langem übel beleumundete L. Sergius Catilina, schon um 66 seine Ansprüche auf das höchste Staatsamt für 65 durchzusetzen gesucht, wurde aber vom Ältestenrat des Senats... zurückgewiesen... Catilina befand sich schon Ende 66 an der Spitze einer Umstürzlergruppe (!) mit dem Ziel eines Putsches gegen die am 1. Januar antretenden Consuln, hinter dem damals ganz unzweideutig auch Crassus und Caesar standen.«[166]

Josef Vogt (1951): »Angesichts der überragenden Macht des Pompeius bemühten sich Crassus und Caesar in erster Linie, für sich selbst eine entsprechende Führerstellung auf rechtmäßigem oder gewaltsamem Wege zu erringen... An der Spitze der Umsturzbewegung... stand L. Sergius Catilina... Die Verbindung von Begabung und Liederlichkeit in der Person des Catilina verfehlte ihre Wirkung auf die adelige Jugend nicht... Dieser Mann war die gegebene Figur im politischen Spiel des Crassus und Caesar (!)...«[167]

Nun hat es in unserem Jahrhundert nicht an Gegenstimmen gefehlt, die – wie z. B. Syme – durch die Freilegung prosopographischer Relationen zwischen den möglichen Motiven der Akteure und der antiken Bewertung zu skeptischen Schlußfolgerungen gekommen sind. Die Deutungen steigern sich bis zu gelehrten Frontenbildungen. So argumentiert etwa Syme ganz entschieden gegen Eduard Meyer:

»Crassus büßte in diesen Jahren seinen Einfluß nicht ein, und Caesars Stern stieg ständig. Seine curulische Aedilität[168] ist ein Zeichen des Erfolgs – wer dieses Amt bekleidet hatte, gelangte selten nicht zum Consulat. Als »Praetor designatus« (d.h. als für das Amt vorgesehener Praetor) erreichte er gegen Lutatius Catulus das Amt des Pontifex maximus. Und in der späteren Debatte über die Catilinarischen Verschwörer bezog Caesar eine kühne Position. (Wir kommen darauf zurück.) Er hatte sich viele Feinde geschaffen, das war gefährlich – aber es lohnte sich.«[169]

Es würde zu weit führen, wollten wir uns durch das verwirrende Gestrüpp des Für und Wider der Meinungen schlagen, denn wir brauchten dazu ein eigenes Kapitel von hundert Seiten und wären am Ende doch nicht klüger. Der interessierte Leser sei besonders auf Syme und Drexler (s. Literaturverzeichnis) verwiesen, denn hier mag genügen, die Resultate der neueren Forschung in Kernsätzen kennenzulernen.

M. Cary (Cambridge Ancient History): »Die antiken Autoren, die von Crassus' Beteiligung berichten, waren meist seine politischen Gegner, und ihre Darstellung anzunehmen wäre schwierig, selbst wenn sie durch bessere Autorität gestützt wäre. Obwohl Crassus ohne Zweifel bedenkenlos genug war, so fehlte es ihm doch gewiß nicht an politischem Fingerspitzengefühl; und man täte ihm unrecht, wollte man annehmen, er hätte seinen eigenen Plan zu Fall bringen wollen. Durch offenen Mord an die Macht zu kommen, hätte bedeutet, Pompeius in die Hände zu spielen. Sein Anteil bestand allein darin, die Schuldigen, die sich bloßgestellt hatten, zu schützen, um sie dann für seine eigenen Zwecke gebrauchen zu können.«[170]

Hartvig Frisch (The first Catilinarian Conspiracy): »Meiner eigenen Meinung nach hat es die erste Catilinarische Verschwörung niemals als eine wirkliche Verschwörung gegeben. Die beiden unterlegenen

›Consuln‹ Autronius und Sulla und der zurückgewiesene Catilina müssen gegen Ende des Jahres 66 einen wilden Zorn auf Torquatus und Cotta (ihre Ankläger, d. Verf.) gehabt haben, die am 1. Januar das Amt antreten sollten, das ihrer Meinung nach rechtmäßig ihnen gehörte. Das muß reiche Gelegenheiten gegeben haben zu Gesprächen und wütenden Bemerkungen, jene müßten ›liquidiert‹ werden, und Gerüchte davon verbreiteten sich rasch in der römischen Gesellschaft. So viel ist an der Sache wahr, daß Catilina zur selben Zeit eine Bande gesammelt haben muß, mit der er am 29. Dezember auf dem Forum erschien.«[171]

R. Seager (The first Catilinarian Conspiracy): »Nicht nur waren Catilina und Piso unschuldig an dem von Autronius und Sulla ausgeheckten Anschlag (!), sondern es ist undenkbar, daß es einen solchen Anschlag gegeben hat. Hätte der Plan Erfolg gehabt, so hätten sich Autronius und Sulla glücklich schätzen müssen, mit dem Leben davongekommen zu sein. Crassus und Caesar waren beleidigt.«[172]

Erich S. Gruen (Notes on the »First Catilinarian Conspiracy«): »Die verurteilten Kandidaten ›trachteten nach Vergeltung oder zumindest nach einer öffentlichen Bekundung ihrer Unzufriedenheit‹ (sought retaliation, or at least overt manifestations of their discontent).«[173]

Schließlich H. Drexler, nach Abwägung aller ihm vorliegenden Deutungen: »Mir scheint, Anklage und Verurteilung zweier Consuln und deren Absicht, das Amt zurückzugewinnen, konnte nicht eine Privatsache der vier Beteiligten bleiben. Vor allem aber: Jene erste Verschwörung ist nur eine in der Reihe rätselhafter, phantastischer Unternehmungen dieser Jahre... Das Dunkel, in dem sich dies alles vollzog, dürfte bewirkt sein durch den Schatten, den die Siege des Pompeius im Osten über Rom geworfen.«[174]

Ähnlich spricht Syme vom »Wucher der Legende« und nennt die mittlerweile eingerissene Überinterpretation ein »baufälliges Gebäude«, wobei er sich auf eine Stimme von 1894 bezieht, die er für nachahmenswert hält. Damals schrieb J. L. Strachan-Davidson: »Die Zeugnisse sind so wenig schlüssig und die überlieferte Darstellung enthält so viele Widersprüche und Unwahrscheinlichkeiten, daß ich es vorziehe, sie als total oder fast ganz als unecht zu übergehen.«[175]

Was bleibt nach der Vielfalt all dieser gelehrten Stimmen letztlich zu sagen? – Die Auseinandersetzung mit der sogenannten ersten Verschwörung des Catilina wird wohl ewig eine »Ende-offen-Diskussion« bleiben, es sei denn, ein glücklicher Zufall würden uns Livius' und Sallusts verlorene Bücher über die Jahrzehnte der Revolution bescheren. So aber sind wir einfach nicht in der Lage zu sagen, ob die Ereignisse überhaupt in der von Späteren skizzierten Weise stattfanden – und wenn ja: Ob nun Caesar, Crassus oder Catilina die Hauptdrahtzieher waren bzw. welche Absprachen sie untereinander tätigten.

Dies aber schält sich heraus: Die Abwesenheit des Pompeius im Osten wird genutzt, um so oder so, mit legalen oder konspirativen Mitteln, einen beherrschenden Platz an der Spitze des Gemeinwesens zu ergattern. Catilina aber hat seine ersten Erfahrungen gesammelt und erfahren, wie schwierig es ist, in einem Alleingang die Hürden zu nehmen. Ob er daraus lernt, werden wir sehen.

Wenden wir uns nun aber seinen letzten legalen Versuchen zu, eine Politik des Möglichen zu machen, falls das, was er bis 63 treibt, so genannt werden kann. Und diesmal haben wir wieder festen Boden unter den Füßen.

Für Catilina gab es nur ein Ziel: das Consulat. Doch für 64 konnte er sich nicht mehr bewerben, weil sein Repetundenprozeß gerade während der Wahlzeit, im Sommer 65, zur Verhandlung anstand. Ein anderer hätte nun aufgegeben. Nicht Catilina! Für ihn war es eine Frage des Überlebens. Nur ein Proconsulat in einer fetten Provinz konnte ihn vor seinen Gläubigern retten. Also mußte es in deren Interesse liegen, daß der Mann das Amt bekam. Doch diese Querelen gehören in den letzten Teil unserer Geschichte.

III. Teil

». . . so will ich den Brand unter Trümmern ersticken!«

Die Verschwörung

»So will ich denn die Verschwörung des Catilina so kurz und wahrheitsgetreu wie möglich behandeln; denn dieses Unternehmen halte ich vor anderen für denkwürdig wegen der Einzigartigkeit des Verbrechens und der Gefahr für den Staat.«

Sallust, Die Verschwörung des Catilina

1.
»Sie alle muß man eifrig hofieren!...«

Kandidaten zwischen Ethos und Taktik

Mitte Juli 65 schreibt Cicero an Freund Atticus:

»Mit meiner Bewerbung, die Dir, wie ich weiß, sehr am Herzen liegt, steht es folgendermaßen, soweit man das jetzt schon vermutungsweise übersehen kann:

... Meine Mitbewerber sind, um nur die zu nennen, von denen man es bestimmt zu wissen glaubt, Galba, Antonius und Q. Cornificius – bei diesem Namen lachst Du wahrscheinlich oder stöhnst –; manche denken auch – nun schlag Dir vor die Stirn – an Caesonius; Aquilius wohl kaum, jedenfalls leugnet er es entschieden ab, entschuldigt sich mit der Ausrede, er sei kränklich und weist auf seine umfangreiche Tätigkeit als Rechtsbeistand hin.

Catilina wird sich bestimmt bewerben, falls das Urteil lautet, am *Mittag sei es nicht hell...«* [1]

Wenige Wochen später heißt es:

»... Über meine Tätigkeit habe ich Dir erst kürzlich eingehend berichtet. Augenblicklich denke ich daran, meinen Mitbewerber Catilina zu verteidigen. Ich habe die gewünschten Richter, und der Ankläger ist ganz damit einverstanden. Ist Catilina freigesprochen, dann wird er hoffentlich hinsichtlich der Bewerbung mehr mit mir zusammenarbeiten; kommt es anders, so werde ich es mit Fassung zu tragen wissen. Mir liegt daran, daß Du bald kommst; die Leute glauben nämlich ganz bestimmt, Deine Freunde, die Männer der Nobilität (nobiles homines) würden sich meiner Wahl in den Weg stellen. Ihr Einverständnis zu gewinnen, würdest Du mir wahrscheinlich von großem Nutzen sein.«[2]

Diese Passagen stammen aus den beiden einzigen Briefen Ciceros, die aus dem Jahre 65 auf uns gekommen sind. Sie sind uns nicht nur wichtig wegen der Mitteilung über Catilina, sondern auch, weil sie uns einen Blick in das wahltaktische Verhalten der Zeit eröffnen. Wie bei Catilina kreist Ciceros Denken in dieser Zeit ununterbrochen ums Consulat. Dabei steht ihm das Amt nach der von Sulla festgelegten Fristenregelung erst in zwei Jahren zu. Doch in einer Republik muß man in ungewissen Zeiten vorausplanen, weil sich die Konstellationen so schnell ändern.

Wir erfahren auch dies: Die »nobiles homines«, wie Cicero sie nennt, halten nach wie vor ihre Hand auf den Schalthebeln der Macht, »eine Gruppe von Politikern, die unbedingt an dem von Sulla geschaffenen System der Senatsherrschaft festhielt, auch nachdem dieses durch die Reformen von 70 (als Pompeius und Crassus die Verfassung modifizierten, d. Verf.) in seinen Grundfesten zerstört war«, wie Matthias Gelzer feststellt[3].

Diesen »nobiles«, »potentes«, »nobelissimi«, »pauci« und »optimates« – also den »Edlen«, »Vermögenden«, »Alleredelsten«, »Wenigen« und »Besten«, wie die Sprachregelung der Zeit sie umschreibt, ist alles suspekt, was mit Hilfe der Massen durch Plebiszite als »neue Ordnung der staatlichen Dinge« ins Haus steht. Hatte doch erst kürzlich der Volkstribun C. Cornelius ein Gesetz in Vorschlag gebracht, das für einen Senatsbeschluß über Entbindung von gesetzlichen Vorschriften die Anwesenheit von mindestens zweihundert Senatoren forderte, dazu – das war denn doch der Gipfel! – die nachfolgende Bestätigung durch Volksabstimmung! Die »Besten« hatten ihr Veto eingelegt, wohl wissend, daß sie im Gesamtsenat nur über eine Minderheit absolut verläßlicher Mitglieder verfügten.

Zu groß war auch die Zahl jener Senatoren, die stets von Fall zu Fall ihre Stimme abgaben, nach genauester Abwägung ihrer Chancen, aus jeder Affäre ihren wirtschaftlichen und politischen Nutzen zu ziehen.

Von einer geschlossenen popularen Partei konnte keine Rede sein. »Populare« Gesinnung war nach wie vor die scheinheilige Ausrede jener, die von den alten Mächten an der magistralen und tatsächlichen Machtteilhabe ausgeschlossen waren; und erfolgreiche »Populare« wie Gracchus, Marius, Cinna, Sulpicius waren immer Einzelkämpfer gewesen.

Vor diesem Hintergrund müssen wir sehen, daß Mitte 65 Catilina ebenso wie Cicero zu den »Ausgesperrten« gehörten[4]. Dem einen fehlten hohe Geburt, Clientel, Vermögen; der andere war belastet durch staatsfeindliche Aktionen; und beide versuchten sich zunächst nach allen Seiten hin offenzuhalten. Cicero wird von den »Besten« sein *populariter loqui* (»nach Art der Popularen reden«) angehängt; und Bruder Quintus hält es für notwendig, ihn in seiner Denkschrift Ende des Jahres (66) darauf hinzuweisen:

»... Weiterhin dürfte ein Neuling (homo novus) eine wesentliche

Stütze finden können in den Sympathien des Amtsadels (nobiles), vor allem der Consulare (gewesene Consuln). Es ist nützlich, gerade von denen des Ranges und der Würden für wert gehalten zu werden, in deren Rang und Würden man aufrücken will. Sie alle muß man eifrig hofieren, sich an sie heranmachen und ihnen die Überzeugung beibringen, daß wir mit unseren politischen Absichten stets auf seiten der Optimaten gestanden und keineswegs zu den Popularen gehalten haben. Wenn es so aussieht, als hätten wie uns einmal in diesem Sinne geäußert(!), dann sei das in der Absicht geschehen, Cn. Pompeius für uns zu interessieren, um ihn, den mächtigsten Mann, als Freund oder jedenfalls nicht als Gegner bei unserer Bewerbung zu haben.«[5]

So nebenbei erfahren wir hier, daß Pompeius immer noch etwas von »popularer« Gesinnung anhing, als Folge seines antisullanischen Staatsstreichs von 70.

Quintus Cicero ist ein exzellenter Kenner der Technik des Machtkampfes, und so lautet denn das Resümee seiner Analyse:

»... darfst Du während Deiner Bewerbung weder im Senat noch in der Volksversammlung zu den politischen Tagesereignissen Stellung nehmen, solltest Dir vielmehr folgendes zur Regel machen:

1. Der Senat muß aufgrund Deiner Lebensführung glauben, daß Du für seine Autorität eintreten wirst.

2. Die Ritter und die biederen, gutsituierten Bürger müssen angesichts Deines bisherigen Lebens glauben, daß es Dir um Ruhe und normale Verhältnisse zu tun sein wird.

3. Die Masse soll glauben, daß Du nicht gleichgültig gegen ihre Forderungen sein wirst, weil Du, jedenfalls nach Deinen Äußerungen in Volksversammlungen und vor Gericht zu urteilen, immer ein Mann des Volkes gewesen bist.«[6]

Diese fabelhafte Analyse der Technik und Taktik des politischen Kampfes ist so zeitlos, daß sie auch aus den Nachlaßpapieren eines deutschen, englischen, französischen oder amerikanischen Wahlkampfstrategen unserer Tage stammen könnte, besonders wenn es am Ende heißt:

»Das ist es, was mir betreffs der beiden ersten Punkte jenes zu allmorgendlichem Gebrauch empfohlenen Rezeptes in den Sinn kommt, was Du Dir, wie gesagt, Tag für Tag, wenn Du zum Forum hinuntergehst, vor Augen halten mußt: ›Ich bin ein Neuling! Ich bewerbe mich um das Consulat!‹ (Novus sum, consulatum peto!)

Es fehlt noch der dritte Punkt: ›Es handelt sich um Rom!‹ (Roma est!) Eine Bürgerschaft, die sich aus dem Zusammenströmen vieler Nationalitäten gebildet hat, wo Intrigen, Betrügereien, Laster aller Art grassieren, wo man mit Anmaßung, Trotz, Übelwollen, Hochmut, Haß und Belästigungen von vielen Seiten zu rechnen hat. Offenbar bedarf es großer Klugheit und Geschicklichkeit, wenn man sich unter so vielen Menschen mit Lastern jeder Art und Schwere bewegt, nirgends anzustoßen, nicht ins Gerede zu kommen, sich Intrigen zu entziehen, der rechte Mann zu sein, der sich der Vielfalt dieser Gewohnheiten, Redensarten und Gefühle anzupassen weiß. Darum fasse immer wieder den Weg ins Auge, den Du eingeschlagen hast: Brilliere mit Deiner Redekunst! Damit hält man in Rom die Leute bei der Stange, lockt sie an und nimmt ihnen die Lust, sich Dir in den Weg zu stellen und Dich zu verletzen. Und da die Bürgerschaft darin besonders lasterhaft ist, daß sie Mannhaftigkeit und Verdienst meist vergißt, wenn Bestechung im Spiele ist, besinne Dich auf Dich selbst, das heißt: Werde dessen inne, daß Du derjenige bist, der seinen Mitbewerbern eine Heidenangst vor Gericht und Prozessen einjagen kann. Laß sie merken, daß Du sie überwachst und beobachtest; sie werden Deine Umsicht, Dein Ansehen und die Wirksamkeit Deiner Worte und gewiß auch die Sympathien des Ritterstandes für Dich fürchten.

Aber das darfst Du ihnen nicht so unter die Nase reiben, daß es so aussieht, als seiest Du bereits drauf und dran, sie anzuklagen; vielmehr soll Dir dieses Lockmittel nur die Erreichung Deines eigentlichen Zieles erleichtern. Es gibt doch überhaupt keine dermaßen durch Bestechungen verfälschte Wahl, bei der nicht doch einige Zenturien (Wahlbezirke) ohne Entgelt ihren Bewerber durchbrächten.

Wenn wir also wach sind, wie die Bedeutung der Sache es verlangt, wenn wir unsere Gönner zu höchstem Eifer anspornen, wenn wir den uns gefälligen, für uns interessierten Leuten jedem seine Aufgabe zuteilen und unsern Mitbewerbern einen Prozeß in Aussicht stellen (wegen Wahlbestechung), ihre Mittelsmänner einschüchtern, ihre Geldverteiler irgendwie im Zaume halten, läßt es sich erreichen, daß überhaupt kein Bestechungsversuch stattfindet oder jedenfalls wirkungslos bleibt.«[7]

Nun, Macchiavelli hätte es nicht besser sagen können!

Wenn schon ein Mann wie Marcus Tullius Cicero solchen Erwägungen zugänglich ist, um nach oben zu kommen, können wir uns leicht vorstellen, wie die Antriebe, Mittel und Taktiken weniger integrer Kandidaten beschaffen waren.

Doch noch einmal zurück zu Ciceros beiden Briefen an Freund Atticus und seinen Bemerkungen über Catilina. Man kann daraus ableiten[8], daß der Verfasser bis Mitte 65 tatsächlich noch nichts von jenem fehlgeschlagenen Putschversuch, Dezember 66 bis Februar 65, wußte. Und als er es gewußt haben muß – im Juli 65 –, spielt er mit dem Gedanken, Catilina zu verteidigen. Gewiß, Cicero ist, wenn es sein muß, ein Mann von großem Ethos; doch die Ambivalenz seines Charakters kann ihn, wenn es ihm Vorteil bringt, gewissenlos taktieren lassen. Und diese zeitweilige Doppelzüngigkeit ist es, die ihm etwa bei Mommsen das Image des »feigen Advokaten« eingetragen hat. Wir wollen das hier in keiner Weise beschönigen, geben aber zu bedenken, wie empfindsame Intellektuelle, die sich auf dem gefährlichen Pfad zur politischen Macht bewegen, eine Gratwanderung machen und zu allen Zeiten dazu neigen, ihre eigenen sittlichen Postulate zu relativieren, weil sie sich verunsichert fühlen.

Wir stoßen hier unvermittelt auf das ewige Dilemma des konservativen Politikers in Zeiten totalen Umbruchs: Wie die schnellen Weltverbesserer haben sie eine Utopie, die Utopie der kleinen Schritte; das, was man hat, darf nicht preisgegeben werden. Die konservative »Reaktion« ist immer eine Antwort auf eine ökonomische oder politische Krise, sie strebt nach einem Fortschritt, was immer das auch sein mag, auf der Basis des Bestehenden. Anders als die Weltverbesserer haben sie kein »heiliges Buch«, das für alle Eventualitäten Richtlinien und Maximem bereithält. So hat der Konservative immer wieder Durststrecken zu überwinden, wenn die realen Gegebenheiten des wölfischen Machtkampfes ihm seine selbstgesetzten Grenzpfähle umwerfen und er gezwungen wird, sich mit den tatsächlichen Verhältnissen zu arrangieren – ohne seine innersten Überzeugungen preiszugeben. Man kann das innere Emigration unter pragmatischem Mantel nennen, seine Kritiker und Gegner werden ihm jedoch stets opportunes Verhalten nachreden. Doch unabhängig von solcher Denkakrobatik zählt am Ende nur dies: Erfolg oder Mißerfolg! Dem erfolgreichen Feldherrn und Staatsmann – in Rom ist er immer beides! – kommt man mit der feinmaschigen Terminologie unserer eigenen Epoche nicht bei, weil der »Sieger« dies alles hinter sich läßt. Doch gerade dadurch wirken Gestalten wie Sulla und Caesar so schillernd, so faszinierend, ja in gewissem Sinne narkotisch, weil sie den späteren Betrachter, der so gern alles aus seiner größeren historischen Perspektive relativieren will, einfach überrumpeln. Sobald man ihr Bild seziert – und wir können es immer nur aus der Erfahrung unseres 20. Jahrhunderts! –, gerät man auf schwankenden Boden: Immer wird man sich stoßen am Zwiespalt der eigenen Seele, die den erfolgreichen einzelnen und seine Skrupellosigkeit klammheimlich bewundert und die doch zugleich das Elend der gewaltsam Beherrschten ahnungsvoll aus der Ferne betrauert. Wie sagte Hermann Strasburger in bezug auf Caesar: »Wer einmal bei den ›Spänen‹ war, als ›Männer, die Geschichte machen‹, ›hobelten‹, lernt den Konflikt zwischen Vitalität und Objektivität bei sich selber kennen...«

Ciceros Taktieren nach allen Seiten zu verurteilen, steht uns nicht an, und sei es auch keinen Deut besser als das eines Catilina. Wer von vornherein mit moralischen Maximen und Rezepten an die Geschichte herantritt, wird sich selbst das »Urteil« gleich mitliefern! Er träte denn besser gleich in ein buddhistisches Kloster ein.

Zurück zu den Ereignissen! – So wenig sympathisch dem Ankläger eines Verres und Verwandten des Marius Gratidianus ein Catilina sein konnte, so hätte er nicht gezögert, sich seine Unterstützung durch eine sicherlich interessante Verteidigungsrede zu erwirken. Er ließ es dann doch, und über diese Unterlassung können wir nur vermuten, daß er sich zu wenig davon versprach. Ein mehr oder weniger rhetorisches Eintreten für Sullas Gestapochef mußte jenen kleinen elitären Kreis der Oligarchie abstoßen, in dessen Reihen vorzustoßen Cicero sich gerade anschickte.

Seine vorsichtige Zurückhaltung zahlte sich bald aus, denn man brauchte jemanden, der »populariter loqui« – »popular zu reden verstand«, um dem nach wie vor hartnäckig agierenden Gespann Crassus–Caesar Hürden in den Weg zu stellen. Denn die Unternehmungen, die unter dem Namen von Crassus und Caesar anliefen, galten als »populär« – »und fanden überall Beifall, wo das Schlagwort ›popular‹ noch Leidenschaften erregte. Da brauchte man einen Mann, der sich ebenfalls auf die ›popularis ratio‹ verstand und darum später von sich sagen konnte, er sei ein Consul ›veritate non ostentatione popularis‹ (›in Wahrheit und nicht dem Anschein nach popular‹).«[9]

Und Catilina? – Ciceros Prophezeiung trat ein, daß »es am Mittag dunkel« sei; denn Catilina wurde Sommer 65 in seinem Repetundenprozeß wegen Ausbeutung der Provinz Afrika freigesprochen. Dieser Freispruch war ein offenkundiger Skandal, so daß Quintus Cicero an Bruder Marcus schreibt: »...er ist aus diesem Prozeß so bettelarm hervorgegangen, wie einige seiner Richter es vor dem Prozeß gewesen sind.« Aber Geld stinkt nicht! Ankläger war Publius Clodius gewesen, und Cicero behauptete später, Clodius habe sich von Catilina bestechen lassen.

Aber diese Umstände spielen nun keine Rolle mehr, wo nur das Ergebnis zählte. Und das lautete: Catilina würde sich nun, aus dem Blickwinkel von Sommer 65, sehr wohl für 63, zusammen mit Cicero um das Consulat bewerben können.

Das war Wasser auf Crassus' und Caesars Mühlen, und sie machten sich unverzüglich an den wendigen Sergier heran, der im übrigen wieder einmal vor dem totalen Ruin seiner finanziellen Möglichkeiten stand. Wahrscheinlich hatte Crassus schon vor Prozeßbeginn tief in die Tasche gegriffen, um den Unglücksraben standesgemäß herauspauken zu können. Crassus ist unter zunehmendem Zeitdruck: Pompeius' Schatten wächst im Osten von Monat zu Monat!

Catilina aber hat zunächst einmal Luft zum Atmen, Zeit zum Nachdenken, Gelegenheit zum Amüsement. Doch er muß sich entscheiden: Auf der einen Seite zählen Bindungen aus der Zeit Sullas, nicht zuletzt die Protektion eines Catulus, des »Ersten im Senat«; wenn er diese Richtung beibehält, wird er sich aus den Fesseln der Oligarchie nicht lösen können, wird er nur einer unter vielen des zweiten Gliedes sein, der Macht, Geld und Prestige mit anderen teilen muß. Schlägt er sich zu Crassus und läßt sich von ihm den Wahlkampf bezahlen, geht er zwar ähnliche Bindungen ein, doch verspricht ein solches Unternehmen mehr Möglichkeiten, da man dann endlich einmal voll und ganz reinen Tisch machen könnte.

Ob er in dieser Zeit – Spätsommer bis Herbst 65 – Kontakte zu Cicero hatte, wer will das wissen? Grüßte man sich auf dem Forum oder ging man sich aus dem Wege?

Der Faden zu Crassus und Caesar riß jedenfalls nicht ab, und Crassus' Geld floß weiter in Strömen, um den ehrgeizigen Mann bei Laune zu halten.

Was gäben wir darum zu wissen, wie all die Akteure ihren Alltag ausfüllten, welche Interessen sie hatten, wo sie wohnten, wie ihr Haus eingerichtet war; welcher Umgangston herrschte, ob Witze gerissen wurden und welche; wie waren ihre Frauen: Hausmütterchen, grande dame, emanzipierte Partnerin? All diese Dinge aus privater und intimer Umwelt, die Nuancen eines Lächelns, des Tonfalls, einer Handbewegung, die Art wie man redet, causiert, zuhört oder versonnen Tagträumen nachhängt, all dies, was eine Person erst lebendig und vorstellbar macht, fehlt in der Überlieferung. Wir bedauerten es schon zu Anfang. Vielleicht haben wir bei den kommenden, dramatischen Ereignissen Gelegenheit zu näherer Tuchfühlung. Wir werden sehen...

Catilina konnte also durchaus hoffen, endlich im folgenden Jahre als Kandidat für 63 zugelassen zu werden; daß er gewählt würde, war ihm eine ausgemachte Sache! So wird er sich ähnlich, wie in Quintus Ciceros Denkschrift beschrieben, um die Gunst der Wähler bemühen, freilich noch weniger wählerisch im Gebrauch der Mittel.

Zunächst aber fiel die Grundsatzentscheidung, die ihn festlegte: das taktische Bündnis mit Crassus und Caesar. Wann man sich im Laufe des Jahres einig wurde, ist nicht bekannt, doch irgendwann sickerten Verlautbarungen an die Öffentlichkeit. Und die optimatische Kerngruppe des Senats, die ihn längst am kurzen Riemen zu halten glaubte, horchte auf, dachte nach, erschrak in Erinnerung an die nie ganz geklärten Ereignisse der Jahreswende 66/65, nannte Catilina prompt einen Verräter der sullanischen Sache und begann, Alternativen zu diskutieren. Dabei wurde immer öfter der Name »Cicero« genannt.

2.
Unter Erfolgszwang

Die Schwenkung nach links

Wer im politischen Kampf bestehen wollte, mußte:
a) von Hause aus potent sein oder
b) über einen potenten Freundeskreis verfügen oder
c) bewaffnete Banden ins Feld führen können.

Am besten war es, wenn er über alle drei Voraussetzungen zugleich verfügte, wie die Karrieren von Marius, Sulla und Caesar belegen.

Auf den ersten Blick scheinen solche Voraussetzungen als Binsenweisheit. Schauen wir genauer hin, so entdecken wir, daß dem Römer das, was wir unter »Freundschaft« verstehen, eine andere Bedeutung hatte. Unser Begriff von »Freundschaft«, mit dem Willen zur bedingungslosen Hingabe, selbst und gerade in existentiellen Notlagen, deckt sich eher mit jener griechischen Auffassung, die die große Freundschaft bisweilen über nahe Verwandtschaftsverhältnisse setzte; die Mythen rund um die Ägäis sind voll von Beispielen (vgl. Achill–Patroklos), während sie in denen der Römer selten eine vordergründige Rolle spielen. Davon ist hier nicht die Rede; man könnte die römische Freundschaft zwischen Männern in öffentlichen Ämtern noch am ehesten vergleichen mit dem nun doch schon inflatorischen Gerede unserer Parlamentarier, Minister, Bundeskanzler und Oppositionsführer, wenn sie vor dem kalten und neugierigen Auge der Fernsehkameras zu einem Lobgesang der absoluten Zuverlässigkeit ihrer Mitstreiter anheben: »Meine politischen Freunde und ich...« – »Liebe Parteifreunde...« Jeder, der hinlänglich durch die »Hintergrundanalysen« unserer Medien über die parteiinternen Kabalen orientiert ist, weiß, daß »meine politischen Freunde« durchaus nicht immer am gleichen Strang ziehen.

Wilhelm Kroll, Althistoriker um die Jahrhundertwende, hat es in dem Buch »Die Kultur der ciceronischen Zeit« auf seine Weise gesagt:

»Fassen wir nunmehr diese (römische) Freundschaft näher ins Auge, so können wir eine ähnliche Beobachtung machen wie bei der Ruhmsucht: Die römische Praxis kollidiert aufs stärkste mit der griechischen Theorie. Nach dieser ist Freundschaft nur unter Guten und an Tüchtigkeit Ähnlichen möglich; sie ist daher uneigennützig und hält sich von jeder Schmeichelei fern. Angesichts so hoher Anforderungen ist es kein Wunder, daß sie selten ist und es im Laufe von Jahrhunderten nur drei oder vier wirkliche Freundespaare gegeben hat. Diese Lehren trägt Cicero in seinem Laelius[10] vor, kann aber natürlich auch hier nicht umhin, sie aufgrund seiner römischen Erfahrungen zu modifizieren. So heißt es, daß wahre Freundschaft unter Politikern selten sei; ›denn wo findet man einen, dem das Ansehen des Freundes wichtiger ist als das eigene‹? Er muß von den ›gewöhnlichen Freundschaften‹, die von den idealphilosophischen zu scheiden sind, zugeben, daß sie politischen Meinungsverschiedenheiten zum Opfer fallen können und läßt seinen Laelius sagen, daß für seine Freundschaft mit Scipio die Übereinstimmung in der Politik wesentlich sei. Wo Cicero in rein römischem Sinne spricht, gibt er das mit größerer Offenheit zu...

In der Tat bedeutet ›amicus‹ (Freund) in der Sprache der Zeit den politischen Gefolgsmann, der nicht nach seinen moralischen Qualitäten, sondern nach seiner Verwendbarkeit und Ergebenheit eingeschätzt wird. Dadurch, daß solche politischen Geschäftsfreundschaften von wahrer Herzensfreundschaft nicht durch die Benennung geschieden werden, entsteht jene Unehrlichkeit und Verlogenheit...«[11]

Wie schreibt Quintus Cicero an Bruder Marcus: »Bei Leuten, die Du geschädigt hast, als Du bei der Verteidigung eines Freundes gegen sie auftratest, mußt Du dich gründlich entschuldigen und ihnen Hoffnung machen, daß Du, falls sie sich unter die Zahl Deiner Freunde begeben, ihnen mit der gleichen Hingebung und Gefälligkeit helfen wirst.«

Und an anderer Stelle: »Das Interesse der Freunde will durch Wohltaten, Liebesdienste (besser: Gefälligkeiten, officiis), Dauerhaftigkeit der Beziehungen, Umgänglichkeit und freundliches Wesen gewonnen sein. Aber das Wort ›Freund‹ ist bei der Bewerbung ein weitergehender Begriff als sonst im Leben; jeder, der irgendein Interesse für Dich zeigt, Dich hofiert, in Deinem Hause verkehrt, muß Dir als Freund gelten...«[12]

Dieses taktische Freundschaftsverständnis nähert sich sehr dem der Clique! Und was Catilina betrifft, hatte er keine Hemmung, abrupt die Fahne – und somit die »Freunde« zu wechseln: Im wohlwollenden Einverständnis mit Crassus und Caesar schloß er ein Wahlbündnis mit Gaius Antonius Hybrida, einem Onkel des späteren Augustusgegners

Marc Anton. Obwohl er erst kürzlich den Schutz der optimatischen Häupter während seines Repetundenprozesses genossen hatte, kehrte er ihnen den Rücken und trat in die Reihen der sogenannten Popularen ein.

Sogleich setzte Crassus seinen Propagandaapparat in Bewegung; seine gekauften und ausgehaltenen Heißsporne warfen mit volksfreundlichen Sprüchen bei jeder Gelegenheit um sich; Caesar baute sich weiter geschickt als wahlverwandten Nachfahren des Marius auf. Die junge populare Schickeria ließ sich kein Festessen, keinen privaten Empfang, keine Versammlung von Bürgergruppen und Vereinen entgehen, um gegen die »Principes«, die »Ersten des Senats«, die »Pauci Potentes«, die »wenigen Vermögenden«, die allen anderen die Stellen blockierten, vom Leder zu ziehen.

Catilina mußte nicht erst um Mitarbeit gebeten werden; er war nun ganz bei der Sache, ganz in seinem Element: Kampf! Unruhe! Veränderung! Aktion!

Ging man übers Forum, hörte man allenthalben Leute, die lautstark die »populare Sache« beredeten, ohne in ihrer Einfältigkeit zu ahnen, daß es sie nicht gab. Es gab nur »ausgesperrte« Einzelkämpfer, und ihre Ziele deckten sich bei grundverschiedener Motivation nur in einem Punkt: an den Staatstrog heranzukommen!

Manchmal sah man ihn selber, Catilina, und er machte einen zwiespältigen Eindruck. Es gab biedere Handwerksmeister, die seine Vergangenheit störte, weil sie ahnten, daß derjenige, der über die Leichen seiner Standesgenossen marschierte, erst recht keine Skrupel im Umgang mit den Massen haben würde; es gab die anderen, denen das Wasser bis zum Hals stand, die nach jedem Strohhalm griffen, denen jede aufputschende Phrase immer noch mehr versprach als die unbarmherzig eingetriebene Monatsrate für das letzte Darlehen, das ihm der Ritter XY zu 30 Prozent geliehen hatte.

Catilina argumentierte »volksnah«, spielte mit den Emotionen der Masse; und stets war unter seinen Zuhörern, meist kleinen Leuten, einer, der die Faust hob: »Endlich einer, der denen da oben ... !« Seine Argumentation lief immer auf dasselbe hinaus: Sie alle, die da vor ihm stünden, lauter ehrenwerte Bürger, seien doch zu kurz gekommen, während »gewisse Leute« – er hütete sich noch, Namen zu nennen! – den Rahm abschöpften! Sie sollten ja nicht meinen, ihr Los werde sich bessern, wenn der »große« Pompeius beutebeladen zurückkäme. Er,

Pompeius, habe seine liebe Not, alle seine »Freunde« zufriedenzustellen. Nicht Rom, nicht Pompeius sei Herr der Welt – eine Handvoll Familien beherrsche den Erdkreis durch ein raffiniertes System und kontrolliere alle Wirtschaftszweige. Sie seien selbst schuld, wenn sie sich diese Knechtung weiter gefallen ließen ... usw. Hatte er kritischere Zuhörer um sich, war seine Argumentation subtiler, differenzierter, wenn auch in der Angriffsrichtung die gleiche. Es sei jetzt und schon früher das verhängnisvollste Übel, daß die Geschicke des Staates und seiner Bürger von wenigen Einflußreichen abhingen, von dieser »factio nobilitatis« (Adelspartei)! Diese »Vornehmen« im Bunde mit einigen Senatoren, die die Anhängsel dieser Clique seien: die alles billigen, verwerfen und beschließen, was ihnen Nutzen bringe. Sie hätten schon durch ihre hohe Geburt einen Vorsprung, den andere kaum einholen könnten. Daß er selbst den Anschluß verpaßt hatte, verschwieg er.

Wenn es ihm opportun erschien, konnte er gar seinen Gegner Cicero zitieren: Wie habe der doch schon als »junger Mann« festgestellt: »So machen es die Vornehmen: Ob sie recht oder unrecht tun, sie stehen in beiden Fällen so groß da, daß niemand von unserer Herkunft es ihnen gleichtun kann!«[13] Er, Catilina, stimme dem ohne Vorbehalt zu! Wer auf der politischen Bühne eine Rolle spielen wolle, ohne wie Sulpicius bewaffnete Banden oder wie Marius ein Heer hinter sich zu haben, der müsse mit diesen Verhältnissen rechnen. Ciceros Verhalten – und er hätte solche Doppelzüngigkeit nie von ihm gedacht –, Ciceros Verhalten sehe er nun ganz klar vor sich: Er sei zwar begabter, geistig rascher und anständiger (was sagt man nicht alles!) als die große Mehrzahl der Nobiles, aber er sei eben auch noch verlogener; es sei der Gipfel der Anmaßung, wenn er sich nun aus rein taktischen Überlegungen als alten »Popularis« empfehle. Das sei nicht nur eine Lüge, sondern geschmacklos! Wo sei denn dieser feine Herr Cicero gewesen, damals, während des Bürgerkrieges? Wo im Bundesgenossenkrieg? ... als es darum ging, das Vaterland vor dem Chaos, dem Zusammenbruch, der Anarchie zu retten? – Catilina wußte sehr wohl um die Schwierigkeit, den Leuten seinen Frontwechsel plausibel zu machen. Die Flucht nach vorn bot sich an: Damals habe man vieles falsch gemacht, weil man alles auf einmal habe lösen wollen; man sei an Dingen gescheitert, die nicht kalkulierbar gewesen seien; dazu die Bedrohung von außen! Schließlich habe man, um der Ruhe und Ordnung willen, zu sehr harten Maßnahmen greifen müssen, die nun, nachdem sich alles gesetzt habe, sehr leicht zu verurteilen seien. Er verbitte sich aber jede Kritik aus den Reihen derer, die damals den Schwanz eingezogen hätten und untergetaucht seien.

Es kamen Fragen: Was er denn eigentlich wolle? Und er: Sein Consulat solle, vor der Rückkehr des Pompeius, den großen Umschwung mit *legalen* Mitteln bringen, wie er ihn schon 65 beabsichtigt habe, an dessen Verwirklichung er aber von den Nobiles mit unlauteren Mitteln gehindert worden sei. Und die Bedürftigen nicken Beifall: Recht hat er!

So mag er sich vor kleinem oder größerem Kreise empfohlen haben. Ein anderer Weg war vor der Entscheidung über die Kandidatur für 63 nicht gangbar. Caesar und Crassus waren zufrieden; glaubten beide doch, er arbeite ihren machtpolitischen Zielen in die Hände.

Horchen wir aber in die überlieferten Texte hinein, so müssen wir folgern, daß er im geheimen ganz andere Ziele verfolgte. Er scheint zu ahnen, daß er an der nächsten Bewerbung wiederum scheitern würde. So wächst in diesen Monaten des Sommers 64 seine hektische Tätigkeit, er beginnt einen großen Gefolgschaftskreis um sich zu sammeln. Als Patrizier aus einem Geschlecht mit mythischer Vergangenheit verfügt er über weitverzweigte Verbindungen. Und natürlich läuft ihm die adelige Jugend zu, auf die sein aus mannigfacher Begabung und Ruchlosigkeit eigenartig gemischtes Wesen eine verführerische Anziehungskraft ausübt. Selbst Cicero kommt später nicht umhin, dies indirekt zuzugeben:

»Niemals hast du nach Ruhe Verlangen gehabt, nicht einmal nach Krieg, wenn er nicht verbrecherisch war. Aus verkommenen, existenzlosen und aus jeder Hoffnung verstoßenen Leuten hast du einen wüsten Haufen von Verbrechern zusammengebracht.

Was magst du für Freude in solcher Gesellschaft haben; wie magst du laut frohlocken und geradezu in Lust schwelgen, wenn du im Kreise deiner Anhänger keinen einzigen anständigen Menschen hörst oder siehst! Die Strapazen, die du auf dich nimmst, sind die Vorübung zu solcher Lebenshaltung. Du liegst auf dem Boden, nicht bloß, um auf eine Gelegenheit zu unzüchtiger Handlung zu warten, sondern auch, um auf eine Schandtat zu lauern. Wenn du nachts wachst, belauerst du tückisch nicht nur den Schlaf der Ehemänner, sondern auch den Besitz friedlicher Bürger. Du hast eine gute Gelegenheit, die an dir gerühmte (!) Fähigkeit im Ertragen von Hunger, Kälte und jeglichem Mangel zu zeigen...«[14]

Und an anderer Stelle:

»Es gibt in der Fechterschule (der Gladiatoren) keinen unternehmungslustigen und verwegenen Burschen, der seine enge Verbundenheit mit Catilina leugnen könnte; auf der Bühne keinen nichtsnutzigen Taugenichts (gemeint sind Schauspieler), der sich nicht seiner Bruderschaft mit ihm rühmen könnte. Wegen seiner Übung in mannigfachen Arten der Unzucht und des Verbrechens und im Ertragen von Kälte, Hunger, Durst und Schlaflosigkeit wurde er von diesen Leuten als Held gefeiert, während er doch die Kräfte des Fleißes und die Anlagen zu mannhafter Leistung in ausgelassener Leidenschaft und Verwegenheit vergeudete.«[15]

Oder dies:

»Es gab nichts, was er nicht selbst anfaßte, unternahm und mit wachem Geist ins Werk setzte; Kälte, Durst und Hunger machten ihm nichts aus.« Gleich darauf nennt Cicero ihn einen »leidenschaftlichen, verwegenen, schlagfertigen und gerissenen Menschen, der solchen Eifer im Verbrechen, solche Umsicht in verruchten Plänen zeigte...«[16]

Keine Frage, daß er auf die Genossen der früheren Verschwörung zählen kann. Für alle Fälle kauft er sich eine Gladiatorenbande – und Crassus dürfte wohl wieder die Wechsel gedeckt haben.

Längst hat er Gaius Antonius Hybrida, einen Schurken der zweiten Garnitur, in sein Lager gezogen. Wir werden noch von ihm hören. Soviel hier: C. Antonius, ritterlicher Egoist vom Schlage eines Verres, stand wieder einmal vor dem totalen Bankrott seiner Finanzen. Um sich einigermaßen über Wasser halten zu können – er rechnete mit seinem oder Catilinas Consulat – verkauft er all sein Vieh, verpfändet die Weidegüter und behält als Präventivmaßnahme lediglich seine Hirtensklaven zurück; Männer, die bei jedem Wetter im Freien leben, gesund, stark, abgehärtet – einst der Kern von Spartacus' Kriegsscharen.

Wie sehr Catilina bei seinen Gegnern nun schon Furore macht, verraten uns aufs neue Gerüchte, die Ende 64 in der Stadt kursieren, eifrig von optimatischen Kreisen unters Volk gebracht. Bei Sallust klingt es so:

»Schließlich packte ihn leidenschaftliche Liebe zu Orestilla, an der außer ihrer Schönheit kein anständiger Mensch je etwas Lobenswertes fand. Weil sie aus Furcht vor dem erwachsenen Stiefsohn (aus erster

Ehe Catilinas) Bedenken hatte, die Ehe mit ihm zu schließen, hat Catilina, was für sicher gilt, den eigenen Sohn ermordet und so das Haus für die verbrecherische Hochzeit freigemacht.

Diese Tat war wohl vor allem der Grund zur Beschleunigung seines frevelhaften Unternehmens. Denn seine schmutzige Seele, mit Gott und aller Welt zerfallen, konnte weder im Wachen noch im Schlafe Ruhe finden: So quälte das böse Gewissen seinen aufgeregten Sinn. Daher seine blasse Farbe, der stiere Blick, sein bald hastiger, bald langsamer Gang; kurz, seine ganze Haltung und Miene verrieten den Wahnsinn.«[17]

Spätere wissen noch Schlimmeres zu berichten:

»Catilina soll Ehebruch getrieben haben mit einer Frau, die später seine Schwiegermutter wurde, und das Kind aus diesem unzüchtigen Verhältnis zur Frau genommen haben. Dies wirft dem Catilina auch Lucceius[18] (des Asconius' Quelle) in den gegen ihn gerichteten Reden vor...« Man beachte nun die folgende Einschränkung: »Die Namen dieser Frauen habe ich noch nicht feststellen können (!).«[19]

Plutarch faßt es knapper: »Catilina hatte man neben anderen Verbrechen Blutschande mit seiner eigenen Tochter vorgeworfen.«[20]

Dies sind alles Stimmen von Nachgeborenen! Die einzige zeitgenössische Äußerung kommt von Cicero; in seiner ersten Rede gegen Catilina sagt er:

»... Wie aber steht es damit, daß du neulich dein Haus durch den Tod der ersten Gattin für die Hochzeit freimachtest? Hast du diesem Frevel durch das andere unglaubliche Verbrechen nicht die Krone aufgesetzt? Von diesen Dingen jedoch will ich nicht reden und sie gern mit Schweigen übergehen. Sonst könnte der Eindruck entstehen, daß es in unserem Staate wirklich solche gemeinen Taten gegeben hat oder daß sie nicht gesühnt wurden.«[21]

Cicero zeigt sich hier, bei aktuellem Anlaß, entschieden vornehmer als die späteren Erzähler; und zwischen den Zeilen seiner ansonsten doch so aggressiven Rede steht, daß er diese Anschuldigungen nicht für bare Münze nimmt. Um so erstaunlicher, wie sich die Forschung um diese Stelle herumdrückt. Man ergeht sich in gelehrten Auseinandersetzungen über die Herkunft von Orestilla Mutter und Tochter[22], und so entsteht unter der Hand der Eindruck, die Tat sei geschehen.

Man hat übersehen, daß Catilina sich auf dem Höhepunkt der Verschwörung in einem bei Sallust zitierten Schreiben an Q. Catulus wendet und ihn um Schutz für die nun alleinstehende Orestilla bittet; dort kommt Catilina auch auf seine Schulden zu sprechen: »... auch fremde Schulden würde Orestillas Freigebigkeit aus ihren und ihrer Tochter Mitteln decken...«; und am Ende: »... Nun empfehle ich Dir Orestilla und übergebe sie Deinem Schutz; bewahre sie vor Unrecht; bei Deinen Kindern bitte ich Dich darum!«[23]

So schreibt niemand an den nach wie vor angesehensten Patriarchen und Princeps des Senats, wenn er zwei Jahre zuvor seinen Sohn ermordet hätte, um mit dieser Dame die Ehe einzugehen! – Im übrigen ist dieser Brief voller unausgesprochener Todesahnungen.

In Rom war es seit jeher Sitte, dem politischen Gegner alle nur denkbaren Verbrechen anzuhängen, um ihn im Ansehen der Öffentlichkeit herabzusetzen. Man lese einmal unter diesem Aspekt den Tacitus! – Somit können wir getrost, und ohne in den Verdacht der Schönfärberei zu geraten, den ungeheuren Vorwurf, er habe seinen eigenen Sohn ermordet, vom Tisch nehmen. Freilich: Auf lange Sicht wirkt Rufmord noch nachhaltiger als Mord!

Der Wahlkampf um die Ämter von 63 läuft. Hätte es damals Meinungsumfragen gegeben, dann hätten sie einen leichten Vorsprung der Gruppe um Catilina notieren können. Von Asconius Pedianus, der wohl unbestechlichsten Stimme unter unseren Chronisten, haben wir einen Aufriß der Situation. Es handelt sich diesmal um Asconius' Kommentar zu Ciceros Rede »In toga candida« – die im übrigen verschollen ist –, einen Bericht zur eigenen Kandidatur. In beinahe modern anmutender Kürze umreißt er die Lage (»argumentum hoc est:...«).

»Cicero hatte bei seiner Bewerbung um das Consulat sechs Mitbewerber: zwei Patrizier, P. Sulpicius Galba und L. Sergius Catilina; vier Plebejer, darunter zwei Nobiles[24], C. Antonius (Hybrida), den Sohn des Redners Hortensius[25], und L. Cassius Longinus; zwei, die fast als erste aus ihren Familien Ämter erlangt hatten (er meint homines novi) ... Allein Cicero gehörte unter den Bewerbern dem Ritterstand an. Übrigens verlor er während der Bewerbung seinen Vater.

Seine übrigen Mitbewerber verhielten sich anständig... Während Cassius (Longinus) damals mehr dumm als schlecht schien, kam wenige Monate später zutage, daß er Teilnehmer an der Verschwörung Catilinas war und daß er im Rat der Verschworenen die blutrünstigsten Vorschläge gemacht hatte. Diese vier also hatten so gut wie keine Aussichten.

Catilina aber und Antonius hatten, obwohl ihr Lebenswandel von allen der verrufenste war, trotzdem großen Einfluß und waren ernst zu nehmende Konkurrenten (Ciceros). Sie hatten nämlich miteinander ein Wahlbündnis geschlossen, um Ciceros Wahl zu vereiteln, wobei sie eine feste Stütze an M. Crassus (!) und C. Caesar (!) hatten.

Der Grund dafür, daß Cicero eine solche Rede (eben ›In toga candida‹) im Senat hielt, war der, daß der Senat, weil die Hemmungslosigkeit der Wahlbestechung wegen der ungeheuren Dreistigkeit des Catilina und des Antonius von Tag zu Tag größer wurde, beschlossen hatte: Es solle ein Gesetz gegen Wahlbestechung mit verschärften Strafbestimmungen eingebracht werden.

Dagegen hatte der Volkstribun Q. Mucius Orestinus sein Veto eingelegt, was große Empörung beim Senat hervorgerufen hatte. Da erhob sich Cicero und führte einen scharfen Angriff gegen das Wahlbündnis des Catilina und Antonius, wenige Tage vor der Wahl.«[26]

Nach Asconius sagte Cicero: »Ich behaupte, Senatoren, daß in der vergangenen Nacht Catilina und Antonius mit ihren Geldverteilern im Hause eines vornehmen und in diesem Bestechungsgeschäft erfahrenen und wohlbekannten Mannes zusammengekommen sind.«

Dazu des Asconius' Fußnote:

»Entweder ist damit das Haus des Gaius Caesar oder das des Marcus Crassus gemeint. Diese waren nämlich die schärfsten und mächtigsten Widersacher Ciceros bei seiner Bewerbung, weil sie sahen, daß sein Ansehen und seine politische Stellung immer stärker wurden.«[27]

Wir spüren, es geht um jede Stimme. Die immer härtere Auseinandersetzung spitzt sich von Tag zu Tag zu. Abkommen zur Befristung des Wahlkampfes gibt es nicht, die Propaganda der Gegner steigert sich immer mehr in persönliche Angriffe der Kandidaten, so daß am Ende niemand mehr so recht weiß, was denn eigentlich der sachliche Kern des ganzen Spektakels war.

Immer noch stehen die Chancen für Catilina gut – doch inzwischen beginnt Ciceros verbale Breitseite »In toga candida« Wirkungen zu zeigen: Die Häupter der Senatsoligarchie geben ihren Clienten, Hintersassen und Gefolgschaften Weisung, für den *homo novus* Cicero zu stimmen: »Auf diese Rede Ciceros (so Asconius) antworteten sowohl Catilina wie Antonius mit Schmähungen des einzigen, was sie (gegen Cicero) vorzubringen hatten: gegen den *homo novus*.« Es folgt ein interessanter Zusatz:

»Es sind auch (noch zu Asconius' Zeiten) Reden unter ihrem Namen im Umlauf, die aber nicht von ihnen selbst verfaßt sind, sondern von Gegnern Ciceros, die ihn herabsetzen wollen; es ist besser, wenn man sie gar nicht erst kennt... (Wir sind da natürlich anderer Meinung; dann das Ergebnis der Kabalen:) ... Nun, Cicero wurde einstimmig (!) zum Consul gewählt; Antonius siegte über Catilina mit ganz wenigen Centurien (Stimmbezirke), da ihn wegen dem Namen seines Vaters (Hortensius) eine etwas ansehnlichere Schar bei der Wahl unterstützte als den Catilina.«[28]

Antonius' Vater war wie Cicero ein gefeierter Rhetor und gab dem nichtsnutzigen Sohn die größere Reputation vor der Menge.

Ergebnis: Consuln für 63 sind Marcus Tullius Cicero und Gaius Antonius.

Während Cicero den Abend des Wahlsieges mit einem häuslichen Fest in Anwesenheit zahlreicher Freunde in gelöster Atmosphäre feierte, steckten die Verlierer ihre Köpfe zu einer Nachlese und Wahlanalyse des Mißerfolges zusammen. Man war sich darüber einig, Cicero unterschätzt zu haben, denn seine aggressive Rede drei Tage vor der Wahl hatte letztlich den Ausschlag gegeben.

Catilina mag Crassus gegenüber zu bedenken gegeben haben, daß es auch eine Frage des Geldes gewesen sei. Crassus wird sich dies grollend verbeten haben, denn sein Geld war für die Katz. Und es wird wohl der zum Pontifex maximus gewählte Caesar gewesen sein, der versuchte, die Wogen zu glätten: Immerhin habe man einen Mann ihrer Couleur, wenn auch der zweiten Garnitur, in die Exekutive gebracht, C. Antonius.

Dennoch, Catilina ahnte, daß dieses Stehaufmännchen in keiner Weise der Kerl war, einen Umsturz durchzuführen.

So gingen die Tage und Wochen hin, während Cicero sich in seine neuen Aufgaben einarbeitete. Allmählich kehrte die alte Entschlossenheit zurück: 63 mußte es möglich sein!

Allerdings saß ihm von nun an die Zeit im Nacken: Die baldige Rückkehr des siegreichen Pompeius zeichnete sich ab! Und es war nicht zu hoffen, daß der ihm freie Hand ließ. Es war vielmehr zu befürchten, daß der ungeschlagene Reichsfeldherr nach dem Vorbild Sullas die ganze Macht an sich reißen würde.

So wurden Catilinas Aktivitäten hektischer, wilder, verbissener. Einziger Trost blieb, daß Crassus und Caesar noch zu ihm hielten.

Crassus brauchte nach wie vor einen Rammbock gegen den verhaßten Pompeius; Caesar war gezwungen, sich weiterhin alle Türen offenzuhalten. Seine Schulden hatten mittlerweile astronomische Höhen erreicht.

Wie sehr man in Senatskreisen nach wie vor die Gefährlichkeit Catilinas einschätzte, wie man ihn haßte wegen seines Verrats der sullanischen Sache, zeigt dieser Vorfall: Man hatte ihm schon öfter mit einem weiteren Prozeß gedroht; nun, nach der Wahlniederlage, schien der Zeitpunkt günstig, ihn endgültig zu vernichten. Gegen Ende des Jahres (64) trat der erwähnte L. Lucceius auf und klagte Catilina vor dem »Gerichtshof für Meuchelmord« an, unter Sullas Regiment als viehischer Henker tätig gewesen zu sein.

Vorsitzender Richter (quaesitor: Befrager) war damals Caesar, zur Zeit Aedil. Wie Sueton[29] berichtet, »zog er in die peinliche Untersuchung über Meuchelmord auch diejenigen als Meuchelmörder hinein, welche zur Zeit der sullanischen Proskription für abgelieferte Köpfe römischer Bürger Bezahlungen aus dem Staatsschatz erhalten hatten«. (Im übrigen zeigt dies, wie Caesar sich ununterbrochen bemüht, als popularer Politiker von den Sünden der Sullaner zu profitieren.)

Und nun also Klage gegen Catilina, vor diesem Richter! Noch kurz *vor* den Wahlen hatte Caesar in ähnlichen Fällen hart durchgegriffen und zwei der verhaßtesten und bekanntesten Sullaner verurteilt, darunter Catilinas Onkel L. Bellienus. Mit Argusaugen verfolgt die optimatische Seite den Verlauf des Prozesses und muß zähneknirschend das Ergebnis hinnehmen: Catilina wird freigesprochen! Wieder war es »am Mittag dunkel«! Der Skandal war nicht geringer als der vor einem Jahr. Doch das ließ Caesar kalt: Er und Crassus brauchten diesen Mann. Aber wie lange noch...?

Selbst nach über 2000 Jahren spürt man, wie Catilina in diesen Monaten politisch von der Hand in den Mund lebt. Die ununterbrochene nervliche Belastung muß ihre Spuren hinterlassen haben, und in diesen Zusammenhang gehört Sallusts prägnante Diktion: »...daher seine blasse Farbe, der stiere Blick, sein bald hastiger, bald langsamer Gang...«

Er macht sich Hoffnungen: Crassus und Caesar haben ihn nicht fallengelassen, wenn diese zunehmende Abhängigkeit von ihnen auch immer demütigender wird; seit vier Jahren stolpert er nun schon von einem Mißerfolg in den andern; daß er dennoch nicht aufgibt, zäh wie eine Katze lauert, fordert Respekt! Er hat etwas von der vitalen Kraft des Unkrauts: Er läßt sich nicht ausrotten.

Wie sich ihm die gegenwärtige Situation darstellt, hat Plutarch treffend umrissen:

»Schon hatte Catilina einen großen Teil der römischen Jugend verführt, indem er sie durch allerhand Lustbarkeiten, Trinkgelage und unzüchtige Gesellschaften an sich lockte und das zu solchen Ausschweifungen erforderliche Geld im Überfluß herbeischaffte. Ganz Etrurien und Gallien diesseits der Alpen war von ihm größtenteils zur Empörung aufgewiegelt. (Wir kommen darauf zurück.) Rom selbst sah sich der Gefahr einer Revolution wegen des unnatürlichen Gegensatzes zwischen Arm und Reich am stärksten ausgesetzt, da die größten und angesehensten Häuser durch Schauspiele, Gastmähler, Erkaufung der Ämter und kostbare Bauten verarmt, die Reichtümer hingegen bei geringen gemeinen Leuten zusammengeflossen waren, so daß es nur eines kleinen Stoßes bedurfte und jeder, der den Versuch wagen wollte, die an sich schon gebrechliche Verfassung umstürzen konnte.«[30]

Mit anderen Worten: Catilina trieb es nicht schlimmer als das übrige Establishment.

Ciceros Consulatsjahr ließ sich – aus der Sicht Catilinas – böse an: Auch diesmal hatte er rührige und ernst zu nehmende Kandidaten (für 62) gegen sich: L. Licinius Murena[31] und D. Iunius Silanus[32], die das Geld mit vollen Händen unters Stimmtier brachten.

Entscheidend aber wurde eine unvorhergesehene Initiative des Cicero-Freundes Ser. Sulpicius Rufus – von Cicero als größter Jurist seiner Zeit gerühmt –, als er im Senat neuerdings ein verschärftes Gesetz gegen Ambitus einbrachte. Es ist mehrfach und bis in die Spätantike überliefert:

»... es enthielt nämlich unter anderem die Vorschrift, kein Kandidat dürfe zwei Jahre vor seiner Bewerbung um ein Amt dem Volk Spiele geben, weil das eine Form der Wahlbestechung sei; um zu verhüten, daß die Volksstimmung, dadurch gewonnen, ihm für seine Wahl gefügig wäre.«[33]

Bei Feststellung der Schuld enthielt das Gesetz die Bestimmung, daß der wegen Einsatz verbotener Werbemittel Überführte zehn Jahre ins Exil zu gehen habe. Eine harte Strafe, die sonst nur über Mörder verhängt wurde, woraus wir erkennen können, welch ungeheurer Verfall der politischen Sitten eingerissen war.

Der Antrag ging ohne Schwierigkeiten durch und wurde vom Volk ratifiziert. Damit hatten sich Catilinas Aussichten ganz entscheidend verschlechtert, konnte man ihn doch jederzeit mit der Rute der neuen »lex de ambitu« belangen.

Gefährlicher noch entwickelte sich das Verhältnis zu C. Antonius Hybrida, dem amtierenden zweiten Consul. Cicero verstand es geschickt, seinen Kollegen zu neutralisieren: »... hatte er (Cicero) seinen Kollegen Antonius durch eine Abmachung dazu gebracht, nichts gegen den Staat zu unternehmen«, wie Sallust[34] es vorsichtig ausdrückt. Damit ist nichts anderes umschrieben als glatte Bestechung: Cicero tauschte mit Antonius die ihnen für ihr Proconsulat durch Los zugewiesenen Provinzen. Plutarch kennt Einzelheiten des politischen Geschäfts:

»... ließ Cicero dem Antonius die Provinz Makedonien zuerkennen, lehnte auch die ihm zugewiesene Provinz Gallien ab und verpflichtete sich durch diese Gefälligkeit den Mann so sehr, daß er, wie ein gedungener Schauspieler, wenigstens die zweite Rolle für das Wohl des Vaterlandes spielte.«[35] Makedonien brachte die größere Rendite!

Plutarchs Ironie ist fein, aber nicht überhörbar. All diese großen und kleinen Querelen trugen dazu bei, Catilinas Aussichten in den Augen von Crassus und Caesar zu verschlechtern, sie begannen sich von ihm zu lösen und ihre bisher so offenkundige Protektion zurückzuziehen. Catilina mag zu der Entfremdung das seine beigetragen haben, denn er gab zunehmend zu erkennen, daß er eigene Vorstellungen seines politischen »way of life« entwickelte und nicht gewillt war, sich lediglich als Galionsfigur anderer Interessen mißbrauchen zu lassen.

Schon längst hatte er begonnen, um sich herum eine Gefolgschaft aufzubauen; und wir blicken tief in die Wirren des Zeitalters, in die Kluft zwischen »Reich und Arm«, zwischen »Fischteichbesitzer« und Proletarier, wenn wir hören, wie Cicero über Catilinas Anhängerschaft referiert; in seiner zweiten Rede gegen Catilina, gehalten am 9. November 63 vor dem Volk, bringt er folgende Gliederung:

»Die *erste* Gruppe sind diejenigen, die zwar große Schulden, aber noch ziemlich große Besitzungen haben; da sie mit ganzem Herzen daran hängen, können sie auf keine Weise ihre Schulden loswerden. Das Auftreten dieser Leute ist recht würdig; sie sind ja Großgrundbesitzer. Ihre Gesinnung aber und ihr Beweggrund sind sehr schamlos. Wenn man mit Ackerland, Gebäuden, Silbergeschirr, Gesinde und allen möglichen Dingen reichlich versehen ist, warum zögert man dann, diesen Besitz etwas zu verringern und dafür an Kredit zu gewinnen? Worauf wartet man denn? Auf Krieg etwa? Wieso? Meint man denn, die Besitzungen würden in der allgemeinen Verwüstung unangetastet bleiben? Oder hofft man auf Schuldenerlaß? Wer das von Catilina erwartet, ist im Irrtum; durch mein Entgegenkommen werden neue Schuldbücher angelegt, allerdings aufgrund von Zwangsversteigerungen. Diejenigen nämlich, die Besitzungen haben, können auf andere Weise nicht saniert werden. Hätten sie das rechtzeitig getan und nicht, was die größte Torheit war, die Schuldzinsen mit dem Ertrag ihrer Landgüter bestreiten wollen, dann hätten wir an ihnen wohlhabendere und bessere Bürger. Diese Menschen aber sind, wie ich glaube, keineswegs zu fürchten; denn entweder können sie von ihrer Meinung abgebracht werden oder, falls sie dabei bleiben, werden sie eher Verwünschungen gegen den Staat ausstoßen als gegen ihn die Waffen ergreifen.

Zur *zweiten* Sorte gehören die, welche trotz ihrer Schuldenlast auf Gewaltherrschaft hoffen und auf jeden Fall in den Besitz der Macht kommen wollen. Sie glauben, die Ehrenämter, auf die sie bei ruhigen Verhältnissen im Staate auf keinen Fall rechnen können, in Wirren zu erreichen. Diese muß ich wohl über das eine aufklären, daß sie vergeblich auf die Erreichung ihres Zieles hoffen...

Die *dritte* Gruppe ist zwar im Alter schon vorgeschritten, aber durch körperliche Übungen noch recht rüstig. Zu ihr gehört jener Manlius, den jetzt Catilina ablöst. Diese Leute stammen aus den von Sulla gegründeten Siedlungen. Ich weiß, daß sie im allgemeinen wakkere und tüchtige Männer sind; aber es gibt unter den Siedlern auch solche, die sich bei dem unverhofften und plötzlichen Besitz allzu verschwenderisch und übermütig aufspielten. Während sie wie Glücksritter bauten, an erlesenen Landgütern, an zahlreichem Gesinde und an üppigen Gelagen ihre Freude hatten, stürzten sie in gewaltige Schulden. Sie zu retten, müßte Sulla von ihnen von den Toten auferweckt werden. Diese Leute haben auch einige Menschen vom Lande (d.h. die Alteingesessenen), die in dürftigen Verhältnissen leben, zur gleichen Hoffnung auf Raubzüge wie früher angestachelt. Beide Gruppen rechne ich zur gleichen Gattung der Räuber und Plünderer.

Ihnen rate ich, ihren Wahnsinn aufzugeben und nicht an Ächtungen und Diktaturen zu denken. Der Grimm über jene Zeiten (des Marius und Sulla) ist den Bürgern so tief eingebrannt, daß solche Verhältnisse nicht nur Menschen, sondern wohl nicht einmal mehr Tiere ertragen wollen.

Die *vierte* Sorte ist ein sehr bunt zusammengewürfelter, unruhiger Haufen von Leuten; solchen, die schon seit langem in Bedrängnis leben und niemals hoffen können herauszukommen; solchen, die teils durch Trägheit, teils durch schlechtes Wirtschaften, teils auch durch großen Aufwand in alten Schulden versunken sind; ferner solchen, die sich verärgert durch gerichtliche Vorladungen, Gerichtsurteile und Zwangsversteigerung ihres Besitzes in großer Zahl aus der Hauptstadt und vom Lande in jenes Lager begeben. Diese sind, wie ich glaube, weniger schneidige Soldaten als vielmehr faule Schuldner...

Zur *fünften* Gruppe gehören die Verwandtenmörder und Banditen, mit einem Wort: alle Verbrecher. Sie rufe ich nicht von Catilina zurück. Denn sie können sich von ihm nicht trennen, und so mögen sie inmitten des Raubgesindels untergehen; ihre Zahl ist so groß, daß das Staatsgefängnis sie nicht fassen kann.

Die *letzte* Gruppe, nicht bloß der Zahl nach, sondern auch nach Charakter und Lebensweise, sind, wesensverwandt mit Catilina, seine Auserwählten, seine Lieblinge und Busenfreunde. Es sind die, welche ihr mit glänzend geschniegeltem Haar seht, entweder bartlos (d. h. noch nicht erwachsen) oder mit gestutztem Bart, mit ärmellangen, bis auf die Knöchel herabfallenden Tuniken, in Segeltüchern, nicht in Togen (also in einer neuen Mode). Ihre ganze Lebens- und Arbeitskraft äußert sich in Gelagen, die sich bis zum Morgen ausdehnen. In dieser Garde finden sich alle Würfelspieler, alle Ehebrecher, alle unsauberen und schamlosen Elemente. Diese zierlichen und feinen Bürschchen haben nicht nur gelernt, zu lieben und sich lieben zu lassen oder zu tanzen und zu singen, sondern auch den Dolch zu schwingen und Gift zu spritzen...«[36]

Diese blendende Analyse zeigt uns Cicero als den großen kritischen Kopf, der, jenseits aller Taktik, mit klarem politischen Verstand die Übel der Epoche seziert. Unter den modernen Interpreten ist es wiederum Matthias Gelzer, der mit der Sprache unserer Zeit das Phänomen des Verfalls der verlorenen Republik beschreibt:

»Aufgewachsen in den politischen Denkformen eines Zeitalters, das erfüllt war von nicht enden wollenden Wirren und Bürgerkriegskatastrophen, war er (Catilina) genau vertraut mit den tief eingefressenen Schäden, die am Mark des römischen Staates zehrten, und noch mehr mit den mannigfachen Schlagworten, welche die vielen klaffenden Gegensätze widerspiegelten, die verschiedenen Stände gegeneinander hetzten und zum Nutzen ehrgeiziger Großer am Narrenseil gängelten. Es galt nur eine zugkräftige Losung auszugeben, und die Unzufriedenen, die sich zur Eroberung der Regierungsgewalt um ihn scharten, konnten nicht fehlen.«[37]

Man kann Ciceros Differenzierung von Catilinas Anhängerschaft in zwei Gruppen zusammenfassen:

1. Enttäuschte, entmachtete, korrumpierte, zurückgesetzte und »ausgesperrte« Vertreter der an sich regimentsfähigen Stände (Senatoren und Ritter).

2. Die Bedürftigen, ewig Hungernden, Darbenden, wirtschaftlich von den Großen und Besitzenden Abhängigen; die große Masse derer, die seit Gracchus, Livius, Marius, Cinna und Sulla Spielball zwischen optimatischen und popularen Interessen der Machthaber war; Leute, die durch die gewaltsame Umverteilung der Eigentumsverhältnisse unter Sulla und den anschließenden Verwüstungen des Spartacuskrieges ins Elend geraten waren; darunter eben auch zahlreiche Veteranen Sullas, die sich auf dem zugewiesenen Siedlungsland mangels agrarischer Kenntnisse nicht hatten etablieren können, die verschuldet waren und auf einen Umschwung der Dinge warteten.

Sallust, wie Cicero Zeitgenosse der inflatorischen Entwicklung, kommt in seiner Studie mehrfach auf die Hintergründe zu sprechen:

»... dazu kam (bei Catilina und seinen Anhängern) die Erwägung, daß die Schuldenlast in allen Ländern ungeheuer war und daß die meisten Veteranen Sullas nach Verschwendung ihrer Habe und in Erinnerung an ihre früheren Räubereien und Siege (in Asien) einen Bürgerkrieg sehnlich herbeiwünschten... Auch dachten viele an Sullas Siege; sie sahen, wie manche aus gemeinen Soldaten Senatoren geworden waren und andere so reich, daß sie wie Könige in Saus und Braus lebten; und so erwartete jeder, falls er die Waffen nähme, für sich die gleichen Vorteile bei einem Sieg. Die jungen Leute ferner, die auf dem Lande durch ihrer Hände Arbeit ein kümmerliches Dasein gefristet hatten, ließen sich durch private und öffentliche Spenden locken und zogen das müßige Leben in der Stadt der Landarbeit vor, die wenig lohnte.

Sie und alle die andern lebten vom Unglück des Staates. Kein Wunder, wenn mittellose Menschen mit schlechtem Charakter und voll hoher Erwartungen auf den Staat ebensowenig Rücksicht nahmen wie auf sich selbst.

Und die, deren Eltern durch Sullas Siege geächtet worden waren, denen ihr Hab und Gut entrissen und ihr Recht als freie Bürger verkümmert war, sie erwarteten gewiß nicht mit anderer Gesinnung den Ausgang des Kampfes.

Schließlich wollten alle, die zu einer andern als zur Senatspartei gehörten, lieber den Staat zerrüttet sehen als selbst weniger Einfluß haben. So hatte dies schwere Unglück nach langen Jahren den Staat wiederum heimgesucht.«[38]

3.
»Uns ließen sie nichts als Gefahren, Zurücksetzung, Prozesse!«
Catilinas Anhängerschaft

Dies aber waren die Männer, die Catilina an sich zog:

P. CORNELIUS SURA: gewesener Consul (71) und Praetor (75); ein Jahr nach seinem Consulat wegen unsittlichem Lebenswandel von den Censorn aus dem Senat gestoßen; 63 wieder als Praetor rehabilitiert. Ein Mann aus ältestem und angesehenstem Hause, der kaltblütig seine ganz privaten Ziele verfolgte. In allem das traurige Gegenstück seines Vaters (P. Cornelius Lentulus), dessen Weisheit, Vaterlandsliebe und Uneigennützigkeit gerühmt wurden. Cicero achtete ihn als Redner[39].

P. AUTRONIUS: gewesener Praetor (68) und designierter Consul (für 65), wegen ambitus angeklagt, wie wir sahen, und verurteilt. Hatte seine Hände schon in der ersten Verschwörung.

L. CASSIUS LONGINUS: ehemaliger Münzmeister (76) und Praetor (66), bewarb sich ebenfalls erfolglos gegen Cicero ums Consulat.

C. CORNELIUS CETHEGUS: Senator, ein intellektuell fähiger Kopf und kühler Rechner, mutig und skrupellos, vor nichts zurückschreckend.

P. CORNELIUS SULLA: Wir kennen den Neffen Sullas schon als designierten Consul (für 65 zusammen mit Autronius); erzielte große Gewinne bei den Subskriptionen seines Onkels, wurde ebenfalls wegen Wählerbestechung angeklagt und verurteilt; einer der »Ausgesperrten«.

L. VARGUNTEIUS: ein skrupelloser Demagoge und früher Anhänger Catilinas; ebenso

Q. ANNIUS: dessen einzige Großtat darin bestand, sich auf die Seite Catilinas zu schlagen.

M. PORCIUS LAECA: Ihm standen die Schulden bis zum Hals; er stellte sein günstig gelegenes Haus in der Sichelschmiedgasse den Verschwörern als konspirativen Treffpunkt zur Verfügung.

L. CALPURNIUS BESTIA: alter Freund und Kumpan Catilinas aus Sullas Zeiten, der einzige übrigens, der neben Cassius Longinus die folgenden Wirren schadlos überstand.

Q. CURIUS: Senator, Lebemann, der immer das Doppelte dessen ausgab, was er gerade besaß.

Hinzu kam eine ebenso große Anzahl aus dem Ritterstand; von Sallust kennen wir die Namen: M. FULVIUS NOBILIOR, LUCIUS STATILIUS, PUBLIUS GABINIUS CAPITO, GAIUS CORNELIUS; dazu viele aus den römischen Siedlungen und Landstädten, die daheim dem Adel angehörten.

Sallust hat eine berühmte Szene beschrieben, in der sich Catilina mit einer programmatischen Rede an seine Gefolgschaft wendet. (Er legt sie allerdings schon ins Jahr 64, um den Eindruck zu erwecken, Catilina habe bereits zu diesem Zeitpunkt den gewaltsamen Umsturz geplant.)

»Catilina hatte zwar mit jedem einzelnen schon oft und eingehend verhandelt; wie er nun aber die vorhin Genannten bei sich versammelt sieht, hält er es für richtig, sie alle anzusprechen und ihnen Mut zu machen...«[40]

Versuchen wir eine Rekonstruktion! Sie treffen einzeln und zu verschiedenen Zeiten in Catilinas Haus ein. Soweit die Dienerschaft nicht weggeschickt wurde, ist sie angewiesen, jeden Ankömmling ohne viel zu fragen einzulassen.

Man trifft sich zunächst im Atrium. Es ist immer noch schwül, nur allmählich sinken kühlere Schichten ins offene Geviert der Säulen herunter, die eine leichte Brise von Ostia herüberweht. Ganz Rom lechzt nach dem westlichen Luftzug, der freilich nur die höher gelegenen Viertel bestreicht.

Man steht in Gruppen beieinander, an Säulen und kühle Wände gelehnt, im Halbdunkel der Galerie. Kaum einer spricht. Knaben huschen lautlos zwischen den Säulen, reichen Erfrischungen, Obst, Nüsse, Eiswasser, getrocknete und kandierte Feigen.

Er selbst läßt sich noch nicht sehen. Neugierige Erwartung bei allen. Leise Bemerkungen zum Nachbarn über die harmonische Anordnung der Räume; mitten im Becken des Impluviums eine Venus in raffinierter Bewegung: Man weiß nicht, ob sie das Gewand fallen läßt oder sich bekleiden will; Amor hält ihr artig und verschmitzt lächelnd einen Krug entgegen, leicht geneigt, und das Naß rinnt über die rechte Hand seiner göttlichen Mutter. Die heitere Szene steht in augenfälligem Gegensatz zu den Gesichtern der Anwesenden. Leuchtend heben sich die Gestalten aus Marmor vom Dunkel der umgebenden Halle ab.

Man unterhält sich flüsternd, als ob man noch hier fürchte, belauscht zu werden.

Irgendwann sind alle versammelt, der Haushofmeister zählt mit erhobener Hand unaufdringlich die Anwesenden, ihre Namen kennt er längst nicht alle, gibt dann zwei Sklaven ein Zeichen: Die übrige Dienerschaft wird in andere Räume entlassen; er hebt einladend den Arm, wir folgen ihm durch die Fauces, den Flur, zu einem abgelegenen kleinen Saal im hinteren Teil des Hauses. Im Vorbeigehen hören wir, wie er beiden Dienern befiehlt, bei ihrem Leben niemanden mehr vorzulassen. Sie nicken ernst. Er selbst entfernt sich, wohl um den Hausherrn zu informieren, daß alles bereit sei.

Allmählich gewöhnen sich unsere Augen an das Licht, das aus zahlreichen Kandelabern und Öllampen flackernde Helligkeit verbreitet; solange die Doppeltüren noch offenstehen, züngeln die Flämmchen nach den Seiten, locken in großer Zahl Mücken an.

Man hat in das große Zimmer – sonst wohl einer der Speiseräume – bequeme Sessel und Stühle bringen lassen, die Clinen[41] lehnen zusammengerückt an der hinteren Wand; das bequeme Mobiliar steht in eigenartigem Gegensatz zu der in Al-Fresco-Manier gemalten Schlachtszene: Ein einarmiger Kämpfer schlägt mehrere Punier zu Boden. Leichen um ihn herum; rechts im Hintergrund eine herausgehobene Gestalt zu Pferde: Der einäugige Reiter – Hannibal – weist mit der Hand auf den einarmigen Recken: »Packt ihn!« Von links nähern sich punische Krieger mit erhobener Lanze. Eine Reminiszenz an den Ahnen M. Silus!

An den übrigen Wänden weitere Szenen aus dem Leben des Haudegens: Auf der Flucht! Im Kampf! Triumphaler Einzug in Rom! – Wir spüren, wie die Gemälde im flackernden Licht der Flammen ein seltsam bezwingendes Stimulans für die Versammelten bilden; er hätte keinen geeigneteren Raum für diese Sitzung finden können.

Die Gespräche verstummen, man macht sich gegenseitig auf Details der Darstellungen aufmerksam. Dann wird es still. Jeder hängt seinen eigenen Gedanken nach, wartet auf sein Kommen; denn äußerst geschickt versteht er es, sein Erscheinen hinauszuzögern, um Neugier und Spannung zu erhöhen. Einige hüsteln nervös, reiben die Finger aneinander, zupfen an den Falten der Toga.

Da betritt er den Raum! Und wir müssen gestehen, sein Bild beeindruckt: Er ist hager, größer als die meisten Anwesenden, durch und durch von kraftvoll männlicher Erscheinung. Seine Züge, die sonst von Stunde zu Stunde wechselnde Empfindungen spiegeln, wirken beherrscht. Die scharf konturierten Lippen sind geschlossen, ohne ein Lächeln. Das Kinn verrät Energie. Dunkle Augen blicken jeden von uns der Reihe nach an, es ist, als ob ein Funken überspringt. Wir spüren, wie dieser Blick, der zugleich beruhigt und herausfordert, alle in seinen Bann schlägt.

Das geht eine Weile so, dann verneigt er sich leicht und beginnt ohne Umschweife. Seine Stimme mit warmem, sonorem Klang füllt ganz den Raum; zunächst spricht er noch sehr behutsam:

»Hättet ihr nicht eure Tüchtigkeit und Treue zu mir schon längst bewährt, so wäre eine herrliche Gelegenheit umsonst gekommen; und eine schöne Hoffnung, die Macht, schon mit Händen greifbar, wäre ein Trugbild geblieben.«

Nun lächelt er, denn er setzt ihr Einverständnis voraus:

»Auch würde ich nicht mit Feiglingen oder unzuverlässigen Geistern nach Ungewissem statt nach Gewissem greifen...«

Man gibt ihm das Lächeln zurück; der Konsens ist da.

»Aber da ich schon in vielen schweren Stunden der Gefahr euch treu und tapfer fand, habe ich den ersten Schritt zu der gewaltigen und wunderbaren Tat gewagt, zumal ich sah, daß euer Wohl und Wehe gleich dem meinen ist...« Er hebt die Hand: »Dasselbe wollen und dasselbe nicht wollen, das ist erst die feste Freundschaft!«

Die Worte kommen wohlüberlegt, so als ob er lange an der Formulierung gefeilt hätte, doch wirkt ihr Pathos in dieser Umgebung, vor diesen Männern und Bildern nicht aufgesetzt, wie so oft bei Cicero – besonders, als er nun konkret wird:

»Meine Pläne habt ihr alle, der eine hier, der andere dort, schon längst gehört...« Er blickt durch die Reihen, viele nicken beifällig.

»Nun aber glüht mein Herz (er sagt wörtlich: ›glüht‹) von Tag zu Tag mehr bei dem Gedanken, welches Schicksal auf uns zukommt, wenn wir uns nicht selbst die uns angemessene Freiheit verschaffen! Denn seit der Zeit, da unser Staat in die völlige Abhängigkeit weniger Machthaber geriet, waren ihnen stets Fürsten und Könige tributpflichtig, Staaten und Völker mußten Abgaben zahlen; wir anderen aber, tüchtige, brave Leute, vornehm und gering, wir sind Masse geworden, ohne Einfluß, ohne Ansehen, denen untertan, die *uns* fürchten müßten, wenn die alte Republik noch lebte!«

Er hebt die Stimme, spricht nun schneller:

»So ist denn alles, Einfluß, Macht, Ehre, Reichtum, in ihrer Hand oder in der Hand ihrer Kreaturen! Uns aber ließen sie nur Gefahren, Zurücksetzung, Prozesse, ja bittere Armut!«

Wir ertappen uns bei dem Gedanken, wie die letzten Worte in der königlichen Ausstattung des Hauses keine Entsprechung finden, werden aber abgelenkt: Wiederum beifälliges Nicken in der Runde, man sieht sich an und murmelt Zustimmung.

Und er:

»Wie lange noch wollt ihr das eigentlich ertragen, meine Freunde? Ist es nicht besser, ehrenvoll zu fallen statt ein elendes und ehrloses Leben zu verlieren, fremdem Übermut zum Spott?«

Das Feuer seiner Augen erzwingt spontane Zustimmung, er fährt fort:

»Aber nein! So wahr es eine Gerechtigkeit im Himmel und auf Erden gibt: Der Sieg ist unser! Wir sind jung, in der vollen Kraft unserer Jahre! Die andern aber, sie vergreisen und stumpfen ab durch ihr Schlemmerleben! Wir müssen nur den Anfang machen, alles übrige wird sich dann von selbst finden!«

Uns fällt auf, mit welch sparsamen Gesten er das Gesagte untermalt; nun geht er die erste Reihe entlang, blickt ihnen ins Auge:

»Ihr alle seid ganze Kerle!...« (Sie hängen an seinem Gesicht.) »Und so frage ich euch: Wie könnt ihr es länger ertragen zu sehen, wie sie im Reichtum schwelgen, stets aus dem vollen schöpfen, um ins Meer hinauszubauen, Berge einzuebnen, während uns zum Nötigsten die Mittel fehlen? Wie sie zwei oder noch mehr Stadtpaläste aneinanderreihen, während uns nicht einmal ein eigener Herd beschieden ist!...« (Diesmal geht sein Blick zu den Abgesandten aus Etrurien hinüber, und sie geben grimmigen Beifall.) »...Wie sie Gemälde, Bildwerke, kunstvoll gearbeitete Gefäße kaufen, neue Gebäude niederreißen, andere aufbauen, kurz, auf jede nur denkbare Weise ihr Geld anlegen, verschleppen und verschleudern; so bringen sie es doch bei allem üppigen Genießen nicht fertig, ihren Reichtum kleinzukriegen! Wir aber, wir haben zu Hause Not, draußen Schulden, leben auf Pump! Die Gegenwart ist schlimm, die Zukunft noch viel härter: Kurz, was bleibt uns übrig als ein erbärmliches Leben!«

Er hat sich in Hitze geredet, Schweiß perlt auf seiner Stirn, doch er beachtet es nicht. Er geht einige Schritte vor, weist mit ausladenden Armen auf die Versammelten selbst:

»Warum erwacht ihr also nicht? – Seht dort, in euch selbst, dort habt ihr sie ja, die ihr so oft ersehntet: die Freiheit!... Dazu steht Reichtum, Ehre, Ruhm vor euren Augen! Das Schicksal hat dies alles den Siegern zum Lohn bestimmt! Unsere Lage, die Zeit, Gefahren, Armut – herrliche Kriegsbeute mahnen euch noch mehr als meine Worte. Nehmt mich als Führer oder als einfachen Soldaten: Weder mein Kopf noch mein Arm soll euch fehlen! Als Consul werde ich dies alles hoffentlich mit euch zusammen leisten, wenn ich mich nicht täusche und ihr es nicht vorzieht, lieber Sklaven als Herren zu sein!«

Soweit die Szene, und kein Wort aus Catilinas Munde ist erfunden. Sallust setzte später diesen Nachsatz hinzu:

»Dies hörten Leute, denen Not und Elend im Überfluß beschieden war, denen auch weder jetzt noch künftig eine Hoffnung winkte; zwar schien ihnen schon die Erregung von Unruhen ein großer Gewinn, doch forderten die meisten noch eine Erklärung über die Aufgabe des Krieges, über das Ziel, das sie erkämpfen sollten, über die Hilfsmittel und Aussichten, die sich hier und dort böten.

Da versprach Catilina Schuldentilgung, Ächtung der Reichen, Staats- und Priesterämter, Plünderung und sonst noch alles, was Krieg und Siegerwillkür mit sich bringt; ... Dazu beschimpfte er alle anständig gesinnten Bürger, an jeden seiner Anhänger wandte er sich persönlich mit anerkennenden Worten: Den einen erinnerte er an sein kümmerliches Leben, einen andern an seine besondere Leidenschaft, manche wieder an gerichtliche Verfolgung und Entehrung, viele an Siege zu Sullas Zeit, die ihnen einst Beute brachten...

Manche Leute behaupteten damals, Catilina habe nach Schluß der Rede die Genossen seines Verbrechens eidlich verpflichtet und dabei Menschenblut mit Wein vermischt in Schalen herumgereicht; als alle nach Schwüren der Verwünschung davon gekostet, wie es bei feierlichen Opfern üblich ist, erst dann habe er seinen Plan enthüllt. Als Grund seines Handelns gab man an, sie sollten um so treuer zueinander stehen, wenn einer vom andern eine solche Schandtat wüßte. Einige meinten, dies und vieles andre sei von Leuten frei erfunden, die den später aufgekommenen Haß gegen Cicero gern dadurch mildern wollten, daß sie das Verbrechen der bestraften Übeltäter recht gräßlich ausmalten. Mir ist diese Sache bei der Schwere des Falles zu wenig verbürgt.«[42]

Zusammenkünfte dieser Art dürften öfter stattgefunden haben.

Und immer mehr sah man unter seiner Gefolgschaft auch Leute aus Etrurien, die durch zurückliegende Agrargesetze ihr Land verloren hatten – Ehrenmänner von nobler Gesinnung, die die Welt nicht mehr verstanden und in Catilina ihren einzigen Retter sahen. Und Catilina kannte ja das Land, die brachliegenden, verwüsteten, von Unkraut und Ginster überzogenen Felder, die verfallenen Dörfer, die Bettlerhorden, die jeden Reisenden belästigten und sich bisweilen nicht scheuten, zum Dolch zu greifen.

Etrurien – bis zum heutigen Tag blieb es das traurige, geheimnisumwitterte Land zwischen Arno und Tiber; es ging den tragischen Weg aller zivilisatorischen Vorläufer; seine Kultur schwelte in tumber Umnachtung dahin, längst bezwungen von Rom, mehr noch gekettet durch die Apokalypse seiner eigenen Mythen. Dies Land ist zum Erbarmen!

Da Catilina hier vor allem seinen Rückhalt außerhalb Roms findet und mit strategischem Geschick an vielen Stellen seine Basen errichtet, sollten wir zu einer Exkursion in den Norden Roms aufbrechen, um uns Land und Leute näher anzusehen. Um so eher verstehen wir die folgenden Ereignisse...

4.
Das Ende des siebten Weltalters

Etrurien

Wir brechen früh auf. Obwohl Caere nur eine Tagesreise von Rom entfernt liegt, haben wir die Stadt und die sie umgebende Landschaft bislang nie betreten und stellen während der Fahrt im stillen fest, daß man oft besseren Einblick in entferntere Gegenden gewinnt, während das nächstliegende Umfeld anonym bleibt.

Es scheint, als ob uralte etruskische Abgrenzungen bis in die Gegenwart unsichtbare Barrieren errichteten; Caere, das ist die Stadt mit der wohl lebendigsten etruskischen Tradition, wenn auch weithin erstarrt in verknöcherten Überlieferungen: Immer noch schicken gewisse Nobiles und Patricii ihre Söhne eine Zeitlang dorthin, um ihnen den letzten Schliff altkonservativer, aristokratischer Umgangsformen zu geben – so wie wir bis in unsere Zeiten spätritterliche Noblesse pflegen; doch wissen alle Beteiligten, daß sie letztlich einer vergangenen Welt anhängen.

Mit dem Stolz derer, die von sich wissen, daß ihre Wurzeln tiefer in die Vergangenheit reichen als die der späteren Bezwinger, mit diesem Stolz, der die plebejischen Adelsfamilien Roms mehr zu treffen vermochte als eine verlorene Schlacht, halten sie auch die Erinnerung an die letzten Tarquinier wach, zumal an Tarquinius den Stolzen und seine Söhne[43]. Sie nennen ihn nach wie vor den »Großen« und überhören geflissentlich die römische Titulatur, die ihn rachsüchtig »Superbus«, den »Überheblichen« nennt. Caere kann sich rühmen, dem letzten König von Rom politisches Asyl gewährt zu haben.

In den Archiven der ältesten Geschlechter ruhen geheimnisvolle Aufzeichnungen über den Gang der Welt und die von der Vorsehung bestimmten Zeitalter, insonderheit über das eigene, das sich dem Ende zuneigt: das wölfische, das siebte!

Zwar hatte man sich erst vor zweihundert Jahren (252) Rom unterworfen, der Herrin; aber die Seher wußten es längst vorher: die gezählten Tage und Stunden, wie sie Körnchen für Körnchen verrannen; und nie würde die Uhr gedreht werden. Dieses Wissen hat sie zu Weisen gemacht, die das Unabänderliche in Demut hinnehmen; denn größere als die eigenen Götter haben es auf die Schalen der Weltwaage gelegt.

So pflegen sie denn, da jede Verantwortung von ihnen genommen, die alten Mären und Sagen, zeigen sich wie eh und je als die Meister im kultischen Umgang mit Göttern und dunklen Mächten – denn im kleinen lassen die Himmlischen mit sich reden und lehren mit Geduld die nun herrschende Wölfin in den chtonischen Dingen; und unheilvoll dunkel sind oft die Sprüche der orakelnden Priester, Auguren und Seher.

Voll Trauer, doch in Demut, nahmen sie es hin, wie die eigene Sprache verkümmert; und immer kleiner wird die Zahl derer, die die geheimnisvollen Zeichen zu lesen verstehen.

Gewiß, manchem von ihnen aus altem Geschlecht gelang es, in Rom zu den Großen aufzusteigen, und es umgibt sie die Aura der älteren Herkunft, der seltsam archaische Name; doch behalten sie stets den wissenden Abstand zu allem Gegenwärtigen, und all die ruchlosen Verbrechen um sie herum sind im Rate der Götter beschlossen.

Wir passieren einige Landstädtchen. Übel hat man ihnen in den letzten Jahrzehnten mitgespielt, doch das Unglück hatte schon früher begonnen:

Schon vor 350 Jahren wurde Südetrurien Opfer der imperialen Politik Dionysios' I. von Syrakus[44]. Der Tyrann hatte Etruriens Hilfeleistung für Athen im Sizilischen Kriege (414/413) nicht vergessen. Obwohl er sich siegreich gegen Karthago – damals noch eine Macht mittlerer Größe – behauptet hatte, waren die Staatsfinanzen ruiniert. Ein stehendes Heer von 80000 Mann, eine riesige Flotte von 300 Drei-, Vier- und Fünfruderern, dazu der königliche Pomp und Aufwand am Hofe mit regelmäßigen Festspielen und illustren Gästen wie Aischylos und Platon – dies alles hatte Unsummen verschlungen.

Da erinnerten ihn kundige Ratgeber daran, wie lohnend es schon früher gewesen sei, Elba, Corsica und die etruskischen Küsten hin und wieder heimzusuchen. Der Vorschlag gefiel, und ein Vorwand war bald gefunden: Die Etrusker sind Seeräuber! Sie stellen eine Gefahr für die friedliche Schiffahrt in den Gewässern westlich Siziliens dar!

An die hundert Trieren nahmen Kurs gen Norden. Caere hatte damals unter den Mitgliedern des etruskischen Städtebundes im Nordwesten von Rom eine beherrschende Stellung, und gegen seinen befestigten Hafen Pyrgoi erfolgte der erste Angriff der sizilischen Flotte. Noch während der Nacht landeten sie und erschienen im Morgengrauen vor den Mauern der Stadt. Pyrgoi wurde genommen und das reiche Heiligtum der »Weißen Göttin« Leukothea[45] geplündert.

Dann kamen Alsium und Punicum, die benachbarten Häfen, an die Reihe. Unermeßliche Reichtümer fielen in die Hände der Angreifer. Es hieß, allein die Beute aus dem Tempel der Leukothea habe 1000 Talente (10 Millionen Goldmark) betragen, und 5000 Talente soll der Verkauf der Gefangenen erbracht haben.

Dann kam Corsica an die Reihe; Dionysios vertrieb alle Etrusker von der Insel und nahm sie in seinen Besitz. Damit waren dem Städtebund seine wirtschaftlichen Grundlagen und Ressourcen genommen, die Häfen zerstört; es gab in der Folgezeit keinen Handelsaustausch mehr zum Süden.

Die Priester aber gaben bekannt, durch geheime Zeichen der Götter erfahren zu haben, daß das »Fünfte Saeculum« eben zu Ende gegangen sei.

Unser Wagen fährt durch einen Ort, Raebiana; einfaches Volk auf den Straßen, bröckelnde Fassaden. Noch drei Meilen, dann muß die Abzweigung nach Caere kommen.

Es wird heiß. Wir dösen. Die ruckligen, stets wiederkehrenden Bewegungen des Wagens wirken einschläfernd. Weit dehnt sich die Landschaft im überhellen Licht des Mittags. Seltsam kommt es uns an, daß diese Zone einmal heißumkämpftes Grenzgebiet war; doch nun belanglos zwei Fahrtstunden von Rom vergessen daliegt, ohne jede Bedeutung für das Lebensgefühl der Bewohner und Reisenden. Nur Grenzland hat jenen Reiz, der die Sinne schärft, die Phantasie beflügelt, den Willen zum Behaupten und Überleben spornt. Sobald die unsichtbaren Grenzen fallen, ist es banal wie überall. Nur die uralten Steineichen am Wege bergen in Stamm, Geäst und Wurzelwerk stumm und darum so beredt die Träume des Vergangenen. Was am Ende bleibt, ist einfach und von schöner Stille, weil eben abseits. Die Götter schweigen zu dem, was sie ja selbst einst planten – und auch dies Schweigen wurde alt.

Wir erreichen Caere und finden es schlimmer vor, als wir es erwarteten: eine Provinzstadt mit verfallenden, leeren Häusern. Selbst die Stadtmauer bröckelt, es gibt nichts mehr zu verteidigen. Kaum vorstellbar, daß hier einst ein Tarquinius Superbus Hof hielt.

Zwei Meilen nördlich die Nekropole, im Unterschied zur Stadt der Lebenden sehr gepflegt, aufgeräumt. Fromme Beter an Gräbern. Die Leute scheinen erleichtert, daß ihnen jemand die geschichtliche Verantwortung abgenommen hat. Das Diesseits scheint schon ein Teil des

Jenseits zu sein. Wir streichen durch ein ausgedehntes Feld von Fels- und Kuppelgräbern, größer als die dahinwelkende Stadt der Lebenden.

Wir gehen über eine öde, steinige Höhe. Die ersten wilden Rosen tauchen zwischen den Felsen auf, Asphodelen stehen im schrägen Licht des späten Nachmittags. In der Ferne glänzt das Meer in der Sonne, und ihr Leuchten scheint ein Teil des chthonischen Elements zu sein.

Wir gehen an den Gräbern vorbei, kennen ihren Inhalt; da ist eine in den Fels gegrabene Kammer, eine kleine, leere Zelle, wie sie einem Einsiedler zustehen würde. Eine alte Frau davor, stehend, im Gebet. Bald wird sie denen da drinnen folgen.

Etwas weiter sehr große, geräumige, prächtige Felsdome. Würden wir sie betreten, fänden wir ein Gastmahl des Todes: doch heiter, voll glühenden Lebens. Ein ins Auge springender Gegensatz zum Hier und Heute. Der Verstorbene liegt auf einem bequemen Ruhebett, hält eine flache Trinkschale in der Hand und stützt sich mit dem Ellbogen. Ihm zur Seite in derselben Haltung eine schöne Dame, geschmückt mit Ketten und Ringen. Sie legt ihm eine Hand auf die Brust, mit der andern reicht sie ihm eine Girlande. Dahinter ein nackter Sklave, wohl ein Musikant, ein zweiter füllt eine schöne Amphora mit Wein. Neben der Frau spielt ein junges Mädchen die Flöte. An den Wänden, gemalt, Tänzer und Tänzerinnen, einzeln und als Paare; auch sie bewegen ihre braunen Körper zur Flöte und Kithara. Die hüpfenden Bewegungen der Beine, die schnellen Gesten der Arme und des Kopfes deuten auf einen skandierten Tanz, der erregt, bis zu orgiastischen Steigerungen.

Gegenüber wieder Girlanden, umschwirrt von Vögeln, die Szene spielt im Freien; denn hinter den Festgästen erscheinen kleine Bäume. Die Männer gebräunt, die Haut glänzt, sie sind nackt bis zum Gürtel. Blonde Mädchen in leichten Gewändern und reichen, schön fallenden Mänteln blicken verheißungsvoll. Über den Festteilnehmern strecken zwei gefleckte Leoparden in den Eckgiebeln die Zunge heraus und blicken einander an. Jeder hebt eine Tatze. Es sind die Panther des unterweltlichen Bacchus, und sie wachen darüber, wie die Leidenschaften das Leben der Menschen ergreifen.

Es muß lange her sein, daß man in Caere, Veii, Tarquinii, Vulci, Volsini solche Szenen malte; denn in den neueren Gräbern überwiegen Grauen und Angst vor dem Totengericht. Schaurige Dämonen, wie Charu mit dem Hammer, wie der schreckliche Tuchulcha mit

Krallen, Pferdeohren, Geierschnabel und Schlangenhaar lassen die Menschen im Diesseits wie im Jenseits nicht in Ruhe.

Das Land ist zum Erbarmen, als wir weiter nach Norden ziehen. So weit das Auge reicht, dehnen sich Flächen von Ödland, nur hin und wieder dazwischen kleine, gepflegte Parzellen. Das Brachland überzogen von Ginster, Wollgras, niedrigem Buschwerk; wilde Rosen und Ginster bilden schon wuchernde Inseln. Dies war einmal die Kornkammer Etruriens.

Gewiß, wir sehen die Nimmermüden, die nie aufgeben und jedes Jahr den Kampf gegen die Unbillen von Natur und Unwettern von neuem beginnen. Meist sind es die Alten. Die Jungen gaben längst auf. Es war sinnlos, gegen den Wucherzins potenter römischer Geldgeber zu arbeiten. Seit Jahrzehnten ziehen Kriegsscharen über die Felder, Städte und Dörfer: Sulla, Spartacus, Marius, Bundesgenossenkrieg und zuvor schon Hannibal. Der Kreislauf des Elends ist immer der gleiche:

Sie werden in die Kriege der Großen gezogen, oder der Krieg zieht über sie hin. Kehren sie zurück, liegt alles brach; verrotten Wagen, Pflug und Werkzeug. Hunger und schlechte Hygiene hatten Seuchen im Gefolge. Dann setzte ihnen Sulla römische Proletarier auf die besten Höfe, er hatte seine Veteranen zu versorgen. Fürchterlich wütete Sulla im Lande, dem einzigen, das ihm so lange die Stirn geboten. Rücksichtslos ging er gegen die aufsässigen Geschlechter vor, schickte seine Kommandos von Ort zu Ort, tierische Kerle, denen das Morden allein nicht genügte, die ihre widerliche Freude an Quälereien und Greueln fanden. Sie vertrieben die Bewohner von Haus und Hof, mordeten jeden, der ihnen ahnungslos in den Weg trat, schändeten Frauen und Mädchen.

Einflußreiche Günstlinge des Diktators bereicherten sich an beweglichen Gütern und Schätzen. Alle einheimischen Manufakturen, wie die berühmten Keramikwerkstätten zu Arretium, gingen in römische Hände über. Unnachsichtig wurden die Gemarkungen tuskischer Gemeinden dezimiert, der größte Teil des Bodens ging an Rom.

Nie wieder hat sich das Land von diesem Aderlaß erholt. Und es war dafür gesorgt, daß die letzten Regungen der Freiheit geknebelt blieben. Überall im Lande wurden römische Kolonisten angesiedelt, Leute, deren Vorfahren wohl einst noch Hacke und Pflug geführt hatten, die aber nun ohne jede Kenntnis der agrarischen Dinge einfach aufs Land geworfen wurden – auf ein Land, das doch weithin brach und verkommen dalag. Leute, die jeder ehrlichen schweren Arbeit seit Jahren entwöhnt, ihren bisherigen Lebensunterhalt mit dem schnellen Griff zum Schwert in Asien oder sonstwo rings um die Küsten des Mittelmeeres verdient hatten. Leute, die nun nicht mehr den Willen dazu hatten, die Hand zu schwerer Arbeit zu rühren; denn in Rom hatte man ihnen bis vor kurzem das Brot kostenlos gegeben, um sie friedlich zu halten.

Die Folge war Mißwirtschaft, und sie gerieten zwangsläufig in Schulden, wurden nun selbst abhängig von römischen Geldleuten, die nur darauf lauerten, diese entwurzelten Kreaturen kraft Gesetzes von ihrem neuen Grund und Boden zu vertreiben, weil sie die Hypotheken nicht entlasten konnten.

Gaius Manlius... Vielleicht war er altetruskischer Abstammung, wie man von seinem Namen ableiten könnte. In Rom gab es die »Manlii Torquati«, die »Capitolini« und die »Vulsones« – und sie entstammten alle dem gleichen tuskischen Geschlecht, das sich schon sehr früh in Rom niederließ. Die »Vulsones« starben vor etwa hundert Jahren aus, während die »Torquati«, die sich in den Punischen Kriegen hervortaten, bis heute halten konnten. Vielleicht entstammte Manlius einer Seitenlinie, die aus nicht bekannten Gründen ihr Adelsprädikat verloren hatte.

Für einen Mann wie ihn gab es unter den gegebenen Umständen keinen anderen Weg nach oben als über die Armee. Er hatte bereits unter Marius in Afrika gedient und wurde nach dessen würdelosem Abtreten in den Wirren des Bundesgenossenkrieges, wie so viele andere, ins optimatische Lager gezogen. Er schlug sich zu Sulla, ging mit nach Asien und stieg bis in die oberen Ränge der Centurionen, der Kohortenhauptleute auf.

Wieder in Italien, wird er Catilina kennengelernt haben, damals, als alle diese jungen Heißsporne zu Sulla stießen, um Karriere zu machen. Und die Kontakte zwischen beiden müssen über die übliche Kameraderie zwischen dem adeligen Stabsoffizier und dem narbenbedeckten Haudegen hinausgegangen sein. War es am Ende eine große, tiefe Freundschaft? – Wer will das wissen, wo alles, was ins Persönliche vorstößt, nur Vermutung sein kann.

Wurde er von Sulla an die Nordfront in Etrurien geschickt, als Kenner der dortigen Verhältnisse und Örtlichkeiten? Wir wissen es nicht.

Er muß sich jedoch sehr unter dem Regiment des Diktators hervorgetan haben: »Diese Leute (sagt Cicero) stammen aus den von Sulla gegründeten Siedlungen.«[46]

Er nennt sie »im allgemeinen wackere und tüchtige Männer«, es seien aber auch solche darunter, die sich bei dem »unverhofften und plötzlichen Besitz allzu verschwenderisch und übermütig aufspielten«. Es folgt dann die übliche Abqualifikation aus optimatischer Sicht: Sie seien Glücksritter, hätten an »erlesenen Landgütern, an zahlreichem Gesinde und an üppigen Gelagen ihre Freude«, so daß sie sich am Ende fast zwangsläufig in Schulden stürzten.

Hätten Männer wie Manlius Zeitgeschichte geschrieben, sähe unser Bild der Epoche völlig anders aus! Zunächst raste ja der Sturm des Spartacusaufstandes über das Land; Pompeius stand mit seiner Armee in Spanien gegen Sertorius, Lucullus gegen Mithridates in Asien. Jeder Mann wurde in Italien gebraucht, und auf erfahrene Truppenführer wie Manlius konnte man nicht verzichten. Doch in diesem Kriege, einem Feldzug gegen Sklaven, konnte man sich nicht bereichern. So mochte er sich nach 71 schlecht und recht über Wasser gehalten haben; doch irgendwann wuchsen ihm die zu zahlenden Raten für diverse Darlehen über den Kopf, und er geriet in die Fänge römischer Geldverleiher, die jede Summe kurzfristig zur Verfügung stellten – zu einem mörderischen Zinssatz!

Gleich mehrere Pressalien standen ins Haus: Verlust des mit hohen Hypotheken belasteten Anwesens, Pfändung allen mobilen und monetären Besitztums, Schuldhaft – kurz: Verlust alles dessen, wofür er in den letzten beiden Jahrzehnten gearbeitet hatte; denn seine Armeezeit stand er nur durch in der Hoffnung auf die fällige Entschädigung durch den Staat in der Person Sullas. Aber das war nun lange her.

Er war nicht der einzige, der die Folgen römischer Mißwirtschaft und destruktiver Politik in den italischen Landen zu tragen hatte, aber er war nicht der Mann, es einfach hinzunehmen. Er begann, Freunde gegen Rom aufzustacheln, der Kreis der Unzufriedenen wuchs von Woche zu Woche; und irgendwann zwischen 70 und 65 müssen Kontakte zu Catilina geknüpft – oder neu aufgenommen worden sein. Ihr gemeinsames Ziel hieß: »tabulae novae«, neue Gesetze über die Schuldentilgung!

Manlius war für Catilina ein Glücksfall! Ohne Manlius und seine weitverzweigten Verbindungen im Norden wäre die militärische Organisation des geplanten Staatsstreiches unmöglich gewesen. Bei Cicero schimmert dies an einer Stelle, die wir eben schon zitierten, durch: Zur dritten Gruppe der Verschwörer »gehört jener Manlius, *den Catilina jetzt ablöst*«.[47]

Das heißt, daß Manlius längst vor Catilina in Etrurien offen mit militärischem Widerstand begonnen hatte, zwar im Einverständnis mit Catilina, doch wohl noch mehr in eigener Regie; bis dann der Sergier nach geheimen Absprachen die Führung des gesamten Unternehmens in die Hand nahm, um die in verschiedenen Regionen wachsenden Abneigungen zentral zu koordinieren.

Wieder nehmen wir kopfschüttelnd zur Kenntnis, wie Rom zu dieser Zeit größten imperialen Ausgreifens an den Rändern des Mittelmeeres die internen Probleme schleifen läßt, weil aristokratische Kreise in falschen Perspektiven denken, die allerdings bequem sind: In großen Reden vor dem Stimmtier in Rom kann man es leicht kaschieren, indem man die Mißstände diesen regionalen »Abenteurern«, diesem »Lumpenproletariat«, diesen »Räubern« und »Verbrechern« anlastet, die dies zwar zum Teil auch sind – aber durch die Vernachlässigung Roms selbst! Doch solange das Tauziehen zwischen den Etablierten und »Ausgesperrten«, den »Fischteichbesitzern« und den Bedürftigen nicht entschieden ist, wird dies schöne Land dahinsiechen. Zorn steigt in uns hoch, als wir schweigend das Elend dieser Erde und ihrer Menschen betrachten. Und die hiesige Anhängerschaft Catilinas sehen wir mit einem Male mit anderen Augen.

5.
Ach, wie so trügerisch...
Die Rolle der Frauen

Wieder in Rom...

Cicero hat sich nicht nur mit Catilinas wachsenden Umtrieben auseinanderzusetzen; Anfang des Jahres (63) landen Caesar und Crassus einen neuen Coup; Plutarch berichtet:

»Das Vorhaben des Catilina war zwar für das Volk ein Geheimnis, aber gleich zu Anfang von Ciceros Consulat zeigten sich einige Vorspiele dazu. Auf der einen Seite suchten die, welche nach den Gesetzen Sullas von allen Staatsämtern ausgeschlossen waren (nämlich die Söhne derer, die vormals von Sulla geächtet worden waren und deren Strafe sich auch auf ihre Familien erstreckte), eine immer sehr mächtige und zahlreiche Partei, durch Schmeicheleien gegen das Volk zu Ämtern zu gelangen, und führten viele, allerdings wahre und begründete Klagen über Sullas Tyrannei; aber sie wählten eben einen Zeitpunkt, der zu solchen Veränderungen im Staate sehr ungeeignet und unvorteilhaft war.

Auf der andern Seite brachten die Volkstribunen in derselben Absicht ein Gesetz in Vorschlag: eine Regierung von zehn Männern mit unbeschränkter Gewalt einzusetzen, welche Macht haben sollten, in ganz Italien, ganz Syrien und den von Pompeius eroberten Ländern die Staatsgüter zu verkaufen, jeden nach ihrem Gutdünken zu verhaften und zu verbannen, die Kolonien in die Städte zu schicken, das nötige Geld aus der Schatzkammer zu nehmen und so viele Soldaten, als sie brauchten, anzuwerben und zu unterhalten.

Eben deswegen erklärten sich viele vornehme Männer für dieses neue Gesetz – und zuallererst Antonius, Ciceros Kollege, weil er sich Hoffnung machte, einer der Decemvirn zu werden. Überdies schien er mit um die Verschwörung Catilinas zu wissen und bei seinen vielen Schulden ihr eben nicht abgeneigt zu sein; ein Umstand, der den Gutgesinnten die meiste Sorge bereitete.«[48]

Der Urheber dieses den Senat sehr beunruhigenden Gesetzes war der Tribun P. Servilius Rullus, eine Kreatur Caesars und Crassus'; Cicero sprach unverzüglich dagegen in den noch vorhandenen drei Reden »de lege agraria« (»Über das Ackergesetz«) und brachte es dahin, daß die Tribunen auf die Sache verzichten und das Gesetz unausgeführt ließen.

Dieser neuerliche Fehlschlag, diesmal eine Folge von Caesars allzu hektischen Bestrebungen, bestärkte Catilina, sich selbst als den wahren Vorkämpfer der Armen auszugeben. Seine Versprechungen für den Fall seiner Wahl kennen wir schon: allgemeine Schuldentilgung, Ächtung und Ausplünderung der Reichen, Verteilung aller Ämter und Priesterstellen an seine Anhänger.

Doch nun erhoben auch andere Mitglieder seines Gefolges aus den Reihen der Nobilität Anspruch auf Führung, vor allem P. Cornelius Lentulus, zur Zeit Praetor (vgl. S. 230). Ein seltsamer Mensch: »Dieser Lentulus (so Plutarch) war ein Mann aus vornehmem Geschlecht, aber wegen seiner schändlichen Lebensart und Liederlichkeit früher aus dem Senate ausgestoßen worden. Jetzt bekleidete er die Praetur zum zweiten Male, wie es die Römer mit denen zu halten pflegen, die die verlorene Senatorenwürde wiederbekommen sollen. Den Beinamen ›Sura‹ soll er durch folgende Veranlassung erhalten haben:

Zu Sullas Zeiten hatte er als Quaestor viele öffentliche Gelder verschleudert und durchgebracht. Da Sulla darüber aufgebracht war und im Senat Rechenschaft von ihm forderte, trat er mit einer gleichgültigen und verächtlichen Miene auf und erklärte: Rechenschaft könne er nicht ablegen, aber er wolle sein Bein hinhalten, wie die Knaben zu tun pflegen, wenn sie beim Ballspiel einen Fehler gemacht haben. Davon bekam er den Beinamen ›Sura‹, weil die lateinische Sprache das Bein oder die Wade ›sura‹ nennt. (Plutarch schreibt ja griechisch, kann also Latein zitieren.)

Bei einer anderen Klage gegen ihn bestach er einige der Richter, und als er bloß durch eine Mehrheit von zwei Stimmen freigesprochen wurde, meinte er: Das dem einen der beiden Richter gegebene Geschenk sei ein unnötiger Aufwand gewesen, denn ihm hätte es genügt, wenn er auch nur durch eine Stimme mehr freigesprochen worden wäre.

Diesen Mann nun, der schon an sich von solcher Denkungsart und durch Catilina noch mehr verhetzt war, hatten überdies auch falsche Wahrsager und Gaukler mit leeren Hoffnungen betört, indem sie allerhand erdichtete Orakel anführten und ihm weismachten, es stünde in den sibyllinischen Büchern, daß drei Cornelier vom Schicksal zu Monarchen über Rom bestimmt seien; zwei davon, Cinna und Sulla, hätten schon ihre Bestimmung erfüllt; ihm, als dem dritten noch übrigen Cornelier, biete jetzt das Glück die höchste Gewalt an, er solle also ja mit beiden Händen zugreifen und nicht, wie Catilina, die günstigen Gelegenheiten durch Zögern verscherzen.«[49]

Dann waren da noch C. Cornelius Cethegus und Cassius Longinus, die nicht ohne weiteres gewillt waren, sich unter Catilina zu ducken.

Gelzer meint dazu:

»Die Hoffnung des P. Lentulus zeigt, daß die Führer an Aufrichtung eines diktatorischen Regiments dachten. Das war in der Tat die Staatsform der Zukunft. Schon Cn. Pompeius Strabo (des ›Magnus‹ Vater, d. Verf.) hatte sie geplant: Mit besserem Erfolg führten sie dann für mehrere Jahre Cinna und Carbo durch; nach ihnen ihr siegreicher Gegner Sulla; 78 wiederholte M. Aemilius Lepidus den Versuch; 65 erstrebten Crassus und Caesar Ähnliches; 63 Catilina und seine Genossen. Es war der Weg, der zu Caesar und Augustus führte.«[50]

Die Wahlen für 62 rückten näher. Catilina war fieberhaft tätig, und je größer die Unruhe wurde, die er verbreitete, um so zuversichtlicher gab er sich.

Sallust hat es, wenn auch zeitlich versetzt und im Zusammenhang mit den Ereignissen von 64, so formuliert:

»... wurde Catilinas Tollheit (furor) nicht geringer, sondern von Tag zu Tag entwickelte er eine lebhafte Tätigkeit.«[51]

Er stattete sich mit einer Art Leibgarde aus; sullanische Kolonisten aus Arretium und Faesulae begleiteten ihn auf Schritt und Tritt. Immer wildere Gerüchte kursierten um ihn und seine Pläne.

Cato – Zünglein der öffentlichen Moral – horchte auf, zögerte nicht, ihn in einer Senatssitzung erneut mit einem Ambitusprozeß zu bedrohen. Doch Catilina, nun selbstsicher auf seinen Erfolg bauend, konterte hart: Wenn man seine Existenz in Brand stecken wolle, werde er das Feuer nicht mit Wasser, sondern durch Einreißen der Mauern töten. (Diese Wendung übernahm Sallust an anderer Stelle.)

Cicero freilich wußte schon zu diesem Zeitpunkt, noch vor den Wahlen (für 62), gefährliche Einzelheiten über Catilinas Absichten. Und das kam so:

»Unter den Verschwörern war auch ein Quintus Curius, ein Mann aus guter Familie, doch tief versunken in Laster und Verbrechen, den die Censoren wegen sittenlosen Lebens aus dem Senat gestoßen hatten. Dieser Mensch war ebenso unzuverlässig wie frech ...«[52]

Ein Mann ohne allen Verdienst, sonst nirgendwo in den Quellen genannt; wenn überhaupt, dann nur mit subalternen Aufgaben betraut. Vielleicht durch Zufall ins Zentrum der beginnenden Konspiration geraten. Doch er wird eine fatale Rolle spielen.

Typen wie Curius entstammten heruntergekommenen alten Häusern; in ihnen kam die Dekadenz des Ancien régime abrupt zum Ausbruch: Der Abstieg der Sippe hatte bereits vor drei, vier Generationen begonnen. Ihr immobiles Vermögen und der alte Name mochten den Respekt der Menge noch eine Weile hochhalten; schaute man genauer hin, so war vieles, wenn nicht alles brüchig, es wurde öffentlich sichtbar an den verfallenden Fassaden ihrer Häuser, und keine Tünche konnte es verbergen. Ihre Ländereien in Latium oder Campanien waren mit hohen Hypotheken belastet. Ihr ganzes Sinnen und Trachten ging aufs »standesgemäße« Überleben. Fast verzweifelt hielten sie sich an die aristokratischen Verkehrs- und Lebensformen, sprachen sehr vornehm und gestelzt, brüsteten sich mit angelesenem griechischen Gedankengut, gaben nie zu, daß ihnen die Trauben zu hoch hingen – und vermochten naive und biedere Naturen so eine Weile zu täuschen. Ihre zuletzt geringen Einkünfte steckten sie bedenkenlos in die Aufrechterhaltung des überkommenen Status, von dem sie kraft elitärer Erziehung überzeugt waren, daß er ihnen als die einzig gemäße Lebensform zustehe. Sie glichen bereits in den Vierzigern lebenden Toten, denn ihr Geschlecht und die Substanz des Hauses waren entschlafen, ehe sie selbst seelisch und materiell Bankrott machten.

Hinzu kam, daß man in frühen Jahren außer den leeren Gesten der Etikette nichts von ihnen gefordert hatte, und der Verfall des Geschlechtes zeigte sich unbestechlich in der versiegenden Intelligenz der jeweils Nachgeborenen. Doch gerade diese Kreaturen bevölkerten die Salons der plebejischen Adelshäuser, da die erst kürzlich Etablierten sich allzu gern mit ihnen zierten, was für die schmarotzenden Absteiger die angenehme Folge hatte, mit manchem Brosamen, der vom üppigen Tisch der Neureichen fiel, leidlich ausgehalten zu werden.

Meist suchten sie ihr Heil im Rausch, im hemmungslosen Ausleben der Triebe, in der verzweifelten und zugleich wahnwitzigen Hoffnung, irgendwann doch noch eine gute Partie machen zu können.

Doch wehe, wenn sie den ebenso listigen wie unverhohlen lockenden Reizen einer dieser Damen erlagen, die allenthalben jene Kreise wie Schimmel überzogen! Es schien, als ob die Natur in blindem Eifer die sexuelle Potenz dieser zu spät Geborenen zu perversem Eifer anstachelte, als ob denn alles ein schnelles Ende finden sollte: Körper und Geist verfielen zusehends, sie starben einsam, ausgemergelt, krank, ohne Söhne, ohne Testament, ohne Trost in leeren, zu großen, zu alten Häusern.

Curius war einer von ihnen, nicht weniger skrupellos als Catilina – aber feige! Nicht weniger versessen auf Frauen jeden Alters – aber weichlich! Nicht weniger intrigant – aber sentimental! Nicht weniger taktierend – aber phantasielos und ohne übergreifendes Ziel!

Catull hat über Kreaturen seines Schlages seinen zynischen Spott gegossen:

> »Du Lustmolch Thallus, weicher als das Haar von einem Hasen
> Und als ein Gänseknochenmark und als am Ohr das Läppchen
> Und als von einem Greis das Glied und staubge Spinngewebe –
> Und trotzdem, Thallus, reißender als Sturm und Ungewitter, ...
> Wenn man die Gäste sorglos sieht, die unaufmerksam gähnen.
> Gib meinen Mantel mir zurück, den du mir hast gestohlen,
> Dazu das feine Taschentuch und die bithynschen Tücher,
> Die du ganz öffentlich benutzt wie ein Familienerbe.
> Sie reiße dir nun aus den Klaun und schicke sie mir wieder,
> Daß nicht aufs samtne Rückenstück und deine weichen Händchen
> Die Peitschenhiebe niedergehn und dich mit Schande zeichnen
> Und du vor Schmerzen Sprünge machst wie ein kleinwinzig Schiffchen,
> Das auf dem hohen Meere ist vom wilden Sturm ergriffen.«[53]

Ausgerechnet Curius, dieser miese Wicht und unbedeutende Mitläufer, bringt unsere Geschichte in neue dramatische Bahnen, und das folgende Geschehen könnte von Shakespeare nicht besser erfunden worden sein. Folgen wir wieder Sallust:

»Dieser Mensch war ebenso unzuverlässig wie frech; er legte keinen Wert darauf zu verschweigen, was er (im Kreise der Verschwörer) gehört hatte, ja die eignen Verbrechen zu verbergen; kurz, er tat und sagte, was ihm gerade einfiel.

Schon lange hatte er mit Fulvia, einer Frau aus adligem Hause, ein ehebrecherisches Verhältnis. Als er ihr infolge seiner Armut weniger Geschenke machen konnte und sich deshalb ihre Gunst verscherzte, fing er plötzlich an zu renommieren und ihr goldne Berge zu versprechen, manchmal sie auch mit der Waffe zu bedrohen, wenn sie ihm nicht zu Willen sei; mit einem Wort, er benahm sich jetzt noch toller als gewöhnlich.

Wie nun Fulvia den Grund seines ungewöhnlichen Benehmens merkte, hielt sie diese schwere Gefahr für den Staat nicht geheim, sondern sie erzählte – ohne ihre Quelle zu verraten – in weiteren Kreisen, was sie von der Verschwörung Catilinas irgendwie erfahren hatte...«

Catilina ahnt natürlich nichts davon... »Nach diesen Vorbereitungen bewarb sich Catilina trotz allem fürs nächste Jahr (62) ums Consulat; denn er hoffte, wenn er erst gewählt sei, werde er (den alten Kumpan und jetzigen Kollegen Ciceros im Consulat) Antonius leicht nach seinem Wunsche lenken. Und inzwischen blieb er nicht müßig, sondern plante mit allen Mitteln heimtückische Anschläge gegen Cicero. Doch auch dem fehlte es nicht an List und Schlauheit, um auf der Hut zu sein. Denn gleich bei Antritt seines Consulates (Anfang 63!) hatte er mit Fulvias Hilfe durch viele Versprechungen erreicht, daß ihm der vorhin erwähnte Curius die Anschläge Catilinas verriet.«[54]

Noch eine andere Frau rückt in unser Blickfeld: Sempronia. Catilinas Einfluß auf Damen der höchsten Gesellschaft war unbestritten – wir erinnern uns an eine Vestalin namens Fabia.

Man hat lange gerätselt, warum Sallust dieser Frau ein ganzes Kapitel gewidmet hat. Nun, Sallust wußte seit dem Ende seiner eigenen politischen Karriere: Das Leben ist trivial! Unsere Sammlung an Erfahrungen stammt aus jener noch offenen Zeit der jungen Ideale, der ununterbrochenen Suche, der Hoffnung, des Glaubens, daß man etwas ändern könne; als er zu schreiben begann – wahrscheinlich 43, nach Ciceros Ermordung –, war er darüber hinaus. Und dennoch: Wenn er vor seinem weißen Bogen Papyros saß und grübelte, kamen ästhetische Linien und spannen ihr Eigenleben über den Fakten; man konnte nicht hingehen und anderen die ununterbrochene Folge von Schwermut, Zweifel, Euphorie vorzeigen, denn es wäre langweilig, weil das Private niemanden interessierte. Ein Kunstwerk – und Sallust betrachtete seinen Erstling als solches – gehorchte anderen, außerpersonalen Gesetzen. Der schnelle Wechsel des Ortes war gefordert, das Erkennen und Raffen des großen, verwickelten Geschehens in einem, in zwei, drei Sätzen: »Dies hörten Leute, denen Not und Elend im Überfluß beschieden war, denen auch weder jetzt noch künftig eine Hoffnung winkte...«

Geschichte, wie Sallust sie verstand, lebte vom Wort:

»Bei der großen Fülle der Möglichkeiten aber weist die Natur jedem eine andere Bahn. Schön ist es, Verdienste um den Staat zu haben, doch auch gewandt zu reden hat seinen guten Sinn. Im Frieden wie im Kriege kann man Ruhm gewinnen. Wer selbst etwas geleistet oder wer die Taten anderer beschrieben hat: beide werden in großer Zahl gerühmt. Und wenn auch der Geschichtsschreiber nicht die gleiche Anerkennung findet wie sein Held, so scheint es mir doch ganz besonders schwer zu sein, Geschichte zu schreiben: Denn einmal muß die Darstellung den Taten ganz entsprechen; sodann nehmen es die meisten Leser nur als eine Äußerung von Übelwollen und Mißgunst, wenn man Fehler tadelt; spricht man aber von hervorragender Tüchtigkeit und vom Ruhm edler Männer, so nimmt jeder gleichgültig hin, was er sich selbst leicht zutraut; darüber hinaus hält er alles für Lug und Trug.

Ich selbst nun habe mich in früher Jugend zunächst aus innerer Neigung, wie die meisten, auf die Politik geworfen; dort aber war mir vieles widerwärtig. Denn statt Anstand, Zurückhaltung und Tüchtigkeit blühten Frechheit, Bestechlichkeit und Habsucht. Wohl wies ich, des üblen Treibens ungewohnt, dies alles innerlich weit von mir, doch wurde meine schwache Jugend in so lasterhafter Umgebung von Ehrsucht betört und blieb in ihrem Bann; und wenn ich auch den schlechten Wandel der anderen nicht billigte, so hatte ich doch durch meinen Ehrgeiz unter der gleichen gehässigen Nachrede zu leiden wie sie.

Als ich daher nach vielen Leiden und Widerwärtigkeiten wieder zur Ruhe gekommen und fest entschlossen war, den Rest meines Lebens fern von Staatsgeschäften zu verbringen, da war es nicht meine Absicht, in sorglosem Nichtstun die schöne Muße zu vergeuden oder gar mein Leben lang mit Ackerbau oder Jagd mich zu beschäftigen, wie es die Sklaven tun. (Er meint die Versessenheit auf materielle Güter.) Nein, ich wandte mich der früheren Liebhaberei wieder zu, von der mich einst die leidige Ehrsucht ferngehalten hatte, und beschloß, die Geschichte des römischen Volkes in Auswahl darzustellen, wie mir gerade die einzelnen Zeiten der Schilderung wert erschienen. Das tat ich um so lieber, da ich von Hoffnung, Furcht und Parteileidenschaft mich frei und ledig fühlte.«[55]

Vor Sallust lagen – zwanzig Jahre nach den Ereignissen – die Notizen über eine Frau: Sempronia, Tochter des großen Gaius Sempronius Gracchus, Mutter des Caesarmörders Decimus Brutus. Sie war eine jener Damen, die zum Kreis um die viel jüngere Clodia (Lesbia) gehörten. Er hatte sie selbst nicht mehr erlebt, aber viel erfahren: wie sie zur Laute sang und tanzte, eine sehr sinnliche Frau von üppigen Formen, so ganz anders als die ätherisch zerbrechliche Clodia. Starker Wille und unbändiges Temperament waren ein Erbe des Vaters. Man hat gerätselt, warum Sallust sie eines breit gezeichneten Porträts gewürdigt hat: Er habe sich damit an Decimus Brutus (ihrem Sohn), dem Mörder seines Idols Caesar, rächen wollen; private Gründe hätten eine Rolle gespielt: Sempronia habe sich an ihn heranmachen wollen und von ihm eine Zurückweisung erfahren; sogar dies: es sei ihm an dieser Stelle nichts Besseres eingefallen.

Dies war der Grund: Sempronia erschien ihm stellvertretend für viele als Typus und Beispiel des politischen Verbrechens und der moralischen Verkommenheit innerhalb der Hocharistokratie. Natürlich hätte er andere Namen nennen können; doch 43/42, als er schrieb, klang noch jenes bissige Wort Ciceros in aller Ohren aus einer seiner letzten Reden gegen Marc Anton, wo sie als »Giftmischerin« und »Zauberin« abqualifiziert wird. Sallust kam es darauf an zu zeigen, wie sich der sittliche Verfall quer durch alle Schichten fraß, ohne Ansehen von Person, Herkunft, Alter und Geschlecht. Freilich hatte er es nicht wie Catull nötig, sich in obszöne Beschreibungen einzulassen – wie es später Mode wurde. Die Tatsachen sprachen für sich. Wenn er über Sempronia schrieb, war es doch nur eine weitere entlarvende Aussage über Catilina und seinen Kreis. So ist dieser Abschnitt nicht als selbständiger Exkurs zu lesen, sondern im Zusammenhang mit dem Vorherigen:

»Damals soll Catilina sehr viele Leute jeden Standes an sich gezogen haben, darunter auch einige Weiber, die früher ihren gewaltigen Aufwand durch Preisgabe ihres Körpers bestritten, dann aber riesige Schulden aufgehäuft hatten, als das Alter wohl ihrem Erwerb, aber nicht ihrer Verschwendungssucht eine Grenze setzte. Catilina glaubte, durch sie könne er die städtischen Sklaven aufhetzen, die Stadt in Brand stecken, ihre Männer entweder mit sich verbinden oder ums Leben bringen.

Zu diesen Frauen gehörte auch Sempronia, die schon viele Schandtaten mit oft männlicher Verwegenheit begangen hatte. Sie war durch Geburt und Schönheit, auch durch Mann und Kinder in einer recht glücklichen Lebenslage. Mit griechischer und lateinischer Literatur war sie wohlvertraut und wußte geschickter zur Laute zu singen (psallere) und zu tanzen, als es für eine anständige Frau nötig ist; dazu verstand sie sich auf vieles andere, was man zu einem schlemmerhaften Leben braucht. Von jeher war ihr alles lieber als Zucht und Anstand. Ob sie ihr Geld oder ihren guten Ruf weniger schonte, hätte man schwer entscheiden können. Ihre Sinnlichkeit war so stark, daß sie häufiger Männer aufsuchte als von ihnen aufgesucht wurde. Auch hatte sie früher schon oft ihr Wort gebrochen, ein Darlehen abgeschworen, von einer Mordtat gewußt. Durch Verschwendungssucht und Armut war sie tief gesunken. Dabei war sie geistig nicht unbegabt: Sie verstand Verse zu machen, Scherz zu treiben, ganz nach Belieben eine ehrbare oder gefühlvolle oder freche Unterhaltung zu führen; kurz, sie besaß viel Witz und Anmut.«[56]

Kurz vor dem im Juli angesetzten Wahltag rief Catilina wieder einmal seine Leute in seinem Hause zusammen und beratschlagte die Lage. Cicero wurde über das Ergebnis der Sitzung prompt von Curius über Fulvia unterrichtet und konnte in einer späteren Rede, die sich indirekt mit der Verschwörung beschäftigte, erstaunliche Einzelheiten nennen:

»Man sah... Catilina unterdessen froh und munter, von einem Gefolge junger Leute umgeben, wie durch eine Mauer geschützt von Spionen und Meuchelmördern, gebläht von Hoffnung auf die Soldaten; vor allem, wie er selbst (nach Curius' Informationen) sagte, auf meines Kollegen (Antonius) Versprechungen, umringt von einem Heer von Kolonisten aus Arretium und Faesulae.

Unter diesen Haufen, buntgemischt, sah man Leute ganz anderer Art: durch das Unglück der sullanischen Zeit ruinierte Existenzen. In seinem Gesicht las man Tollheit (furor), in seinen Augen Verbrechen, aus seinen Worten sprach Anmaßung (adrogantia: Arroganz); man hatte den Eindruck, daß er das Consulat bereits für ausgemacht und bei sich zu Hause aufbewahrt hielt...

Welche Angst diese Dinge bei allen Rechtschaffenen (bonis: den ›Guten‹) erregten und welche Verzweiflung an der politischen Lage, falls er gewählt würde: Verlangt nicht, Senatoren, daß ich euch darauf hinweise, ruft euch das selbst ins Gedächtnis zurück.

Ihr erinnert euch ja, wie die Worte dieses abgefeimten Banditen bekannt wurden, die er, wie es hieß, in einer Versammlung bei sich zu Hause geäußert hatte; wie er behauptete, man könne keinen getreuen Verteidiger der Elenden finden, es sei denn jemanden, der selbst im Unglück stecke: Wer angeschlagen und entrechtet sei, dürfe den Versprechungen der Unversehrten und Begüterten nicht glauben; wer daher seinen leeren Beutel wieder füllen, das ihm Entrissene wiedererlangen wolle, solle beachten, was er, Catilina selbst, für Schulden habe, was er besitze, was er riskiere! (Das heißt, er stehe vor dem absoluten Ruin, denn am 13. Dezember waren die Rückzahlungen fällig!) Der künftige Anführer und Bannerträger der Unglücklichen müsse ganz frei von Furcht und selbst gänzlich im Unglück sein.«

Nun ruft Cicero in Erinnerung, warum er damals, im Juli, die Wahlen verschieben ließ:

»Daraufhin, als dies alles bekannt wurde, kam, wie ihr wißt, auf meinen Vortrag hin ein Senatsbeschluß zustande, daß am folgenden Tage keine Wahlen stattfinden sollten, damit die Angelegenheiten im Senat beraten werden könnten. So rief ich denn am folgenden Tage in einer stark besuchten Sitzung Catilina (der ja kaltblütig in den Senat kam) auf und gebot ihm, er möge sich, wenn er wollte, über die Dinge äußern, die man mir hinterbracht (!) habe.

Und er, mit der völligen Offenheit, die ihm immer eigen war (!), rechtfertigte sich nicht, sondern bezichtigte sich selbst und belastete sich. Er erklärte nämlich, der Staat bestehe aus zwei Leibern: der eine sei gebrechlich und habe ein schwaches Haupt, der andere sei stark und habe kein Haupt; diesem Leib werde, wenn er sich ihm gegenüber entsprechend verhalte, zu seinen Lebzeiten das Haupt nicht fehlen.

Der zahlreich versammelte Senat ächzte auf, faßte aber trotzdem keinen Entschluß, der dieser unerhörten Äußerung entsprochen hätte. Denn teils waren die Senatoren deshalb nicht tatkräftig in ihren Entschlüssen, weil sie nichts – teils, weil sie alles fürchteten.

Er aber stürzte aus dem Senat, triumphierend vor Freude! Er, der gar nicht mehr lebend dort hätte herauskommen dürfen! Hatte doch derselbe Catilina wenige Tage zuvor in derselben Versammlung dem wackeren Cato, der ihm einen Prozeß (wegen ambitus) androhte und in Aussicht stellte, geantwortet: Wenn man einen Brand zu seiner Vernichtung entfache, dann werde er ihn nicht mit Wasser, sondern durch einen allgemeinen Einsturz löschen (... id se non aqua sed ruina restincturum).

Diese Vorkommnisse stimmten mich damals bedenklich; außerdem wußte ich, daß Catilina schon in jener Zeit seine Mitverschworenen bewaffnet auf dem Marsfeld (wo die Wahl stattfinden sollte) aufziehen ließ.

Ich aber begab mich daher mit einer sehr starken Schutztruppe mutigster Männer auf das Marsfeld und trug hierbei jenen breiten und auffälligen Brustpanzer, nicht um mich zu schützen – ich wußte ja, daß Catilina nicht auf die Flanke oder den Leib, sondern auf Kopf und Hals zu zielen pflegte –, vielmehr sollten alle Rechtschaffenen (›boni‹) aufmerksam werden und, da sie den Consul in Furcht und Bedrängnis sahen, zu seiner Hilfe und zu seinem Schutz herbeieilen, wie es denn auch eingetreten ist...«[57]

Aus diesem Referat Ciceros geht eindeutig hervor, daß Catilina seine konspirativen Vorbereitungen schon längst vor der Wahl im Juli 63 getroffen haben muß. Ob er schon am Wahltag zuschlagen und die amtierenden Consuln Cicero und Antonius beseitigen lassen wollte, ist nicht mehr zu klären, wenn auch Sallust lakonisch schreibt:

»Der Wahltag kam. Weder die Bewerbung glückte Catilina noch die Anschläge, die er gegen die Consuln auf dem Marsfeld vorbereitet hatte.«[58]

Doch nun waren klare Bahnen geschaffen: Nach dieser erneuten Wahlniederlage gab es für Catilina nur noch den Weg der Gewalt! »...da beschloß er, offen Krieg zu führen und alles, auch das letzte Mittel zu versuchen; denn seine heimlichen Versuche hatten ja ein ganz klägliches Ende gefunden.«[59]

Unverzüglich ergreift er die notwendigen Maßnahmen:

»Er schickte also Gaius Manlius nach Faesulae und in diese Gegend von Etrurien...«[60]

6.
»...setzte er vielerlei gleichzeitig in Szene«
Die Ereignisse bis Ende November 63

Ähnlich wie Manlius in Faesulae, der von Rom ausgelagerten Zentrale für Logistik, wirkten andere Spezialisten in den übrigen Regionen Italiens:

»...schickte er einen gewissen Septimius aus Camerinum ins Picenerland (des Pompeius Heimat), Gaius Iulius nach Apulien, außerdem den einen dahin, den andern dorthin, wo ihm jeder einzelne am besten nützen würde.«[61]

Er kann ja allenthalben die im Lande schwelenden Abneigungen gegen die römische Zentrale nutzen; die Generation, die sich im Bundesgenossenkrieg erhob, ist nun in den besten Jahren.

Was hier Sallust und andere mit zwei Sätzen umschreiben, ist eine gewaltige Organisation, die von Rom aus gesteuert, mit einer Hierarchie ausgesuchter Fachleute am kurzen Seil gehalten wird.

Was da in die Wege geleitet wird, ist nichts anderes als eine geheime Mobilmachung der von Rom enttäuschten Massen in ganz Italien, und die Selbstverständlichkeit, mit der hier Namen von Sonderbeauftragten genannt werden, die überall im Lande unterwegs sind, gibt zu denken.

»Unterdessen hetzte Manlius in Etrurien das Volk auf, das durch Sullas Gewaltherrschaft sein Land und alles Hab und Gut verloren hatte und nun in seiner Armut und zugleich voll Erbitterung über die ungerechte Behandlung sich nach einem Umsturz sehnte. (Wir haben uns ja an Ort und Stelle umgesehen.) Ferner Raubgesindel jeder Art, das es dort in Massen gab, und auch aus Sullas Militärkolonien einige Leute, denen Genußsucht und Verschwendung von ihrem reichen Raub nichts übrig ließ.«[62]

Diese Vorbereitungen reichten bis in den Raum des Diesseitigen Galliens am Po. Im Süden schürten andere die Unruhe, bis hinunter nach Apulien.

Hauptzweck dieser Aktionen war es, Truppenkontingente zusammenzubringen und durch die wirtschaftlichen Ressourcen dieser Regionen einen Rückhalt zu gewinnen: Rom soll von Italien aus in die Zange genommen werden!

Catilina, das »Haupt« des Körpers – wie er sich ja eben selbst nannte –, blieb während dieser Wochen in Rom, um von hier aus alles koordinieren zu können:

»Inzwischen setzte er in Rom vielerlei gleichzeitig in Szene: Er plante (weiterhin) Anschläge gegen die Consuln, bereitete Brandstiftungen vor, besetzte geeignete Plätze mit Bewaffneten. Er selbst trug immer Waffen und verlangte es auch von den anderen, ermahnte sie, stets schlagfertig zu sein und sich bereit zu halten, war Tag und Nacht hastig und unermüdlich auf den Beinen und ließ sich weder durch Schlaflosigkeit noch durch Strapazen erschöpfen.«[63]

Das zog sich so über den Oktober hin. Der Tag »X« wurde auf den 27. Oktober festgelegt; dann sollten die Truppen anmarschieren, die Stadt in Brand gesetzt und am folgenden Tag, dem 28. Oktober, alle in Rom weilenden Optimaten liquidiert werden.

Versuchen wir uns den Catilina dieser Tage vorzustellen, wenn er allein mit sich selbst ist: hin- und hergerissen zwischen Wunsch und Möglichkeit, Ehrgeiz und Verzweiflung, Haß und Größenwahn. Es ist Nacht. Er wirft sich erschöpft auf einen Stuhl, irgendwo, müde, zerschlagen von der ununterbrochenen Anstrengung, apathisch vor der Überzahl der tausend Dinge, an die es zu denken gilt; ausgelaugt von der Notwendigkeit, all diese grundverschiedenen Charaktere, Temperamente, Besserwisser mit ihren Nörgeleien und Sonderwünschen bei der Stange zu halten. Er sitzt da, weit nach vorn gebeugt, allein, den brennenden Kopf in beide zittrigen Hände gestützt, ein unruhiges Gefühl im Magen, den Blick auf den Boden gerichtet, grübelnd, alle Möglichkeiten des Kommenden abwägend; einsam, mit schweren Gliedern, nervösem Zucken am linken Auge, Sodbrennen in der Kehle. Und über allem doch das Agens, die Besessenheit zur Rache, mit dem Wissen des Jägers um die Schwächen des Wildes; in vorausgaukelnden Gedanken schon Sieger; um sich versammelt die verstümmelten Leichen der Feinde, er sieht sie, im eigenen Blute. Dann, er selbst; er sieht sich selbst, wie von außen gesehen: Inmitten des Volkes, die Menge geleitet ihn zur Rostra, feiert ihn als den großen Sieger und Befreier; und er lächelt zum erstenmal, läßt sie in dem Wahn, wohl ahnend, daß kein Mensch jemals frei sei, es sei denn in der Minute des triumphierenden Taumels, des taumelnden Triumphes, wenn das Vulgäre des Alltags versank im Sog der gespenstischen Szene; er sieht das Ganze, diese formlose Masse, hört ihr Jauchzen, die

Schreie, sieht die hochgeworfenen Arme, den Glanz in ihren Augen; man mußte es auskosten, ganz, bis zur Neige. Denn nur sie, die Phantasie, die größte Muse des Menschen, sie beherrschte alles hektische Trachten und Tun, sie war Scheitelpunkt zwischen Vorfreude und Erinnerung, und noch im Zenit des Erfolges stand sie höher im Rang als alles reale Geschehen.

So mochte er sitzen und grübeln; und obwohl er vielleicht um den Anteil des Wahnes, ja des Wahnsinns in seiner Seele wußte, mußte er weiter – getrieben, das zu tun, was ihn anstieß und was er nun selbst angestoßen. Es gab kein Zurück mehr. Doch davon wußte er nichts: daß der Verräter jeden seiner Schritte beäugte, jeden seiner Sätze weitergab, bestochen vom Consul selber, animiert von der Frau, die sich ihm launisch verweigerte.

Cicero wußte Bescheid, denn Curius hielt ihn auf dem laufenden, er kannte Pläne, Namen, Absichten, erfuhr vom baldigen Losschlagen am 27. Oktober. Cicero stellte sein Wissen dem Senat zur Verfügung, bat um Ermächtigung, mit allen Mitteln der Exekutive rigoros gegen die wachsende Verschwörung vorgehen zu können; doch die Mehrheit des Hauses versagte sich ihm: Er könne keine Zeugen beibringen. Gelzer meint dazu sehr treffend, daß dies »natürlich teilweise mit bewußter Boshaftigkeit« geschah, ein Seitenhieb gegenüber dem übereifrigen homo novus[64].

Dann geschah etwas sehr Merkwürdiges am 20. Oktober; aber lassen wir es Plutarch erzählen:

»Nicht lange danach, als schon die Soldaten in Etrurien für Catilina zusammengezogen wurden (also Anfang/Mitte Oktober) und der zur Ausführung des Vorhabens bestimmte Tag herannahte, kamen die ersten und angesehensten Männer in Rom: Marcus (Licinius) Crassus, Marcus Marcellus und Scipio Metellus, um Mitternacht (!) vor Ciceros Haus (am Fuße des Palatin), klopften an, riefen den Türhüter und befahlen ihm, Cicero aufzuwecken und ihm ihre Anwesenheit zu melden. Die Veranlassung dazu war folgende:

Gleich nach dem Abendessen hatte Crassus von seinem Türhüter mehrere, von einem unbekannten Menschen überbrachte Briefe erhalten, die an verschiedene Personen gerichtet waren – und darunter einen auch an Crassus selbst, jedoch ohne Namensunterschrift.

Crassus las nur diesen durch; und da er aus dem Inhalt ersah, daß Catilina ein großes Blutbad in Rom anrichten werde und man ihn ermahnte, sich aus der Stadt zu entfernen, ging er sogleich, ohne die anderen Briefe zu öffnen, zu Cicero, weil er über die Gefahr sehr betroffen war, zum Teil auch, um sich von allem Verdacht, der auf ihn wegen seiner Verbindung zu Catilina fallen konnte, zu reinigen.«[65]

Der Vorfall zeigt zweierlei: Catilina dachte nicht im Traum daran, die Brücken zu Crassus abzubrechen; andererseits konnte Crassus es sich zu diesem fortgeschrittenen Zeitpunkt der Konspiration – die militärisch voll angelaufen war – nicht mehr leisten, durch dieses Schreiben kompromittiert zu werden. Interessant auch dies: Caesar wird nicht unter den Empfängern der Briefe genannt!

Plutarch fährt fort:

»Nach kurzer Beratung ließ Cicero bei Tagesanbruch (also am 21. Oktober) den Senat zusammenkommen, überreichte die mitgebrachten Briefe den Personen, an die sie gerichtet waren und befahl, sie laut vorzulesen. (Es blieb den Adressaten nichts anderes übrig!)

Alle waren gleichen Inhalts und zeigten eine Verschwörung an. Da auch Quintus Arrius, ein Propraetor, die Zusammenziehung der Truppen in Etrurien gemeldet hatte und nun auch noch die Meldung einlief, daß Manlius sich mit einer zahlreichen Rotte bei den dortigen Städten herumtreibe und immer auf Neuigkeiten von Rom (über den Beginn der Aktion) warte, faßte endlich der Senat den Beschluß, die ganze Sache den Consuln zu übertragen, daß sie nach bestem Wissen und Gewissen für das Wohl und die Erstattung des Staates sorgten.«[66]

Die berühmte Formel des SENATUM CONSULTUM DE RE PUBLICA DEFENDENDA (etwa: letztwilliger Beschluß über die zu verteidigende Republik) lautete:

»DARENT OPERAM CONSULES, NE QUID RES PUBLICA DETRIMENTI CAPERET!« – »Die Consuln sollen achtgeben, daß der Staat keinen Schaden nimmt!« Mit andern Worten: Eine diktatorische Ermächtigungserklärung mit Notverordnungen im Gefolge. Für Cicero sollten sich daraus noch gefährliche Komplikationen ergeben. Sallust nennt uns die genauen Zuständigkeiten:

»Diese Vollmacht ist die umfassendste, die nach der römischen Verfassung einem Beamten vom Senat erteilt wird: Er wird dadurch ermächtigt, ein Heer aufzustellen, Krieg zu führen, Bundesgenossen und Bürger mit allen Mitteln in Ordnung zu halten, daheim und im Felde die höchste militärische und richterliche Gewalt auszuüben; sonst steht ohne Genehmigung des Volkes keins von diesen Rechten dem Consul zu.«[67]

Ob Cicero, der Philosoph und politische Denker, sich in der Rolle des Diktators auf Zeit wohl fühlte?

Doch nicht genug damit: Etwa zehn Tage später las der Senator Lucius Saenius, ein sonst unbekannter Mann, im Senat einen weiteren Brief vor, der ihm, wie er sagte, aus Faesulae geschickt sei. Darin hieß es, Gaius Manlius habe am 27. Oktober mit vielen anderen die Waffen ergriffen. Zugleich erzählten manche – wie das in solchen Zeiten üblich ist – von unheimlichen Erscheinungen und Wunderzeichen; andere berichteten, Zusammenkünfte fänden statt, Waffen würden zusammengeschleppt, in Capua und in Apulien breche erneut der Sklavenkrieg wie zu Spartacus' Zeiten aus[68].

Nun mußte es sich erweisen, ob Cicero der Mann war, Herr der gefährlich brisanten Situation zu werden – und zu bleiben! Und Cicero zögert nicht, die richtigen Maßnahmen unverzüglich zu ergreifen; er wird sein ganzes Leben davon schwärmen:

»... wurden Q. Marcius Rex nach Faesulae, Q. Metellus Creticus nach Apulien und in die Umgebung geschickt – diese beiden Männer standen gerade als Heerführer vor der Stadt; denn durch das Ränkespiel einer kleinen Gruppe von Leuten, die alles, Ehre und Schande, zu verschachern pflegten, waren sie an ihrem Triumph gehindert[69]. Von den Praetoren schickte man Q. Pompeius Rufus nach Capua, Q. Metellus Celer ins Picenerland; sie hatten die Vollmacht, ein Heer aufzustellen, sowie es die gefährliche Lage erfordere. Dazu kamen weitere Beschlüsse: Wer über die Verschwörung, die gegen den Staat gerichtet war, eine Anzeige machte, sollte belohnt werden: ein Sklave mit der Freiheit und 100000 Sesterzen, ein Freier mit Straflosigkeit in diesem Punkte und 200000 Sesterzen. Die Gladiatorenbanden sollten nach Capua (= Sitz großer Gladiatorenkasernen) und in die anderen Landstädte, je nach deren Größe, verteilt, in Rom aber überall in der Stadt Wachen aufgestellt und diese von unteren Beamten befehligt werden.«[70]

Cicero selbst vertraute die auswärtigen Geschäfte dem Q. Metellus an – und nicht seinem Kollegen Antonius! Die Gründe sind durchsichtig.

Die Sorge für die Sicherheit in der Stadt übernahm er selbst und ließ sich alle Tage von einer so starken Leibwache begleiten, daß er – kam er auf das Forum – einen großen Teil desselben mit seinem Gefolge besetzen konnte.

Die Lage in der Stadt ist der Situation ähnlich, wie sie Livius nach der Schlacht an der Trebia (218) schildert, als stündlich mit Hannibals Anmarsch gerechnet wurde; ein Schock, wie ihn Rom zuletzt bei Beginn der marianischen und sullanischen Terrorherrschaft durchmachte; dazu Sallust:

»Diese Vorgänge beunruhigten die Bürger und gaben der Stadt ein völlig neues Aussehen. Eben noch herrschte laute Freude und Ausgelassenheit, wie es die lange, ungestörte Ruhe mit sich brachte – nun versank plötzlich alles in gedrückter Stimmung: Man lief in banger Erwartung und Hast umher, fühlte sich an keinem Platz und bei keinem Menschen sicher, hatte keinen Krieg und doch auch keinen Frieden; an seiner persönlichen Furcht maß jeder die Größe der Gefahr.

Zumal die Frauen packte eine Angst vorm Kriege, die ihnen bei der Macht des Staates bisher ungewohnt; sie schlugen sich an die Brust, streckten flehend die Hände zum Himmel, jammerten um ihre kleinen Kinder, fragten nach allem, zitterten bei jedem Lärm, rissen alles an sich, vergaßen Übermut und Lust und gaben sich und die Heimat verloren.«[71]

Und Catilina? Ein kleiner Zwischenfall in diesen Wochen zeigt ihn ganz als Meister eines tollkühnen, unverfrorenen Verhaltens:

»Doch Catilina verfolgte unbarmherzig seine Pläne weiter, obwohl man schon Vorbereitungen zum Schutze (der Stadt und des Staates) traf und Lucius Paulus ihn kraft des Plautischen Gesetzes vor Gericht gefordert hatte.«[72]

Dahinter verbirgt sich ein beispielloses Kabinettstückchen seiner Dreistigkeit. Was war geschehen: Dieser Paulus hatte es unternommen, Catilina wegen Aufruhr anzuklagen (nach der genannten »lex Plautia«); doch Catilina spielte den naiv Unbefangenen, reagierte so, wie man es unter den besorgten Optimaten nicht für möglich gehalten hätte: Er erklärte – wahrscheinlich vor versammeltem Hause –, er wolle sich freiwillig in Schutzhaft bei dem Senator Manius Lepidus (Consul 66) begeben, um jeden Verdacht zu vermeiden; als dieser sich die dreiste Anbiederung energisch verbat, wagte er es, an Cicero selbst heranzutreten und bat ihn, ihn in seinem Hause zu behalten. Als Cicero ihm schlagfertig den Bescheid gab, er könne auf gar keinen Fall mit ihm unter einem Dach wohnen, da es für ihn schon eine große Gefahr bedeute, innerhalb der Stadtmauern mit ihm zusammen zu leben, machte er sich an den Praetor Q. Metellus Celer heran, der ihn schließlich aufnahm – was später ein Grund für Cicero war, den Meteller für einen Parteigänger Catilinas zu halten. Damals aber ließ er im Senat eines seiner so vollendet bissigen Bonmots hören, wie sie kein anderer aus dem Stegreif formulieren konnte:

»Offenbar warst du (Catilina) der Meinung, er (Metellus) sei besonders gewissenhaft in der Bewachung, scharfsinnig in argwöhnischer Beobachtung und am ehesten entschlossen, gegen dich einzuschreiten. Kann aber einer, der sich selbst der Haft für würdig hält, noch weit vom wirklichen Gefängnis und Kerker sein?«[73]

Trotzdem – Catilinas Pläne hatten eine entscheidende Veränderung erlitten: War er ursprünglich davon ausgegangen, mit einem überraschenden Handstreich, durch das Zusammenwirken der Verschworenen in der Stadt mit dem pünktlich anrückenden Insurrektionsheer, die Stadt zu überrumpeln und durch ein Massaker unter den Häuptern der Optimaten die Regierung an sich zu reißen, so mußte er jetzt erkennen, daß seine bisherige Strategie von der Gegenseite durchkreuzt war. Bevor er zur Entfaltung seiner Möglichkeiten schreiten konnte, hatte die zentral gesteuerte Exekutive alle Machtmittel des Reiches gegen ihn eingesetzt; und es trifft den Kern, wenn Cicero kurze Zeit später (am 9. November) großtönend vor dem Volk erklärte:

»Lassen wir aber einmal alles außer Betracht, was uns in reichem Maße zur Verfügung steht, ihm aber fehlt: der Senat, die römischen Ritter, die Hauptstadt, den Staatsschatz, die Steuereinnahmen, das gesamte Italien, alle Provinzen, die auswärtigen Völker. Wenn wir das alles beiseite lassen und nur die miteinander streitenden Parteien vergleichen wollen, kann man schon daraus erkennen, wie sehr jene unterlegen sind.

Auf unserer Seite kämpft das Ehrgefühl, dort Frechheit; hier Schamgefühl, dort Schamlosigkeit; hier Treue, dort Trug; hier Pflichtgefühl, dort Verbrechen; hier Charakterfestigkeit, dort Verblendung; hier Ehrenhaftigkeit, dort Ehrlosigkeit; hier Selbstbeherrschung, dort Ausschweifung; schließlich kämpfen Gerechtigkeit, Mäßigung, Tapferkeit, Klugheit, mit einem Wort alle Tugenden, gegen Ungerechtigkeit, Genußsucht, Trägheit, Unbesonnenheit, kurz: gegen alle Laster. Endlich stehen miteinander im Wettstreit: Wohlstand mit Dürftigkeit, gesundes Finanzgebaren mit zerrüttetem, gesunder Sinn mit Wahnsinn und endlich hoffnungsvolle Sicherheit mit völliger Verzweiflung...«[74]

Hier schimmert aber auch dies durch: Das völlige Unverständnis des Aufsteigers Cicero für die soziale Frage des Jahrhunderts! Wenn er auch unbewußt den Nagel auf den Kopf trifft an der Stelle: »Wohlstand gegen Dürftigkeit...«

Catilina ist gezwungen, nach Alternativmöglichkeiten zu suchen. Am 1. November läßt er in einem nächtlichen Überfall die Festung Praeneste berennen, scheitert – wie voraussehbar – an den kyklopischen Mauern, die schon Sulla eine lange Belagerung aufzwangen. Man hatte in der schwer geprüften Stadt auch nie vergessen, daß Catilina einst an der Spitze eines erbarmungslos mordenden Liquidierungskommandos gestanden hatte.

Zudem hatte Cicero in kluger Voraussicht dafür gesorgt, daß diese Kolonie auf seinen Befehl hin durch zusätzliche Miliztruppen geschützt war[75].

Diesen Hintergrund müssen wir im Auge haben, wenn Sallust resümiert:

»Schließlich, als es trotz eifrigster Bemühung ganz und gar nicht vorwärtsgeht, ruft er wieder einmal in tiefer Nacht die Häupter der Verschwörung durch Marcus Porcius Laeca zur Besprechung...«

Damit sind wir am entscheidenden Wendepunkt der eskalierenden Entwicklung angekommen und treten in die zweite Phase der Konspiration ein: Es ist das Ende der bisherigen Nadelstichtaktik und der Entschluß zum Handeln auf der ganzen Linie.

7.
»Wir müssen das System treffen...!«

Die Zusammenkunft im Hause des Laeca

Ob es nun die Nacht vom 5. auf den 6. oder vom 6. auf den 7. November war, als man sich bei Laeca in der Sichelschmiedgasse traf, ist für den Fortgang der Ereignisse unerheblich, wenn wohl auch weiterhin die Gelehrten von der spitzen Feder ihre subtilen Fehden um diese Frage ausfechten werden.[76]

Sie kommen also bei Laeca zusammen, einige zwanzig Leute:

»Hier beklagt er sich bitter über ihre Lässigkeit...«

Wir sehen die Szene vor uns: Wieder erscheinen sie einzeln, nach Einbruch der Dunkelheit. Keine Straßenlaterne verrät Gesicht, Gang und Haltung; sie kommen ohne Begleitung.

Da die Sonne im November etwa um 17 Uhr untergeht, dürften sie gegen 19 Uhr alle versammelt gewesen sein. Wo das Haus lag, wissen wir nicht, vielleicht in der Gegend des Esquilinus und Caelius, an der Grenze der Subura, wo viele Handwerker ihre Werkstätten und Läden haben. Eine dichtbevölkerte Region, wo das vereinzelte Kommen und Gehen weniger auffällt als in den vornehm stillen Straßen des Palatins.

Anders als beim ersten Treffen in Catilinas Haus hat man nun jede vornehme Zurückhaltung fallengelassen; man steht in Gruppen beisammen, redet durcheinander, Flüche und Verwünschungen machen die Runde. Ein endloses Palavern beginnt; man sucht Schuldige für die nicht abreißende Kette der Mißerfolge, gibt sich gegenseitig mit erregten Worten zu verstehen, daß sie nun alle gänzlich vor dem Ruin stehen; sie verfluchen Crassus und Caesar, die von ihren Landsitzen aus das Geschehen in gefahrloser Muße verfolgen; sie verspotten in ohnmächtigem Zorn die Gerissenheit eines C. Antonius Hybrida, der sich von Cicero hat bestechen lassen, entrüsten sich über die selbstgefällige Ehrenhaftigkeit eines Cato, die biedermännische Trotteligkeit eines Bibulus – und wie sie alle heißen; haben für jeden der »Guten« eine anrüchige, rüde Bezeichnung parat, auch und besonders für jene aus den eigenen Reihen, die nicht anwesend sind.

So geht das wohl eine Stunde, in Wellen, mit wechselnder Lautstärke und wütenden Gesten, zornigen Schlägen in die eigene Hand.

Nur drei behalten die Ruhe: Catilina, der Ritter Gaius Cornelius, der Senator Lucius Vargunteius. Die drei halten sich abseits, beobachten sorgenvoll und mit ernster Miene die Eskalation des Zorns, die unkontrollierte emotionale Sprache, die hektische Verzweiflung der Genossen.

Sie sprechen leise miteinander, nicken sich mehrmals zu; Catilina legt die Hand auf Cornelius' Schulter; harte Blicke von Mann zu Mann; sie warten, bis der Siedepunkt der verwirrten Debatte erreicht ist.

Dann... Lächelt Catilina den beiden nicht aufmunternd zu? Nikken sie nicht beide im Einvernehmen zurück? Ist es Cornelius, der sich erhebt, mit Ruhe gebietender Geste und Stimme?

Der Tumult legt sich. Sie blicken sich an, still nun alle. Er wartet; schaut, sich sammelnd, zu Boden; hebt sodann den Blick und beginnt sehr scharf:

»Seid ihr denn alle Narren?«

Das wirkt! Sie schweigen, beschämt, erschrocken über sich selbst und ihre Verwirrung.

»Was sucht ihr nach Schuldigen im eigenen Kreise? Habt ihr denn euren Schwur vergessen? Wie ihr redet, gleicht ihr gewissen Hinterbänklern des Senats, wenn sie hinter der Hand, in den Pausen, nach der Sitzung ›mutig‹ ihr Maul aufreißen; denn drinnen wagen sie keinen kritischen Beitrag! – Nicht wir sind verantwortlich für die fatale Lage, in der wir alle uns befinden. Wir sind die Opfer!«

Sie schauen ihn an, nicken beifällig, doch kraftlos, denn die Lähmung bleibt. Er fährt fort:

»Gewiß, wir haben die Wahl verloren, diese und die letzte. Aber nicht, weil wir versagten, sondern weil *sie* die Hebel der Macht bedienen! Sie, die sich anmaßend die ›Guten‹, ja die ›Besten‹ nennen! Wenn ihr also Schuldige sucht, so blickt in diese Richtung: Sie haben da einen Mann vorgeschickt, der der Menge unverdächtig erschien, da auf ihm nicht die Blutschuld des Jahrhunderts liegt: Cicero! Nur er konnte – für sie! – unbefangen vor die Menge treten und ihre Interessen loben, denn sie sind ja die seinen! Nur mit ihrer Unterstützung kann er ja seine eignen eitlen, größenwahnsinnigen Wünsche befriedigen. Und nur er vermag in seiner Naivität die wahren Ziele der ›Besten‹ verdekken. Die Menge aber lebt in dem Wahn, der Sohn eines Lohgerbers (Cicero) sei denn doch wohl letztlich einer der ihren, dem man unter die Arme greifen müsse, so wie man einst Marius half. Und so haben sie ihn auf den curulischen Sessel gehoben, um sich selbst zu erhöhen...«

Es folgt Gemurmel, Fragen, worauf er denn hinauswolle; das alles wüßten sie längst selbst bis zum Überdruß; er solle sich gefälligst an die Fakten halten, die da lauteten: Das Regiment führen die Nobiles, sehr distinguiert und unanfechtbar, das Volk aber sei verblendet.

Darauf Cornelius zornig:

»Ihr seid Narren!«

Und jene: Er möge vorsichtiger in der Wahl seiner Worte sein! Wilde Erwiderungen drängen auf ihn ein, nun wieder lauthals und unter wilden Gesten vorgebracht. Doch er läßt sich nicht beirren:

»So hört denn, Freunde...!«

Er spricht mit Bedacht, betont beide Silben des letzten Wortes:

»Cicero... Cicero ist Exponent des Systems! Ob er es selbst weiß und will, ist unerheblich. Wir aber müssen das System treffen; und das gelingt, wenn wir ihn treffen!«

Er blickt sie der Reihe nach an. Einigen steht Erleuchtung, anderen Verblüffung im Gesicht. Wortlos öffnen sie erstaunt die Münder und starren ihn an, wohl wissend oder ahnend, was nun zu folgern ist:

»Cicero hält sich seit Tagen in seinem Haus am Palatin auf. Dort brütet er über Maßnahmen gegen unsere Freunde in Faesulae... So hört denn:

Lucius und ich werden noch in dieser Nacht bei Anbruch des Tages zu Cicero gehen, als wollten wir ihm nach der Sitte die Morgenaufwartung machen. Er, der ja ahnungslos ist, wird uns in sein Haus lassen. Und dann...«

Sie hängen an seinen Lippen, begierig nach der unsagbaren Tat; und er spricht den Rest nicht aus, sondern streicht sich lächelnd mit der Rechten an seiner Kehle entlang.

Catilina, der zu allem geschwiegen, beobachtet blitzschnell ihre Reaktionen: Frohlocken bei einigen, so wie er's erwartet, bei Cethegus vor allem; großes Erstaunen bei jenen, die Erziehung und humanere Anlage von letzten Konsequenzen wie der eben gehörten abhalten. Und er merkt sich ihre Gesichter; in Gedanken schon bei der Verteilung der Ämter, beschäftigt auch schon mit der Beseitigung lästiger Mitwisser. Dann steht er auf, erklärt sein volles Einverständnis mit dem Vorschlag, verbittet sich jede weitere Debatte, fordert unverzügliche Beschlußfassung.

Spontan heben sich viele Hände; es sind die meisten. Und zögernd folgen die übrigen nach, zerrissen im Innern zwischen Angst, Gier und Hoffnung, in Schwebe gehalten vom Rest des Gewissens; doch retten sie sich in diesen Beschluß der Mehrheit, schieben in innerer Panik alles Ängstigende beiseite, im Wahne der Herde: Die andern tun's ja ebenso!

Die anfängliche Bestürzung der Verschworenen weicht einer geradezu euphorischen Entschlossenheit, und sie legen die Einzelheiten der Aktion fest, wie in den nächsten Tagen vorzugehen sei:

– Zugleich mit der Liquidierung Ciceros Verteilung der 400 Mordkommandos in der Stadt. Diodor, eine spätere Quelle, nennt Einzelheiten: »Da beim bevorstehenden Fest der Saturnalien (17. bis 19. Dezember; Diodors Zeitfolge ist etwas verwirrt), bei dem der Sitte nach die in der Clientel der Mächtigen stehenden diesen Häusern Gastgeschenke schicken, die Häuser die ganze Nacht hindurch offenzustehen pflegten, verabredeten sie, zu diesem Zeitpunkt in die Häuser derer, auf die ein Attentat beabsichtigt war, die Liquidierungskommandos hineinzuschicken. Diese sollten, dem Anschein nach, um die Geschenke zu überbringen und daher unbeargwöhnt, insgeheim mit Schwertern umgürtet und in kleinen Gruppen auf die einzelnen Häuser verteilt, hineingehen und in einem einzigen Augenblick fast den ganzen Senat töten.«[77]

– Der Zeitplan solle genau eingehalten werden! Beginn der Aktion erst dann, wenn Vollzugsmeldung vom Tode Ciceros eingetroffen sei.

– Bereitstellung von Brandkommandos in den einzelnen Stadtregionen.

– Verteilung der Aufgaben in und außerhalb Roms.

Nun kam die Stunde des Curius, und nach den Quellen trug es sich so zu[78]:

Sein leidenschaftliches Verhältnis zu Fulvia suchte er vor den Genossen der Verschwörung – wenn nicht geheimzuhalten, so doch als beiläufig abzutun. So vermochte sich niemand die Abhängigkeit des triebhaften Menschen von dieser schillernden Frau vorzustellen, und Catilina selbst war gegenüber den allzu menschlichen Schwächen seiner Leute grenzenlos tolerant, solange sie ihren Platz in der Aktion tatkräftig ausfüllten.

Fulvia war eine jener distinguiert auftretenden Damen aus altadligem Hause, in deren Appartement sich die obere Halbwelt ein Stelldichein gab; wo die Abende mit ästhetischen Darbietungen aus Kunst, Musik, Theater und Dichtung à la mode der Neoteriker begannen; wo jeder in gestelzten Monologen über Philosophie und Weltuntergang glänzte und seine angelesenen unverdauten Häppchen zum besten gab; wo man salopp aneinander vorbeiredete, bis der Wein seine verräterische, demaskierende Wirkung zeigte, das Feigenblatt von Anstand, Geschmack und Etikette beiseite schob – und die so scheinheilig sittsam begonnene Soiree über das Zwischenstadium gelockerter trunkener Reden und zweideutiger Anspielungen allmählich, doch zunehmend ohne Hemmung, in eine orgiastische Nacht überging, die alle Räume des Hauses mit dem Kreischen der Weiber, dem trunkenen Gröhlen der Silene erfüllte, wozu der Mensch nur in seiner Haltlosigkeit fähig war.

Am Morgen torkelten dann tumbe, schwelläugige Gestalten davon, nur mühsam von begleitenden Sklaven aufrecht gehalten, in einen grauen Alltag.

Diodor hat uns die Verratsszene beschrieben, und seine Zeichnung ist die farbigste von allen:

»... da sie (Fulvia) ihn jedoch nicht beachtete, sagte er ihr zu wiederholten Malen, binnen weniger Tage werde er Herr über Leben und Tod von ihr sein, eine Äußerung, die sie verwunderte und deren Grund sie nicht begreifen konnte.

Da der junge Mann bei seiner Drohung blieb, stellte sie sich bei seinem nächsten Besuch, einem gemeinsamen Trinkgelage, gewinnend liebenswürdig, schmeichelte ihm und bat ihn, ihr doch mitzuteilen, welchen Sinn seine Worte hätten.

Verliebt wie er war, wollte er ihr zu Gefallen sein und sagte ihr die volle Wahrheit. Sie schwieg dazu und tat, als habe sie seinen Bericht mit Freude aufgenommen und sei mit dem Herzen ganz dabei.

Aber am folgenden Tage suchte sie die Gattin des Consuls Cicero (Terentia) auf und erzählte ihr im Vertrauen, was ihr der junge Mann mitgeteilt hatte. Auf diese Weise wurde die Verschwörung verraten.«[79]

Bei Sallust heißt der entscheidende Satz:

»Sowie Curius merkt, welche schwere Gefahr dem Consul droht, läßt er Cicero schleunigst durch Fulvia von dem geplanten Anschlag unterrichten.«[80]

Das heißt, daß der Consul noch in der gleichen Nacht, als die Versammlung bei Laeca stattfand, gewarnt wurde. Folglich war Curius gleich nach Verlassen von Laecas Haus in der Sichelschmiedgasse zu Fulvia geeilt? Mitten in der Nacht?

Cicero selbst bestätigt dies in seiner ersten Rede gegen Catilina:

»Du bist also in *jener* Nacht bei Laeca gewesen, Catilina; hast die Landschaften Italiens verteilt; hast festgesetzt, wohin ein jeder gehen solle; hast ausgewählt, wen du in Rom zurücklassen, wen du bei deiner Abreise (nach Etrurien zum Heer) mitnehmen wolltest; hast jedem einzelnen seinen Stadtteil zugewiesen, den er in Brand stecken sollte; hast erklärt, du selbst würdest Rom verlassen, deine Abreise werde nur dadurch noch ein wenig verzögert, daß ich lebte. Es fanden sich zwei römische Ritter, die dich von dieser Sorge befreien wollten und versprachen, *mich noch in derselben Nacht vor Tagesanbruch* in meinem Bett zu töten.

Dies alles habe ich erfahren, *kaum daß eure Versammlung entlassen wurde.* Ich habe mein Haus durch stärkere Wachen gesichert und geschützt und die Männer abgewiesen, die du mir zur morgendlichen Begrüßung geschickt hattest. Es waren eben die Männer, deren Erscheinen ich vielen hochgestellten Persönlichkeiten (des Senats) für diese Zeit vorausgesagt hatte.«[81]

Nun müssen wir doch kurz auf einen Widerspruch eingehen, der durch Cicero selbst verursacht wurde. In seiner zweiten Rede gegen Catilina, einen Tag nach der ersten vor dem Volk gehalten, heißt es:

»Ich habe am gestrigen Tage, nachdem ich beinahe in meinem Hause ermordet worden war, den Senat in den Tempel des Jupiter Stator zusammengerufen und ihm die ganze Sache vorgelegt...«[82]

Der Widerspruch ergibt sich aus jener Stelle der oben zitierten ersten Rede, wo es heißt:

»Du bist also *in jener Nacht* bei Laeca gewesen...« – Wenn er die Rede am Morgen des versuchten Attentats gehalten hat, brauchte er nicht zu sagen: »in jener Nacht«. Dagegen steht die zweite Stelle: »Ich habe am gestrigen Tage, nachdem ich beinahe... ermordet worden war...«

Eine gelehrte Stimme aus unseren Tagen hat auf die Problematik hingewiesen:

»Wenn wir annehmen, daß die Mörder also am 7. (November) vor Tagesanbruch kamen, wo finden wir Platz für die verschiedenen Dinge, die vor ihrem Kommen geschahen?«[83]

Gemeint ist die Benachrichtigung Ciceros noch mitten in der Nacht, nachdem Curius zuvor – ebenfalls in der Nacht – Fulvia informiert haben muß; aber auch dies: Die Anspielung Ciceros auf die »hochstehenden Persönlichkeiten«, denen er das Kommen der Mörder voraussagte! Daß das konspirative Treffen bei Laeca in der Nacht vom 6. auf den 7. November stattfand, ist unbestritten; denn es gibt die genaue Zeitangabe in Ciceros Rede »Pro Sulla«: »... die Nacht, die auf den Tag nach den Nonen des November folgte« (= 5. November, also in der Nacht vom 6. auf den 7. November)[84].

Nach Abwägen aller Aspekte bleiben nur diese beiden Möglichkeiten: Cicero, der ja seine Reden nachträglich gründlich überarbeitete, ehe er sie veröffentlichte, hat sich durch ein Versehen unklar ausgedrückt; oder – und dies hat einiges für sich – einem der spätantiken oder mittelalterlichen Kopisten ist beim Abschreiben ein Fehler unterlaufen, der dann durch die Jahrhunderte tradiert wurde.

Ergebnis unseres quellenkritischen Exkurses: Der Widerspruch ist wohl unauflösbar – hat aber für den Fortgang unserer Geschichte keine Bedeutung.

8.
»Wie lange noch, Catilina ... ?«
Die Senatssitzung im Tempel des Jupiter Stator

Versuchen wir uns einmal in Ciceros Lage zu versetzen: Über das Treiben und die Ziele der Verschwörer ist er seit längerem durch Fulvias Informationen unterrichtet. Dabei wird Terentia als Vermittlerin eingeschaltet worden sein – es gibt Vermutungen über eine Verwandtschaft zwischen den beiden Frauen.

Cicero kennt alle Pläne der Verschwörer; er weiß aber ebenso, daß im Senat eine starke Gruppe sitzt, die das hochverräterische geheime Treiben – wenn nicht wohlwollend, so doch sehr interessiert beobachtet. Er weiß, daß Crassus nur mit Mühe seine Sympathie verstecken kann; er weiß, daß Caesar listig taktiert, um sich jederzeit einen erfolgreichen Umsturz zunutze machen zu können. Er verfolgt, wie Gladiatoren in großer Zahl gekauft werden, angeblich für Faustus Sulla, den glücklosen Kandidaten von 65. Er ahnt, daß sein Kollege im Amt, C. Antonius Hybrida, dem Catilina Hoffnungen macht; er hat es zur Kenntnis genommen, daß der Kollege in dieser Zeit schwerster Sorge, ja tödlicher Gefahr für den Staat keine Anstalten macht, die gemeinsame Furcht oder den gegen ihn persönlich gerichteten Verdacht durch Leugnen aus der Welt zu schaffen oder mit Schweigen zu übergehen. Fast täglich sieht er »dienstlich« die Verschwörer, auf dem Forum, bei Empfängen, im Senat – doch kann er ihnen nichts schwarz auf weiß nachweisen. Er weiß, daß es in Etrurien, Picenum und in anderen Regionen der Halbinsel gärt; täglich muß er für sein Leben fürchten; an diesem Morgen kam die Bestätigung des längst Geahnten: Wie bei einem Preisschießen wird sein Kopf, weil zuoberst allen sichtbar, als erster fallen!

In diesen Tagen wechselt seine Verfassung oft: dies Schwanken zwischen Zuversicht und Angst! Ja, er hat Angst, denn der Todfeind würde heimlich und meuchlings aus dem Dunkel zuschlagen, dann, wenn er es nicht erwartete. Diese Spannung und Ungewißheit zermürben ihn; dazu kommt die neuerliche Enttäuschung über das feige taktierende Verhalten einiger Optimaten, die ihn auf den Schild gehoben haben. Ja, er kommt sich bisweilen vor wie ein Lockvogel, so als ob sie kühl und unbeteiligt beobachten wollen, wie weit der Feind gehen wird.

Noch am 22. September, als im Senat über Catilina und seine allmählich sichtbar werdenden Umtriebe verhandelt wurde, bezweifelte man seine Nachrichten. Und es bedurfte erst eines riskanten Tauschmanövers und Schachern mit Provinzen, um C. Antonius ein Stillhalteabkommen abzukaufen, damit er wenigstens nicht offen mit den Usurpatoren korrespondierte. Cicero erinnerte sich genau: Antonius drohte wieder abzuspringen, weil der Senat noch zu keinem Beschluß »de ornandis provinciis consularibus«, der »Bewilligung der consularischen Mittel«, gekommen war.

Es war schwer und nervenaufreibend, sich in diesem Klüngel und Proporz der Interessen zurechtzufinden, und die Taktik gewisser Senatoren war mehr als verwirrend. Diese Verzögerung einer Beschlußfassung hing jedoch auch damit zusammen, daß Cicero Bedenken trug, die von Antonius eingetauschte Provinz Gallia Citerior (Diesseitiges Gallien) zu übernehmen. Diese Provinz war ein Hauptherd der revolutionären Bewegung im Norden. Cicero fühlte sich wenig behaglich bei dem Gedanken, eine große militärische Aktion leiten zu müssen, fühlte er sich doch nach eigener Einschätzung seiner Begabung als Vorsitzender des Senats mehr an seinem Platze. So hatte er sich dazu durchgerungen, überhaupt auf die zweifelhafte Provinz zu verzichten. Dies aber konnte er nur verantworten, wenn ein zuverlässiger Mann an seine Stelle trat. So erhielt denn Q. Metellus Celer in einer »Verlosung«, nicht ohne Zutun Ciceros, das Diesseitige Gallien bis zum Rubikon; und Cicero ließ sich dafür von Antonius einen Anteil aus den Überschüssen des reichen Makedonien zusagen.

Dann kam die Sache mit den anonymen Briefen, die bei Crassus deponiert wurden; und endlich hatte sich eine Senatsmehrheit zu einem SENATUS CONSULTUM aufraffen können. Prompt behaupteten Ciceros Widersacher, er habe die ganze Sache erfunden. Doch die Meldungen häuften sich, und niemand konnte an der heraufziehenden Gefahr mehr zweifeln, es sei denn, er gehörte zu den Sympathisanten der Konspiration.

Danach hatte er die notwendigen Präventivmaßnahmen ergriffen: Die gesamten Machtmittel des Reiches wurden gegen Catilina mobilisiert, und es sah ganz so aus, als ob des Sergiers Pläne wirksam durchkreuzt seien.

Aber Catilina wußte sich immer noch von einflußreichen Leuten im Senat gestützt; und da er den Erfolg von Manlius' Unternehmungen im Lande draußen abwarten wollte, blieb er seelenruhig in Rom. Der Gipfel seiner Unverschämtheit – so Cicero – war erreicht, als Catilina dem Consul seine freiwillige Haft anbot. Und – Cicero mußte es sich eingestehen – er hatte es nicht verhindern können, daß die Verschwörer im Hause des Laeca jene Versammlung abhielten, aus der man mit dem Beschluß auseinanderging, den Consul noch in der gleichen Nacht zu ermorden. Immerhin, er war gewarnt worden! Das war schon ein Erfolg, und er dankte den Göttern für den gnädigen Wink!

Trotz dieser gespannten Lage war Cicero am Morgen dieses 7. (oder 8.?) Novembers in Hochstimmung: Nach Fulvias Warnung wurde das Haus am Palatin scharf bewacht, und die Attentäter mußten unverrichteter Dinge abziehen. Unverzüglich berief er den Senat in den Tempel des Jupiter Stator am Fuße des Palatin zu jener Sitzung ein, mit der wir unseren Bericht begonnen haben.

Cicero durfte annehmen, Catilina habe nunmehr die Stadt verlassen und war überzeugt, er könne nun endlich den Senat aufgrund der veränderten Beweislage zu eindeutigen Maßnahmen bewegen: Wußte er doch die Front der Besitzenden, der »Fischteichbesitzer« hinter sich, aber auch die Ritterschaft, die vor den wirtschaftlichen Folgen eines Umsturzes zitterte. Wenn diese vermögenden Herren auch keinen Anteil an den Entscheidungen des Staatsrats hatten, so beobachteten sie sehr genau die Vorgänge und standen als eine zahlreiche Lobby, mit gegürtetem Schwert und Panzer unter der Toga, vor den Bronzetüren des Tempels.

Dann aber geschah das Ungeheuerliche! Catilina erschien im Senat! War es Tollkühnheit, Frechheit, Berechnung, Täuschung? Es war dies alles zusammen!

Cicero durchschaute sofort die dreiste Demonstration: Catilina wollte zeigen und glauben machen, daß er mit dem Aufstand des Manlius, gegen den sich ja der Senatsbeschluß vom 21. Oktober richtete, nichts zu tun habe. Auch den gegen ihn angestrengten Prozeß wegen ambitus habe er nicht zu befürchten!

Cicero war sich augenblicklich darüber im klaren, daß er unter diesen Umständen auf keine Mehrheit des Hauses zählen konnte; denn die populare Gruppe um Caesar würde sich niemals zu einer Entscheidung gegen Catilina und seinen Kreis aufschwingen, solange seine Beteiligung und Urheberschaft an dem geplanten Umsturz nicht unwiderlegbar, d.h. durch Zeugen und Dokumente nachgewiesen werden konnte. Und an beidem haperte es!

Während Cicero dies alles in Eile überdachte, stellte er fest, daß der Gegner großen Schneid hatte. Es gehörte tollkühne Todesverachtung dazu, an diesem Morgen, nach dem mißglückten Attentat, von dem ja nun die Rede sein würde, unter die Augen der Betroffenen zu treten.

Und wir sehen ihn wieder vor uns, wie er daherkommt: blaß, hager, groß, hastig, stieren Blicks, den Kopf leicht nach vorn geneigt, eilt er an den vorderen Reihen vorbei, nimmt ohne Umschweife Platz, nestelt an seinen Fingern, sie sind feucht. Er hat dunkle Ringe um die Augen. Man rückt rechts und links, vor und hinter ihm von ihm ab. Er bemerkt es wohl, versucht es zu übersehen; sein Blick folgt scheinbar gelangweilt den Säulen der Halle. Betont lässig schlägt er die Beine übereinander. Hundert Augenpaare belauern, betasten ihn; er spürt die Verwirrung, die er stiftet, leibhaftig; er sieht das Grinsen der Verwegensten seiner Anhänger, hört das Tuscheln der Ängstlichen; er blickt kurz in Caesars glattes Gesicht: der erwidert den Blick kalt, undurchsichtig, der einzige, mit dem er nicht ins reine kommt. Daneben Crassus: sogar er nervös, denn er hüstelt in einem fort. Und rechts Cato: das häßliche Asketengesicht zeigt puren Haß, er erwidert den Blick mit zusammengezogenen Brauen und schmalem Mund. Links die Freunde, manche zwinkern ihm aufmunternd zu, Sura formt verstohlen Mittel- und Zeigefinger zu einem »V«! Dabei nickt er lächelnd. Cassius Longinus hebt nur kurz und resignierend die Schultern, wendet sich abrupt seinem Nachbarn zu.

Während dieser ganzen Zeit hat er das deutliche Gefühl, von einem Wissenden belauert zu werden; er spürt seinen durchdringenden Blick, wendet sich langsam hin: Caesar! Ohne weitere Regung kommt die Erwiderung des Iuliers: lang, erbarmungslos, kalt. Catilina weiß, dieser Mann – acht Jahre jünger als er – ist ihm überlegen, ganz Verstand, ohne jede Emotion; einer, den er wie keinen andern umworben hat, der sich zuletzt alles höflich anhörte und elegante Erwiderungen parat hielt – aber nichts tat! Hätte er ihn auf seiner Seite, würde alles gelingen. Aber jener geht seine eigenen Wege, die selbst ihm, Catilina, der doch ein Gespür für das Unausgesprochene hat, uneinsichtig sind. Caesar weiß alles, aber man wird ihm nichts anhaben können. Wehe, wenn er sich nun seinen Todfeinden anschließt!

Blick zur Mitte: Sullas Duzfreund Lutatius Catulus, Sohn des Cimbernsiegers; trat im Vestalinnenprozeß für Catilina ein, hielt ihm Clodius vom Leibe, hat ihm das »Sühneopfer« an Marius Gratidianus am

Grabe des Vaters nicht vergessen. Catulus ist Erzfeind des Pompeius, dessen Machtanhäufung er schon immer als Kapitulation des Senats erkannte und öffentlich den Leuten einhämmerte; kränkende Niederlage erst kürzlich bei der Wahl zum Pontifex maximus gegen Caesar. (Caesar hatte mehr springen lassen!) Freund des Consuls Cicero. Zweifellos der angesehenste aller Senatoren und primus inter pares. Niemand weiß, wie er im Innern zu Catilina steht, Catilina am allerwenigsten. Catulus steht im 69. Jahr, die Gicht macht ihm zu schaffen, doch sein vulkanisches Temperament ist das alte. Nun sitzt er schweigend und grollend da, beobachtet mürrisch, was »diese jungen Leute« für eine Unruhe über den Staat bringen. Eine starke konservative Gruppe steht unter seiner Fuchtel und hofft, daß der von ihnen auf den Schild gehobene homo novus Cicero das Staatsschiff, das sie ja als ihren Privatbesitz betrachten, an allen Klippen und Untiefen vorbeisteuert.

Endlich tritt Cicero vor, und alle Gespräche verstummen. Er hatte nach den turbulenten Ereignissen nicht viel Zeit, sich vorzubereiten, und so improvisiert er aus dem Stegreif jene Rede, von der später Kenner seines Œuvre sagen, es sei seine beste, weil mitreißendste gewesen. Er hat an mehreren Stellen des Raumes Schreiber postiert, die jedes seiner Worte notieren; Ciceros Sekretär Tiro[85] hat sie in der von ihm erfundenen Kurzschrift unterwiesen; man nennt sie schon »Tironische Noten«. Trotz der Hetze wirkt Cicero nun völlig ruhig, läßt die Augen über die Versammelten schweifen und gebraucht den einfachsten aller rhetorischen Tricks: er wartet! Alle warten ... Und plötzlich fixiert er den einsam sitzenden Catilina:

»Quo usque tandem abutere, Catilina, patientia nostra? Quamdiu etiam furor iste tuus nos eludet? – Wie lange noch, Catilina, willst du unsere Geduld mißbrauchen? Wie lange noch soll dein wahnsinniges Treiben uns höhnen? Wo ist die Grenze deiner Prahlerei und hemmungslosen Frechheit? Hat die nächtliche Besetzung des Palatiums keinen Eindruck auf dich gemacht? Merkst du nichts von den Polizeistreifen in der Stadt? Nichts von der Unruhe des Volkes? Nichts vom Zusammenhalt aller anständig gesinnten Bürger? Sind dir die starken Sicherheitsmaßnahmen, die zum Schutze des Senats getroffen worden sind, gleichgültig? Lassen dich die Blicke und Mienen der hier versammelten Männer kalt? Merkst du nicht, daß deine hochverräterischen Pläne allgemein bekannt sind? Siehst du nicht, daß durch das

Wissen aller dieser Männer deine Verschwörung in Fesseln verstrickt ist? Ja, meinst du denn, wir wüßten nicht, was du in der vorletzten Nacht getrieben hast, wo du in der letzten Nacht gewesen bist, wen du um dich versammelt und welche Pläne du gefaßt hast?«

Er geht einige Schritte vor, hebt die Hände:

»O tempora! O mores! – Was sind das für Zeiten! Was für Sitten! Der Senat durchschaut dies alles, der Consul sieht's. Und trotzdem lebt dieser Mensch noch! Er lebt? Nein, er kommt sogar in den Senat, er nimmt Platz an einer Sitzung des Staatsrates und bestimmt und bezeichnet mit seinen Blicken jeden einzelnen von uns als Schlachtopfer seiner Mordwut!«[86]

Die Rede steigert sich zu einer beispiellosen Anklage: Wie Blöcke gehen diese Sätze, die da mit eigenartig hoher, aber klarer und fester Stimme im Raume entstehen, auf den Angeklagten nieder. Cicero baut ein logisches Gerüst seiner Beweisführung auf, der Senat lauscht; kein Zwischenruf zerreißt den kunstvoll gesponnenen Faden, der allmählich zum Netz wird.

Er zitiert Belege aus der Vergangenheit; ruft in Erinnerung, wie man einst mit solchen Banditen kurzen Prozeß gemacht hat. Und dann legt er, Schritt für Schritt, alles offen, schleudert ihm jede Einzelheit des mörderischen Vorhabens ins Gesicht, reiht die geplanten Attentate und Brandstiftungen aneinander, nennt sämtliche Aktionen mit Tag und Stunde, geht in unbarmherziger Ironie die vergangene Nacht durch.

Alle schweigen, gebannt von diesem herrlichen Plädoyer. Abwechselnd blicken sie vom Redner zum Angeklagten und zurück. Doch Catilina schweigt, ohne irgendeine Gefühlsäußerung, den Blick starr auf den Boden gerichtet.

Über Caesars Gesicht gleitet ein feines, wissendes Lächeln: Der Consul hat nicht die Mittel, Catilina zu überführen; Caesar verfolgt um so mehr, schon leicht amüsiert, doch mit großem Interesse, wie Cicero, nachdem er sich so echauffiert hat, zu einem positiven Ergebnis seines nun doch schon sehr rhetorischen Plädoyers kommen will, ohne das Gesicht zu verlieren. Der Consul ist gerade dabei, eine geraffte Aufzählung der Fakten über Manlius zu präsentieren, macht eine Pause, überlegt, fixiert erneut Catilina:

»Der Befehlshaber dieses Lagers und der Führer der Feinde weilt in unseren Mauern, ja ihr könnt ihn sogar im Senat sehen, obwohl er Tag für Tag von innen her den Untergang des Staates betreibt...«

Nun muß der entscheidende Satz kommen:

»... Wenn ich dich, Catilina, endlich festnehmen und töten ließe ...« (Catilina frohlockt innerlich: Er weiß, was er wissen wollte; dies »ließe« ist Ciceros Eingeständnis der Kapitulation vor seiner Dreistigkeit!) »... ich glaube, ich müßte eher den Tadel aller Gutgesinnten befürchten, daß ich zu spät zugegriffen habe, als daß ich grausam gehandelt habe ... Aber ich habe aus einem bestimmten Grunde Veranlassung, noch nicht zu tun, was ich schon längst hätte tun sollen. Du wirst erst dann sterben, wenn kein noch so verdorbener, ruchloser und dir ähnlicher Mensch sich finden läßt, der nicht zugibt, dir sei recht geschehen ...«

Sogleich rettet er sich wieder in die minutiöse Darstellung des Verbrechens, um die schwache Argumentation zu überspielen. Doch dann folgt noch einmal eine gefährliche Klippe:

»Warum schweigst du? Falls du leugnen wolltest, werde ich dich überführen. Ich sehe nämlich hier im Senat einige Männer, die mit dir zusammen waren ...«

Er läßt den Blick wandern, und gewisse Gesichter erstarren. Es knistert vor Spannung; wird er es wagen, sie beim Namen zu nennen? Doch er fährt fort:

»Sie, die man mit dem Schwert ausrotten müßte, darf ich nicht einmal mit Worten verletzen!«

Gutgegangen! Curius atmet auf, doch noch immer läuft es ihm eiskalt über den Rücken; auch Cassius Longinus stößt die gepreßte Luft aus.

Cicero kommt zum Ende, und er weiß, daß er offene Türen einrennt:

»Da die Dinge so liegen, Catilina, vollende, womit du begonnen hast, und gehe fort aus der Stadt! Die Tore stehen offen, reise ab! Schon allzu lange sehnt sich das Lager des Manlius nach seinem Oberbefehlshaber. Nimm alle deine Anhänger mit, oder doch wenigstens die meisten. Reinige die Stadt von ihnen ...«

Gemessen am rhetorischen Aufwand der Rede ist das Ergebnis kläglich, denkt Caesar. Aber noch ist die Sitzung nicht beendet. Er blickt zu Catilina, bemerkt wie alle dessen überhebliches, zynisches Grinsen und weiß doch, daß jener darunter lediglich seine Unsicherheit zu verstecken sucht. Einen Augenblick lang hat er – ja was denn: Mitgefühl mit dem Sergier. Catilinas maskenhafter Zug bleibt, während der Consul fortfährt:

»Wie, Catilina, du zögerst noch, das zu tun, was du vorhattest?« Die Stimme wird schneidend:

»Der Consul befiehlt dem Staatsfeind, die Stadt zu verlassen! Du fragst mich, ob in die Verbannung? Ich befehle es nicht, doch wenn du mich fragst, rate ich es dir.«

Er könnte nun zum Schluß kommen, hofft Caesar, doch Cicero greift erneut in die Trickkiste und hält dem Sergier die dunklen Flekken seines unsittlichen Lebens vor, zieht seine Ehe in den Dreck, schwingt sich dann auf die höchste moralische Plattform:

»Wenn nun das Vaterland spräche: ›Willst du nicht lieber den Befehl geben, diesen da ins Gefängnis zu führen, zur Hinrichtung zu schleppen... Was hindert dich daran?‹«

Er gibt sich selbst die Antwort:

»Es gibt in dieser Körperschaft einige, die entweder die drohenden Dinge nicht sehen oder das, was sie sehen, verschleiern. Diese Sympathisanten sind es, die durch ihre schwächliche Haltung Catilinas Hoffnung genährt haben...«

Nach einer letzten Aufforderung, die Stadt zu verlassen, folgt die übliche Beschwörung Jupiters:

»Du, Jupiter, wirst sie, die Feinde aller anständigen Bürger und des Vaterlandes, die Banditen Italiens, die sich zu einer gottlosen Bande zusammengeschlossen haben, im Leben wie im Tode mit ewiger Vergeltung strafen!«[87]

Cicero setzt sich, und gewaltig ist der Beifall, der auf ihn niedergeht. Catulus kann zufrieden mit ihm sein.

Die Akklamation währt lange. Catilina spürt, wie sich die Feigen, Unentschlossenen hinter dem Beifall verstecken; Zorn steigt in ihm hoch, das Lächeln ist verschwunden, mit einem Ruck erhebt er sich. Alle nehmen zur Kenntnis, wie er sich um Beherrschung bemüht. Ist es Heuchelei, als er beginnt:

»Glaubt doch nicht alles unbesehen von mir... Ich stamme...«

Zwischenruf: »Elender Heuchler!«

Er brüllt: »Jawohl, ich stamme aus guter Familie! Ich habe von früher Jugend an mein Leben geführt, daß ich mich zu den besten Hoffnungen berechtigt fühle!« (Was soll das? denkt Caesar: Warum geht er nicht einfach? Das wäre überzeugender...) Catilina steht nun auf dem freien Platz vor der Versammlung:

»Ich selbst habe als Mann von altem Adel ebenso wie meine Vorfahren die größten Verdienste um das römische Volk aufzuweisen...«

Hohngelächter von rechts, hemmungslos, als habe man einen guten Witz gehört. Er zieht die Brauen hoch, sehr erstaunt:

»Ja, meint ihr denn, mir sei es um den Untergang des Staates zu tun, während Marcus Tullius, die ›Kichererbse‹, der bigotte Provinzler, der in Rom nur zur Miete wohnt, sich hier als der Retter Roms aufspielt?!«[88]

Na, endlich! grinst nun Caesar und amüsiert sich köstlich über die verbale Eskalation des Duells, freut sich auch besonders über diesen Dämpfer, der dem homo novus aufgesetzt wird. Auch Crassus lacht lauthals, zwinkert Caesar zu, während unflätige Beschimpfungen, Geschrei, Tumult den Saal füllen. Kein Wort zu verstehen, nur dies, von rechts hinten:

»Scheißkerl! Hochverräter! ... Man sollte ihn lebendig einmauern!«

Catilina ist das Blut in den Kopf geschossen, die Stirnadern zeichnen sich plastisch ab, er schluckt mehrmals, er hebt die Hände, er bemüht sich sichtlich um Fassung; und je lauter sie brüllen, um so ruhiger scheint er zu werden. Er schlägt die Arme vor der Brust übereinander, mißt die Versammlung verächtlich, schweigt, wartet, bis der Lärm sich legt. Dann, ganz ruhig, sachlich, füllt seine sonore Stimme den Raum ganz:

»Ich..., ich werde unter keinen Umständen freiwillig, ohne Verfahren und Urteil selbst die Verbannung über mich verhängen!«

Dann geht er zu seinem Platz zurück, setzt sich.

Ein geschickter Zug, denkt Caesar und ist gespannt auf des Consuls Parade. Der wendet sich erneut an die Versammlung; nun ist er's, der fein lächelt:

»Ist es eure Absicht, Senatoren, daß dieser Mann die Stadt verlassen soll?«

Beim Herkules! Weiß er denn nicht, daß die Antwort auf diese Frage nur von einem ordentlichen Gericht gegeben werden kann? – Er mustert sie der Reihe nach, die Unentschlossenen, die Beteiligten, die Mitwisser, Mitläufer, die Ahnungslosen, die Besorgten. Aber sie alle schweigen, keiner will sich desavouieren, nicht hier, vor den Augen aller, wo jeder Satz falsch gedeutet, jede Nuance der Stimme schlimme Folgen haben kann: Wofür haben sie denn den Consul!?

Cicero aber beherrscht nun tatsächlich die Szene, genießt es sichtlich, wie sie sich ducken und nur er, er allein, den Spielraum des freien Wortes hat! Blitzschnell arbeitet sein Verstand... Er geht zur Mitte..., weist mit ausgestrecktem Arm auf Catulus. Lange, damit alle das Ziel seiner Geste erkennen – Catulus' Haupt zittert vor Erregung –, spricht dann leise, sehr deutlich in das feige Schweigen, um sie zu zwingen, endlich Farbe zu bekennen:

»So wollt ihr also, daß Quintus Catulus, der rechtschaffenste aller Römer, die Stadt verlasse...«

Wie aus einem Munde kommt die erzwungene Antwort: Nein, natürlich nicht! Wie könne er ihnen solches unterstellen! Und unwilliges Gemurmel geht durch die Halle. Sie verstehen sehr wohl die ironische Attacke und sind betroffen.

Dann er, überlegen provokant, wie der Leiter eines philosophischen Seminars zu Athen:

»Man sieht also, mit welchem Geschrei ihr widersprecht, wenn ihr von jemandem meint, er habe die Verbannung *nicht* verdient! Folglich ist umgekehrt dies klar: Mit eurem Schweigen stimmt ihr dem anderen Fall – er blickt zu Catilina – der Verbannung zu!«

Das ist für Catilina zu viel, er springt vor, wird Cicero gegenüber in der unflätigsten Weise persönlich. Aber da überschreien ihn alle, nennen ihn Staatsfeind und Hochverräter. Zitternd steht er da, tödlich nun der Haß in seinen Zügen; er schiebt alle bisherige Taktik beiseite, schreit ihnen entgegen, und seine Stimme überschlägt sich:

»Wenn ich also umstellt bin und von meinen Gegnern geradezu ins Verderben gejagt werde, so will ich den Brand, der mich verzehren soll, unter Trümmern ersticken!«

Abrupt dreht er sich um, verläßt mit schnellen Schritten die Halle des Tempels[89].

Sallust hat das Folgende festgehalten:

»Dann stürzte er aus der Versammlung nach Hause, um hier alles reiflich zu überlegen: Seine Anschläge gegen den Consul wollten nicht gelingen, und die Stadt war, wie er sah, durch Wachen gegen Brandstiftung gesichert. So hielt er es für das beste, sein Heer zu verstärken und noch vor Aushebung von Legionen recht viel Kriegsbedarf im voraus zu beschaffen. Er selbst ging in tiefer Nacht mit wenigen Begleitern in Manlius' Lager ab.

Cethegus aber sowie Lentulus (Sura) und den übrigen, die er als entschlossene Draufgänger kannte, gibt er den Auftrag, auf jede Weise die Mittel der Partei zu stärken, die Anschläge gegen den Consul zu beschleunigen, Mord, Brandstiftung und andere Kriegsgreuel vorzubereiten; er selbst werde demnächst mit einem großen Heere vor die Stadt rücken.«[90]

Catilina zog über die Via Aurelia mit dreihundert Bewaffneten nach Norden[91]. Vielleicht noch vor Antritt der Reise, mit Sicherheit aber am 9. oder 10. November[92], schreibt er Briefe an die »meisten ehemaligen Consuln; außerdem an die führenden Männer des Adels diesen (dann mehrmals kopierten) Brief: Er sei ein Opfer falscher Beschuldigungen und nicht mehr in der Lage, gegen die Partei seiner Feinde aufzukommen; deshalb weiche er dem Schicksal und gehe nach Massilia (Marseille) in die Verbannung – nicht etwa im Bewußtsein einer schweren Schuld, sondern damit der Staat zur Ruhe komme und der Streit um seine Person nicht Anlaß zu einem allgemeinen Aufruhr werde.«[93]

Ist das Verschleierung seiner wahren Absichten? Eine Finte? Oder wird er in diesen, für ihn doch wohl deprimierendsten Tagen von widersprechenden Empfindungen hin- und hergerissen? Dies ist schon Sallust aufgefallen, wenn er das zweite Schreiben, verfaßt wohl um den 15. November, zitiert, diesmal an Quintus Catulus adressiert:

»Ganz anders lautete ein Brief, den Quintus Catulus im Senat vorlas (!); er war ihm, wie er sagte, in Catilinas Auftrag übergeben worden. Hier folgt eine Abschrift:

›Lucius Catilina grüßt Quintus Catulus.

Deine wunderbare und durch die Tat bewährte Treue, die mir in meiner größten Bedrängnis so willkommen ist, gibt mir den Mut, mich Dir anzuvertrauen. Darum habe ich auch nicht vor, mich wegen meines neuen Planes bei Dir zu verteidigen; eine Rechtfertigung will ich Dir im Bewußtsein meiner Schuldlosigkeit geben, und Du darfst sie als ehrlich ansehen, so wahr mir Gott helfe (me Dius Fidius)!

Durch Unrecht und schmachvolle Behandlung bin ich gereizt, da ich mich um die Früchte meiner Arbeit und meines Fleißes betrogen sah und die ehrenvolle Stellung nicht bekam, die mir gebührt; so machte ich nach meiner Gewohnheit die Sache der Unterdrückten, die uns alle angeht, zu meiner eigenen. Nicht deshalb tat ich das, weil ich die auf meinen Namen gemachten Schulden nicht aus persönlichem Besitz bezahlen könnte – auch fremde Schulden würde Orestillas Freigebigkeit aus ihren und ihrer Tochter Mitteln decken –, sondern weil ich unwürdige Leute mit Ehren überhäuft sah, mich selbst aber wegen eines unberechtigten Verdachtes ausgestoßen fühlte.

Aus diesem Grunde habe ich ein Ziel verfolgt, das mich hoffen läßt, den Rest meiner Ehre zu retten, und das bei meiner schlimmen Lage durchaus ehrenhaft ist. – Ich wollte Dir mehr schreiben, da bekomme ich die Meldung, daß man einen Gewaltstreich gegen mich plant.

Nun empfehle ich Dir Orestilla und übergebe sie Deinem Schutz; bewahre sie vor Unrecht, bei Deinen Kindern bitte ich Dich darum! Leb wohl!‹«[94]

Dieser Brief, übrigens das einzige private Schreiben Catilinas, das überliefert ist – dieser Brief birgt den Schlüssel zu Catilinas Charakter und seinen wahren Absichten; aber wir haben das Schloß nicht! Wer ihn aufmerksam liest, kann nicht mehr so recht dem Rufmord trauen, den seine Gegner seit nunmehr zwanzig Jahrhunderten mit Genuß zelebrieren! Irgendwo enthält er zwischen den Zeilen die Wahrheit – aber wir können sie nicht mehr finden.

Für uns ist es wichtig festzuhalten, daß Catulus das Schreiben unverzüglich dem Senat zur Kenntnis brachte, wodurch er sich nun ganz offensichtlich von Catilina distanzierte. Es ist das Eingeständnis, daß es sich bei dem Unternehmen seines bisher mehr oder weniger protegierten Schützlings um eine *Revolution* handelte.

9.
Der Adler des Marius

Auf der Suche nach einer Armee

Treffend hat es Plutarch so formuliert:

»Denn Catilina hatte nicht nur die Verfassung ändern wollen, seine Absicht war gewesen, die gesamte Regierung zu beseitigen und alles umzustürzen, was bis dahin im Staate Bestand gehabt hatte. Er selber verließ allerdings die Stadt zu einem Zeitpunkt, da die Beweise gegen ihn noch keineswegs zahlreich und seine letzten Pläne noch nicht enthüllt waren.«[95]

Dies würde unserer obigen Vermutung entsprechen.

Daß er mit seinen dreihundert Begleitern[96] »in tiefer Nacht« ungehindert aus der scharf bewachten Stadt gelangt, zeigt, welche Kreise die Verschwörung bereits gezogen hat. Trotz der herbstlichen Kühle – wir haben Anfang November – brodelt es Tags darauf auf Straßen und Plätzen. Gerüchte entstehen, wandeln sich, jagen einander. Gruppen erregt Diskutierender auf dem Forum. Jeder weiß etwas anderes, jeder urteilt nach seinen eigenen Interessen.

Da! Marschtritte in der Subura! Man läuft hin, atmet auf: Regierungstruppen besetzen strategische Punkte, verstärken die Wachen an den Toren und Mauern. Läden schließen, Handel und Wandel geraten ins Stocken. Ausgangssperre bei Nacht! Kriegsrecht! Schon werden die ersten Schätze vergraben, schon sieht man eilige Wagen durch die Porta Esquilina und Porta Collina Richtung Süden fahren. Einiges von Ciceros gestriger Rede sickert durch, die Meinungen sind geteilt: »Gleich aufhängen!« – »Nicht lange fackeln!« Und die Wohlsituierten: »Hätte man schon längst machen sollen...« Die Bedürftigen: »Was geht das uns an?« – Und: »Laßt sie sich doch die Köpfe einschlagen! Ich will nur meine Ruhe... Es bleibt ja doch alles beim alten... Semper idem!«

Während sich so das Unheil im Norden zusammenbraut, hält Cicero gegen Mittag dieses Tages, dem 9. November, vor dem Volk eine große Rede, in der er den verängstigten Menschen Einblick in die bisherige Entwicklung des Geschehens gibt, in der er vor allem Catilina und seine Genossen als Untermenschen abqualifiziert:

»Gibt es in Italien einen Giftmischer, einen Raufbold, einen Lumpen und Meuchelmörder, gibt es einen Verwandtenmörder, Erbschleicher und Betrüger, einen Schlemmer, Playboy und Taugenichts, einen Ehebrecher, ein schamloses Weib, einen Jugendverderber, einen Verkommenen und Verworfenen, der nicht zugeben müßte, mit Catilina in engstem Verkehr gelebt zu haben? Gibt es in all den Jahren einen Mord, der ohne seine Beteiligung verübt, eine niederträchtige Unzucht, die nicht von ihm betrieben wurde?...«[97]

So geht das eine Stunde lang, die braven Biedermänner der Subura sparen nicht mit Beifall.

Dann folgt Ciceros Analyse über die Zusammensetzung von Catilinas Anhängerschaft – wir kennen sie schon. Zum Schluß ruft er die Bürger zu Wachsamkeit und Verteidigungsbereitschaft auf; die Regierung habe alle notwendigen Maßnahmen ergriffen, die Armee stehe bereit:

»Wer aber in der Stadt sich rührt und von mir nicht nur bei einer Tat, sondern schon bei dem Versuch einer solchen gegen das Vaterland ertappt wird, der soll merken, daß in unserer Stadt wachsame Consuln sind (Was man nicht alles sagt! Antonius verbeugt sich!), ausgezeichnete Behörden, ein entschlossener Senat, daß es Waffen gibt und ein Gefängnis, das nach dem Willen unserer Vorfahren zur Strafvollstreckung für ruchlose und erwiesene Verbrechen bestimmt ist.«[98]

Von dieser schwungvollen, wackeren Rede sollte er bis ins Alter zehren.

Die Leute vertrauen auf den Mann und gehen beruhigt nach Hause. Die Spannung in der Stadt löst sich etwas: Die erste Runde ging unentschieden aus. Was wird folgen?

Jedenfalls begreifen die in der Stadt verbliebenen Verschwörer nun, was die Stunde geschlagen hat.

Daß die Dinge nicht so einfach liegen, wie Cicero sie durch seine optimatisch beschlagene Brille sieht, zeigt ein Brief des C. Manlius, den er in diesen Tagen an den Senator Q. Marcius Rex, Consul von 68, schreibt. Wir entsinnen uns: Marcius Rex war Gatte einer der drei Grazien aus der Clodischen Sippe und bekam, wie seine Schwäger Lucullus und Metellus Celer, Hörner aufgesetzt. Nach seinem Consulat war er als Proconsul nach Cilicia gegangen, ohne allerdings seinen Schwager Lucullus gegen Mithridates zu unterstützen; statt dessen nahm er ihren gemeinsamen Schwager Clodius auf, der kurz zuvor die

Truppen des Lucullus aufgewiegelt hatte. Aber auch Rex hatte keinen Erfolg im Osten und wurde 65 von Pompeius abgelöst. Zur Zeit wartete er mit seiner Armee vor der Stadt auf den beanspruchten Triumph, zusammen mit Q. Metellus Creticus.

Wir könnten aus dem folgenden Schreiben an Rex schließen, daß Manlius – die Stimme seines Herrn! – bei dem enttäuschten Proconsul ein offenes Ohr zu finden hoffte. Für uns freilich ist dieses Schreiben so interessant, weil Sallust es zu einer längeren klagenden und werbenden Schrift ausbaut, die vieles von dem Elend an den Tag bringt, das Etrurien seit Jahrzehnten heimsucht. Es kann nicht von Sallust aus der Luft gegriffen sein, da Freunde und Verwandte des mittlerweile verstorbenen Rex in den vierziger Jahren, als Sallust seine Monographie veröffentlichte, auf der Stelle Einspruch erhoben hätten. Hier nun der Wortlaut:

»Götter und Menschen seien unsre Zeugen, Feldherr: Nicht gegen unser Vaterland haben wir die Waffen erhoben noch auch um irgend jemandem ein Leid zu tun; nein, uns selbst wollen wir vor Unrecht sichern. Elend und mittellos sind wir und haben durch brutale Härte von Wucherern meist unsere Heimat, alle miteinander aber unsern guten Ruf und unser Hab und Gut verloren. Keinem von uns war es vergönnt, nach der Ahnen Brauch den Schutz des Gesetzes zu genießen oder nach Verlust des väterlichen Erbes die persönliche Freiheit zu behalten: So groß war die Unbarmherzigkeit der Gläubiger und des Richters. Oftmals sind Eure Vorfahren, aus Mitleid mit dem einfachen Volk in Rom, durch ihre Beschlüsse seiner Not zu Hilfe gekommen; erst kürzlich, zu unserer Zeit, wurde wegen der drückenden Schuldenlast statt des Silbers Kupfer zurückgezahlt, und alle anständigen Leute waren damit einverstanden. Oft hat sogar das Volk selbst aus Sehnsucht nach Unabhängigkeit oder wegen der Übergriffe der Beamten zu den Waffen gegriffen und sich von den adligen Herren losgesagt. Wir aber, wir wollen keine Macht und keinen Reichtum, woraus ja doch nur alle Kriege und Streitigkeiten unter den Menschen kommen; nein, wir wollen Freiheit, die ein anständiger Mensch nur mit dem letzten Atemzuge aufgibt.

Dich und den Senat beschwören wir: Sorgt für Eure unglücklichen Mitbürger, gebt uns den Schutz des Gesetzes wieder, den uns die Ungerechtigkeit des Richters genommen hat, und zwingt uns nicht, danach zu fragen, wie wir unser Leben vor unserm Untergang so teuer als möglich verkaufen.«[99]

Das ist ganz die Sprache eines Mannes, der zupacken kann; und dies Schreiben korrespondiert eng mit jenem vorherigen aus Catilinas Feder: Immer wieder stoßen wir auf das Stichwort »Schuldentilgung«. Erst Caesar sollte es gelingen, das nun schon seit Jahrzehnten schwelende Problem in den Griff zu bekommen.

Währenddessen ist Catilina unterwegs nach Norden, »umgab sich, als ob er Oberbeamter wäre, mit Rutenbündeln (fasces) und Beilträgern (lictores), ließ Feldzeichen (Standarten) tragen und begab sich zu Manlius. Mit den zusammengekommenen 20000 Mann (über die er allerdings erst später verfügte: Plutarch greift hier vor!) zog er von Stadt zu Stadt, um sie aufzuwiegeln und auf seine Seite zu ziehen...«[100]

Mit anderen Worten: Catilina ernennt sich selbst zum Consul! Glanzstück seiner magistralen und militärischen Ausstattung ist des alten Marius silberner Legionsadler. In seinem Haus hatte er für ihn eine Kapelle errichtet. Nun wird er als Standarte vorausgetragen. Das ist in Etrurien Programm! Alte Erinnerungen an die achtziger Jahre werden wach: Auf gegen Rom!

Dazu Sallust: »Sowie das in Rom bekannt wird, erklärt der Senat Catilina und Manlius zu Staatsfeinden. Für die übrigen Verschworenen setzt er eine Frist fest, vor deren Ablauf sie straflos die Waffen niederlegen dürften mit Ausnahme derer, die wegen eines todeswürdigen Verbrechens bereits verurteilt waren. Dazu beauftragte er die Consuln, Truppen auszuheben; Antonius solle mit einem Heere Catilina schleunigst verfolgen, Cicero den Schutz der Stadt übernehmen.«[101]

Endlich hat Cicero erreicht, wofür er schon so lange kämpfte! Ob auf den windigen Antonius Verlaß sein würde, bezweifelten viele, nicht zuletzt Cicero selbst; aber man konnte den Mann nicht bloßstellen, Cicero selbst hatte sich ihm verpflichtet.

Catilina hat nun alle Hände voll zu tun: Von der nach Massilia führenden Küstenstraße, der Via Aurelia, ist er in Forum Aurelium nach Norden abgebogen und in das Gebiet von Arretium (Arrezzo) gelangt. Dort hält er sich einige Tage bei einem C. Flaminius Flamma auf, sorgt für die Bewaffnung seiner dortigen Parteigänger. Anschließend begibt er sich ins Lager des Manlius nach Faesulae.

Dieser Ort, heute Fiesole, eine alte etruskische Siedlung, war die Mutterstadt von Florenz (wie Alba Longa von Rom); wie so viele etruskische Siedlungen auf schwer einnehmbarer Höhe gelegen und von einem gewaltigen Mauerring umgürtet, der heute noch in einer Länge von 2570 Metern erhalten ist. Im Jahre 217 war Faesulae Ausgangspunkt für den Marsch Hannibals zum Trasimenischen See. Um die Wende zum 1. Jahrhundert besaß die Stadt schon die civitas Romana (Bürgerrecht). Wie so viele Siedlungen dieser Region litt Faesulae schwer im Bundesgenossenkrieg. Weitere Unruhen entstanden durch übereilt angesiedelte sullanische Veteranen.

Catilina hatte politisch und strategisch klug gehandelt, hier sein Hauptquartier aufzuschlagen. Die Stadt war leicht zu verteidigen; die Bevölkerung sympathisierte und kollaborierte offen mit dem »Freund Etruriens«. Die Entfernung zu Rom war so, daß man großräumig gegen Süden operieren konnte und zugleich im Rücken durch den Apennin gedeckt war. Außerdem ließen sich die Kontakte zu den wohlwollenden Padanern der Gallia Citerior leicht knüpfen.

Mit der Bewaffnung seiner Leute stand es schlechter. Zunächst verfügte er nur über 2000 Mann ihm treuergebener Kerntruppen, die er selbst mitgebracht hatte. Daraus bildete er zwei Legionen. Diese taktischen Einheiten sahen seit Marius' Heeresreform so aus:

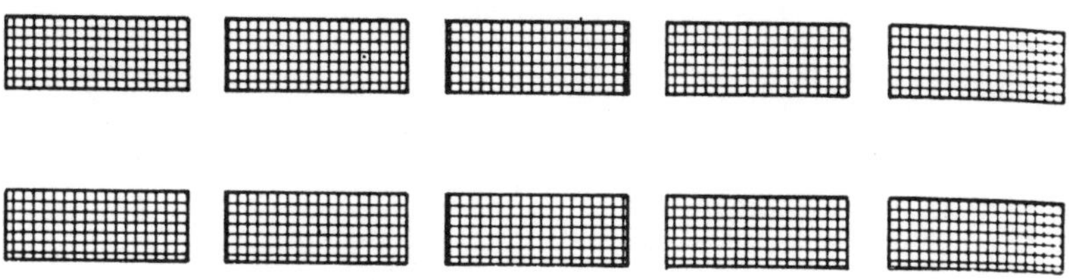

Abb. a): Kohortenlegion in 2 Treffen

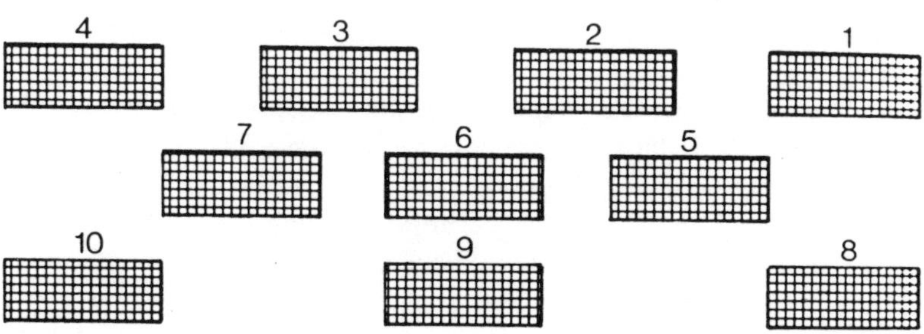

Abb. b): Kohortenlegion in 3 Treffen

In beiden Fällen handelt es sich um die Gefechtsformation. Die jeweilige Art der Aufstellung hing vom Gelände, der Stellung und Formation des Feindes und der eigenen Taktik ab. Caesar bevorzugte später die dreifach gestaffelte Legion (Abb. b), die ihm größte Beweglichkeit, Sicherheit und Schlagkraft bot. War die erste Gefechtslinie ermüdet oder angeschlagen, so zog sie sich durch die Korridore zwischen den deckenden Kohorten des zweiten Gliedes zurück, welches gleichzeitig vorrückte. Dieses Manöver wurde bis zum Überdruß gedrillt und bildete auf Jahrhunderte die Grundlage römischer Feldüberlegenheit gegenüber barbarischen Heeren an den Grenzen. Die Iststärke der Legion schwankte zwischen 4000 und 6000 Mann. Caesar bevorzugte die operativ leichtere, kleinere Form.

Die Kohorten – Bataillone in Stärke von 600 Mann – konnten im Ernstfall selbständig operierende Einheiten bilden, wie die Brigaden unserer Divisionen. An der Spitze der Legion stand ein Legat senatorischen Ranges, vergleichbar unserem »Kommandierenden General«; unter ihm sechs Militärtribunen (tribunus militum), Stabsoffiziere, von denen einer senatorischer, die übrigen ritterlicher Abkunft waren. Diese Stabsoffiziere waren keine Berufssoldaten, sondern bekleideten ihre Stellung für einige Jahre, als Voraussetzung ihres weiteren zivilen Aufstiegs in Rom und den Provinzen. Den Kern der Armee bildeten die Centurionen (Hauptleute, von »centum« = 100). In einem komplizierten Beförderungssystem konnten sie bis zum »Primipilus« der ersten Kohorte aufsteigen.

Stolz ließen sie auf ihren Grabsteinen die Stationen ihres militärischen Werdegangs einmeißeln. Von ihrem Können, ihrer Autorität und Loyalität hing weithin der Erfolg militärischer Operationen ab. Sie waren Bindeglied zwischen Feldherrn und kämpfender Truppe. Caesar hat mehrfach die Taten dieser Haudegen herausgestellt. Hier ein Beispiel aus dem »Gallischen Krieg«:

»... Es dienten in der Legion zwei sehr tapfere Centurionen, die kurz vor der Beförderung in die höchste Centurionenstelle (vgl. oben) standen: Titus Pullo und Lucius Vorenus. Sie hatten fortwährend Streit miteinander, wer früher befördert werde, und bemühten sich schon all die Jahre mit höchster Eifersucht darum. Als der Kampf bei den Lagerbefestigungen aufs heftigste tobte, rief Pullo:

›Was zögerst du noch, Vorenus? Auf welche Gelegenheit zum Ruhm deiner Tapferkeit wartest du noch? Dieser Tag soll unsere Streitigkeiten entscheiden!‹

Nach diesen Worten verließ er die Deckung und brach in den Feindhaufen, der ihm am dichtesten erschien.

Aber auch Vorenus blieb nicht mehr hinter dem Wall (des Lagers), sondern folgte ihm aus Furcht vor dem Urteil aller. Als nur noch ein kleiner Zwischenraum übrigblieb, schleuderte Pullo seinen Spieß in die Feinde und durchbohrte einen von ihnen, der aus der Masse vorstürmte.

Diesen tödlich Durchbohrten deckten sie mit ihren Schilden. Alle schleuderten jetzt ihre Geschosse auf Pullo und verhinderten sein weiteres Vordringen. Sein Schild wurde durchbohrt, und ein Spieß blieb im Wehrgehänge stecken. Dieser Umstand verrückte die Schwertscheide und hemmte seine Rechte bei dem Versuch, das Schwert zu ziehen. Behindert, wie er war, umringten ihn die Feinde.

Da sprang ihm sein Feind Vorenus bei und half ihm in seiner Bedrängnis. Sofort wandte sich der gesamte Feindhaufen von Pullo – sie glaubten ihn von einem Spieß tödlich getroffen – ab und gegen Vorenus. Mit dem Schwert kämpfte er im Handgemenge, streckte einen nieder und drängte die übrigen ein Stückchen zurück. Während er allzu stürmisch vordrang, geriet er in eine Bodenvertiefung und stürzte. Dem wieder vom Feinde Umringten brachte jetzt Pullo Hilfe. Beide hieben mehrere Feinde nieder und zogen sich unversehrt als ruhmreiche Helden hinter Wall und Graben zurück.«

Nun hängt Caesar eine persönliche Wertung an:

»So trieb das Schicksal mit beiden in ihrem Zwist und Wettstreit sein wechselhaftes Spiel. Beide Gegner halfen und retteten sich gegenseitig. Man konnte nicht entscheiden, welcher den anderen an Tapferkeit übertraf...«[102]

Wir dürfen wohl annehmen, daß Caesar den Zwist bald aus der Welt schaffte, indem er beide gleichzeitig zum »Primipilus« beförderte.

Doch zurück zu unserer Legion: Die Abstände von Mann zu Mann überschritten in der Idealform nicht 120 Zentimeter, durften jedoch nicht geringer sein, um die Kämpfer nicht beim Agieren mit Lanze und Schwert zu behindern. Besonderes Training erforderte die Entfaltung dieser Formation aus dem Marsch heraus. Hier liegt – bis heute – die Achillesferse jeder beweglich kämpfenden Truppe, sobald sie unter Feindberührung ohne Bereitstellungsraum unverzüglich zum Angriff übergehen muß.

Rechts und links nahmen die Auxiliartruppen (Hilfstruppen) und an den Flügeln die Reiterei, meist ebenfalls aus Verbündeten bestehend, Aufstellung. Die Kavallerie sollte in weitem Bogen den Feind in die Zange nehmen oder die eigene Umklammerung durch die feindliche Reiterei verhindern. Der Legat kontrollierte und befehligte vom rechten Flügel aus. Hornsignale gaben seine Befehle weiter. In der Schlacht, wo es auf persönliches Vorbild, mitreißenden Schwung und Kampfgeist ankam, führte und focht er in vorderster Linie[103].

Es liegt auf der Hand, daß Catilina in den wenigen Wochen nicht das erreicht, wozu erfahrene Unterführer Monate und Jahre brauchen: aus diesem zusammengewürfelten Haufen eine disziplinierte, gedrillte, perfekt funktionierende Menschenmaschine zu bauen, die noch im Angesicht des Todes auf die Kommandos ihrer Centurionen hört.

»Die Kohorten (schreibt Sallust) füllt er auf nach der Zahl seiner Soldaten. Freiwillige oder Mitverschworene, die ins Lager kamen, verteilte er dann alle gleichmäßig und hatte so in kurzer Zeit die beiden Legionen wenigstens der Zahl nach aufgefüllt (auf 4000 bis 5000 Mann), während er anfangs nicht mehr als 2000 Mann gehabt hatte.

Aber von der ganzen Truppe war nur ungefähr der vierte Teil mit regelrechten Kriegswaffen ausgerüstet; die übrigen trugen Jagdspieße oder Lanzen, manche gar nur zugespitzte Pfähle, wie der Zufall jeden gerade bewaffnet hatte...«[104]

Catilina war dankbar für jeden Mann, der aus Rom zu ihm stieß. Und nun zeigte sich, wie der Riß quer durch die Familien ging; wir haben den Vorfall schon in anderem Zusammenhang erwähnt:

»... gab es (in Rom) außer den Verschwörern noch viele, die gleich anfangs zu Catilina übergingen. Zu diesen gehörte Fulvius, eines Senators Sohn; ihn ließ der eigene Vater zurückholen und mit dem Tode bestrafen.«[105]

Autronius ist in Rom einer der rührigsten, denn er sorgt dafür, daß Waffen, Kriegshörner, Trompeten, Rutenbündel und Feldzeichen nach Norden geliefert werden; wie er das bei der Wachsamkeit des Consuls fertigbringt, scheint rätselhaft, beweist aber, daß es allenthalben Löcher im Netz der städtischen Verteidigung und Kontrolle gab; beweist ebenso, daß zahlreiche namenlose Sympathisanten Lagerräume, Wagen, Zugtiere, Personal zur Verfügung stellen und dafür sorgen, daß die als Gott-weiß-was deklarierte Ladung unbehelligt aus den Toren und nach Norden gelangt. Das können nicht alles »heruntergekommene Adlige« gewesen sein, die hierbei Kopf und Kragen riskierten – im übrigen ein Aspekt, der von der Forschung gänzlich vernachlässigt worden ist.

Massenweise strömt ihm nun das Sklavenvolk zu, doch er weist die Leute ab: »... denn er verließ sich auf die Machtmittel der Verschwörung; auch mußte, wie er meinte, seinen Absichten schon der bloße Anschein schaden, als verquicke er die Sache römischer Bürger mit der entlaufener Sklaven.«[106]

Wenn er auch nach außen hin programmatisch in die politischen Fußstapfen des Marius tritt – noch in der letzten Schlacht stellt er sich mit Freigelassenen und Bürgern aus den Pflanzstädten neben der Fahne auf, die angeblich Marius im Cimbernkrieg bei seinem Heere hatte –, so zeigt sich nirgends die Kluft zwischen beiden offener als in dieser Weigerung, Sklaven mitkämpfen zu lassen. Hier können wir eine Brücke schlagen zu seinen Anfängen und unseren Vermutungen über seine aristokratische Erziehung: Für einen Sergier ist ein Sklave kein vollwertiger Mensch, sondern eine rechtlose Sache auf zwei Beinen! Doch gilt, was Gelzer sagte: »Die Erinnerungen an 87 sollten wieder aufleben. Der einstige Sullaner gebärdete sich als überlieferungstreuer Popularer.«[107]

Rastlos ist er tätig. Alles geht ihm viel zu langsam, er spornt an, schickt Botschaften, lobt, brüllt, flucht – stiftet Unruhe; im Diesseitigen Gallien gärt es, ebenso im Jenseitigen, im Picenum, in Bruttien, Apulien. Aber er hat nicht die Zeit, nicht die Nachrichtenmittel, alles in diesen gehetzten Wochen zu koordinieren; es fehlen Kommunikationsmöglichkeiten, die magistrale Hierarchie, die Loyalität der unteren Chargen, die wirtschaftlichen Mittel – all das, was die Regierung einsetzen kann: »... die Leute (so Sallust), die Catilina vorausgeschickt hatte, suchten ohne Überlegung und wie irrsinnig alles auf einmal zu schaffen: durch nächtliche Beratungen, Transporte von Wehr und Waffen; durch das ganze hastige Treiben hatten sie mehr Furcht als wirkliche Gefahr erregt.«[108]

Cicero hat das Glück, an die Spitze der territorialen Verteidigungsverbände fähige Truppenführer stellen zu können: Metellus Celer räumt kurzerhand mit den verzettelten, vergammelten, führerlosen Haufen in Picenum auf, läßt deren Vormänner nach gerichtlicher Untersuchung in Gefängnisse werfen.

Ebenso verfährt C. Murena – der Bruder des für 62 designierten Consuls – im Diesseitigen Gallien, wo er als Legat den Oberbefehl führt. Q. Metellus Celer geht weiter, ergreift auf eigene Faust die Initiative, hebt drei Legionen aus und hindert Catilina und Manlius in ihrer operativen Bewegungsfreiheit. Bei einem Vormarsch der Aufständischen gegen Rom kann er ihnen jederzeit von Picenum aus in die Flanke fallen.

Catilina unterwegs durch Etrurien... In betont imperialem Aufzug und martialischem Habit, begleitet von einer Art Garde, geschmückt mit militärischem Glitzerzeug – und Feuer im Auge!

Am Tage das Warten auf weitere Erfolgsberichte seiner Werber: Ja, sie kämen in Scharen, viel junges Volk; zwar ohne Waffen, doch voll Haß auf die Wölfin.

Abends dann die endlosen Gespräche mit den Vertrauten, das Abwägen der Chancen, immer wieder und immer wieder; die Befürchtung, mangelhafte Verständigung untereinander könne den Erfolg des Unternehmens gefährden wie schon einmal. Die völlige Übermüdung, die Sehnsucht nach Schlaf und Ruhe. Dazwischen Träume von Erfolg, Ruhm, Reichtum, Macht – ja, Macht, um die Dinge und Menschen, die Welt, sich selbst zu bessern! Er weiß, tief unten sitzt eine unausgesprochene Sehnsucht nach dem Guten und Wahren – wenn sie ihn nur ließen! Warum kann diese gottverlassene Zeit nur das Böse gebären? Sind jene, die ihn verfolgen, denn einen Deut besser? Warum hat sich nun auch Catulus von ihm distanziert? ... Er wälzt sich schlaflos: Angst! Alpträume! Die Erinyen sind also schon am Werke; und Nemesis, die dem Menschen zuteilt, was ihm zukommt, richtet schon ihre Schalen... Er nimmt ein Schlafmittel, rettet sich für einige Stunden in das Nichts; hofft, während sein Bewußtsein im Nebel versinkt, auf die Kraft des neuen Tages. Schon im Dämmer, hört er die Stimme der Sibylle – er hat es einst irgendwo gelesen und längst vergessen:

»Kommen wird einst über dich, hochnackige Roma, nieder vom Himmel der gleiche Schlag, und du wirst beugen den Nacken als erste, und verlassen wirst du sein, und Feuer wird dich ganz verzehren, niedergekauert auf eigenem Boden; zugrunde wird gehen dein Reichtum, und in deinen Wohnungen werden nur Wölfe und Füchse hausen, und dann wirst du ganz verlassen sein, als wärest du niemals gewesen...«

Und je näher der hüllende Mantel des Schlafes ihn streift, sieht er Wesen aus den Höhen herabsteigen, und sie bezeichnen einen jeden, damit er Rechenschaft ablege; und sie kennen alle ihre Namen und rufen sie mit weithin hallender Stimme; und es kann ihnen niemand entgehen, denn sie wissen die Namen. Und er sieht sich selbst: An seinen Händen tropft das Blut des Marius Gratidianus...

10.
Trojanische Pferde

Die Allobroger und die Aufdeckung der Verschwörung

Ciceros Rede »Pro Murena« (»Für Murena«), gehalten in der zweiten Novemberhälfte 63 – während Catilina im Norden unterwegs ist –, enthält für uns einige wichtige Äußerungen über die Atmosphäre in der Stadt.

Der Murena-Prozeß war ein Streit unter Optimaten. Lucius Licinius Murena (Bruder des Legaten im Diesseitigen Gallien) hatte sich erfolgreich um das Consulat von 62 beworben, war also einer der siegreichen Kandidaten über Catilina. Er wurde jedoch gleich anschließend wegen Wahlbestechung (ambitus) belangt. Ankläger war der unterlegene Jurist Ser. Sulpicius Rufus, der sich im nachhinein mit der Anklage Respekt zu verschaffen suchte.

Hinter Sulpicius stand Cato, der sich wieder – und nicht zum letztenmal – als Gewissen der Nation aufspielte. Interessant ist, daß Murena von Q. Hortensius Hostalus (Consul 69), Cicero *und* M. Licinius Crassus verteidigt wurde.

Cicero nun befaßte sich vornehmlich mit der politischen Bedeutung des Prozesses und benutzt die Gelegenheit, auf die Verschwörung einzugehen:

»... Nicht soweit hat Catilina den Staat geringgeschätzt und verachtet, daß er glaubte, mit der Truppe, die er mit sich aus der Stadt herausgeführt hat, die Bürgerschaft überwältigen zu können. Die Verseuchung durch dieses Verbrechen reicht weiter als man glaubt, sie hat weite Kreise erfaßt. Hier in der Stadt, sage ich, hier in der Stadt steht das Trojanische Pferd! Solange ich freilich Consul bin, werdet ihr niemals von ihm im Schlaf überrascht werden.

Du (= Cato) fragst mich, ob ich vor Catilina irgendwelche Angst habe. Nun, ich habe keine, und ich habe dafür gesorgt, daß niemand Angst zu haben braucht – aber seine Heerscharen, die ich hier sehe, die sind zu fürchten! Wir brauchen jetzt weniger vor Catilinas Heer Angst zu haben als vor diesen da, die sein Heer im Stich gelassen haben, wie es heißt.

Sie haben das aber gar nicht getan, sondern sind von ihm als Horchposten und Hinterhalt zurückgelassen worden, damit sie uns im Nakken sitzen und über dem Haupt schweben...

Der Feind steht nämlich nicht am Anio[109] (dies war der größte Schrecken im Punischen Krieg), sondern in der Stadt, auf dem Forum! O Götter, ohne Stöhnen kann man es nicht aussprechen: Ja sogar in dem Allerheiligsten des Staates, in der Curie selbst gibt es Feinde!

Mögen die Götter geben, daß mein tatkräftiger Kollege (glaubt er das selbst?) diesen nichtswürdigen Räuberbanden Catilinas mit Waffengewalt den Garaus macht...

Aber was ist, wenn die Dinge unseren Händen entgleiten und die Woge sich über das nächste Jahr ergießt? Es wird dann nur einen Consul geben, der nicht mit der Leitung des Krieges, sondern mit der Ersatzwahl eines Kollegen beschäftigt sein wird...«[110]

Ende November – endlich! – rückt also C. Antonius Hybrida, der zweite Consul, mit einer Armee gen Norden. Catilina reagiert geschickt mit allerlei Täuschungsmanövern, schiebt seine Truppen längs des Apennin hin und her; und man rätselt, ob er sich gegen Rom oder nach Gallien wenden will.

Aber auch er hadert, denn er ist abgeschnitten von den neuesten Nachrichten über den aktuellen Stand der römischen Szene:

»Er hoffte, in den nächsten Tagen bedeutende Verstärkung zu bekommen, wenn die Freunde in Rom ihre Pläne verwirklicht hätten.«[111]

Wie sah denn das »Trojanische Pferd« aus? – Als Catilina noch bis zum 9. November in der Stadt weilte, war mit den zurückbleibenden Führern der Verschwörung abgemacht worden, sie sollten losschlagen, sobald er in Faesulae das Kommando übernommen hätte; Sallust faßt es in dramatischer Kürze zusammen:

»In Rom aber hatte Lentulus zusammen mit den übrigen Häuptern der Verschwörung eine anscheinend bedeutende Streitmacht aufgestellt und folgenden Plan gefaßt: Sowie Catilina mit seiner Truppe in die Gegend von Aefula (eine kleine Stadt in Latium) gekommen sei, sollte der Volkstribun Lucius Bestia (ein Sympathisant der Verschwörer) eine Volksversammlung einberufen, dort über Ciceros amtliche Maßnahmen Klage führen und die Mißstimmung über den schrecklichen Krieg auf den ausgezeichneten Consul schieben; auf dies Signal hin sollte in der nächsten Nacht die übrige Masse der Verschworenen den Auftrag ausführen, der jedem einzelnen zugewiesen war.

Die Rollen waren angeblich so verteilt: Statilius und Gabinius sollten mit einer großen Schar die Stadt an zwölf günstig gelegenen Stellen gleichzeitig in Brand stecken, um bei der allgemeinen Verwirrung desto leichter zum Consul und den übrigen, denen der Anschlag galt, einen Zugang zu finden. Cethegus sollte Ciceros Haustür besetzen und ihn gewaltsam überfallen – und so der eine den, der andre jenen; die Söhne aber, die noch im Elternhause lebten, meist junge Leute adliger Herkunft, sollten ihre Väter ermorden.

Wenn dann alle durch Mord und Brand wie vor den Kopf geschlagen seien, sollte man (nach außen) zu Catilina durchbrechen.

Während dieser Vorbereitungen und Beschlüsse beklagte sich Cethegus immer wieder über die Untätigkeit der Mitverschworenen: Durch ihr ewiges Schwanken und Hinausschieben von einem Tag zum andern versäumten sie die besten Gelegenheiten; handeln, nicht beraten müsse man in so gefährlicher Lage! Er selbst sei bereit, trotz Schlappheit der anderen das Rathaus (curia) zu stürmen, wenn ihn nur wenige unterstützten. Unbändig von Natur, ein toller Draufgänger, wie er war, sah er den größten Vorteil im raschen Zupacken.«[112]

Das klingt ganz so, als ob Sallust – zur Zeit der Handlung dreiundzwanzig Jahre alt – den Draufgänger noch gekannt hat, dessen Motto lautete: Nicht kleckern – klotzen!

Und nun zeigen sich die ersten Schwächen: Die Führer können sich nicht auf eine strategische Marschroute einigen! Lentulus legt sich quer; wenn die Stadt von allen Seiten brenne und unter den Bürgern ein Blutbad angerichtet sei, müsse Catilina auf jeden Fall zur Stelle sein, um die Verschwörer bei ihrem Ausbruch aufzunehmen und in Kontakt mit denen in der Stadt zu treten. Noch besser sei, wenn Catilina in die Stadt einmarschiere, damit man gemeinsam dem Chaos, das ja zwangsläufig herrsche, begegnen könne.

Ob man dies »fehlenden Mut«[113] nennen kann, darf bezweifelt werden. Lentulus kannte die politischen und polizeilichen Gegenmaßnahmen innerhalb der Mauern besser als der weit vom Schuß sitzende Catilina. Sein zweiter Einwand hat noch mehr Gewicht: Er verstehe nicht, warum Catilina es ablehne, Sklaven zu bewaffnen und einzusetzen; in der Stadt seien doch alle befohlenen Maßnahmen getroffen, also solle Catilina unverzüglich anrücken! Mit den Sklaven werde das Heer sehr bald die notwendige Stärke erreicht haben, die den erfolgreichen Vormarsch ermögliche. Es fiel das Wort vom »Eigensinn« Catilinas. Nun, hier schimmert wieder etwas durch von der Konkurrenz zwischen den Abkömmlingen der sich elitär gebärdenden Häuser. Lentulus fühlt sich zumindest gleichrangig dem Sergier gegenüber.

Daraufhin kam es zu hitzigen Auseinandersetzungen. Lentulus setzte sich durch und erklärte, in schärfstem Gegensatz zu Catilinas Plan und Cethegus' Bedenken, den 17. Dezember zum Tag »X«. Cethegus dagegen hielt diesen Termin für zu spät.

Lentulus sah wohl voraus, daß die Zahl der bei Faesulae in Bereitstellung liegenden Truppen nicht ausreichen würde, einen Kampf mit den voll ausgerüsteten und straff geführten Legionen der Consuln erfolgreich durchzustehen. So hoffte er, in der verbleibenden Zeit, d. h. innerhalb von etwa drei Wochen, irgendwie frische Verbände auftreiben zu können. Aber wie?

Er hat einen verwegenen Plan – aber lassen wir Sallust hier das Wort, denn es handelt sich um die wohl dramatischsten Szenen seiner Studie; er scheint sich auf Augenzeugenberichte zu stützen:

»Lentulus suchte in Rom nach Catilinas Weisung alle Leute, die ihm nach Charakter oder Vermögenslage für einen Umsturz geeignet schienen, persönlich oder durch andere aufzuhetzen – und nicht nur römische Bürger, sondern Menschen jeden Schlages, wenn sie nur zum Kriege tauglich waren.

So gab er einem Publius Umbrenus den Auftrag, die Gesandten der Allobroger[114] aufzusuchen und sie möglichst zur Teilnahme am Kriege zu bewegen. Leicht glaubte er sie zu einem solchen Entschlusse bringen zu können, denn sie waren von privater und öffentlicher Verschuldung bedrängt, und der gallische Stamm war ja seiner ganzen Art nach kampfesfreudig.

Weil Umbrenus in Gallien Handelsgeschäfte getrieben hatte, war er den meisten Stammeshäuptlingen bekannt und kannte sie persönlich.

Sowie er also die Gesandten auf dem Forum zu Gesicht bekam, erkundigte er sich gleich mit ein paar freundlichen Worten nach den Verhältnissen ihrer heimischen Gemeinde; und mit scheinbarem Bedauern über ihre schlimme Lage fing er an, sie auszufragen, welchen Ausweg sie für ihre schwere Not erhofften.

Kaum hört er, wie sie über der Beamten Habsucht jammern, wie sie den Senat anklagen (der ja für Fragen der Außenpolitik zuständig ist), bei dem es ja doch niemals Hilfe gäbe, und wie sie für ihr Elend nur im Tode Rettung sehen, da ruft er:

›So will ich euch denn einen Weg zeigen, auf dem ihr aller bösen Not entrinnen könnt – nur müßt ihr Männer sein!‹

Auf diese Worte hin bitten ihn die Allobroger voll größter Hoffnung, sich ihrer zu erbarmen: Nichts sei so hart und nichts so schwer, was sie nicht mit Freuden tun wollten, wenn es nur ihren Staat von seiner Schuldenlast (gegenüber Rom) befreie.

Er führt sie in das Haus des Decimus Brutus (des Gemahls der Sempronia), das nahe am Forum lag und wegen der Sempronia (!) nicht unbeteiligt war an der Verschwörung; Brutus selbst war nämlich gerade nicht in Rom. Außerdem läßt er Gabinius holen, um seinen Worten mehr Nachdruck zu geben. In dessen Gegenwart entdeckt er ihnen die Verschwörung, nennt die Teilnehmer und auch noch viele Unbeteiligte jeden Standes, um der Gesandten Mut zu heben. Darauf versprechen sie ihre Hilfe, und er entläßt sie wieder.

Lange waren die Allobroger im Zweifel, wozu sie sich entschließen sollten: Auf der einen Seite standen Schulden, Kriegslust und reicher Gewinn, falls man auf Sieg hoffen durfte; auf der anderen aber größere Machtmittel, gefahrlose Politik und statt unsicherer Hoffnung sicherer Lohn.

Bei ihrer Erwägung siegte schließlich der Glücksstern unseres Staates. So entdeckten sie dem Quintus Fabius Sanga, der meist die Interessen ihres Staates (als Patron) in Rom vertrat, den ganzen Anschlag, wie sie ihn erfahren hatten...«

Das war ihr Glück, denn Sanga zögert keine Sekunde, die Verantwortlichen des Staates zu informieren. Und der Consul spielt mit:

»... Cicero, durch Sanga von dem Plane unterrichtet, weist die Gesandten an, sie sollten große Anteilnahme für die Verschwörung heucheln, auch die übrigen Verschworenen besuchen, schöne Versprechungen machen und sich Mühe geben, um sie möglichst handgreiflich zu überführen.

Die Allobroger kommen nun nach Ciceros Weisung durch Vermittlung des Gabinius mit den übrigen zusammen. Von Lentulus, Cethegus, Statilius, auch von Cassius verlangen sie eine eidliche Verpflichtung, um sie in gesiegeltem Schreiben ihren Landsleuten zu überbringen; anders werde man sie nicht leicht zu einem so wichtigen Schritt bewegen können. Die anderen stellen das Schreiben ohne Argwohn aus; nur Cassius verspricht, er werde bald persönlich in ihr Land kommen, und kurz vor den Gesandten verläßt er Rom.

Lentulus schickt mit den Allobrogern einen gewissen Titus Volturcius aus Kroton als Begleiter, um sie vor ihrer Heimkehr durch gegenseitigen Treueschwur mit Catilina den Bund bekräftigen zu lassen. Er selbst gibt dem Volturcius einen Brief an Catilina mit, der diesen Wortlaut hat:

›Wer ich bin, wirst Du vom Überbringer dieses Briefes erfahren. Bedenke ja, wie schlimm es mit Dir steht, und vergiß nicht, daß Du ein Mann bist! Überlege, was Deine Lage erfordert! Hilfe mußt Du bei allen suchen, auch bei den Geringsten!‹

Dazu läßt er ihm mündlich sagen: Er sei doch vom Senat zum Staatsfeind erklärt worden, warum er also Sklaven ablehne? In der Stadt seien alle befohlenen Maßnahmen ergriffen; er solle selbst unverzüglich anrücken.

Nachdem sich die Dinge so entwickelt haben, wird die Nacht zur Abreise bestimmt.

Cicero, durch die Gesandten über alles aufs genaueste unterrichtet, gibt den Praetoren L. Valerius Flaccus und C. Pomptinus den Befehl, an der Mulvischen Brücke den Allobrogern und ihren Begleitern aufzulauern und sie festzunehmen. Er erklärt ihnen alles, was zu diesem Auftrag führte. Im übrigen gibt er ihnen Vollmacht, so zu handeln, wie es die Lage erfordere.

Als erfahrene Soldaten stellen sie befehlsgemäß in aller Stille Posten auf und besetzen unbemerkt die Brücke.

Sobald die Gesandten mit Volturcius an die Stelle kommen und sich gleichzeitig auf beiden Seiten der Brücke lautes Geschrei erhebt, ergeben sich die Gallier augenblicklich den Praetoren, denn sie hatten rasch die Lage erfaßt. Volturcius wehrt sich zunächst mit dem Schwerte gegen die Übermacht und fordert auch die andern dazu auf. Dann, als er sich von den Gesandten im Stich gelassen sieht, bittet er erst Pomptinus, der ihm ja bekannt war, flehentlich um Schonung, schließlich ergibt er sich in Angst und ohne Hoffnung auf Rettung den Praetoren wie in Feindes Hand.«[115]

Man schickt sogleich Boten zu Cicero mit der Meldung, der Coup sei gelungen. Der Consul lobt die Militärs, doch seine Empfindungen sind trotz des Erfolges geteilt: Gewiß, endlich hat er die Beweise in der Hand, die seine Gegner so lange von ihm verlangten, und bis auf weiteres ist das Unternehmen gescheitert; zugleich wird er sich bewußt, daß über die gefaßten Verschwörer Beschluß gefaßt werden muß: Ihre Bestrafung werde ihm selbst zur Last fallen, Straflosigkeit müsse zum Untergang des Staates führen.

Er beruft den Senat ein und läßt Lentulus, Cethegus, Statilius und Gabinius vorführen. Verhör! – Man fragt Volturcius über seine Reise, über die Briefe aus. Zunächst hat er Ausflüchte bereit und will von einer Verschwörung nie etwas gehört haben. Darauf kurze Beratung zwischen Cicero und seinen politischen Freunden. Es wird beschlossen: Man solle Volturcius Straffreiheit zusichern, wenn er den ganzen Sachverhalt aufdecke.

Volturcius, der es vorzieht, den Kopf auf den Schultern zu behalten, zögert nicht lange und berichtet alles, was er über den Verlauf des Unternehmens weiß, gibt auch an, erst vor einigen Tagen von Gabinius als Teilnehmer gewonnen worden zu sein. Er wisse im Grunde nicht mehr als die gallischen Gesandten. Er habe nur öfters von Gabinius einige Namen der Teilnehmer gehört, darunter Autronius, Vargunteius und andere. Diese Angaben werden von den Allobrogern bestätigt. Sie belasten nun Lentulus schwer. Der streitet zunächst alles ab. Dann kommen die Beweise: Sein Brief an Catilina, seine mehrfach getanen Äußerungen, daß ihm als dem letzten Cornelier nach den Sibyllinischen Büchern die Herrschaft über Rom bevorstehe.

Weitere Dinge kommen ans Licht: Einige haben Cethegus versichern hören, daß drei Altconsuln und vier Praetoren umgebracht werden sollten. Andere Angaben derselben Art macht auch Piso, ein ehemaliger Consul. Nun werden die Briefe verlesen, nachdem jeder Betroffene sein Siegel anerkannt hatte.

Es folgt für Lentulus, den amtierenden Praetor, die erniedrigendste Szene seines Lebens: Der Senat beschließt, daß er auf der Stelle sein Amt niederlegt; noch hier, im Tempel der Concordia, vor versammeltem Senat, muß er die mit Purpur verbrämte Toga, das Zeichen seines Senatorenstandes, ablegen und ein einfaches Gewand anziehen. Darauf wird er mit seinen Anhängern den Praetoren übergeben, die sie in sichere Haft, allerdings ohne Fesseln, nehmen. Lentulus wird dem Aedil P. Lentulus Spinther, Cethegus dem Q. Cornificius, Statilius dem C. Caesar, Gabinius dem M. Crassus zur Bewachung übergeben. Sie haften selbstredend mit ihrer Ehre, daß die Gefangenen nicht entkommen.

Noch am gleichen Tag wird eine Hausdurchsuchung gemacht, man findet bei Cethegus ein reiches Waffenlager, Geschosse, frisch geschliffene Schwerter und Dolche. Darauf angesprochen, fällt Cethegus diese Entschuldigung ein: Er sei schon immer ein Liebhaber von Eisenarbeiten gewesen[116].

11.
Was heißt Gerechtigkeit?

Die Senatssitzung vom 5. Dezember 63

Alle Beteiligten sind sich im klaren darüber, daß eine Entscheidung von großer Tragweite getroffen werden muß. Cicero gibt sich in einer Rede vor dem Volk, noch am Tage der Aufdeckung der Verschwörung (3. Dezember) gehalten, ganz optimistisch und siegessicher:

»... diese unsere herrliche und gesegnete Stadt ist am heutigen Tage durch die Liebe der unsterblichen Götter zu euch, durch meine Bemühungen, meine Entschlüsse und durch den Einsatz meines Lebens aus Feuer und Schwert, ja geradezu aus dem Rachen des Schicksals gerettet und euch erhalten und wiedergegeben worden.«[117]

Damit beginnt eine Legende der Selbstbeweihräucherung, die mit zunehmendem Abstand von den Ereignissen peinlich wird, und Cicero hat seinen Teil dazu beigetragen, daß sein Bild des entschlossenen Staatsmannes – der er zweifellos in diesen Tagen ist – allmählich vom Erhabenen an den Rand des Lächerlichen gerät. Noch aber steht er unter dem Einfluß der Euphorie des Sieges:

»Da nun die Nacht hereinbricht, betet, Bürger, zu Jupiter, dem Beschützer dieser Stadt und eurer selbst, geht heim in eure Häuser und – wenn auch die Gefahr bereits beseitigt ist – beschützt sie wie in der vergangenen Nacht durch Wachen! Ich werde dafür sorgen, daß das nicht mehr allzu lange erforderlich ist und ihr in dauerndem Frieden leben könnt.«[118]

Was hat er vor?

Die senatorische Szene, die wir am übernächsten Tag, dem 5. Dezember, beobachten, ist wohl die dramatischste, die aus der gesamten römischen Geschichte überliefert worden ist! Es ist die geistreichste, wenn wir die intellektuelle Argumentation der Beteiligten bewerten; die politischste ebenso. Denn in der Konfrontation Caesar–Cato schlägt sich wie kaum sonst der Zeitgeist nieder. Und dennoch müssen wir uns gerade in diesem Zusammenhang daran erinnern: Alles, was wir von jenem Tage wissen, ist durch die Zensur Ciceros und Sallusts gegangen, und alle Späteren berufen sich auf diese Quellen.

Die Ausgangslage: Am 5. Dezember beruft Cicero den Senat ein und fragt, was mit den Verhafteten zu geschehen habe. Schon diese

Nachricht ist viel gedeutet worden: Cicero wollte die Verantwortung in der anstehenden Entscheidung nicht allein auf sich nehmen, denn es stand ja von vornherein die Frage nach der Todesstrafe zur Diskussion!

Immerhin wäre er aufgrund des nach wie vor rechtskräftigen SENATUS CONSULTUM zu einer solchen Konsequenz ermächtigt gewesen, wiewohl es Gegenargumente gibt. Die Zeit drängt, und es zeigt sich, daß der römische Staat offenbar nicht mehr in der Lage ist, politische Gefangene für längere Zeit hinter Schloß und Riegel zu halten.

Dann die Popularen! Sie bestritten die Legitimität des vom Senat verhängten Ausnahmezustands – es sei Sache des Volkes, darüber zu befinden. Cicero wußte: Die Schwierigkeiten, die sich ihm schon am 7./8. November entgegengestellt hatten, als es um die »Verbannung« Catilinas ging, waren gering gegen jene, die es in der heutigen Sitzung zu bewältigen galt. Könnte er nicht dem Senat den Schwarzen Peter zuschieben, indem er ihn gleichsam als eine Über-Legislative anrief und ihm das Urteil in der Sache zuschob? Wenn er mit solchen Gedanken spielte – war er sich bewußt, daß dieser Staatsrat, der sehr wohl Exekutivmaßnahmen der inneren und äußeren Staatsgeschäfte durchzuführen hatte, noch weniger als er selbst zu standrechtlichen Maßnahmen befugt war?

Sein Plan war einfach: Er würde sein Beweismaterial gegen Lentulus und die übrigen vortragen, hätte damit die Verhandlung eröffnet, seine Aufgabe beendet, seine Pflicht getan. So würde er seine Unentschlossenheit meistern und den zahllosen Fallen entgehen, die man ihm in den Weg gestellt hatte. Er würde sein Bestes geben, um dem Senat die Verantwortung für die existentiellen Entscheidungen zuzuspielen. Daß er dabei ein großes Risiko einging, konnten ihm nur böswillige Kritiker unterschlagen. Er befand sich in einer delikaten Situation: Fraglos war er im Mittelpunkt der Ereignisse – und mußte doch stillhalten wie im Auge des Sturms.

Wir Spätgeborenen haben es leicht mit unserem hochmütigen Urteil, da wir das Ganze als historisch abgeschlossenes Faktum im Blick haben: »Er agierte nicht – er reagierte!«

Das tat er gut, rechtschaffen, loyal und angemessen; doch es wurde von ihm selbst und vom Cicero-Kult der folgenden Jahre überbewertet. Freilich, er mochte sich entscheiden wie er wollte, in den Augen der Zeitgenossen war es falsch! Unter diesem Aspekt sollten wir versuchen, jede Antipathie im folgenden gegen ihn zu unterdrücken und ihn in der Perspektive seiner Zeit sehen. Dies muß bereits Sallust bewußt geworden sein, der sich hütet, über Cicero den Stab zu brechen. Sallust – ein viel »römischerer« Charakter als Cicero – muß allein schon von dessen durch und durch elitärer Sprache herausgefordert worden sein; und es gibt in der Tat kaum größere Gegensätze in Diktion und Stil als den zwischen beiden Zeitgenossen. In der Wiedergabe ihrer Zitate auf den letzten hundert Seiten ist es uns oft bewußt geworden.

Sallust stellte Cicero nicht in die Mitte der dramatisch verlaufenden Sitzung. Ihm war es in dieser letzten Phase der Verschwörung wichtiger, die beiden einzig möglichen Verhaltensweisen aufzuzeigen, die nun in der politischen Urteilsbildung noch möglich waren; und Sallusts Sicht und Darstellung hat bis heute nichts von ihrer Aktualität verloren: Hier der pragmatisch handelnde Politiker Caesar – dort das »wandelnde Prinzip« Cato!

Seit 2000 Jahren versuchen prominente Leser von Sallusts »Catilina«, den Autor auf den einen oder andern der beiden Redner festzulegen. Das ist falsch und töricht, denn es geht an seiner Absicht vorbei: Als er die Schrift (wohl Anfang 42) publizierte, bestand allerdings großes Interesse daran zu erfahren, wie er sich über Caesar (44 ermordet) und seine früheren Intentionen äußern würde. Doch wer ihn da festlegt, verkennt, daß er Caesar *und* Cato in dem Vergleich, der ihren Reden folgt, gleichermaßen Größe zuspricht; der übersieht ebenso, daß beide Reden Aspekte enthalten, die über das anstehende Problem des Strafmaßes weit hinausgehen. Anders ausgedrückt: Er will den Leser zum Nachdenken anregen.

Daß sich der Senat schließlich der einen Sichtweise anschloß, ist ein anderer, ein machtpolitischer Aspekt jenseits humaner Grundsatzfragen. Auf die Frage, ob das Verfahren legal oder legitim oder keins von beiden war, hatte Sallust nicht einzugehen. Dies geschah ohnehin in der Folgezeit – und im Bereich staatsphilosophischer Überlegungen bis heute.

Das Sallust vorliegende Material war reichlich. Catos Rede lag im Stenogramm vor. Ob ihm Caesars Rede im Wortlaut zugänglich war, ist ungewiß. Außerdem waren Ciceros Catilinaria längst veröffentlicht. Aus all diesen Aufzeichnungen waren keine Schmähungen Catos gegen Caesar zu erkennen. Hätten solche Angriffe vorgelegen, dann hätte Sallust sich durch Weglassen solcher Partien einem beachtlichen Risiko ausgesetzt, als Parteimann Caesars entlarvt zu werden. Und gerade das wollte er vermeiden! Seine Leser sollten jederzeit nachprüfen können, ob er eine wesentliche Tatsache verschwiegen oder entstellt hatte. Es lebten 42 noch genügend Feinde Caesars, die in einem solchen Falle ihr Geschrei erhoben hätten.

Andererseits befand er sich hinsichtlich der Haltung, die er Caesar gegenüber einnehmen sollte, in einer heiklen Situation. Er teilte den Standpunkt Catos, daß ewige Werte römischer Ethik behauptet werden mußten – im Vorwort seiner Studie hatte er es ausgesprochen –, wenn eben nicht anders möglich, dann durch Anwendung unmittelbarer, brachialer Gewaltmittel.

Aber Sallust richtete seinen Blick noch auf eine andere Ebene. Wenn er Cato und Caesar in einen Wettkampf um Grundsatzfragen des Staates treten ließ, dann konnte er das Spätere nicht unberücksichtigt lassen; er mußte das, was beide Politiker in den beiden folgenden Jahrzehnten zu unerbittlichen Gegnern gemacht hatte, programmatisch und keimhaft aufzeigen. Dies freilich bedeutete, beide Männer anders zu charakterisieren, als man sie damals gesehen hatte.

Wie sah er sie denn?

Caesar! – Von gewaltigem Ehrgeiz getrieben, schritt er vorwärts, bis unter den Lebenden kein Konkurrent mehr war. Durch Pompeius und die Optimaten gezwungen, blieb ihm am Ende nur die Zuflucht zu den Waffen: »Geld und Soldaten!« – »Die Republik ist ein Nichts, ein bloßer Name und Körper ohne sichtbare Gestalt!« – »Sulla war ein Dummkopf, als er die Diktatur niederlegte!« Wir kennen diese Äußerungen des späten Caesar, und sie verrieten sehr viel, sie waren bekannt, berüchtigt. Aber beim Ausbruch des Bürgerkrieges verkündete Caesar eine neue Art des Gewinnens: Großzügigkeit und Mitleid! War das Taktik? – Nach seinem Sieg (49) erwartete man eine Erneuerung des Staates und wurde enttäuscht. Sallust hatte ihm tapfer geschrieben, hatte ihn beschworen, die alten Tugenden wieder aufzurichten; doch seine Denkschriften erreichten nichts.

Die Enttäuschung der »Linken« sowohl wie der Konservativen war vergleichbar jener Haltung, die Gustav von Schlabrendorf im Jahre 1801 gegenüber dem »Ersten Consul« Napoleon so formulierte:

»Sein erstes war, alle Lichter auszublasen. Er brachte keine Entscheidung, sondern nur ein Ende aller Fragen. Gleichviel, schrie er, Freiheit oder keine Freiheit, Religion oder keine Religion, Moral oder keine Moral; es ist alles egal: Liberté, Égalité, dabei bleibt es; und daß jetzt nur keiner das Maul auftue und sich anders rühre, als man ihn heißt; denn wie es nun ist, so sollte es werden, und so muß es bleiben!«[119]

Kurz vor seinem Ende hatte Caesar die Sinnlosigkeit seines Ehrgeizes begriffen: Er habe lange genug gelebt, ganz gleich, ob man sein Leben nach seinen Jahren oder an seinem Ruhm messen wolle. – War er am Ende der Genarrte? Wie hatte er noch in seinem »Bürgerkrieg« geschrieben: »Mir persönlich ist die Ehre stets das Wichtigste gewesen, wichtiger als das Leben!«[120]

Sallust muß gespürt haben, daß er an dieser ambivalenten Sicht scheitern konnte, und wer ein Gespür für das Zwischen-den-Zeilen-Lesen hat, dem geht es auf. Faktisch belegt war nur dies: Caesar hatte sich am 5. Dezember 63 für eine milde Bestrafung der verhafteten Verschwörer ausgesprochen.

Der Abend vorher... Es ist das Fest der Bona Dea[121]. Nach altem Brauch wird es im Hause des Consuls, in Anwesenheit der vestalischen Jungfrauen, gefeiert. Die Männer sind ausgeschlossen. So geht Cicero in das Haus eines in der Nähe wohnenden Freundes, wo sich einige Gleichgesinnte, darunter sein Bruder Quintus, versammelt haben.

Das Gespräch richtet sich sogleich auf die gespannte Lage. Man debattiert lange darüber, was mit den inhaftierten Verschwörern geschehen soll. Bald fällt das Wort: »Todesstrafe!«

Aber Cicero kann sich zu dieser härtesten, weil unumkehrbaren Strafe nicht entschließen, verweist auf seine »sanfte Denkungsart«; er müsse den Schein vermeiden, daß er die ihm anvertraute Gewalt übertreibe und Männer aus den besten Häusern, die noch dazu mächtige Freunde in der Stadt haben, zu »streng und schmählich« behandle: »Gehe ich aber milder gegen sie vor, so muß ich mit neuen Anschlägen von ihrer Seite rechnen...« Wenn er sie nicht dem Tode überliefere, würden sie sich doch nicht zufriedengeben, sondern selbst das Äußerste versuchen, weil der Wunsch nach Rache ihren zerstörerischen Absichten neue Nahrung gebe. Er wies die Freunde darauf hin, daß er sich den Vorwurf der Feigheit und Verzagtheit zuziehen werde, da er ohnehin beim Volk nicht als der Tapferste gelte.

Während Cicero noch unschlüssig schwankt, ereignet sich bei dem Opfer, das die Frauen im Hause des Consuls verrichten, ein besonderes Zeichen: Von dem Altar, auf dem das Feuer schon verloschen zu sein schien, stieg auf einmal aus der Asche und den verbrannten Baumrinden eine starke und helle Flamme hervor. Die Damen gerieten in große Bestürzung, aber die vestalischen Jungfrauen schickten Terentia in aller Eile zu Cicero und lassen ihm sagen, daß er seinen zur Rettung des Staates gefaßten Beschluß getrost ausführen solle, weil die Göttin durch dieses helle Licht ihm Sicherheit und Ruhm gewähre.

Nun fügt Plutarch, der dies berichtet, eine interessante Bemerkung über den psychologischen Hintergrund der Ehe hinzu:

»Terentia, eine Frau, die überhaupt nicht von sanftem oder furchtsamem Charakter war, sondern einen ziemlichen Ehrgeiz besaß und, wie Cicero selbst sagt, an den politischen Sorgen ihres Mannes mehr Anteil nahm, als sie ihm an den häuslichen zukommen ließ, meldete ihm dieses und sucht ihn auf alle Art gegen die Verbrecher zu erbittern.«[122] – Frauen machen Geschichte!

Wir können uns sehr wohl vorstellen, wie Terentia atemlos unter die Versammelten tritt, die Weisung der Göttin überbringt und Cicero zu scharfem Vorgehen gegen die Verschwörer drängt; denn Terentia galt schon den Alten als eine der energischsten, ehrgeizigsten und konsequentesten Frauen. Sie war nicht wie Cicero »sanft und furchtsam«, und an diesen Gegensätzen sollte die Ehe zehn Jahre später scheitern.

Terentia besteht also auf hartem Kurs! In gleichem Sinne äußern sich Bruder Quintus und Ciceros Freund, der Philosoph Publius Nigidius, den er in wichtigen Staatsgeschäften um Rat zu fragen pflegt. (Von ihm dürfte Sallust, der ihn kannte und schätzte, einiges erfahren haben, wenn er auch diese Episode umgeht.)

Doch Cicero kann sich an diesem Abend noch nicht zu einer eindeutigen Haltung durchringen. Alles ist noch offen, als er sich nach einer schlechten Nacht in den Senat begibt.

Ein Wort zur Geschäftsordnung des Hauses: Das Sprechen außerhalb der Reihe, auch die wiederholte Wortmeldung ist in der senatorischen Sitzung nicht unüblich. Es kommt vor, daß ein Senator in dringenden Fällen an den Vorsitzenden die Aufforderung richtet, ihm im Interesse des Gemeinwesens außer der Reihe das Wort zu gestatten. Es kommt ebenfalls vor, daß, wer gesprochen hat, den Vorsitzenden bittet, ihm zur Berichtigung des Irrtums das Wort zu geben.

Lange stritt man unter den Gelehrten, in welcher Reihenfolge die einzelnen Redner gesprochen haben; fest stand immer, daß die großen Reden nacheinander von Caesar, Cicero und Cato gehalten wurden. Was war mit den übrigen?

Versuchen wir zunächst einen Überblick, ehe wir uns den einzelnen Argumenten zuwenden:

Cicero eröffnet die Sitzung, gibt kurzen Bericht: Sie sind ertappt worden, setzt ihr die Strafe fest!

Der Senat entscheidet: Hochverrat!

Cicero fordert der Sitte nach die designierten Consuln auf, ihre Stellungnahmen abzugeben. Als erster ergreift D. Iunius Silanus das Wort. Er fordert die Todesstrafe.

Die folgenden Senatoren, darunter mehrere Altconsuln, pflichten ihm bei, bis die Reihe an Caesar kommt, den designierten Praetor (für 62).

In langer und überaus gewinnender Rede spricht er für eine humanere Behandlung der Inhaftierten. Man solle sie auf verschiedene Landstädte verteilen, dort in Gewahrsam halten, nachdem ihr Vermögen eingezogen worden sei. Er jagt den Befürwortern eines strengen Vorgehens einen Schrecken ein, indem er immer darauf hinweist, mit welcher Empörung, welchem Haß sie beim Volk in Zukunft zu rechnen haben, daß es der designierte Consul Silanus fertigbringt, seinem Votum eine andere Deutung zu geben: Man habe es schärfer aufgefaßt, als er es gemeint habe.

Die Folge: Einige fallen um, darunter Quintus Cicero. Catulus hat Bedenken, votiert für harte Bestrafung, sucht Rückhalt bei Cicero.

Tiberius Claudius Nero fordert Vertagung: Cicero sei nicht in der Lage, den Beschluß des Senats – die Todesstrafe – am gleichen Tag auszuführen. Caesar beharrt auf seiner Sicht.

Dies veranlaßt Cicero schlagfertig zu einer erneuten Darstellung der Situation: Seine vierte Rede gegen Catilina.

Erneute Umfrage: Silanus bleibt bei seiner caesarfreundlichen Haltung, ebenso Quintus Cicero. Catulus macht grimmige Zwischenrufe.

Caesars Einfluß scheint sich durchzusetzen. Bei der zweiten Umfrage ändern alle Consulare bis auf Catulus ihre frühere Meinung. Caesar scheint Sieger des Tages zu sein.

Aber da steht Cato auf, designierter Volkstribun, erst zweiunddreißig Jahre alt, und hält eine beispiellose Rede...

Caesar beginnt seine Rede mit einer großartigen Formel:

»Senatoren! Alle Menschen, die über schwierige Fälle beraten, müssen frei sein von Haß und Gunst, von Groll und Mitleid. Nicht leicht sieht unser Geist das Richtige, wenn solche Regungen entgegenwirken; und noch nie hat einer der Leidenschaft und seinem wahren Vorteil zugleich gedient. Spannt man die Kraft des Geistes an, so ist er mächtig; wenn aber die Leidenschaft von ihm Besitz ergreift, so bleibt sie Herrin, und die Vernunft vermag nichts.«[123]

Von diesem Vorsatz sind alle seine Äußerungen getragen, und er zitiert dafür Exempel aus der Vergangenheit.

Der Kern seiner Ausführungen lautet:

»Aber – so höre ich einwenden – wer wird denn dieses Vorgehen gegen Vaterlandsverräter tadeln? Die Umstände, die Zeit, das Schicksal, dessen Laune die Völker lenkt. Jene Übeltäter trifft ihr Schicksal mit vollem Recht; indes überlegt euch, Senatoren, was ihr damit auch gegen andere beschließt. Alle üblen Maßregeln sind einst aus guten Handlungen hervorgegangen. Kommt nun einmal die Macht an unwissende oder weniger ehrenhafte Männer, dann geht dies neue Verfahren von Strafwürdigen, wo es am rechten Platze ist, auf solche über, die es nicht verdient haben und wo es nicht am Platze ist.«

Sein Antrag lautet: »Beschließen wir also, diese Leute laufenzulassen und Catilinas Heer zu verstärken? Durchaus nicht, sondern mein Antrag lautet so: Ihr Vermögen soll beschlagnahmt werden, sie selbst sind in Landstädten, die über die meiste Macht verfügen, in festem Gewahrsam zu halten, und niemand darf künftig ihre Sache dem Senat vorlegen oder vor die Volksversammlung bringen; wer dagegen handelt, den soll der Senat für einen Staatsfeind und Gegner der allgemeinen Wohlfahrt erklären.«

Nun ist die Reihe wieder an Cicero, und er zieht ein Fazit:

»Wie ich sehe, liegen zwei Anträge vor: Der eine stammt von Decimus Silanus, der beantragt hat, daß diejenigen, die unseren Staat vernichten wollen, mit dem Tode zu bestrafen sind. Der zweite Antrag, von Gaius Iulius Caesar, nimmt Abstand von der Todesstrafe, begreift aber alle übrigen Strafen mit ein.

Beide Antragsteller bestehen, ihrem Rang und der Schwere des Falles entsprechend, auf der Anwendung äußerster Strenge. Der eine ist der Ansicht, Menschen, die darauf aus waren, uns allen das Leben zu rauben, das Reich zu vernichten, den römischen Namen zu tilgen, dürften keinen Augenblick länger das Leben und die Luft, die wir alle atmen, genießen. Er erinnert daran, daß eine solche Strafe schon oft gegen verbrecherische Bürger in diesem Staat angewandt wurde.

Nach der Auffassung des anderen ist der Tod von den unsterblichen Göttern nicht als Strafe verhängt, sondern ist eine naturgegebene Notwendigkeit und ein Ausruhen von Mühsal und Leiden...

Caesar verlangt die Überstellung der Verhafteten an die Landstädte. Dieses Verfahren wäre aber mit Härte verbunden, wenn man es auf dem Befehlswege, und mit Schwierigkeiten, wenn man es mit Bitten durchsetzen wollte. Dennoch soll es beschlossene Sache sein, wenn es euch so richtig erscheint...«[124]

Erneute Umfrage. Gleiches Ergebnis: Caesars Argumente stehen noch im Raum. Aber nun meldet sich Cato zu Wort, und als er beginnt, steht ihm heiliger Zorn im Gesicht[125]:

»Ich bin durchaus andrer Ansicht, Senatoren, wenn ich unsere gefahrvolle Lage bedenke und mir den Antrag mancher Leute durch den Kopf gehen lasse. Diese haben doch wohl über die Bestrafung von Verbrechern gesprochen, die gegen Vaterland und Eltern, gegen Altar und Herd zum Kriege geschürt haben. Die Lage mahnt uns aber, uns eher vor ihnen zu schützen als über Maßnahmen gegen sie zu beraten.«

Das sitzt, und Catulus nickt Beifall.

»Ist die Stadt einmal erobert, dann bleibt den Besiegten nichts mehr übrig!«

Beifall bei den Optimaten.

»Aber, bei den Göttern, an euch wende ich mich, denen Stadtpaläste und Landsitze, Bildwerke und Gemälde immer wichtiger waren als der Staat...«

War der Beifall verfrüht? Einigen wird unbehaglich.

»Wollt ihr all das zweifelhafte Zeug, das ihr ins Herz geschlossen habt, für euch behalten, wollt ihr euer vergnügtes Leben in Ruhe weiterführen: So wacht doch endlich einmal auf und stürzt euch in die Politik!«

Er mißt sie, die er anspricht, mit verächtlichen Blicken:

»Es handelt sich hier nicht um Steuern noch um Kränkung von Bundesgenossen! Unsere Freiheit, unser Leben steht auf dem Spiel!

Oftmals, Senatoren, habe ich hier im Senat ausführlich gesprochen.

Immer wieder habe ich den Luxus und die Geldgier unsrer Mitbürger gegeißelt, und viele Menschen sind mir deshalb feind... Ihr habt zwar meine Worte stets geringgeachtet; doch der Staat blieb unerschüttert, in seiner Machtfülle konnte er eure Gleichgültigkeit ertragen. Jetzt aber handelt es sich nicht darum, ob unsre Sitten gut sind oder schlecht, sondern einzig und allein darum: Soll unser Hab und Gut, wie man's auch ansehen mag, künftig unser Eigentum bleiben oder samt unserem Leben in die Hand dieser Bande fallen?«

Nun wendet er sich direkt an Caesar:

»Mit schönen und wohlgesetzten Worten hat Gaius Caesar soeben hier im Senat über Leben und Tod gesprochen... Er hält wohl für Märchen, was man sich von der Unterwelt erzählt, wo die bösen Menschen weit fort von den Guten an ganz entlegenen und grauenhaften Stätten hausen...«

Auch er rühmt die kompromißlose Einstellung der Väter, geißelt Luxus und Geldgier: »Es gibt keinen Unterschied mehr zwischen Gut und Böse, allen Lohn der Tüchtigkeit nimmt ehrsüchtiges Strebertum für sich in Anspruch. Kein Wunder! Jeder von euch faßt seine Entschlüsse nur zum eigenen Vorteil! Daheim seid ihr auf Vergnügungen, hier im Staate nur auf Geld oder Einfluß bedacht – so kam es, daß ein Angriff auf den herrenlosen Staat erfolgen konnte.«

Und erbarmungslos hält er ihnen den Spiegel vor, gießt seinen Spott über sie, nennt sie beim Namen, macht sie als Sympathisanten mitverantwortlich für die gegenwärtige Gefahr. Er kommt zum Schluß:

»Von allen Seiten sind wir bedroht, Catilina sitzt uns mit seinem Heer an der Kehle. Andere Feinde sind schon innerhalb der Mauern, im Herzen der Stadt. Keine Maßnahmen, keine Beratungen sind mehr geheimzuhalten. Um so mehr tut Eile not!

Darum stelle ich folgenden Antrag: Der gemeine Anschlag verbrecherischer Bürger hat den Staat in schwerste Gefahr gestürzt. Durch Aussage des Titus Volturcius und der Gesandten der Allobroger sind sie überführt, Mord, Brand und andere unmenschlich grausame Verbrechen gegen Mitbürger und Vaterland geplant zu haben. Sie sind geständig – also sollen sie wie auf frischer Tat ertappte Schwerverbrecher nach dem Brauch der Väter zum Tode verurteilt werden!«

Cato setzt sich. Niemand hat seine Rede unterbrochen. Doch nun ergreift Caesar noch einmal das Wort, und mit leidenschaftlichen Worten und in großer Erregung erhebt er Einspruch. Cato erwidert in gleicher Heftigkeit und beginnt, Caesar selbst zu verdächtigen. Caesar geht darauf nicht ein, sondern wiederholt seine Forderung: lebenslänglicher Kerker und Gütereinziehung! Cato beharrt auf seiner Forderung: Todesstrafe *und* Gütereinziehung!

Cicero greift ein: Formal korrekt stellt er den letzten Antrag zur Abstimmung. Schon treten die Senatoren auf des Consuls Aufforderung hin auseinander zur Abstimmung, da ruft Caesar dem Consul zu: »Teile den Antrag!«

Eine Gruppe Senatoren erhebt Einspruch; Cicero aber gibt Caesar nach: Der Senat stimmt ab über Catos Antrag *ohne* Gütereinziehung.

Cato ist der gefeierte Held des Tages, sein Antrag wird zum Senatsbeschluß erhoben.

Cicero hält es für das beste, die bevorstehende Nacht nicht abzuwarten, damit in dieser Zeit nicht neue Unruhen entstehen. So befiehlt er den Kerkermeistern, alle notwendigen Vorbereitungen zur Hinrichtung zu treffen. Er läßt Wachen aufstellen und führt persönlich Lentulus ins Gefängnis. Dasselbe geschieht mit den übrigen durch die Praetoren.

Sallust kennt die makabre Szenerie aus eigener Anschauung:

»Wenn man im Staatsgefängnis[126] links ein wenig emporsteigt, ist dort ein Raum, Tullianum genannt, etwa zwölf Fuß unter der Erde; ihn sichern von allen Seiten Mauern und oben ein Gewölbe, von steinernen Bogen getragen.

Durch Schmutz, Finsternis, Gestank ist sein Eindruck ganz entsetzlich. Lentulus wurde in diesen Raum hinabgestoßen, und mit dem Strang erdrosselten ihn die Henker, deren Amt dies war, als Rächer todeswürdiger Verbrechen. So fand dieser Patrizier aus dem altberühmten Geschlechte der Cornelier, ein Mann, der einst in Rom das Consulamt bekleidet hatte, ein Ende, würdig seiner Art und seiner Taten. An Cethegus, Statilius, Gabinius, Caeparius wurde in gleicher Weise die Todesstrafe vollstreckt.«[127]

Als Cicero aufs Forum zurückkommt, sieht er dort viele Teilnehmer der Verschwörung beisammenstehen, die vom Stand der Ereignisse noch nichts wissen. Er ruft ihnen zu: »Sie haben gelebt!« (So pflegte der Römer sich auszudrücken, um üble Vorbedeutungen zu vermeiden.)

In der Stadt herrscht Freudenstimmung, als bekannt wird, daß das Urteil vollstreckt ist: »Es war schon dunkel geworden, als Cicero über das Forum nach Hause ging. Jetzt begleiteten ihn die Bürger nicht mehr mit Stille und Ordnung, sondern alle, an denen er vorüberkam, empfingen ihn mit lautem Jubel und Händeklatschen und nannten ihn den Retter, den zweiten Gründer des Vaterlandes (der erste ist Romulus). Die Gassen waren hell erleuchtet durch eine Menge Lampen und Fackeln, die man an die Türen gestellt hatte; sogar Weiber leuchteten von den Dächern herab, um den Mann zu ehren und zu betrachten, der in glänzendem Gepränge von den ersten und vornehmsten Personen nach Hause geführt wurde. Die meisten von ihnen hatten große Kriege geführt, in Rom große Triumphe gehalten, zu Wasser und zu Lande die Grenzen des Reiches sehr erweitert; aber auf dem Wege gestanden sie einander, daß das römische Volk zwar vielen der damaligen Statthalter und Feldherren einen Zuwachs an Reichtum, Beute und Macht, seine Sicherheit und Rettung aber nur Cicero allein zu verdanken habe, durch den eine so große und schreckliche Gefahr von ihm abgewendet worden sei. Das Unternehmen vereitelt und die Verbrecher bestraft zu haben, wurde nicht für etwas Außerordentliches gehalten, wohl aber, daß die größte aller Verschwörungen mit den geringsten Opfern, ohne Aufstand und Bürgerkrieg erloschen war...«[128]

Plutarch verleugnet hier nicht seine Sympathie für Cicero. Beide haben in Charakter, Begabung und Ethos vieles gemeinsam, nur hatte Plutarch das Glück, in ruhigeren kaiserlichen Zeiten zu leben, während Cicero durch sein Temperament wie auch die Zeitumstände daran gehindert wurde, im stillen den Interessen eines Privatgelehrten nachzugehen. Aber er war auch dies.

12.
»Wir fechten für Vaterland, Freiheit, Leben...«
Das Ende

Damit sind wir bei der Frage nach der Rechtslage. Die Diskussion darüber ist durch die Jahrtausende bis zum heutigen Tage nicht zur Ruhe gekommen, und sie wird es nie: Wie wir im Vorwort sahen, hängt die Bewertung stets von den Aspekten, dem politischen Standort und den Absichten des Betrachters ab.

Das beginnt bereits im Jahre 63. Plutarch gibt die Zeitmeinung wieder:

»Indes fanden sich Leute, welche es darauf anlegten, Cicero (wegen der Vollstreckung des Todesurteils) Übles nachzureden und allerhand Verdruß zu machen; deren Führer waren einige der für das folgende Jahr gewählten Beamten, wie der Praetor Caesar und die Volkstribunen Metellus und Bestia. Kaum hatten diese ihr Amt angetreten, als sie Cicero, dessen Amtszeit nur noch einige Tage (Ende Dezember) dauerte, es verwehrten, eine Rede an das Volk zu halten, und sogar ihre Bänke auf die Rednertribüne stellten, um ihn nicht hinaufsteigen und reden zu lassen; endlich erlaubten sie es ihm noch unter der Bedingung, daß er bloß den (üblichen) Eid, sein Amt treu verwaltet zu haben, ablegen und dann gleich heruntergehen sollte. (Die Volkstribunen, die in der Mitte des Sommers gewählt wurden, traten ihr Amt schon am 10. Dezember an; die neuen Consuln hingegen erst am 1. Januar des folgenden Jahres.) Cicero trat also auf, als wollte er den Eid ablegen; aber wie es stille geworden war, schwor er nicht den gewöhnlichen und hergebrachten, sondern einen eigenen und ganz neuen Eid, daß er das Vaterland gerettet und dessen Herrschaft erhalten habe, welchen das Volk durch lauten Beifall bekräftigte.«

Zwei Dinge sind es, die bei Plutarch anklingen: die *juristische* und die *politische Infragestellung* von Ciceros Exekutivmaßnahmen.

Wir erinnern uns an die Definition des Polybios:

»Alle Verbrechen ferner in Italien, die eine staatliche Untersuchung notwendig machen, zum Beispiel Verrat, Verschwörungen, Giftmord, Meuchelmord, unterliegen der Jurisdiktion des Senats.«[129]

Es ist darauf hingewiesen worden[130], daß diese Formulierung nur »in Italien« gilt, daß es somit sehr zweifelhaft ist, ob die Zuständigkeit des Senats am 5. Dezember 63 mit dieser Stelle begründet werden kann.

In den späteren »Digesta« des Corpus Iuris[131] heißt es: »Hochverräter verlieren die bürgerlichen Ehrenrechte...; aber auch die, die der Senat zu Staatsfeinden erklärt hat, oder aufgrund eines eigens erlassenen Gesetzes: jedenfalls mit der Wirkung, daß sie das Bürgerrecht verlieren.«[132]

Es fehlt das Wort »Todesstrafe«; außerdem waren nur Catilina und Manlius zu Staatsfeinden (hostes) erklärt worden. Den derzeitigen Stand der wissenschaftlichen Interpretation faßt Hans Drexler so zusammen: Der Senat war kein Gerichtshof und hatte nicht die Macht, jemanden zum Tode oder zur Verbannung zu verurteilen: »Die Abstimmung war daher wertlos; der Senat konnte Cicero die Verantwortung nicht abnehmen, jedenfalls nicht juristisch... Hinsichtlich des Senatusconsultum ultimum aber ist dem Satz von C. John nichts hinzuzufügen: ›Das Senatusconsultum ultimum räumte Cicero nur erweiterte Repressivgewalt gegen bewaffnete Aufrührer, nicht erweiterte Strafgewalt gegen verhaftete Bürger ein.‹ Es ist ja auch in der Debatte vom 5. Dezember von niemandem erwähnt worden... Der Grundfehler der meisten Arbeiten über das Senatusconsultum ultimum ist der, daß sie es als eine staatsrechtliche Institution betrachten und infolgedessen juristisch zu definieren versuchen. Man beachte aber den Wortlaut: *videant consules ne quid detrimenti res publica capiat.* (Die Consuln sollen achtgeben, daß der Staat keinen Schaden leidet.) Das ist keine Ermächtigung, kaum ein Auftrag, vielmehr wohl nur eine Aufforderung *ex auctoritate senatus,* gegen eine unmittelbar drohende Gefahr kraft seines *imperium* (Amtsgewalt, d. Verf.) die notwendigen Maßnahmen zu ergreifen, um sie anzuwenden... Weshalb aber sind wir auf das Senatusconsultum ultimum überhaupt eingegangen, obwohl es am 5. Dezember 63 gar nicht zur Diskussion stand?... Deshalb, weil auch Cato seine sententia (Beweisführung, d. Verf.) mit dem Staatsnotstand begründet: ›Aber von allen Seiten sind wir bedroht, Catilina sitzt uns mit seinem Heer an der Kehle; andre Feinde sind schon innerhalb der Mauern, ja im Herzen der Stadt; keine Maßnahmen, keine Beratungen sind mehr geheimzuhalten: Um so mehr tut Eile not.‹

Er hatte sicher recht: Ein Befreiungsversuch war bereits unternommen worden, und Caesars Antrag auf lebenslängliche Sicherheitsverwahrung in italischen Landstädten war illusorisch, ja wohl nicht einmal aufrichtig: Er hatte seine subversiven Absichten bewiesen. Wenn nun aber das Todesurteil gleichfalls eine Notstandsmaßnahme war, des Senats, nicht Ciceros, dann mußte jener die volle Verantwortung übernehmen und unverrückt zu ihr stehen. Cicero konnte das erwarten, und er erwartete es, Illusionist, der er war. Aber die Sache hat noch eine andere Seite: Stand wirklich die *salus rei publicae* (das Wohl, die Rettung, die Existenz des Staates, d. Verf.) auf dem Spiel?«[133]

Das ist allerdings die Frage! Und hier treffen sich, über die Jahrtausende hinweg, die Probleme unseres Jahrhunderts mit jenen der ausgehenden römischen Republik: Wie hat ein Staat, der sich von seiner Verfassung her demokratisch gibt, mit den Gegnern dieser konstitutiven Ordnung umzugehen? Schon römische Kritiker Ciceros gingen einen Schritt weiter und machten den Consul grundsätzlich für die Eskalation des Geschehens verantwortlich:

»Als ob nicht die Ursache jener Verschwörung dein Consulat gewesen wäre, und als ob nicht deshalb der Staat damals zerrissen gewesen wäre, weil er dich zum Wächter hatte!...« So heißt es in einer erfundenen Schmährede des Pseudo-Sallust[134].

Q. Fufius Calenus, Freund Caesars und erbitterter Gegner Ciceros, hält ihm in einer späteren Rede vor: »Ist er (Cicero) es nicht, der Catilina dazu gebracht hat, gegen uns den Krieg zu beginnen, und der Lentulus ohne Prozeß und Urteil getötet hat?... Du, Cicero, was hast du in deinem Consulat, ich sage nicht Weises und Gutes, sondern nicht schwerster Strafe Würdiges getan? Hast du nicht unsere friedliche und einträchtige Stadt in Wirren und Parteistreit gestürzt, den Markt und das Capitol mit Massen von dazu aufgebotenen Sklaven angefüllt? Hast du nicht Catilina, der lediglich auf das Consulat erpicht war und sonst nichts Böses getan hatte, ein elendes Ende bereitet?...«[135]

Unsere Antwort auf all diese Fragen hängt ab von der Bedeutung, die wir Catilina und seiner Verschwörung geben. Wer aber will heute, nach zwanzig Jahrhunderten und gestützt lediglich auf die parteilichen Quellen der Zeit, wissen, welche Entwicklung die res publica nach einem Erfolg des konspirativen Unternehmens genommen hätte? Es ist sehr leicht, den Trend zur Diktatur à la Caesar zu unterlegen; aber solche Interpretation geht vom Blickwinkel der folgenden Ereignisse aus. Mit moralischen Urteilen kommen wir schon gar nicht weiter, denn Blut tropft an den Händen aller folgenden Machthaber! Und Caesar hätte, wäre er an Ciceros Stelle gewesen, keine Sekunde gezögert, alle Mittel gegen die Insurrektion zu ergreifen. Das Dilemma scheint darin zu liegen, daß der »Intellektuelle«, der gebildete Humanist Cicero Machtpolitik betreibt! Und das hat man ihm bis Mommsen und danach nie vergessen.

Ciceros brachiale Reaktion war juristisch nicht haltbar, daran gibt es keinen Zweifel. Darum kann sie nur politisch erörtert werden. Das aber heißt, die Gefahr des Augenblicks gegen die Möglichkeiten der Abwehr abzuwägen; und Cicero war der subjektiven Überzeugung, daß es keinen anderen Weg gab, die Existenz der Republik mit all ihren derzeitigen Schwächen zu retten. Und Catilina? »Es war der Putsch eines einmal abgewiesenen, zweimal durchgefallenen, politisch und finanziell ruinierten Kandidaten, der nur deshalb größere Ausmaße annahm und gefährlich wurde, weil der Zündstoff *in tanta tamque corrupta civitate* (etwa: in der so großen Korrumpierung des Staates, d. Verf.) bereitlag. Die neuesten Versuche einer Heroisierung Catilinas lohnen meines Erachtens keine Widerlegung.«[136]

Dem ist zuzustimmen, wenngleich wir uns bemüht haben, den prägenden Gegebenheiten in Catilinas Herkunft, Anlage, Werdegang und Umwelt gerecht zu werden.

Und vergessen wir nicht: Die Elenden, Entrechteten, Darbenden, die »Proletarier« laufen ihm ebenso zu wie die »Ausgesperrten«; und sie halten ihm die Treue bis zu dem grandiosen Ende bei Pistoria, was selbst die parteilichen Chronisten zu erstaunten Bemerkungen über die Tapferkeit der Leute veranlaßt.

Noch hat man ihn ja nicht erledigt: Zwar laufen ihm die Abenteurer davon, als die Meldung von der Katastrophe in Rom eintrifft, Leute, die nur die Hoffnung auf Raub und Freude am Umsturz zum Kriege verlockt hatte, wie Sallust sich ausdrückt[137].

Den verbleibenden Kern führt Catilina in Eilmärschen durch rauhes Gebirge in die Gegend von Pistoria[138], um von dort aus auf Fußwegen unbemerkt in gallisches Land jenseits der Alpen zu entkommen. Sein Plan ist offensichtlich, ein zweiter Sertorius zu werden. Doch nun verlegt ihm Metellus, Legat in der Transpadane, den Weg. Von Süden rückt Antonius, der zweite Consul, heran, angetrieben von seinem Legaten M. Petreius, der berechtigte Zweifel an der Loyalität des Oberbefehlshabers hat.

Catilina sitzt in der Falle: »Von Bergen und feindlichen Truppen ist er ringsum eingeschlossen; in Rom hat er kein Glück; auf Flucht oder auf Verstärkung darf er nicht mehr hoffen – da hält er es für das beste, in solcher Lage das Kriegsglück zu versuchen, und er beschließt, sich dem Antonius möglichst bald zum Kampf zu stellen.«[139]

Er entscheidet sich zum Angriff auf die Legionen des Antonius, ehe er sich mit Metellus vereinigen kann, auch in der Hoffnung, bei ihm als seinem früheren Verbündeten auf geringere Widerstandskraft zu stoßen. Doch dessen Legat, M. Petreius, hat Lunte gerochen und läßt sich von Antonius das Kommando übergeben, angeblich, weil Antonius in diesen Tagen von der Gicht geplagt wird.

Vor der Schlacht hält Catilina eine letzte, anfeuernde Rede, worin er noch einmal darauf hinweist, daß sie hier für die populare Sache stehen:

»... Soldaten, die andern sind ja nicht in gleicher Not wie wir: Wir fechten für Vaterland, Freiheit, Leben; ihr Kampf für die Macht weniger Männer ist überflüssig! Desto beherzter greift nun an und denkt an eure frühere Tapferkeit! Es stand euch frei, ein schmachvolles Leben in der Verbannung hinzubringen: Doch das erschien euch schmählich und für Männer unerträglich, und so habt ihr euch entschlossen, unsern Fahnen zu folgen...«[140]

Es folgt die Schlacht, und zwischen den Zeilen schimmert Sallusts Respekt vor dem konsequenten letzten Handeln des Sergiers durch:

»Nach diesen Worten wartet er ein wenig, läßt nun das Signal blasen und führt die Reihen geordnet in die Ebene hinab. Dann läßt er sämtliche Pferde wegbringen, um alle der gleichen Gefahr auszusetzen und so seinen Soldaten den Mut zu stärken. Er selbst ordnet das Heer zu Fuß, wie es dem Gelände und der Art seiner Truppen entsprach. Denn da sich die Ebene zwischen Bergen, links, und einer schroffen Felswand, rechts, erstreckte, stellt er acht Kohorten in die Front, die übrigen rückt er als Reserve dichter zusammen. Aus diesen holt er die Hauptleute, lauter ausgesuchte und altgediente Männer, in die erste Linie vor, dazu aus den gemeinen Soldaten die tüchtigsten, die gut bewaffnet waren.

Dem Gaius Manlius überträgt er das Kommando auf dem linken Flügel; er selbst stellt sich mit Freigelassenen und Bürgern aus den Pflanzstädten neben der Fahne auf (!), die angeblich Gaius Marius im Cimbernkrieg bei seinem Heere hatte.

Auf der Gegenseite übergibt Gaius Antonius dem Legaten Marcus Petreius das Heer, denn ein Fußleiden verbot ihm die Teilnahme am Kampfe. Dieser stellt die Veteranenkohorten, die er wegen der inneren Wirren aufgeboten hatte, an die Front, hinter sie das übrige Heer in Reserve. Er reitet selbst umher, redet jeden einzelnen beim Namen an und mahnt und bittet, das eine zu bedenken: Gegen schlecht bewaffnete Räuber müßten sie für Vaterland und Kinder, für Altar und Herd jetzt kämpfen! Als alter Soldat, der über dreißig Jahre als Tribun, Praefect (der Reiterei), Legat und Praetor mit großer Auszeichnung im Heer gedient hatte, kannte er die meisten persönlich und wußte von ihren Heldentaten: Daran erinnerte er sie und suchte so den Mut der Krieger zu entflammen.

Alles war nun erkundet. Da läßt Petreius mit der Trompete das Zeichen geben und seine Kohorten langsam vorrücken. Dasselbe tut das feindliche Heer. Bald ist es soweit, daß die leichten Truppen den Kampf beginnen können, und mit lautem Geschrei prallen sie im Sturmangriff zusammen. Ihre Speere werfen sie weg, mit den Schwertern wird gekämpft.

Die Veteranen, ihrer alten Tapferkeit eingedenk, dringen im Handgemenge hitzig auf die Gegner ein; die wehren sich unverzagt; mit größter Erbitterung tobt der Kampf.

Inzwischen ist Catilina mit seinem Stoßtrupp in vorderster Linie rastlos tätig: Den Bedrängten eilt er zu Hilfe, frische Kräfte holt er als Ersatz für die Verwundeten herbei, für alles sorgt er, kämpft selbst auch tapfer mit und tötet manchen Feind: Eines wackeren Soldaten und guten Führers Pflicht erfüllt er gleichermaßen.

Petreius sieht, wie sich Catilina wider Erwarten mit aller Kraft verteidigt: Da wirft er seine Leibgarde mitten in die Feinde, bringt sie in Verwirrung und schlägt nieder, was da oder dort noch Widerstand leistet. Dann greift er den Rest auf beiden Flanken an. Manlius und der Mann aus Faesulae fallen, in den ersten Reihen fechtend. Catilina sieht, seine Truppen sind geschlagen, und er selbst ist nur mit wenigen übrig – da stürmt er, eingedenk seiner Herkunft und seiner einstigen Stellung, in die dichtesten Haufen der Feinde und wird dort kämpfend niedergestoßen.

Erst jetzt, nach Beendigung der Schlacht, konnte man sehen, welche Kühnheit, welch gewaltiger Mut in Catilinas Heer einst herrschte; denn fast jeder deckte nach dem Tod mit seiner Leiche die Stelle, die er lebend im Kampf eingenommen hatte. Wenige nur, von der Leibgarde beim Durchbruch durch die Mitte auseinandergesprengt, waren etwas abseits gefallen, aber doch alle mit Wunden auf der Brust.

Catilina fand man fern von den Seinen unter den Leichen der Feinde; er atmete noch ein wenig und trug noch den Trotz in seinen Mienen, den er im Leben gezeigt hatte. Von der ganzen Mannschaft wurde schließlich kein einziger frei geborener Bürger im Kampfe oder auf der Flucht gefangen: So hatten alle ihr eignes wie der Feinde Leben gleich wenig geschont.

Doch auch das Heer des Römervolkes hatte keinen frohen, keinen unblutigen Sieg erfochten; denn die Tapfersten waren im Kampf gefallen oder nur mit schweren Wunden davongekommen. Viele aber, die aus Neugier oder Beutelust vom Lager herbeikamen, fanden beim Umwenden der Leichen der Gegner bald einen persönlichen Freund, bald einen Gastfreund oder Verwandten; auch ihren Feind erkannten einige. So herrschten im ganzen Heere abwechselnd Jubel und tiefer Schmerz, Jammer und Herzensfreude.«[141]

Ciceros weiteres Schicksal bleibt nachzutragen; aus der peinlichen Fülle ciceronischen Selbstlobs zwei Beispiele:

»...Nachdem ich nun einmal den mit dem Neid und der Feindschaft vieler verbundenen, außerordentlichen und unsterblichen Ruhm erlangt hatte, habe ich nicht aufgehört, im politischen Leben die gleiche Größe der Gesinnung (magnitudo animi) zu beweisen.« So schreibt er am 15. März 60 an Atticus[142].

In der Rede »Pro Sulla«, in der ein Jahr nach der Niederschlagung politische Folgeerscheinungen aufgearbeitet wurden, sagt er: »Ich gebe ohne weiteres zu, daß ich aus einer Landstadt stamme und füge noch hinzu: aus der Landstadt, die schon zum zweitenmal dieser Stadt und diesem Reich das Heil gesandt hat...«[143]

Plutarch hält denn auch nicht mit seiner Kritik zurück:

»Damals stand Cicero zwar auf dem Gipfel seiner Macht; aber er machte sich schon bei vielen verhaßt, nicht durch schlechte Handlungen, sondern weil er durch das ewige Selbstlob und die Ruhmredigkeit, mit der er immer von sich sprach, vielen unerträglich wurde. Denn sooft der Senat, sooft das Volk oder ein Gericht zusammenkam, mußte man sich auch von Catilina oder von Lentulus etwas vorreden lassen. Zuletzt füllte er sogar seine Bücher und Schriften mit solchen Lobeserhebungen auf sich selbst. So machte er seinen sonst so schönen und anziehenden Vortrag durch diese Unschicklichkeit, die ihm wie ein feindliches Geschick überall auf dem Fuße folgte, den Zuhörern widrig und unerträglich.«[144]

Sein ewiges »comperi« – »Ich habe erfahren...« – wurde zu einem geflügelten Wort, wollte man die Sinnesart eines Querulanten umschreiben.

Cicero hatte scheinbar vergessen, daß nicht er, sondern Cato es gewesen war, der Caesars Warnung vor der Hinrichtung der Catilinarier aus dem Felde schlug. Aber er wollte es nie wahrhaben, geriet so in den Strudel der untergehenden Optimatenrepublik und hatte dafür hart zu büßen: Caesar war es, der dann als Stifter des Ersten Triumvirats (60) und Consul (59) die Schwierigkeiten aus dem Weg räumte, die dem siegreich heimgekehrten Pompeius im Senat bereitet wurden, und sich mit Gewalt das langjährige Kommando in Gallien sicherte. Da Cicero nicht mitspielte, wurde sein langjähriger Feind Publius Clodius auf ihn losgelassen, der dafür sorgte, daß Cicero ins Exil nach Thessalonike und Dyrrhachion gehen mußte. Doch zeitlebens, bis zu seiner Ermordung 43, hielt er in Verkennung der entscheidenden Machtfaktoren daran fest, der geeignetste politische Führer der Republik zu sein. An diesem seltsamen inneren Widerspruch scheiterte er.

Das letzte Wort wollen wir einem großen Kenner Roms geben, und jeder mag nach eigener Neigung die Hauptakteure unserer Geschichte daran messen; 1852 schrieb Ferdinand Gregorovius unter dem Eindruck der Manen Napoleons auf Elba:

»Die Heldenkraft eines einzelnen Menschen, welcher gegen die Welt kämpft und trotzig das Schicksal herausfordert, ist immer bewundernswert; aber sie läßt kalt, wenn sie nicht mehr den sittlichen Ideen und Zwecken der Geschichte, sondern nur dem eigenen und kleinen Egoismus dient.«[145]

Anhang

1.
Römische Namen

Ursprünglich hatten die Römer wie andere indogermanische Stämme nur einen Namen. Unter etruskischem Einfluß wurde die Ein-Namigkeit aufgegeben, da sie nicht genügte zur individuellen Unterscheidung ihrer Träger. So ist die römische Namengebung grundsätzlich zweinamig mit *Vorname* (praenomen) und *Geschlechtsname* (nomen gentile). Dem widerspricht nicht die später aufkommende Gepflogenheit, zur weiteren Differenzierung einen *Beinamen* (cognomen) anzufügen. Das breite Spektrum römischer Beinamen ist bedingt durch die geringe Anzahl der Vornamen, es gab nur sechzehn. Schließlich konnten dem Beinamen noch weitere als Ehrennamen zugefügt werden. Alle diese Formen wurden in der Familie erblich, und sie sind eine Hilfe, einzelne Familienzweige voneinander zu unterscheiden.

Beispiel für eine einfache Form:

MARCUS (*praenomen*), TULLIUS (*nomen gentile*), CICERO (*cognomen* mit der Bedeutung »Kichererbse«).

Es gab kompliziertere Formen:

PUBLIUS	CORNELIUS	SCIPIO	AEMILIANUS	AFRICANUS
↓	↓	↓	↓	↓
praenomen	*nomen gentile*	*1. cognomen*	*Adoptivnomen*	*2. cognomen*

NUMANTINUS
↓
Ehrenname

Das *cognomen* drückte oft körperliche oder geistige Besonderheiten aus, deren Bezeichnungen erblich wurden, auch wenn sie dem äußeren oder charakterlichen Bild des Trägers nicht entsprachen:

FLACCUS (Horaz) = *der Schlappohrige;* NASO (Ovid) = *der Großnasige;* PLAUTUS = *der Plattfuß;* BRUTUS = *der Dumme;* CRASSUS = *der Fette.*

Mädchen erhielten keinen individuellen Vornamen, sondern trugen den Familiennamen mit der Femininendung -a; so heißt Catilinas Schwester SERGIA.

Die männlichen Vornamen wurden meist abgekürzt:

A.	= Aulus	Mam.	= Mamercus
Ap.	= Appius	P.	= Publius
C.	= Gaius*)	Q.	= Quintus (der »Fünfte«)
Cn.	= Gnaeus*)	Ser.	= Servius
D.	= Decimus (der »Zehnte«)	Sex.	= Sextus (der »Sechste«)
L.	= Lucius	Sp.	= Spurius
M.	= Marcus	T.	= Titus
M'.	= Manius (oder: Manlius)	Ti.	= Tiberius

2. Zur Chronologie der GENS SERGIA

(?) = fehlendes Cognomen oder unsicherer Vorname; alle Daten v. Chr.

SERGIUS: Name eines alten patrizischen Geschlechts, nach dem die »tribus Sergia« (Stadtteil Roms) benannt ist; wohl verwandt mit der Gens SERVILIA. Nach Vergil (Aen. V, 121) ist ein »Sergestes« troischer Ahnherr des Geschlechtes. Erbliches Cognomen der Sergier ist »Fidenas«, später »Silus« (silus = stulp-, plattnasig) seit M. Sergius Silus (s. Nr. 9); so genannt wohl nach einer Verwundung im Kriege gegen Hannibal.

1. *M. Sergius Esquilinus,* 450 Decemvir legibus scribundis (d.h. Mitglied einer Zehnerkommission zur Kodifizierung des Rechts, mit consularischer Machtbefugnis).
2. *L. Sergius Fidenas,* Consul 437 u. 429, Tribunus militum 433, 424, 418; 437 verlustreicher Sieg über Fidenae.
3. *M. Sergius Fidenas,* 404 u. 402 Tribunus militum consulari potestate (mit consularischer Machtbefugnis). Kämpfte gegen Veii, wurde wegen Mißerfolgen zur Amtsniederlegung gezwungen.
4. *L. Sergius Fidenas,* Sohn von Nr. 3, 397 Tribunus militum consulari potestate; war 394 einer der Gesandten, die einen goldenen Mischkrug aus der Beute von Veii nach Delphi brachten.
5. *Cn. Sergius Fidenas,* war 387, 385 u. 380 Tribunus militum consulari potestate.
6. *Sergia,* war nach Livius (VIII, 18,8f.) der Giftmischerei beschuldigt und nahm sich 331 vor Gericht das Leben.

*) Die Schreibung mit C ist eine archaische Form.

7. *M. Sergius (?)*, Tribunus militum, wurde 205 von Scipio gegen Locri geschickt, wegen Ausschreitungen seiner Leute angeklagt und hingerichtet.
8. *L. Sergius (?)*, ist nach verbreiteter Interpretation des Polybios (XV, 1,3) u. Livius (XXX, 25,2) einer der Gesandten, die Scipio 202 wegen Verletzung des Waffenstillstandes nach Karthago schickte.
9. *M. Sergius Silus*, 197 Praetor urbanus, kämpfte gegen Po-Kelten und Hannibal, wurde mehrfach verwundet, verlor rechte Hand, ließ sich eine eiserne Ersatzhand machen. Er geriet zweimal in Gefangenschaft, konnte fliehen. Als ihm wegen seiner Verstümmelung das Recht zur Übernahme priesterlicher Funktionen bestritten wurde, verteidigte er sich in der bei Plinius (nat. hist. VII, 101–106) überlieferten Rede. Er war Urgroßvater Catilinas.
10. *M. Sergius Silus*, 168 Legat des L. Aemilius Paullus bei Pydna, Sohn von Nr. 9.
11. *M. Sergius Silus*, Quaestor, schlug zwischen 99 u. 94 Denare, deren Rückseite den M. Sergius Silus (Nr. 9) verherrlicht, dessen Urenkel er vermutlich war.
12. *L. Sergius Silus*, der Vater Catilinas, jüngerer Bruder von Nr. 11, lebte in ärmlichen Verhältnissen. Vermutlich der Zeuge Silus, den der Redner L. Crassus in einem Prozeß der Lächerlichkeit preisgab (Cicero de or. II, 285). Verehelicht mit einer Belliena (Asconius Cornel. 81).
13. *Sergia*, ältere Schwester Catilinas (Nr. 15), verheiratet mit dem römischen Ritter Q. Caecilius, der bei den sullanischen Proskriptionen ermordet wurde.
14. *M. (?) Sergius*, soll 81 von seinem Bruder Catilina während der sullanischen Proskriptionen ermordet worden sein. Die Nachricht darf unbedenklich ins Reich der Fabel verwiesen werden.
15. *L. Sergius Catilina*, 108–62, der Verschwörer.
16. *L. Sergius (Catilina ?)*, Sohn Catilinas aus erster Ehe. Nach parteilicher Überlieferung vom Vater angeblich aus dem Weg geräumt, um der Ehe mit Aurelia Orestilla nicht im Wege zu stehen.

Unter weiteren genannten Sergiern ist nur *C. Sergius Orato* erwähnenswert (1. Jahrh. v. Chr.). Er betrieb neben einer einträglichen Fisch- und Austernzucht auf seinem Gut am Lucriner See und am Golf von Baiae ein schwunghaftes Immobiliengeschäft und war ein geschickter Spekulant, der die Fischzucht durch rationellen Betrieb und technische Verbesserungen zu großer Vollkommenheit und Ergiebigkeit brachte.
Die Familie der *Sergii Paulli* aus dem 1. und 2. Jahrhundert n. Chr. ist mit den patrizischen Sergiern nicht verwandt. Sie stammt wahrscheinlich aus der römischen Colonie Antochia Caesarea in Pisidien.

3.
Daten zu Catilina und der Verschwörung

– alle Daten v. Chr. –

108	Lucius Sergius Catilina geboren.
17. 11. 89	Catilina als Mitglied im Consilium des Consuls Cn. Pompeius Strabo vor Asculum genannt (vgl. CIL I² 709).
ab 83	Catilina Anhänger des aus Asien zurückgekehrten Sulla.
um 82	Gerüchte über die Ermordung seines Bruders.
n. d. 1. 11. 82	(Schlacht am Collinischen Tor): Catilina an der Spitze eines sullanischen Proskriptions- und Tötungskommandos; grausame Ermordung des M. Marius Gratidianus (Bruder von Catilinas damaliger Frau) am Grabe des Cimbernsiegers Q. Lutatius Catulus.
82	Catilina Legat Sullas; Belagerung von Praeneste.
nach 82	Ermordung des römischen Ritters Q. Caecilius (Gemahl von Catilinas Schwester Sergia).
73	Catilina wird im Vestalinnenprozeß (»incesti causa«, wegen Unzucht mit der Vestalin Fabia, der Schwester von Ciceros Gattin Terentia, angeklagt) freigesprochen nach Unterstützung des Q. Lutatius Catulus. Ankläger: P. Clodius Pulcher.
68	Catilina Praetor.
67–66	Catilina Propraetor in Afrika.
66	Gesandte der Provinz verklagen Catilina vor einem Senatsconsilium wegen Ausbeutung der Provinz. Der Vorsitzende Consul L. Volcatius Tullus lehnt daraufhin Catilinas Kandidatur zum Consulat für 65 ab.
Sommer 66	P. Autronius Paetus und P. Cornelius Sulla (Neffe des Diktators) werden zu Consuln gewählt. Die unterlegenen L. Aurelius Cotta und L. Manlius Torquatus fechten die die Wahl an und werden statt der oben genannten zu Consuln gewählt.
12. 66/2. 65	Sogenannte erste Verschwörung des Catilina.
Sommer 65	Schwebender Repetundenprozeß vereitelt Catilinas Kandidatur für 64; Ankläger wieder P. Clodius Pulcher. Catilina wird freigesprochen.
Ende 65	Zusammenarbeit (Wahlbündnis) mit M. Licinius Crassus und C. Iulius Caesar; Frontwechsel ins populare Lager. Catilina sammelt großen Gefolgschaftskreis aus allen Schichten um sich; große Anziehungskraft auf die Jugend. Kauf einer Gladiatorentruppe. Crassus deckt seine Schulden.

	Zweite Ehe mit Aurelia Orestilla. Gerüchte um plötzlichen Tod seines Sohnes.
1. Hälfte 64	Harter Wahlkampf mit guten Chancen; Gesetz gegen Ambitus. Ciceros Rede »In toga candida« bringt den Umschwung: Cicero und Antonius werden zu Consuln für 63 gewählt.
Ende 64	Catilina von L. Lucceius wegen seiner Henkertätigkeit unter Sulla angeklagt. Unter Caesars Vorsitz freigesprochen.
Anfang 63	Erneuter Wahlkampf für das Consulat von 62. Verschärftes Gesetz gegen Ambitus. Caesar und Crassus ziehen sich von Catilina zurück. Catilina plant Anschlag gegen die Consuln, sammelt Gefolgschaft aus Etrurien (Arretium, Faesulae) und der Transpadana um sich. Verrat seiner Pläne durch Q. Curius über Fulvia an Cicero. Vertagung der Wahlen.
Sommer 63	Catilina fällt erneut durch: zweite Wahlniederlage. C. Manlius beginnt in Etrurien und dem Diesseitigen Gallien mit Truppenaushebungen. Catilina plant Mord- und Brandanschläge in der Stadt. Termin zum Losschlagen: 27. Oktober.
21. 10. 63	Senat erläßt ein *senatus consultum de re publica defendenda* und erteilt beiden Consuln (Cicero und C. Antonius) diktatorische Vollmachten.
7. 11. 63	Versammlung der Verschwörer im Hause des Laeca; Plan: Cicero zu ermorden.
7./8. 11. 63	Attentatsversuch auf Cicero.
8. 11. 63	Senatssitzung im Tempel des Jupiter Stator, Cicero hält seine erste Rede gegen Catilina und fordert Catilina auf, die Stadt zu verlassen.
9. 11. 63	Catilina verläßt die Stadt und begibt sich nach Norden. Ciceros zweite Rede gegen Catilina vor dem Volk.
15. 11. 63	Senat ächtet Catilina und C. Manlius.
Ende November	Einbeziehung der gallischen Allobroger in das Geschehen und die Aufdeckung der Verschwörung. Gefangennahme der in der Stadt verbliebenen Verschwörer.
3. 12. 63	Ciceros dritte Rede gegen Catilina vor dem Volk.
5. 12. 63	Senatssitzung im Tempel der Concordia mit Reden Caesars, Ciceros (vierte Rede gegen Catilina) und Catos; Todesurteil für die gefaßten Verschwörer und anschließende Hinrichtung.
Januar 62	Schlacht bei Pistoria; das Heer der Verschwörer wird geschlagen, Catilina und C. Manlius fallen.

4.
Zeittafel zur Römischen Republik

– alle Daten v. Chr. –

Ende des 2. Jh.	Italische Landwirtschaft in zunehmenden Schwierigkeiten.
133–121	Zeit der gracchischen Revolution.
133	Ti. Sempronius Gracchus Volkstribun: Ackergesetze (leges Semproniae).
132	Ermordung des Ti. Gracchus.
129	Pergamon und sein Territorium, von Attalos III. an Rom vererbt, wird Provinz »Asia«.
123	Erstes Volkstribunat des C. Sempronius Gracchus: Erneuerung des Ackergesetzes (lex agraria). Richtergesetz zugunsten der Ritter (lex iudicaria).
122	Zweites Volkstribunat des C. Gracchus.
121	C. Gracchus erschlagen.
nach 121	Konservative Reaktion gegen gracchische Reformen.
113	Beginn der Cimbern- und Teutoneneinfälle aus dem Norden.
111–105	Krieg gegen Jugurtha von Numidien.
107	Marius zum erstenmal Consul. Beginn seiner Heeresreform (104, 103, 102, 101, 100 u. 86 wiedergewählt).
105	Römische Niederlage gegen Cimbern bei Arausio (Orange).
104	Triumph des Marius. Jugurtha hingerichtet. Marius Oberbefehlshaber an der Nordfront.
104–101	Sklavenkrieg auf Sizilien.
102	Sieg des Marius über Teutonen und Ambronen bei Aquae Sextiae. Tausende germanische Sklaven werden auf Gutshöfen als Ackerknechte eingesetzt.
101	Sieg des Marius über die Cimbern bei Vercellae.
100	Sechstes Consulat des Marius. C. Iulius Caesar am 13. Juli geboren. Tribunat des L. Apuleius Saturnius.
95–91	Mithridates VI. Eupator von Pontos, erweitert sein Reich.
92	Sulla Statthalter in Kilikien.
91	Volkstribunat des M. Livius Drusus.
91–88	Bundesgenossenkrieg.
88	Sulla Consul; Marsch auf Rom; Herstellung der Senatsherrschaft; Marius flieht nach Afrika; Sulla in Asien.
88–84	Erster Mithridatischer Krieg. »Vesper von Ephesos«: 80000 Römer ermordet.
88	Beginn des Bürgerkrieges.
87	Cinna Consul. 87–84 Cinnas Gewaltherrschaft. Marius wieder in Rom. Populares Schreckensregiment.
86	Marius stirbt während seines siebten Consulates. Einnahme

	Athens durch Sulla. Delphi geplündert. Sieg Sullas über Archelaos, den Feldherrn Mithridates', bei Chaironeia in Böotien.
84	Mithridates von Sulla zum Frieden von Dardanos gezwungen. Cinna ermordet.
83	Sulla wieder in Italien. Vormarsch gegen Rom.
83–81	Zweiter Mithridatischer Krieg.
1. 11. 82	Sullas Sieg über die Marianer am Collinischen Tor. Sullas Diktatur. Restauration der Senatsherrschaft. Beschneidung des Volkstribunats.
78	Tod Sullas.
80–72	Pompeius kämpft gegen Sertorius in Spanien.
74–64	Dritter Mithridatischer Krieg.
73–71	Sklavenkrieg in Italien unter Führung des Spartacus. Niederschlagung des Aufstands durch den Praetor M. Licinius Crassus. Kreuzigung von 6000 Sklaven an der Via Appia bei Capua.
70	Pompeius und Crassus Consuln. Sturz der sullanischen Verfassung. Wiederherstellung des Volkstribunats.
69	Neuordnung der Provinz »Asia« durch Lucullus.
67	Pompeius säubert das Mittelmeer von Piraten.
66–63	Pompeius besiegt Mithridates und ordnet den Osten neu.
Ende 66	Sogenannte erste Verschwörung des Catilina.
63	M. Tullius Cicero Consul mit C. Antonius Hybrida. Verschwörung des Catilina.
Januar 63	Schlacht bei Pistoria: Totale Niederlage des Insurrektionsheeres.
60	Triumvirat des Pompeius, Crassus und Caesar: Lahmlegung der republikanischen Verfassung.
59	Caesar Consul: Acker- und Siedlungsgesetze.
58–50	Caesar Statthalter in Gallien. Gallischer Krieg.
56	Konferenz von Lucca: Erneuerung des Triumvirats.
55	Pompeius und Crassus Consuln.
53	Schlacht bei Carrhae (Syrien): Crassus unterliegt gegen die Parther und fällt.
52	Höhepunkt des anarchischen Treibens in Rom. Pompeius Consul »sine collega«.
49	Beginn des Bürgerkrieges. Caesar überschreitet den Rubikon.
48	Caesar Diktator. Er besiegt Pompeius bei Pharsalos. Pompeius in Ägypten ermordet.
48–47	Alexandrinischer Krieg. Brand der Bibliothek von Alexandria.
46	Caesar besiegt Pompeianer bei Thapsus (Afrika).
45	Caesar Diktator auf Lebenszeit.
15. 3. 44	Ermordung Caesars.

5.
Bibliographie

Gliederung der Bibliographie

A) Quellen, die zitiert oder verarbeitet wurden
B) Sallust (Gaius Sallustius Crispus)
  a) Kritische und kommentierte Ausgaben
  b) Text ohne kritischen Kommentar (Taschenbücher)
  c) Bibliographien
C) Literatur zum Thema
  a) Sallust:
    1. Gesamtdarstellungen
    2. Sprache und Stil
    3. Materialsammlungen
    4. Einzeluntersuchungen
  b) Catilina
  c) Cicero
  d) Caesar
  e) Crassus
  f) Sulla
D) Literatur zur römischen Geschichte
  a) Allgemein:
    1. Gesamtdarstellungen
    2. Lexika, Wörterbücher
    3. Einführungen
    4. Recht und Verfassung
    5. Römische Verfassung
    6. Sklaverei
    7. Agrarwirtschaft
    8. Topographie der Stadt Rom, Denkmäler
    9. Wissenschaft und Technik
    10. Literatur, Monographien
    11. Philosophie
    12. Religion
    13. Kunst, Archäologie
    14. Kulturgeschichte, Zivilisation
    15. Wirtschaft
  b) Literatur zur Römischen Republik:
    1. Gesamtdarstellungen
    2. Krise und Untergang der Römischen Republik
E) Sonstiges

A) Quellen, die zitiert oder verarbeitet wurden

Appians Römische Geschichte, übers. und hg. v. G. Zeiß, Leipzig 1838.

Asconius Pedianus, Q.: Scholiastae Ciceronis orationum, rec. Th. Stangl, Bd. 2, 1912.

Asconius Pedianus, Q.: Ausgabe v. A. Kießling, R. Schöll, 1875.

Caesar, Gaius Iulius: Die Bürgerkriege, übers. und hg. v. G. Wirth, Reinbek 1966 (Rowohlts Klassiker, 179/80).

Caesar, Gaius Iulius: Der Gallische Krieg, ed. G. Dorminger, München 1966 (Heimeran).

Cassius Dio: Römische Geschichte, übers. v. D. L. Tafel, Stuttgart 1831ff.

Cato Censorius, Marcus Porcius: Origines, in: Historicorum Romanorum Reliquiae (=HRR) hg. v. H. Peters I, 2/1914, II, 1906, beide neu 1967. Weitere Auszüge mit deutscher Übersetzung in: RES PUBLICA, Texte zur Krise der frührömischen Tradition, übers. u. hg. v. R. Till, Zürich/München 1976 (Artemis).

Catull (Gaius Valerius Catullus): Carmina, lat.-dt. ed. W. Eisenhut, München 7/1975 (Heimeran).

Catull (Gaius Valerius Catullus): Sämtliche Gedichte, lat.-dt., übers. u. hg. v. O. Weinreich, Zürich/Stuttgart 1969 (Artemis).

Cicero, Marcus Tullius: Atticus-Briefe, lat.-dt., ed. H. Kasten, München 2/1976 (Heimeran).

Cicero, M. Tullius: An Bruder Quintus (Epistulae ad Quintum fratrem), lat.-dt., ed. H. Kasten, München 2/1976 (Heimeran).

Cicero, M. Tullius: An seine Freunde (Epistularum ad familiares libri XVI), lat.-dt., ed. H. Kasten, München 2/1976 (Heimeran).

Cicero, M. Tullius: Briefe (Auswahl), übers. v. K. L. F. Mezger, München o. J. (GGT 1951/52).

Cicero, M. Tullius: Briefe und Reden (Auswahl), übers. u. hg. v. E. Schröfel u. K. Atzert, München 1965 (GGT 418).

Cicero, M. Tullius: Brutus, lat.-dt., ed. B. Kytzler, München 2/1977 (Heimeran).

Cicero, M. Tullius: Der Redner, Brutus, übers. u. hg. v. J. Sommerbrodt u. W. Binder, München o. J. (GGT 1831/32).

Cicero, M. Tullius: Sämtliche Reden, übers. u. hg. v. M. Fuhrmann, 7 Bände, Zürich/Stuttgart 1970ff. (Artemis).

Cicero, M. Tullius: Reden gegen Catilina, übers. u. hg. v. M. Giebel, München o. J. (Goldmanns Klassiker 7504).

Cicero, M. Tullius: Staatslehre, Staatsverwaltung, de re publica, übers. u. hg. v. K. Atzert, München o. J. (GGT 458).

Cicero, M. Tullius: Tuskulanische Gespräche, übers. u. hg. v. A. Kabza, München o. J. (GGT 519).

Cicero, Quintus Tullius: Denkschrift über die Bewerbung (Commentariolum

petitionis), in: M. Tullius Cicero, An Bruder Quintus, lat.-dt., ed. H. Kasten, München 1976 (Heimeran).
Diodor (Diodorus Siculus): Bibliothēkē, (Universalgeschichte in 40 Büchern, vom Uranfang bis zu Caesars 1. Consulat), dt. Übersetzung v. Stroth u. Kaltwasser, 6 Bände, Frankfurt/M. 1882–1887.
Gellius (Aulus Gellius): Die Attischen Nächte, übers. u. hg. von Fritz Weiß, 2 Bände, Leipzig 1875. Neudruck: Darmstadt 1975 (Wiss. Buchges. Nr. 2078.1 u. 2078.2).
Herodot: Historien, übertr. u. eingel. v. E. Richtsteig, 5 Bände, München 1961 (GGT 751, 767, 777, 787, 797).
Juvenal (Decimus Iunius Iuvenalis): Satiren 1, 3, 5, 6, 8, übers. v. O. Weinreich; Satire 10, übers. v. A. Maisack, in: Römische Satiren, eingel. und übertr. v. O. Weinreich, Zürich/Stuttgart 2/1961 (Artemis).
Livius (Titus L.): Römische Geschichte, Gesamtausgabe in 11 Bänden, lat.-dt., übers. u. hg. v. J. Feix, München 1975ff. (Heimeran).
Livius (Titus L.): Römische Frühgeschichte (Auswahl), 2 Bände, übers. v. J. Feix, München o. J. (GGT 675 u. 831).
Lucanus (Marcus Annaeus L.): Bellum civile (Der Bürgerkrieg), hg. u. übers. v. W. Ehlers, München 2/1978 (Heimeran).
Orosius: Historiae adversum paganos, ed. von C. Zangemeister in der »Bibliotheca Scriptorum Graecorum et Romanorum Teubneriana« (Abk.: »BT«), Leipzig 1889 (nur Historiae).
Plinius (Gaius Plinius Secundus) d. Ä.: Naturalis Historia, Gesamtausgabe lat.-dt., übers. u. hg. v. R. König in Zusammenarbeit mit G. Winkler, München 1973ff. (Heimeran).
Plinius (Gaius Plinius Caecilius Secundus) d. J.: Epistularum libri decem (Briefe), lat.-dt., ed. H. Kasten, München 3/1976 (Heimeran).
Plutarch: Lebensbeschreibungen, Gesamtausgabe in 6 Bänden, übers. v. J. W. Kaltwasser, bearb. v. H. Floerke, revid. v. L. Körner, eingel. v. O. Seel, München 1964ff. (GGT 1430/31–1440/41).
Plutarch: Große Griechen und Römer, Gesamtausgabe der vergleichenden Lebensbeschreibungen, übers., eingel. u. hg. v. K. Ziegler unter Mitarbeit von W. Wuhrmann, 6 Bände, Zürich/München 1975 (Artemis).
Polybios: Geschichte, Gesamtausgabe in 2 Bänden, übers. u. eingel. v. H. Drexler, Zürich/Stuttgart; 1961/62 (Artemis).
Sallust (Gaius Sallustius Crispus): siehe Quellen B!
Seneca (Lucius Annaeus Seneca) d. J.: De ira, in: Gesamtausgabe der Dialogi, ed. E. Hermes 1905; Einzelausgabe ed. P. Grimal, Paris 1963.
Strabon: Geōgraphika (Erdkunde), ed. H. L. Jones, J. R. S. Sterret, 7 Bände (mit englischer Übers.), London 1917–1932, ed. W. Aly, E. Kirsten, F. Lapp, 2 Bände (mit Übers. u. Karten), 1968.
Sueton (Gaius Suetonius Tranquillus): Caesarenleben, übers. v. M. Heinemann, Stuttgart 1951 (Kröner).

Sueton: Kaiserbiographien, De vita Caesarum, 1. Band, München 1961 (GGT 728, Goldmann, Klassiker 108).
Syrus (Publilius Syrus): Sprüche, lat.-dt., ed. H. Beckby, München 1969 (Heimeran).
Tacitus (Publius Cornelius Tacitus): Dialog über die Redner. Übertr., eingel. u. erl. v. G. Dorminger, München o. J. (GGT 972).
Valerius Maximus: Factorum ac dictorum memorabilium libri IX (Denkwürdige Taten und Aussprüche); ed. C. Kempf, 2/1888, übers. v. F. Hofmann 1828/29.
Velleius Paterculus, Gaius: Historia Romana, übers. u. hg. v. F. Eißenhardt, 2/1913.
Vitruvius (Pollio): De architectura libri X (Zehn Bücher über Architektur), übers. u. hg. v. C. Fensterbusch, Darmstadt 1976 (Wiss. Buchges.).

B) Sallust (Gaius Sallustius Crispus)

a) Kritische und kommentierte Ausgaben

Werke und Schriften, lat.-dt., übers. u. hg. v. W. Schöne unter Mitwirkung von W. Eisenhut, Stuttgart 4/1969 (Heimeran).
Catilina, Iugurtha, Fragments des Histoires (Orat. et Epist.), Texte établi et traduit par A. Ernout, 5e éd., Paris 1962.
Catilina, Iugurtha, Fragmenta ampliora post A. W. Ahlberg, edidit A. Kurfess, 3. ed., Leipzig 1957 (Teubner).

b) Text ohne kritischen Kommentar (Taschenbücher)

Die Verschwörung des Catilina – Der Krieg mit Jugurtha, dt. Übers., München 1976 (Goldmanns Klassiker 7543).
Die Verschwörung des Catilina, lat.-dt., Reinbek (Rowohlts Klassiker 165).
De coniuratione Catilinae – Die Verschwörung des Catilina, lat.-dt., übers. u. hg. v. K. Büchner, Stuttgart 1972 (reclam 9428/29).

c) Bibliographien

Dieterich, H.: Sallust, Auswahlbericht über die Literatur 1945 bis 1956, in Gymnasium 64 (1957), S. 533 ff.
Leeman, A. D.: A systematical bibliography of Sallust (1879 bis 1964), rev. & augm. ed., Mnemosyne Suppl. IV, Leiden 1965.

C) Literatur zum Thema

a) Sallust

1. Gesamtdarstellungen

Büchner, K.: Sallust, Heidelberg 1960.

Drexler, H.: Sallust, in: Neue Jahrbücher 4 (1928), S. 390ff.

Earl, D. C.: The political thought of Sallust, Cambridge 1961.

Funaioli, G.: Sallust, Realencyclopädie (Pauly-Wissowa), I A (1920), 1913ff.

Latte, K.: Sallust, Leipzig 1935 (Neue Wege zur Antike, 2. Reihe, Heft 4), Neudruck: Darmstadt 1962 (Wiss. Buchges.).

Pöschl, V.: Grundwerte römischer Staatsgesinnung in den Geschichtswerken des Sallust, Berlin 1920.

Steidle, W.: Sallusts historische Monographien, Historia-Einzelschrift, Heft 3, 1958.

Syme, R.: Sallust, Berkeley/Los Angeles 1964; deutsch: Darmstadt 1975 (Wiss. Buchges.).

2. Sprache und Stil

Eichert, O.: Vollständiges Wörterbuch zu den Geschichtswerken des C. Sallustius Crispus, Hannover 4/1890.

Kroll, W.: Die Sprache des Sallust, Glotta 15, 1927, S. 280f.

Skard, E.: Sallust und seine Vorgänger. Eine sprachliche Untersuchung. Symbolae Osloenses Suppl. 15, 1956.

Ullmann, R.: La technique des discours dans Salluste, Tite-Live et Tacite, Oslo 1927.

3. Materialsammlungen

Drexler, H.: Die catilinarische Verschwörung. Ein Quellenheft. Darmstadt 1976 (Texte zur Forschung Bd. 25, Wiss. Buchges.).

Drumann-Groebe (W. Drumann – P. Groebe): Geschichte Roms in seinem Übergange von der republikanischen zur monarchischen Verfassung oder Pompeius, Caesar und ihre Zeitgenossen nach Geschlechtern und mit genealogischen Tabellen. 6 Bände, Berlin/Leipzig (1834–1844), 2/1899–1929, Nachdruck: Hildesheim 1964.

4. Einzeluntersuchungen

Baehrens, W. A.: Sallust als Historiker, Politiker und Tendenzschriftsteller, Neue Wege zur Antike 4, 1926, S. 41–82.

Boissier, G.: La conjuration de Catilina, Paris 1905, 4/1925.

Camps, W. A.: Sallustiana, Class. Review 9, 1959, S. 109ff.

Carcopino, J.: Histoire romaine (Histoire générale III), T. I 2,4, ed. 1950, S. 631–694.

Garrison, D. H.: The events of December 4, 63 B. C. and Sallust, Class. Review 9, 1959, S. 109ff.

Hardy, E. G.: The Catilinarian Conspiracy in its context: a re-study of the evidence, Oxford 1924.
John, C.: Sallustius über Catilinas Candidatur im Jahre 688 (66 v. Chr.), Rh. Mus. 31, 1876, S. 401–431.
John, C.: Die Entstehungsgeschichte der Catilinarischen Verschwörung, ein Beitrag zur Kritik des Sallustius. Fleckeisens Jahrb. f. class. Phil. VIII, 1876, S. 703–813.
John C.: Das Verhör der Catilinarier, Fleckeisens Jahrb. f. class. Phil. 131, 1885.
John, C.: Der Tag der ersten Rede Ciceros gegen Catilina, Philologus 46, 1888, S. 650–665.
Lämmli, F.: Sallusts Stellung zu Cato, Caesar, Cicero. Mus. Helveticum 3, 1946, S. 94ff.
Schmid, W.: Sallust, Die Reden Caesars und Catos, Gymn. 69, 1962, S. 336ff.
Schwartz, E.: Die Berichte über die catilinarische Verschwörung, Hermes 32, 1897, S. 554–608.
Schur, W.: Sallust als Historiker, Stuttgart 1934.
Seel, O.: Sallust, von den Briefen ad Caesarem zur Coniuratio Catilinae, Diss., Erlangen 1929.
Vogt, J.: Cicero und Sallust über die Catilinarische Verschwörung. Auf dem Wege zum nationalpolitischen Gymnasium. Heft 3, 1938.
Wirz, E.: Beiträge zur Catilinarischen Verschwörung, Diss., Bonn 1910.

b) Catilina

Allen, W.: In Defense of Catiline, The Classical Journal 34, 1938, S. 70–85.
Beasly, E. S.: Catilina, Clodius and Tiberius, London 1878.
Boissier, E. S.: La conjuration de Catilina, Paris 1905.
Frisch, H.: The first Catilinarian Conspiracy, Class. et Mediaev. 9, 1947.
Gelzer, M.: Lucius Sergius Catilina, in: RE 2A2 (1923), 1963ff.
Gruen, E. S.: Notes on the »First Catilinarian Conspiracy«, Class. Phil. 64, 1969.
Hoffmann, W.: Catilina und die Römische Revolution, Gymn. 66, 1959, S. 459–477.
Meier, Chr.: Pompeius' Rückkehr aus dem Mithridatischen Kriege und die catilinarische Verschwörung, Athenaeum 40, 1962, S. 103–125.
Nutting, H. C.: Notes on the Conspiracy of Catilina, in: Transactions and Proceedings of the American Philological Association (= TAPhA), Ithaca (Cornell Univ. Press) & Oxford (Blackwell) 35, 1904 LXXXIII–V.
Rabe, A.: Die Senatssitzung am 8. November des Jahres 63 v. Chr. und die Entstehung der ersten catilinarischen Rede Ciceros. Klio 23, 1929, S. 74–87.
Schwartz, E.: Die Berichte über die catilinarische Verschwörung, Hermes 32, 1897, S. 554–608 (= Gesammelte Schriften II, Berlin 1956, S. 275–336).

Seager, R.: The first Catilinarian Conspiracy, Historia 13, 1964.
Speck, H.: Katilina im Drama der Weltliteratur, Leipzig 1906.
Yavetz, Z.: The Failure of Catiline's conspiracy, Historia 12, 1963, S. 485–499.

c) Cicero

Fromm, K.: Ciceros geschichtlicher Sinn, Diss., Freiburg 1954.
Gelzer, M.: Cicero, ein biographischer Versuch. Wiesbaden 1969.
Gelzer, M.: Cicero und Caesar, Wiesbaden 1968 (Sitzungsber. d. Wiss. Ges. Univ. Frankf. 7,1).
Heinze, R.: Ciceros politische Anfänge, in: Vom Geist des Römertums, hg. v. E. Burck, Darmstadt 3/1960 (Wiss. Buchges.), S. 87–140.
Klingner, F.: Cicero, in: Römische Geisteswelt, München 4/1961, S. 110–159.
Strachan-Davidson, J. L.: Cicero and the fall of the roman republic, 1894.
Till, R.: Ciceros Bewerbung ums Konsulat, Historia 11, 1962, S. 315–338.

d) Caesar

Gelzer, M.: Caesar, der Politiker und Staatsmann, Wiesbaden 6/1960.
Gesche, H.: Caesar, Darmstadt 1976 (Erträge der Forschung 51, Wiss. Buchges.).
Grant, M.: Caesar, Hamburg 1970.
Oppermann, H.: Julius Caesar in Selbstzeugnissen und Bilddokumenten, Reinbek 1968.
Oppermann, H.: Caesar, Wegbereiter Europas, Göttingen 2/1963.
Rasmussen, D. (Hg.): Caesar, Darmstadt 1967 (Wege der Forschung 43, Wiss. Buchges.), Neudruck 1974.
Strasburger, H.: Caesar im Urteil seiner Zeitgenossen, Darmstadt 2/1968 (Wiss. Buchges., Libelli 158).
Walter, G.: César, Paris 1947.

e) Crassus

Gelzer, M.: M. Licinius Crassus Dives, RE (Pauly-Wissowa), XIII (1926), Sp. 295–331 (dort weitere Literatur).

f) Sulla

Berve, H.: Sulla, in: Gestaltende Kräfte der Antike, München 2/1966, S. 375–395.
Volkmann, H.: Sullas Marsch auf Rom, München 1958; Neudruck: Darmstadt 1969 (Wiss. Buchges., Libelli 272).

D) Literatur zur römischen Geschichte

a) Allgemein

1. Gesamtdarstellungen

Altheim, F.: Römische Geschichte, 3 Bde., Berlin, I: 1956, II: 1956, III: 1958 (Sammlung Göschen 19, 677, 679).

Christ, K.: Das römische Weltreich, Aufstieg und Zerfall einer antiken Großmacht. Freiburg 1973 (Herder TB 445).

Heuß, A.: Römische Geschichte, Braunschweig 3/1971 (Westermann).

Kornemann, E.: Römische Geschichte, hg. von H. Bengtson, 2 Bände, Stuttgart 6/1970 (Kröner).

Mommsen, Th.: Römische Geschichte, München 1976 (dtv).

Mommsen, Th.: Römische Geschichte, Berlin o. J. (Safari).

Rostovtzeff, M.: Rom, Bremen 5/1970 (Sammlung Dieterich).

Volkmann, H.: Grundzüge der römischen Geschichte, Darmstadt 5/1973 (Wiss. Buchges.).

2. Lexika, Wörterbücher

Pauly-Wissowa: Real-Encyclopädie der Classischen Altertumswissenschaft, hg. von W. Kroll – K. Mittelhaus – K. Ziegler, Stuttgart 1893ff. (RE).

Lexikon der Alten Welt, hg. von C. Andresen u. a., Zürich 1965 (= dtv-Lexikon der Antike, 5 Teile, München 1969ff.).

Der kleine Pauly, hg. von K. Ziegler und W. Sontheimer, Stuttgart 1964ff.

Buchwald, W. u. a. (Hg.): Tusculum-Lexikon griechischer und lateinischer Autoren des Altertums und des Mittelalters, München 1963 (rororo-Handbuch 6181).

Hiltbrunner, O.: Kleines Lexikon der Antike, Bern/München 1946ff. (Sammlung Dalp).

Kroh, P.: Lexikon der antiken Autoren, Stuttgart 1972 (Kröner).

Lamer, H. – Bux, E. – Schöne, W.: Wörterbuch der Antike mit Berücksichtigung ihres Fortwirkens, Stuttgart 7/1966.

3. Einführungen

Bengtson, H.: Grundriß der römischen Geschichte mit Quellenkunde. Erster Band, Republik und Kaiserzeit bis 284 n. Chr., München 1967 (Beck).

Christ, K.: Römische Geschichte, Einführung, Quellenkunde, Bibliographie. Darmstadt 1973 (Wiss. Buchges.).

4. Recht und Verfassung

Heumann, H. G. – Seckel, E.: Handlexikon zu den Quellen des römischen Rechts, Graz 10/1958.

Kaser, M.: Das römische Privatrecht, München, I: 1971², II: 1959 (Hd. A. X, 3,3).

Mommsen, Th.: Römisches Staatsrecht, 3 Teile in 5 Bänden, Leipzig [3]/1887/88, Neudruck 1971.

5. Römische Verfassung

Meyer, E.: Einführung in die antike Staatskunde, Darmstadt [2]/1974.
Meyer, E.: Römischer Staat und Staatsgedanke, Zürich [3]/1964.

6. Sklaverei

Benz, R.: Unfreie Menschen als Musiker und Schauspieler in der römischen Welt, Diss., Tübingen 1961.
Vogt, J.: Sklaverei und Humanität, Studien zur antiken Sklaverei und ihrer Entstehung. Wiesbaden [2]/1972 (Historia Einzelschrift 8).
Westermann, W. L.: RE. Suppl. 6 (1935), S. 894–1068, s. v. Sklaverei.

7. Agrarwirtschaft

Brockmeyer, N.: Arbeitsorganisation und ökonomisches Denken in der Gutswirtschaft des römischen Reiches, Diss., Bochum 1968.
Olck: RE I (1893), S. 261–283, s. v. Ackerbau.
Ort, F.: RE XII (1924), S. 624–676, s. v. Landwirtschaft.

8. Topographie der Stadt Rom, Denkmäler

Coarelli, F.: Rom, ein archäologischer Führer. Freiburg 1975.
Curtius, L. – Nawrath, A.: Das antike Rom, hg. von E. Nash, Wien/München 1970.
Wachmeier, G.: Rom – die antiken Denkmäler, mit Villa Hadriana, Ostia antica und Praeneste. Zürich/München 1975.

9. Wissenschaft und Technik

Neuburger, A.: Die Technik des Altertums, Leipzig 1922; Neudruck: Leipzig 1977.
Sambursky, S.: Das physikalische Weltbild der Antike, Zürich 1965.

10. Literatur, Monographien

Bieler, L.: Geschichte der römischen Literatur, 2 Bände, Berlin [3]/1972.
Büchner, K.: Römische Literaturgeschichte, Stuttgart 1962.
Dudley, D. R.: Tacitus und die Welt der Römer, Wiesbaden 1969.
Grant, M.: Klassiker der antiken Geschichtsschreibung, München 1973.
Klingner, F.: Römische Geisteswelt, München [5]/1972.

11. Philosophie

Aster, E. von: Geschichte der antiken Philosophie, Stuttgart 1954.
Röd, W.: Die Philosophie der Antike I. Von Thales bis Demokrit. München 1976.

Rüegg, W. (Hg.): Antike Geisteswelt, 2 Bände, München 1967 (dtv 419 und 420).

Stoa und Stoiker: Die Gründer, Panaitos, Poseidonius. Übers. und komm. von M. Pohlenz, Zürich 2/1964.

Vorländer, K.: Philosophie des Altertums, Geschichte der Philosophie I, mit Quellentexten. Reinbek 1963 ff. (rde 183/84).

Die Vorsokratiker: hg. von W. Capelle, Stuttgart 1968 (Kröner).

12. Religion

Altheim, F.: Römische Religionsgeschichte, 2 Bände, Berlin 2/1956 (Sammlung Göschen).

Kerényi, K.: Antike Religion, München/Wien 1971.

Ranke-Graves, R.: Griechische Mythologie I u. II, Reinbek 1960 (rde 113/14 und 115/16).

Rose, H.-J.: Griechische Mythologie. Ein Handbuch. München 1974 (Beck).

13. Kunst, Archäologie

Bandinelli, R. B.: Die römische Kunst, München 1975.

Kaschnitz von Weinberg, G.: Römische Kunst, 4 Bände, Reinbek 1961 ff. (rde 134, 137, 150, 165).

Mac Kendrick, P.: Roms steinernes Erbe, Wiesbaden 1967.

Schefold, K.: Römische Kunst als religiöses Phänomen, Reinbek 1964 (rde 200).

Schmidt, O. E.: Ciceros Villen, Darmstadt 1972 (Wiss. Buchges.).

Stützer, H. A.: Römische Kunstgeschichte, Freiburg 1973 (Herder TB 463).

14. Kulturgeschichte, Zivilisation

Berve, H.: Gestaltende Kräfte der Antike, München 1966.

Blanck, H.: Einführung in das Privatleben der Griechen und Römer, Darmstadt 1976 (Wiss. Buchges.).

Bühler, J.: Kultur der Antike II, Römertum, Stuttgart 2/1957.

Durant, W.: Caesar und Christus. Eine Kulturgeschichte Roms und des Christentums von den Anfängen bis zum Jahre 325 n. Chr. Bern 3/1959 (= ders.: Kulturgeschichte der Menschheit 3).

Grimal, P.: Römische Kulturgeschichte, München 1960.

Howald, E.: Die Kultur der Antike, Zürich 1948.

Kroll, W.: Die Kultur der ciceronischen Zeit, Leipzig 1933; Neudruck: Darmstadt 1972 (Wiss. Buchges.).

Marquardt, J.: Das Privatleben der Griechen und Römer. Leipzig 2/1886; Neudruck: Darmstadt 1975 (Wiss. Buchges.).

Marrou, H. I.: Geschichte der Erziehung im Klassischen Altertum, München 1977 (dtv WR 4275).

Paoli, U. E.: Das Leben im alten Rom, Bern 3/1961.

15. Wirtschaft

Finley, M.: Die antike Wirtschaft, München 1977 (dtv WR 4277).

Schneider, H. (Hg.): Zur Sozial- und Wirtschaftsgeschichte der späten römischen Republik, Darmstadt 1976 (Wege der Forschung 413, Wiss. Buchges.).

b) Literatur zur römischen Republik

1. Gesamtdarstellungen

Kiechle, F.: Römische Geschichte I, Stuttgart 1967 (Urban).

Stöver, H. D.: Die Römer, Taktiker der Macht. Düsseldorf 1976 (Econ).

Vogt, J.: Der Aufstieg Roms. Die römische Republik I. München 6/1973.

2. Krise und Untergang der römischen Republik

Hampf, F.: Römische Politik in republikanischer Zeit und das Problem des »Sittenverfalls«. Historische Zeitschrift 188, 1959, S. 497–525 (= Das Staatsdenken der Römer, hg. von R. Klein, Wege der Forschung 46, Darmstadt 1966).

Kroll, W.: Die Kultur der ciceronischen Zeit, 2 Bände, Leipzig 1933; Neudruck: Darmstadt 1972 (Wiss. Buchges.).

Meier, Chr.: Res publica amissa, Wiesbaden 1966.

Meyer, Ed.: Caesars Monarchie und das Principat des Pompeius. Innere Geschichte Roms von 66 bis 44 v. Chr. Darmstadt 1978 (Wiss. Buchges.).

E) Sonstiges

Ardrey, R.: Der Wolf in uns. Die Jagd als Urmotiv menschlichen Verhaltens. Frankfurt/M. 1977.

Hoffmann, W.: Die römische Plebs. Neue Jahrbücher für antike und deutsche Bildung. 1938, S. 82–98.

Keller, W.: Denn sie entzündeten das Licht. Geschichte der Etrusker. München 1974 (Knaur TB).

Kleberg, T.: Buchhandel und Verlagswesen in der Antike, Darmstadt 1969 (Wiss. Buchges.).

Macchiavelli, N.: Der Fürst, übers. u. hg. v. R. Zorn, Stuttgart 1972 (Kröner).

Münzer, F.: Römische Adelsparteien und Adelsfamilien, Stuttgart 1920 (Neudruck 1963).

Pallottino, M.: Die Etrusker, Frankfurt/M. 1965 (Fischer TB).

6.
Anmerkungen

Ein Wort zuvor ...

1 Bismarck in der Budgetkommission des preußischen Abgeordnetenhauses am 30. September 1862, in: R. Zoozmann, Zitatenschatz der Weltliteratur, Berlin 1958.

2 In: Gespräche mit Napoleon, hg. von Friedrich Sieburg, München 1962 (dtv 94), S. 44.

3 Prof. Dr. jur. Adalbert Erler, Frankfurt, Leserbrief in: F.A.Z. vom 5.10. 1977.

4 Chr. Meier, Entstehung des Begriffs »Demokratie«. Vier Prolegomena zu einer historischen Theorie. Edition Suhrkamp Nr. 387, Frankfurt/M. 1970, S. 91.

5 Vgl. Stöver, Die Römer, Taktiker der Macht. Düsseldorf 1976 (Econ), S. 18.

6 H. Drexler, Die Catilinarische Verschwörung..., a.a.O., Vorwort, S. XVI.

I. Teil

1 Cicero, fam. 1,7,10.

2 Die *Atilier* waren eine der bedeutendsten Familien des republikanischen Rom und taten sich besonders in der Zeit vor den Punischen Kriegen hervor. Der genannte Marcus Atilius Regulus war 294 v. Chr. Consul und bekämpfte die Samniten.

3 *Capitolinische Trias:* die Dreiheit der Götter *Iupiter Optimus Maximus, Juno* und *Minerva,* deren Tempel auf dem Capitol, dem Burgberg Roms, standen. Das Capitol gliedert sich in zwei Kuppen: nördlich die *Arx,* südwestlich das *Capitolium.* Dazwischen liegt ein Sattel, über den der Weg vom Forum (clivus Capitolinus) hinaufführte. An den Ostabhang lehnt sich das einzige noch gut erhaltene antike Gebäude des Capitols, das *Tabularium,* an. Die Tempel auf der Höhe zerfielen so arg, daß das Capitol im Mittelalter Weideplatz wurde (*Monte Caprino* = Ziegenberg). Den Zerfall und die allmähliche Neugestaltung des Hügels schildert F. Gregorovius ausführlich in seiner »Geschichte der Stadt Rom im Mittelalter«.

4 *Pyrrhos von Epeiros:* König der Molosser 307–272, Schwiegersohn Ptolemaios' I., strebte nach dem Vorbild Alexanders d. Gr. ein westhellenisches Großreich an. P. errang 280 bei Herakleia und 279 bei Ausculum einen Sieg unter ungeheuren Verlusten (»Pyrrhossieg«), wurde vier Jahre später von den Römern geschlagen und zog sich nach Epeiros zurück.
Cimbern und *Teutonen:* zwei germanische Völker, die nach anfänglichen Erfolgen in Gallien 102 und 101 von Marius geschlagen wurden.

5 *Palatium:* ältere Bezeichnung für den *Palatinus mons,* z. Z. Ciceros eine der vornehmsten Wohngegenden Roms, später Sitz der Kaiserpaläste.
6 Cicero, Catilina 1,1 ff.
7 *Polybios:* griechischer Historiker, um 200–120 v. Chr. P. kam als Geisel nach Rom, gehörte zum Kreis des jüngeren Scipio, den er auf seinen Feldzügen (Karthago 146, Numantia 133) begleitete. Er schrieb eine Weltgeschichte in 40 Büchern (264–144): »pragmatische« Darstellung, eindringend und sachlich; eine Hauptquelle über Hannibal und die römische Verfassung der Zeit.
8 Polybios 6,13.
9 Vogt I, S. 42.
10 Livius 1,59 und 2,1.
11 Polybios 6,1 ff.
12 Cicero, de re publica 1,39.
13 Ebd. 1,69.
14 Polybios 6,12.
15 Sallust, Jugurtha 85.
16 Vogt I, S. 49.
17 *M. Terentius Varro,* 116–27 v. Chr., »der gelehrteste der Römer«, erforschte die römischen Altertümer und entfaltete eine reiche Schriftstellerei. Hauptwerk: *Antiquitates rerum humanarum et divinarum* (Menschen und Götter im alten Rom) in 41 Büchern. Erhalten sind 3 Bücher *über Landwirtschaft* sowie Buch 5–10 aus dem Werk *Über die lateinische Sprache* und eine Menge Bruchstücke anderer Werke.
18 dtv-Lexikon, Artikel »Volk«, Bd. 19, 1969.
19 Polybios 6,14 f.
20 *Comitien,* lat. *comitia,* Volksversammlungen: In ihnen trat das Gesamtvolk oder auch nur die *Plebs (comitia tributa)* zu Wahlen und Abstimmungen zusammen. Man unterscheidet drei Arten von Comitien:
a) die *Curiat-Comitien* aus der Königszeit, zuständig für Familienrecht und Bestätigung der Imperiumsträger (Consuln, Praetoren); b) die *Centuriats-Comitien,* zuständig für die Entscheidung über Krieg und Frieden, Todesstrafen, Gesetzesbeschlüsse und für die Wahl der Consuln, Praetoren und Censoren; c) *Tribut-Comitien,* nach *Tribus* (Stadtteilen) gegliedert, zuständig für die Wahl der niederen Beamten und der Volkstribunen.
21 Polybios 6,18.
22 *Servianische Mauer,* genannt nach Servius Tullius, dem 6. König von Rom. Die Archäologen unterscheiden heute an ihr zwei Bauperioden, eine altitalische und eine erst hellenistische. Am römischen Hauptbahnhof »Termini« blieb ein 12 Meter hohes Stück der mächtigen Stützmauer erhalten.
23 Appian, 1,7.
24 Finley, S. 125.
25 Beloch, Die Bevölkerung der griechisch-römischen Welt, 1886, S. 370ff.

26 Vgl. Sueton, Caesar 41,3.
27 Vgl. Yavetz, Z.: Die Lebensbedingungen der »plebs urbana« im republikanischen Rom, in: Schneider, Zur Sozial- und Wirtschaftsgeschichte a.a.O., S. 98.
28 Plinius d. J., Briefe 2,17.
29 Sueton, Caesar 46.
30 Beides ländliche Villen Ciceros. Einzelheiten in: Schmidt, O. E., Ciceros Villen, a.a.O.
31 Cicero, Att. 2,1,11.
32 *Palästra,* lat. *palaestra,* Ringplatz, Kampfplatz, Sportstätte, hier: in Ciceros Tusculanum.
33 *Gymnasium* (zu griechisch *gymnos* = nackt), ein Platz mit Hof, Hallen und Bädern, wo man nackt turnte. Bei den Römern wurde das G. nicht heimisch, man bevorzugte die Thermen. Hier ist wiederum Ciceros privates *Gymnasium* in seiner ländlichen Villa gemeint.
34 Cicero, Att. 1,6,3.
35 *Vitruv* (M. Vitruvius Pollio): Ende des 1. Jahrhunderts v. Chr., römischer Architekt und Ingenieur. Seine »De architectura libri decem« (Zehn Bücher über Architektur) behandeln Meßwesen, Maschinenbau, Baustoffe, Bautechniken. Sie sind als einziges vollständig erhaltenes Werk der Antike überliefert und wirkten nach bis in die Renaissance. Ihr Stil ist sehr sachlich, aber pedantisch und bisweilen unbeholfen.
36 Vitruv 2,8,17.
37 *Iuvenal* (Decimus Iunius Iuvenalis): etwa 60–140 n. Chr., letzter bedeutender Satirendichter der Römer. In den 16 erhaltenen Satiren *(saturae)* schildert er mit kynischer Schonungslosigkeit in grellsten Farben die Sittenverderbnis der römischen Gesellschaft zur Zeit Neros und Domitians. Seine Sprache ist von zügelloser Frechheit.
38 Eine Anspielung auf Kaiser Claudius (41–54 n. Chr.).
39 Iuvenal, sat. 3, 164ff.
40 *Diodor* (Diodoros Siculus): 1. Jahrhundert v. Chr., schrieb eine Universalgeschichte in 40 Büchern (Bibliothēkē) und versuchte, die Geschichte der Griechen und Römer synchronisierend einem größeren Publikum nahezubringen. Die Bücher 1–5 und 11–20 sind erhalten.
41 *Ptolemaios Philometor* (Ptolemaios VI.), König von Ägypten 181–145 v. Chr., zunächst unter der Vormundschaft seiner Mutter Kleopatra I., mußte 170/69, von Antiochos IV. geschlagen, auf Gebiete verzichten. Daraufhin Ordnung der ägyptischen Angelegenheiten durch die Römer.
42 Zitiert bei Arend, W. (Hg.): Altertum, Alter Orient, Rom. S. 450, Nr. 406b, in: Geschichte in Quellen, Bd. I., hg. v. W. Lautemann u. M. Schlenke, München 1975 (Bayerischer Schulbuchverlag).
43 CIL IV, 138 (= Corpus Inscriptionum Latinarum, consilio et auctoritate Academiae Litterarum [Regiae] Borussicae editum. Leipzig/Berlin 1862ff.).

44 Vitruv 1,6,1.
45 Ders. 2,8,17.
46 Ders. 2,3,2.
47 Cassius Dio 37,58,3.
48 Yavetz, Z., in: Schneider (Hg.), Zur Sozial- und Wirtschaftsgeschichte..., a.a.O., S. 111.
49 Cicero, Att. 14,9,1.
50 Catull, carmen 23,9ff.
51 *tabernae:* 1. Schuppen, Scheunen zur Aufbewahrung landwirtschaftlicher Produkte. 2. Läden und Werkstätten, die ihre Räume zur Straße hin öffnen.
52 Ich verweise hier auf die hübsche Sammlung »Römische Grabinschriften«, ediert und ins Deutsche übertragen von H. Geist, betreut von G. Pfohl, München ²/1976 (Heimeran), dort besonders S. 66ff.
53 *omen:* In engerer Bedeutung stellt *omen* eine Gutes oder Böses andeutende göttliche oder menschliche Stimme dar, wird dann aber ausgedehnt auf alle erstaunlichen und bemerkenswerten Erscheinungen, die dem Menschen am Himmel, bei Tier- und Pflanzenwelt und in seiner eigenen Umwelt begegnen. Der Glaube an die Glück oder Unglück andeutenden Omina hat das gesamte religiöse Denken und Verhalten des antiken Menschen begleitet.
54 Hinzu kommt die tiefe Bindung zwischen Patron und Clientel, die man vergleichen kann mit dem neuzeitlichen Verhältnis zwischen preußischen Junkern und ihren Hintersassen.
55 Clodius und Clodia wurde u.a. geschwisterliche Blutschande vorgeworfen.
56 *rostra,* wörtlich »Schiffsschnäbel«; 338 v. Chr. wurden diese Siegestrophäen nach dem Latinerkrieg auf dem Forum Romanum zu beiden Seiten der Rednertribüne aufgestellt. Später wurden sie symbolisch in Stein ausgeführt.
57 Cicero, Qu. fratr. 2,3,2.
58 Während Ciceros Verbannung, die auch auf das Konto von Clodius ging, hatte letzterer sein Anwesen barbarisch zerstören lassen. Der Senat hatte sich nach Ciceros Rückkehr zu einer materiellen Wiedergutmachung bereitgefunden und ihm als Entschädigung 20 Millionen Sesterzen zugesprochen. Vgl. dazu Cicero, Att. 4,2,5.
59 Cicero, Att. 4,3,3.
60 Cicero, Acad. II, 144; Asconius Pedianus 52.
61 Brunt, Der römische Mob, in: Schneider, Zur Sozial- und Wirtschaftsgeschichte..., a.a.O., S. 310.
62 *Lucullus* (Lucius Licinius L.): römischer Optimat, kämpfte 74–71 v. Chr. gegen Mithridates, richtete 71 in Pontos und Kleinasien eine geordnete Finanzverwaltung ein. Auf Drängen der ihm feindlichen Ritter wurde er 67 durch Pompeius ersetzt. Er starb 56 im Wahnsinn. Sein Reichtum war, wie seine Feinschmeckerei, sprichwörtlich.

63 Plutarch, Lucullus 39 und 41.
64 Sallust, Jugurtha 41.
65 Syme, R., Sallust S. 13.
66 Th. Birt, Römische Charakterköpfe, Ein Weltbild in Biographien, ^{4}/1918, S. 3.
67 A. Momigliano, Rezension R. Syme, The Roman Revolution, JRS (= Journal of Roman Studies) 30, London 1940, S. 75–80; auch in: W. Schmitthenner [Hg.], Augustus, Darmstadt 1969, S. 140–152; hier S. 145f.).
68 Strasburger, H., Caesar im Urteil seiner Zeitgenossen, S. 81.
69 Frank, Aspects of Social Behavior in Ancient Rome, New York, 1969.
70 Ardrey, R., Der Wolf ..., S. 135.
71 *Cato* (M. Porcius Cato Censorius): 234–149 v. Chr., ein echter Römer alten Schlags und eifrigster Vertreter der nationalen Richtung in Literatur und Leben. Gegner des damals in Rom eindringenden Hellenentums. Er war Feldherr, Staatsmann, Redner, Historiker und Fachschriftsteller. Er verfaßte alle seine Schriften im Gegensatz zu vielen griechisch schreibenden römischen Zeitgenossen auf latein. Hauptwerk: *Origines,* eine Urgeschichte Roms. Erhalten ist außer Fragmenten u. a. vollständig *de agricultura* (Vom Landbau). Siehe Literaturverzeichnis.
72 *lares,* die Laren, waren die Schutzgötter des römischen Hauses. Man stellte ihnen Hausschreine auf und opferte davor, um sie Haus, Familie und Gesinde gewogen zu machen.
73 Cato, Vom Landbau 1f.
74 *Seneca* (Lucius Annaeus Seneca) d. J.: etwa 4 v. Chr. bis 65 n. Chr., römischer Philosoph, Staatsmann und Dichter. Erzieher des jungen Nero. Wurde später wegen angeblicher Beteiligung an einer Verschwörung zum Selbstmord gezwungen. Der Schwerpunkt seiner literarischen Tätigkeit lag in Werken der praktischen Moralphilosophie, der Erziehung zu edler Menschlichkeit und Herausbildung einer neuen Ethik, die auf die Nachwelt den größten Einfluß hatte. Sein Stoizismus berührt sich eng mit der christlichen Weltanschauung.
75 *Scipio Africanus* (P. Cornelius Sc. Africanus Maior) d. Ä.: Bezwinger Hannibals; wurde 210 v. Chr., 25jährig, zum Befehlshaber in Spanien gewählt; beendete 206 die karthagische Herrschaft über Spanien; Consul 205; setzte 204 nach Afrika über und schlug 202 Hannibal bei Zama entscheidend.
76 Seneca, Moralische Briefe 86, Arend Nr. 353.
77 Vgl. G. Tibiletti in: Schneider (Hg.), Zur Sozial- und Wirtschaftsgeschichte..., S. 16.
78 Plutarch, Crassus 6f.
79 Volkmann, Sullas Marsch auf Rom, S. 19.
80 Brunt, Die Equites der späten Republik, in: Schneider (Hg.), Zur Sozial- und Wirtschaftsgeschichte..., S. 208f.

81 Cicero, Qu. fr. 1,6,33.

82 *sequestres,* Vermittler, Unterhändler, ursprünglich in einem Zivilprozeß; die Parteien können übereinkommen, die Sache, welche Gegenstand des Rechtsstreites ist, für dessen Dauer einem Dritten, dem sequester, anzuvertrauen.

83 *Lucius Iulius Caesar,* Consul 90 v. Chr., hatte im Bundesgenossenkrieg, der während seines Consulates ausbrach, den Oberbefehl auf dem südlichen Kriegsschauplatz. Durch seine »lex Iulia« wurde den treu gebliebenen Latinern und Italikern das Bürgerrecht gegeben. 87 von Marianern erschlagen.

84 *Pontifex maximus,* oberster Priester des römischen Staatskults. Die *Pontifices* waren nicht Priester besonderer Gottheiten wie die *flamines,* sondern hatten die Aufsicht über Religion und Kultus überhaupt. Amtshaus des Pontifex maximus war die *regia* auf dem Forum Romanum, das alte Wohnhaus der Könige. Der Titel ging später auf den römischen Papst über.

85 Sallust, Catilina 11,3.

86 Sallust, Jugurtha 35.

87 Brief des Gnaeus Pompeius an den Senat, in: Sallust, Werke, Briefe, Reden IV, a.a.O.

88 *Curio* (Gaius Scribonius Curio), Volkstribun 50 v. Chr., Anhänger Caesars, stand als junger Mann im Rufe eines genialen Taugenichts. Befreundet auch mit P. Clodius Pulcher.

89 Plutarch, Caesar 29.

90 *Basilika,* römische Markt- und Gerichtshalle; immer ein rechteckiger Hallenbau. In der Spätantike entwickelte sich aus dem Baukörper die frühe christliche Kirche, mit Seiten- und Querschiffen sowie der Apsis. Die bekanntesten römischen Basiliken waren am Forum Romanum die *Basilica Aemilia* und die *Basilica Iulia* (von Caesar).

91 Appian, bell. civ. 2, 102.

92 Velleius Paterculus 2,56,2; Appian bell. civ. 2, 102.

93 Cicero, Att. 1,19,6 und 2,1,7.

II. Teil

1 Plutarch, Lucullus 1; Sueton, Caesar 71; Plutarch, Cato d. J. 1.

2 Herodot, Historien 1, 84; 1, 187; 1, 150.

3 *Cornelius Nepos,* etwa 100–25 v. Chr., römischer Historiker. Er verfaßte u. a. eine allgemeine Chronik und eine umfangreiche Biographiensammlung »Berühmte Männer« *(de viris illustribus).* Nepos bietet nicht Resultate eigener historischer Forschung, sondern erzählt schlicht u. volkstümlich.

4 Sallust, Catilina 4,3.

5 Ders. Cat. 5, 1–6.

6 Quintus Cicero, commentariolum 9.

7 Asconius Pedianus in toga candida, p. 74, p. 77.
8 Valerius Maximus, facta et dicta memorabilia 9, 1, 2.
9 Macchiavelli, Der Fürst, Kap. IX, Von der Herrschaft eines Bürgers.
10 Cicero, de officiis 1,150.
11 *Clienten,* halbfreie Hintersassen eines patrizischen Herrn, der als *Patronus* ihren Schutz übernahm. Anfang des 4. Jahrhunderts wurden die Clienten voll rechtsfähig, doch blieb die Beziehung zum Patronus als Pietätsverhältnis bestehen. Die Clienten bildeten in der Öffentlichkeit, besonders bei feierlichen Anlässen, das Gefolge des Patrons.
12 *mancipium* (wörtlich: das mit der Hand Ergriffene), streng römische Eigentumserwerbung, förmlicher Kauf in Gegenwart von Zeugen; Bezeichnung auch für einen Sklaven als käufliche Ware.
13 J. Marouzeau, Das Latein, S. 75.
14 Sallust, Cat. 24.
15 *Germanicus* (Gaius Iulius Germanicus): Sohn des Nero Claudius Drusus, geb. 15 v. Chr., zeichnete sich besonders bei den Kämpfen in Germanien aus. 19 n. Chr. starb er plötzlich in Antiocheia.
16 Vgl. Sueton, Caligula 5.
17 J. Marquardt, Das Privatleben der Römer, Bd. II, S. 81f.
18 *Quintilian* (Marcus Fabius Quintilianus), etwa 35–100 n. Chr., aus Calagurris in Spanien, gefeierter Lehrer der Beredsamkeit in Rom. Sein Werk »Über die Erziehung zum Redner« *(De institutione oratoria)* faßt die Erfahrungen seiner Lehrtätigkeit zusammen.
19 Vgl. Iuvenal, sat. 1,15.
20 *Publilius Syrus:* 1. Jahrhundert v. Chr., widmete sich der künstlerischen Ausgestaltung des *Mimus* (Posse), einer Darstellung komischer Szenen aus dem gemeinen Volksleben, meist in roher Form, mit derben Witzen und anstößigen Scherzen. Bei Syrus trat das moralisierende Element stark hervor, so daß seine Sinnsprüche zu einem Schulbuch zusammengestellt wurden.
21 Zitiert bei Aulus Gellius, Att. Nächte XVII, 14,4.
22 *Zwölftafelgesetz* entstand, als 451 v. Chr. ein Kollegium von 10 Männern beauftragt wurde, das geltende Stadtrecht urkundlich festzustellen. Es wurde auf 12 Bronzetafeln veröffentlicht. Noch bis zum Ende des Reiches galten die 12 Tafeln als Quelle des gesamten römischen Rechtes, entsprechend dem konservativen, in allen rechtlichen Dingen höchst vorsichtigen Sinne der Römer.
23 *Marcus Antonius Gnipho,* römischer Rhetor, etwa 114–64 v. Chr., lehrte Rhetorik in Rom; erst im Hause Caesars; eröffnete dann eine eigene Schule.
24 *Quintus Mucius Scaevola (Augur):* um 170–87, römischer Politiker und Jurist, Consul 117, auch ein bedeutender Rechtsgelehrter. Er stand der stoischen Philosophie aufgeschlossen gegenüber. Unter seinen Schülern befanden sich u. a. Atticus und Cicero, der den achtzigjährigen Greis

noch 90 hörte. Cicero führte ihn später als Gesprächsteilnehmer in *de re publica* ein.

25 Cicero, Laelius 1,1.

26 Tacitus, dialogus 28.

27 Oppermann, Caesar, S. 139.

28 Tacitus, dial. 29.

29 Cicero, de or. 285.

30 Ich verweise hier auf die sachkundige Einleitung von M. Fuhrmann zu Ciceros Reden, Band III, a.a.O., S. 12ff.

31 Aulus Gellius, Att. Nächte I, 23,4.

32 *Brennus,* nach der Sage der Gallierkönig, der die Römer an der Allia 387 v. Chr. besiegte und anschließend Rom zerstörte.

33 *tribunus militum,* Militärtribun, Stabsoffizier der Legion. In ältesten Zeiten gab es drei, später sechs je Legion. Sie wurden aus dem Ritterstand gewählt, seltener aus den Reihen der jungen Senatoren.

34 Vgl. Livius 5,8,4–13.

35 Ebd. 11,4–12,2; 13,10.

36 Vgl. Livius 5,28,2.

37 Ebd. 8,19,8.

38 *Praetor urbanus,* vgl. dazu Teil III: »Zu den Akten gelegt – eine Statthalterschaft und die Folgen.«

39 *Cremona,* Stadt in der Poebene im Gebiet der *Cenomani,* 218 v. Chr. als latinische Kolonie gegen Hannibal angelegt.

40 *Placentia,* an der Stelle einer alten ligurischen Siedlung an der Mündung der Trebia in den Po 219/218 angelegt als römische Militärkolonie latinischen Rechts, heute Piacenza. Von hier aus operierte P. Cornelius Scipio (Consul 218) gegen Hannibal.

41 *Bürgerkrone,* corona civica, ein Eichenkranz, den ein Soldat für die Errettung eines römischen Bürgers erhielt.

42 Drei entscheidende Schlachten, in denen Hannibal siegte: *Trebia* und *Ticinus* 218, *Trasimenischer See* 217.

43 Bei *Cannae* erhielten die Römer eine der größten Niederlagen ihrer gesamten Geschichte, als Hannibal 216 acht Legionen vernichtete.

44 Plinius, nat. hist. 7,104–106.

45 *Numantia,* Hauptstadt der Keltiberer in Spanien, spielte im Aufstand gegen Rom 143–133 die entscheidende Rolle. Der Krieg wurde durch P. Cornelius Scipio Numantinus für Rom entschieden.

46 Plutarch, Tib. Gracchus 9,5.

47 *Attalos III. von Pergamon* (138–133) setzte Rom zum Erben seines Reiches ein.

48 Volkmann, Grundzüge..., S. 66.

49 *Masinissa,* König von Ostnumidien, trat im Verlaufe des 2. Punischen Krieges auf die römische Seite über und erhielt im Frieden von 201 den größten Teil von Numidien.

50 *Manipel* (lat. manipulus = Handvoll, Bündel), der dritte Teil einer Kohorte, der dreißigste Teil einer Legion, zwei Centurien umfassend.
51 *Saturninus* (Lucius Appuleius Saturninus), Quaestor 104, Volkstribun 103, 100 v. Chr., suchte 100 v. Chr. die Gesetze für die Landverteilung an die Veteranen des Marius und Koloniegründungen durchzusetzen gegen den Widerspruch des Senats. Marius sah sich als Consul gezwungen, dem Senat bei der Unterdrückung dieser Maßnahmen zu helfen.
52 Appian b. c. 1,38.
53 *Corfinium,* Stadt der Päligner im Alternustal, heute Corfinio.
54 *meddices,* Oberbeamten bei den oskisch sprechenden Stämmen, entsprechend dem römischen Diktator mit richterlichen und sakralen Funktionen ausgestattet.
55 Dies ist in Beziehung zu sehen zur Etymologie des Namens *Italia: italos* heißt griechisch der *Stier,* lat. *vitulus,* junger Stier. Der Name Italien (Kälberland) breitete sich von Bruttium nach Norden aus, bis er im 2. Jahrhundert v. Chr. das ganze Land bis zu den Alpen umfaßt. Somit war der Stier im Bundesgenossenkrieg das Emblem der aufständischen Italiker.
56 Plutarch, Sulla 6.
57 *lex Iulia,* genannt nach dem Consul von 90, Lucius Iulius Caesar. Vgl. dazu Cicero, Balb. 21.
58 *lex Plautia Papiria,* genannt nach den Volkstribunen Marcus Plautius Silvanus und Gaius Papirius Carbo 89 v. Chr.
59 *Strabon,* etwa 63 v. Chr. bis 19 n. Chr. aus Amaseia in Pontos, griechischer Geograph. Er bereiste die gesamte Mittelmeerwelt, hielt sich längere Zeit in Rom auf. Seine »Erdkunde« (Geographia) in 17 Büchern ist vollständig erhalten.
60 Strabon 6,1,2.
61 Gelzer, Art. Catilina, in RE, a.a.O.
62 Plutarch, Pompeius 1.
63 Kornemann, Röm. Gesch. I, S. 453.
64 Plutarch, Marius 34.
65 Appian, b. c. 1,57.
66 Kornemann, Röm. Gesch. I, S. 456.
67 Appian, b. c. 1,63.
68 Vgl. Livius, Epit. 77; Velleius Paterculus 2,20; Valerius Maximus 9,7 de seditionibus militum Rom.
69 Cicero, Brutus 227.
70 *flamen dialis:* Die *flamines* waren die Einzelpriester bestimmter Gottheiten. Im Rang am höchsten stand der *flamen Dialis,* der Priester des Jupiter. Er mußte Patrizier sein, durfte keine Nacht außerhalb Roms weilen, kein Heer und keine Arbeit sehen, kein Pferd besteigen, nichts berühren oder nennen, was zu Tod und Unterwelt in Beziehung stand.
71 Appian, b. c. 1,65f.

72 Plutarch, Marius 41–43.
73 Ebd. 42.
74 Appian, b. c. 1,70.
75 Plutarch, Marius 43.
76 Herkunft und Bedeutung dieses Namens sind nach wie vor völlig ungewiß.
77 Plutarch, Marius 44.
78 Ebd. 46.
79 Kornemann, Röm. Gesch. I, S. 470.
80 Mommsen, Röm. Gesch. (Safari), S. 350.
81 Heuß, Röm. Gesch., S. 175.
82 Meier, Chr. im dtv-lex d. Ant., Art. »Cinna«.
83 Kornemann, Röm. Gesch. I, S. 457.
84 Plutarch, Pompeius 4.
85 Ebd. 5.
86 Bei Appian, b. c. 1,77.
87 Ebd.
88 *Fenestella,* römischer Antiquar und Historiker um Christi Geburt (etwa 35 v. Chr. bis 35 n. Chr.), schrieb *Annales* (Jahrbücher) in mindestens 22 Büchern. Er wurde später gern von Plinius d. Ä. als Quelle benutzt.
89 Plutarch, Crassus 4f.
90 Ebd. 6.
91 Plutarch, Pompeius 6 u. 8.
92 Plutarch, Marius 46.
93 Sallust, Cat. 5.
94 Plutarch, Sulla 29.
95 Ebd. 32, 3.
96 *Menander* (Menandros) aus Athen, 342–291 v. Chr., der größte Dichter der sog. Neuen Komödie. Durch seine Nachwirkung ist Menander zum Vater des modernen europäischen Lustspiels geworden.
Plautus (Titus Maccius Plautus), etwa 250–184 v. Chr., der bedeutendste römische Lustspieldichter. 21 Komödien sind erhalten, darunter der später oft variierte »Amphitruo«. Fast alle seine Werke sind mehr oder weniger freie Bearbeitungen von griechischen Stücken der sog. Neuen Komödie. Plautus ist genial in der wundervollen Frische, kraftvollen Ausdrucksfähigkeit und Beweglichkeit der Sprache. Shakespeare, Molière, Gryphius, Lenz, Kleist u.a. wurden durch ihn angeregt.
97 Plutarch, Sulla 35–36,1.
98 Sallust, Cat. 11, 4–13, 5.
99 Quintus Cicero, commentariolum 9f.
100 Seneca, de ira 3,18,1.
101 Plutarch, Sulla 32,3.

102 Lucanus, bellum civile II, 135–193.
103 In: Hermann Usener, Scholia in Lucani bellum civile, I. Commenta Bernensia, Leipzig 1869.
104 H. Lamprecht, »Holocaust«: Ein Film wird zum Fall, in: F.A.Z. vom 22. Juni 1978.
105 So W. Hoffmann, Catilina und die römische Revolution, in: Gymn. 66, 1959, S. 464.
106 *Usipeter* und *Tencterer*, germanische Stämme, die 58 v. Chr. von den Sueben aus ihren Sitzen in Oberhessen an den Niederrhein vertrieben wurden. Sie wurden 55 v. Chr. auf dem Weg nach Gallien von Caesar gestellt, besiegt und zurückgeworfen und waren danach erbitterte Feinde der Römer. Im 3. Jahrhundert n. Chr. gehen sie in den Franken auf.
107 G. Dorminger, in: Caesar, Der Gall. Krieg, a.a.O., S. 256.
108 *Perusia* (Perugia), etruskische Stadt östlich des Trasimenischen Sees, wurde 40 v. Chr. im »Perusinischen Krieg« von Octavian belagert. Nach der Übergabe wurde die Stadt zerstört, von Augustus später als »Augusta Perusia« wieder aufgebaut.
109 Sueton, Augustus 15.
110 Vgl. Appian, b. c. 1,93.
111 Strabon, geogr. 5,3.
112 Vgl. Diodor, p. 541; Velleius 2,27; Plutarch, Marius 46 und Sulla 32; Orosius 6,21; Livius, epit. 88.
113 Appian, b. c. 1,94.
114 Ebd.
115 *Fortuna Praenestina*, Stadtgöttin von Praeneste. Sulla ließ ihr Heiligtum nach 82 in imperialer Größe wieder aufbauen, und es bildete seitdem den Höhepunkt römisch-republikanischer Baukunst. Lit.: Paul Mac Kendrick: Roms steinernes Erbe, Wiesbaden (Brockhaus) 1967, S. 122ff.
116 Lucanus, bell. civ. II, 193.
117 Appian 1,95.
118 J. J. Rousseau, Über Kunst und Wissenschaft, Hamburg 1955, S. 17.
119 Appian, b. c. 1,95.
120 Plutarch, Sulla 31.
121 Appian, b. c. 1,95f.
122 M. Gelzer, Art. »Catilina«, in RE, a.a.O.
123 Vitruv, de arch. II, 1,1–6.
124 Cicero, de re republica 20/39.
125 Ebd. 26/48.
126 Ebd. 18/20.
127 Sueton, Caesar 77.
128 *Maider* (griech. Maidoi), zahlreicher, freiheitsliebender Stamm der Thraker im Gebiet des mittleren Strymon. 86 v. Chr. fiel Sulla in ihr Gebiet ein. In den folgenden Kämpfen der Römer mit den Maidern geriet Spartacus, der wahrscheinlich ein Maider war, in römische Gefangenschaft.

129 Plutarch, Crassus 8.
130 Plutarch, Pompeius 22.
131 Ed. Meyer, Caesars Monarchie..., S. 9.
132 Sueton, Caesar 5.
133 Ed. Meyer, Caesars Monarchie..., S. 8, Anm. 1.
134 Quintus Cicero, commentariolum 10.
135 Asconius Pedianus, p. 82.
136 Kerényi, K., Antike Religion, S. 169.
137 Plutarch, Cato minor 19.
138 Orosius, hist. adv., pag. 6,3,1.
139 Sallust, Catilina 14,7 und 15,1.
140 *Justinian I.*, 527–565 n. Chr., oströmischer Kaiser. Durch seine Feldherren Belisar und Narses brachte er einen großen Teil des von germanischen Stämmen überfluteten weströmischen Reiches unter seine Herrschaft. Er gab dem Rechtsleben eine feste Grundlage durch Aufzeichnung des römischen Rechtes im *Corpus Iuris,* das 528 bis 534 zusammengestellt wurde.
141 *interrex,* wörtlich »Zwischenkönig«, ein vom Senat bestimmter Magistrat, der bei Ausfall oder Verzögerung der Wahlen die magistralen Geschäfte leitet. Er amtiert nur einen Tag, so daß bei mehrtägiger Vakanz des Consulates stets ein neuer *interrex* bestimmt werden mußte.
142 *Diokletian* (Gaius Aurelius Valerius D.), römischer Kaiser 284–305 n. Chr.
143 R. Syme, Sallust, S. 23f.
144 Catull, carmen 5.
145 Ders., carmen 2.
146 Ders., carmen 64, 387–408.
147 *Sappho,* größte griechische Lyrikerin um 600 v. Chr., die man bewundernd die zehnte Muse genannt hat. Ihre Dichtung ist mehr als die irgendeines antiken Dichters Ausdruck unmittelbar aus dem Herzen strömenden Gefühls.
148 K. Büchner, Röm. Lit.-Gesch., S. 220f.
149 Marc Anton hatte zusammen mit Octavian und Lepidus das II. Triumvirat gebildet, dessen Proskriptionsliste Hunderte zum Opfer fielen.
150 Cicero, Verres I, 12–15; I, 56.
151 Cicero, Verres II, 4,23; 4,1; 21; 53.
152 M. Gelzer, Art. »Catilina«, in RE, a.a.O.
153 Ed. Meyer, Caesars Monarchie..., S. 12.
154 Sallust, Catilina 18 u. 19.
155 Plutarch, Caesar 6.
156 Ed. Meyer, Caesars Monarchie..., S. 14.
157 Plutarch, Caesar 6.
158 Sallust, Catilina 18,5; 18,1. Cicero, Sulla 11,67; Sallust, Catilina 52,33; Cicero, Sulla 67; Cassius Dio 36,44,3–4; Sueton, Caesar 9,1.

159 Sallust, Catilina 17,7 u. 19,1; Asconius Pedianus, in toga candida, p. 74.
160 Cicero, Sulla 68.
161 Sueton, Caesar 9,1.
162 Ebd.
163 Mommsen, Röm. Gesch. III, 12. Aufl., 1920, S. 177f.
164 Ed. Meyer, Caesars Monarchie..., S. 20.
165 M. Rostovtzeff, Rom..., S. 185.
166 Kornemann, Röm. Gesch. I, S. 509f.
167 J. Vogt, Römische Republik I, S. 83.
168 *kurulische Aedilität: curulisch* (lat. curulis) hießen die hohen römischen Staatsämter laut antiker Erklärung, weil die curulischen Beamten in einem Wagen (currus) fahren durften.
169 R. Syme, Sallust, S. 96.
170 M. Cary, in: Cambridge Ancient History, vol. IX, 475–507, 1932.
171 H. Frisch, The first Catilinarian Conspiracy, a.a.O., S. 32; vgl. auch S. 10ff.
172 R. Seager, a.a.O., S. 344.
173 S. Gruen, Notes..., a.a.O., S. 20.
174 H. Drexler, Materialien..., a.a.O., S. 89.
175 J. L. Strachan-Davidson, Cicero and..., a.a.O., S. 91; vgl. auch R. Syme, Sallust, S. 99, Anm. 87.

III. Teil

1 Cicero, Att. 1,10,1.
2 Cicero, Att. 1,11,1–2.
3 M. Gelzer, Cicero S. 63.
4 Vgl. hierzu Gelzer, Cicero S. 64.
5 Quintus Cicero, commentariolum 5.
6 Ebd. 53.
7 Ebd. 54–57.
8 So Gelzer, Cicero S. 61.
9 Ebd. S. 67.
10 *Laelius,* eine kleine, 44 v. Chr. entstandene Schrift Ciceros *(Laelius de amicitia),* seinem Freunde Atticus gewidmet. Sie legt dem Scipio-Freund Laelius eine Darlegung über das Wesen der Freundschaft in den Mund.
11 W. Kroll, Die Kultur..., S. 55f.
12 Quintus Cicero, commentariolum 16.
13 Cicero, Quinct. 31.
14 Cicero, Catilina 1,25.
15 Cicero, Cat. 2,9.
16 Cicero, Cat. 3,16.
17 Sallust, Cat. 15,2–5.
18 *Lucceius, Lucius,* römischer Politiker und Historiker des 1. Jahrhunderts

v. Chr., Praetor 67, 64 Ankläger Catilinas, hier eine Quelle des Asconius Pedianus.

19 Asconius Pedianus, p. 82.

20 Plutarch, Cicero 10,3.

21 Cicero, Cat. 1,14.

22 Vgl. M. Gelzer, Art. »Catilina«, in RE, a.a.O.; Drumann-Groebe, a.a.O., V, S. 413.

23 Sallust, Cat. 35,3 u. 5.

24 Asconius zeigt hier die feine Unterscheidung zwischen Amtsadel und Geburtsadel.

25 *Hortensius* (Quintus Hortensius Hortalus), 114–50 v. Chr., Consul 69, bedeutender römischer Redner. Als Cicero deutlich für die Interessen der Nobilität eintrat, söhnte Hortensius sich mit ihm aus, und beide traten gemeinsam als Verteidiger in Prozessen auf.

26 Asconius Pedianus, in toga cand., p. 73f.

27 Ebd., p. 74.

28 Asconius Pedianus, p. 84.

29 Sueton, Caesar 11.

30 Plutarch, Cicero 10.

31 *L. Licinius Murena,* Praetor 65, Consul 62 v. Chr., nahm als junger Offizier an den Feldzügen gegen Mithridates teil (83–81), war später Legat des Lucullus im Osten, nach der Praetur Statthalter der Gallia Transalpina. Murena wurde nach seiner Wahl zum Consul wegen Wahlbestechung angeklagt, von Cicero verteidigt *(Pro Murena)* und freigesprochen.

32 *Decimus Iunius Silanus,* Consul 62, Schwager des jüngeren Cato, stimmte in der Senatssitzung vom 5. 12. 63 als zuerst befragter Senator für die Hinrichtung der Verschwörer, ließ sich dann aber von Caesars Rede umstimmen. Er starb 61.

33 Scholia Bobiensia 309,16, Orelli, zitiert bei Drexler, Materialien..., a.a.O., S. 115; dort auch eine Zusammenfassung der Reden Ciceros »Pro Murena« und »Pro Sestio« mit lat. Text.

34 Sallust, Cat. 26,4.

35 Plutarch, Cicero 12,4.

36 Cicero, Cat. 2,18–23,1.

37 M. Gelzer, Art. »Catilina«, in RE, a.a.O., Sp. 1701.

38 Sallust, Cat. 16,4 und 37, 6–11.

39 Vgl. Cicero, Brutus 108.

40 Sallust, Cat. 20,1 ff.

41 *Cline* (Kline), vergleichbar unserer Liege; aus dem Osten übernommenes Ruhe- und Speiselager.

42 Sallust, Cat. 21 u. 22.

43 *Tarquinius Superbus,* der Stolze, siebter und letzter König von Rom, zwang seinen Vorgänger mit Gewalt vom Thron. Wurde von Iunius Brutus wegen Schändung der Lucretia (durch den Sohn des Tarquinius) ver-

trieben. Die Tarquinier gingen nach Caere und versuchten mehrmals, nach Rom zurückzukehren, was jedoch mißlang. Die Römer zählten nach ihrer Vertreibung (510 v. Chr.?) den Beginn der Republik.

44 *Dionysios I. von Syrakus,* schwang sich 405 v. Chr. als syrakusanischer Feldherr zum Tyrannen der Stadt auf und herrschte bis 367. Vgl. K. F. Strohecker, Dionysios I, Gestalt und Geschichte des Tyrannen von Syrakus, Wiesbaden (Steiner) 1958.

45 *Leukothea,* die in eine Meergöttin verwandelte Gemahlin des Athamas. Sie erscheint dem schiffbrüchigen Odysseus vor Scheria.

46 Cicero, Cat. 2,20.

47 Ebd.

48 Plutarch, Cicero 12.

49 Ebd. 17.

50 M. Gelzer, Art. »Catilina«, in RE, a.a.O., S. 1702f.

51 Sallust, Cat. 24,2.

52 Ebd. 23,1–2.

53 Catull, carmen 25.

54 Sallust, Cat. 23,2–6 und 26,1–3.

55 Sallust, Cat. 3–4,2.

56 Ebd. 24,3–25,5.

57 Cicero, Murena 48–52, überarbeitet nach dem Urtext und den Übersetzungen von Drexler, Materialien..., S. 119–123, und M. Fuhrmann, Cicero, Reden, Band II.

58 Sallust, Cat. 26,5.

59 Ebd.

60 Ebd. 27,1.

61 Ebd.

62 Ebd. 28,4.

63 Ebd. 27,4.

64 M. Gelzer, Art. »Catilina«, in RE, a.a.O., Sp. 1704.

65 Plutarch, Cicero 15.

66 Ebd.

67 Sallust, Cat. 29,2–3.

68 Ebd. 30,1–2.

69 Der römische Feldherr durfte als Imperiumsträger an der Spitze seiner Armee erst nach Genehmigung des Triumphes die geheiligte Stadtgrenze, das *pomerium,* überschreiten.

70 Sallust, Cat. 30,3–7.

71 Ebd. 31,1–3.

72 Ebd. 31,4–5.

73 Cicero, Cat. 1,19.

74 Cicero, Cat. 2,25.

75 Einzelheiten bei Cicero, Cat. 1,8.

76 Vgl. dazu Drexler, Materialien..., S. 141–150, mit sämtlichen Quellen und wesentlichen Urteilen der Forschung.
77 Diodor, 40,5 = Excerpia de invidiis, p. 211, de Boor, bei Drexler, Materialien..., S. 139.
78 Diodor 40,5; Sallust, Cat. 28,2; Cicero, Cat. 2,13; Plutarch, Cicero 16,1ff.; Cassius Dio 37,32,2–33,1; Cicero, Pro Sulla 52.
79 Diodor 40,5.
80 Sallust, Cat. 28,2.
81 Cicero, Cat. 1,9f.
82 Cicero, Cat. 2,12.
83 H. C. Nutting, Notes..., a.a.O., LXXXIII–V.
84 Cicero, Sulla 52.
85 *Tiro* (Marcus Tullius Tiro), 103–4 v. Chr., Sklave, dann Freigelassener und Sekretär Ciceros. Er gab nach Ciceros Tode die Sammlung der Briefe heraus und besorgte auch die Ausgabe von dessen Reden. Nach Ciceros Tod schrieb er eine Biographie Ciceros.
86 Cicero, Cat. 1,1–2.
87 Vgl. im einzelnen die 1. Rede Ciceros gegen Catilina, a.a.O.
88 Vgl. Appian, b. c. 2,5; Cassius Dio 37,33,1.
89 Einzelheiten bei Diodor 40,5, Exempla de sententiis, in: Drexler, Materialien..., a.a.O., S. 149f.; Sallust, Cat. 31,4–9.
90 Sallust, Cat. 32,1f.
91 Vgl. Plutarch, Cicero 16,6.
92 Vgl. Cicero, Cat. 2,14 u. 16.
93 Sallust, Cat. 34,2.
94 Ebd. 35,1–6.
95 Plutarch, Caesar 7.
96 Plutarch, Cicero 16.
97 Cicero, Cat. 2,7.
98 Ebd. 2,27.
99 Sallust, Cat. 33,1–5.
100 Plutarch, Cicero 16.
101 Sallust, Cat. 36,2–3.
102 Caesar, bellum Gallicum, V, 44,1–14.
103 Weitere Einzelheiten über Marius' Heeresreform bei Stöver, Die Römer, S. 178–188.
104 Sallust, Cat. 56,1–3; vgl. auch Plutarch, Cicero 16,6; Appian, b. c. 2,23.
105 Sallust, Cat. 39,5.
106 Ebd. 56,5.
107 Gelzer, Art. »Catilina«, in RE, a.a.O., Sp. 1708.
108 Sallust, Cat. 42,1–2.
109 *Anio,* linker Nebenfluß des Tiber oberhalb Roms.
110 Cicero, Pro Murena 78f.; 84f.

111 Sallust, Cat. 56,4.
112 Ebd. 43,1–4.
113 M. Gelzer, Art. »Catilina«, in RE, a.a.O., Sp. 1709.
114 *Allobroger,* mächtiger und kriegerischer Keltenstamm in Savoyen und Dauphiné, Hauptstadt Vienna. Cn. Domitius Ahenobarbus unterwarf sie 121 v. Chr. Waren sie noch während der Verschwörung des Catilina zum Aufstand bereit, so blieben sie in Caesars Gallischem Krieg (58–51) den Römern treu.
115 Sallust, Cat. 39,6–41,5 und 44,1–45,4.
116 Vgl. Cicero, Cat. 3,8f.; Plutarch, Cicero 19.
117 Cicero, Cat. 3,1.
118 Ebd. 3,29.
119 In: Th. Heuß, Schattenbeschwörung (Fischerbücherei), Frankfurt/M., S. 79.
120 Caesar, bellum Gallicum 1,9,2.
121 *Bona Dea,* wohl aus Griechenland übernommene römische Heilgöttin. Sie wird mit Fauna gleichgesetzt.
122 Plutarch, Cicero 20.
123 Die Rede steht im vollen Wortlaut bei Sallust, Cat. 51.
124 Cicero, Cat. 4,7.
125 Die Rede steht bei Sallust, Cat. 52.
126 Dieses Gefängnis, der *carcer,* ist z. T. heute noch erhalten.
127 Sallust, Cat. 55,1–6.
128 Plutarch, Cicero 22, dort auch die folgende Stelle.
129 Polybios 6,13,4.
130 Drexler, Materialien..., a.a.O., S. 203.
131 Corpus Iuris, vgl. Anmerkung 140 des II. Teiles.
132 Corpus iuris, digesta 4, 5, 5, 1, zitiert bei Drexler, Materialien..., a.a.O., S. 203.
133 Drexler, Materialien..., S. 205f.
134 Sallust, In Ciceronem invectiva 3, in Sallust, Werke..., a.a.O.
135 Bei Cassius Dio 46,2,3 und 46,20f.
136 Drexler, Materialien..., Vorwort, S. XV.
137 Sallust, Catilina 57,1.
138 *Pistoria,* ligurische Ortschaft westlich von Florenz.
139 Sallust, Cat. 57,5.
140 Ebd. 58,11f.
141 Ebd. 59,1–61,9.
142 Cicero, Att. 1,19,6.
143 Cicero, Pro Sulla 23.
144 Plutarch, Cicero 24.
145 F. Gregorovius, Wanderjahre in Italien, Die Insel Elba, München 2/1968 (Beck), S. 80.

7.
Register

Abkürzung römischer Amtsbezeichnungen

aed. = Aedil
cens. = Censor
cos. = Consul
cos. des. = Consul designatus (designierter Consul)
dict. = Diktator
praet. = Praetor
quaest. = Quaestor
tr. pl. = tribunus plebis (Volkstribun)
Alle Jahreszahlen in Klammern, wenn nicht besonders gekennzeichnet, vor Christus

Personenregister

Sachregister